Hans Mendl

Religionsdidaktik kompakt

Hans Mendl

Religionsdidaktik kompakt

Für Studium, Prüfung und Beruf

Kösel

Verlagsgruppe Random House FSC® N001967
Das für dieses Buch verwendete FSC®-zertifizierte Papier
Plano Plus liefert Papyrus, Ettlingen.

4. Auflage 2015
Copyright © 2011 Kösel-Verlag, München,
in der Verlagsgruppe Random House GmbH
Umschlag: Kaselow Design, München
Umschlagmotiv: Getty Images/Tadayuki Naitoh
Satz: EDV-Fotosatz Huber/Verlagsservice G. Pfeifer, Germering
Druck und Bindung: Kösel, Krugzell
Printed in Germany
ISBN 978-3-466-37012-2

Weitere Informationen zu diesem Buch und unserem
gesamten lieferbaren Programm finden Sie unter
www.koesel.de

Inhalt

Anhang

Vorwort

Wenn man sich konzentriert und arbeitsökonomisch auf Prüfungen vorbereiten will, sind Bücher willkommen, die eine präzise Zusammenfassung eines Fachgebiets bieten. Dieses Anliegen, das meine Studierenden immer wieder geäußert haben, motivierte die Entstehung dieser »kleinen« Religionsdidaktik. Eine solche komprimierte Zusammenfassung zentraler religionsdidaktischer Fragen bedeutet zwangsläufig, dass in jedem Teilgebiet Vertiefungen nötig sind. Die Kurzdarstellung soll dazu anregen, auf die im Studium bereits erworbenen Wissensbestände und Einsichten zurückzugreifen, die entsprechenden breiter ausgeführten Handbücher zu studieren und so eine ertragreiche Basis für das Bestehen von mündlichen und schriftlichen Prüfungen zu schaffen. Die Literaturverweise am Ende eines jeden Teilkapitels wollen hier Spuren für ein vertieftes Studium legen. Um die Literaturhinweise kompakt zu halten, wurden für wichtige religionspädagogische Grundlagenwerke, auf die häufiger verwiesen wird, Kürzel verwendet, die im Abkürzungsverzeichnis auf Seite 270 rasch nachzuschlagen sind.

Die konzentrierte Darstellungsweise hat auch zur Folge, dass kein Raum für breite konkretisierende Beispiele blieb; dieses vermeintliche Defizit sollte aber als Chance begriffen werden, um die inzwischen bei allen Prüfungen geforderte Transferleistung zu unterstützen. Denn was nützt es, wenn bei einer Aufgabenstellung, die auf eine eigene Konkretisierung zentraler Fragen, Konzepte und Prinzipien der Religionsdidaktik auf verschiedene Handlungsfelder hin angelegt ist, nur jene Beispiele reproduziert werden, die in einem Handbuch formuliert sind? Mit der letzten Teilfrage bei den hier jeweils am Ende eines Kapitels angefügten Musteraufgaben kann dieses eigenständige Denken eingespurt werden. Denn es gilt, auf intelligente Weise die verschiedenen religionsdidaktischen Prinzipien und konkreten Ansätze miteinander verschränkt auf eine überzeugende Praxis hinzuwenden. Genau das sollte das Ziel eines Studiums sein: Das Nach-Denken ist nur dann sinnvoll, wenn es zum Selber-Denken anregt.

Insofern nehmen die exemplarischen Prüfungsfragen, die am Ende eines jeden Teilkapitels zu finden sind, eine zentrale Schlüsselposition ein. Sie dienen einerseits zur Überprüfung und Sicherung religionspädagogischen Basiswissens, indem sie eine eigenständige Präsentation und Argumentation erwarten. Sie zielen darüber hinaus aber vor allem auf den Aufweis, dass man Verbindungslinien zwischen Theorie und Praxis, zwischen religionspädagogischer Problemstellung und didaktischer Entfaltung, zwischen einer reflexiven Wiedergabe und einem selbstständigen und kreativen Weiterdenken in die Praxis hinein herzustellen in der Lage ist. Die Aufgaben sind im Rahmen verschiedener universitärer und staatlicher Prüfungsformate erprobt.

Gerade wegen dieses offenen Ansatzes eignet sich das Buch für einen Einsatz in Examenskursen oder bei der Vorbereitung auf eine Prüfung in einer Kleingruppe ebenso wie für das Eigenstudium. Diejenigen, die bereits im Schuldienst sind und sich beispielsweise aufgrund ihrer Tätigkeit als Praktikums- oder Seminarlehrer einen Einblick in die aktuelle Religionsdidaktik verschaffen möchten, können das Buch als reflexive Auffrischung und erneute Systematisierung eines inzwischen prozedural verfügbaren Berufswissens verwenden – und sie werden sich über die Kürze der Darstellung freuen!

In die »Religionsdidaktik kompakt« flossen zahlreiche Anregungen meiner Studierenden ein, die in ihrer Situation als Experten für Prüfungen und Prüfungsvorbereitung Manuskriptteile kritisch gelesen und kommentiert haben; für ihre konstruktiven Rückmeldungen sei ihnen herzlich gedankt! So wurde das Manuskript in mehreren Examenskursen erprobt, erweitert und optimiert. Ebenso konnten zahlreiche Hinweise und Anregungen der studentischen und wissenschaftlichen Mitarbeiter an meinem Lehrstuhl eingearbeitet werden – namentlich bedanke ich mich bei Alexandra List, Julia Riedl, Carolin Schrenk, Rudolf Sitzberger und Manuel Stinglhammer sowie bei Ulrike Oerterer und Elfriede Seitz-Rodatus für die wie immer kompetenten Korrekturarbeiten.

Hans Mendl

1. Rahmenbedingungen religionsdidaktischer Reflexion

> »Als Teildisziplin der Praktischen Theologie befasst sich die Religionspädagogik mit der Theorie religiöser Lern- und Bildungsprozesse in christlich-kirchlicher Verantwortung – im Kontext soziokultureller Bedingungen und pädagogisch-sozialer Wirkungszusammenhänge« *(Englert 1995, 157).*

Wer religiöse Lernprozesse plant, muss die kontextuellen Rahmenbedingungen erhellen und berücksichtigen. Denn religiöses Lernen vollzieht sich in einer bestimmten gesellschaftlichen Situation (1.1), unter besonderen institutionellen und rechtlichen Bedingungen (1.2) und an und durch konkret lernende Subjekte in ihrer jeweiligen menschlichen und religiösen Entwicklung (1.3). Die Lebenswelt heutiger Kinder und Jugendlicher (1.4) wird somit zum zentralen Ort und Bedingungsfaktor religiöser Bildung und Erziehung.

Theologisch wird ein solches Modell religiösen Lernens begründet durch die anthropologische Wende in der Theologie, die mit dem Zweiten Vatikanischen Konzil verbunden ist und in eine empirisch gewendete Religionspädagogik mündete. Ein solches kontextuelles Verständnis unterscheidet sich von (früheren) deduktionistischen Konzepten religiösen Lernens (vgl. Kap. 2.1), die in der Annahme einer homogenen christlichen Gesellschaft religiöse Unterweisung als Belehrung im wahren Glauben und die Lernenden als Adressaten einer zeitlos gültigen und unveränderlich feststehenden, in Katechismusformeln gegossenen Wahrheit verstanden. In unserer postmodernen Pluralität wäre aber eine unhinterfragte Belehrung ein unzureichender Ansatz religiöser Bildungsarbeit. Die religionspädagogische Folgerung daraus fasst diesen Paradigmenwechsel in die prägnante Formel, es gehe nicht mehr um einen »Gehorsams-«, sondern um einen »Verstehensglauben«. Das Verstehen von Religion wird somit zum Hauptziel eines schulischen Religionsunterrichts.

Ein solcher Kontext-Ansatz hat zur Folge, dass je nach Gewichtung und Bewertung der einzelnen Rahmenbedingungen auch unterschiedliche Konsequenzen für die Frage eines zeitgemäßen Religionsunterricht gezogen werden können; so wird beispielsweise die Entscheidung, ob man eher der Säkularisierungs- oder der Transformierungsthese zuneigt oder von welchem Religionsbegriff man ausgeht (siehe S. 14–20), auch die konzeptionellen Vorstellungen eines guten Religionsunterrichts beeinflussen. Deshalb erscheint eine transparente Begründung der vorgenommenen Prioritäten als unabdingbar, um auf dieser Basis in einen konstruktiven Dialog über vorzunehmende Weichenstellung einzutreten.

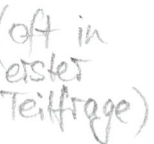
(oft in erster Teilfrage)

1.1 Postmoderne – Pluralisierung, Individualisierung und Globalisierung

Religiöses Lernen findet in konkreten gesellschaftlichen Kontexten statt. Die Bedingungen der jeweiligen Gesellschaft haben auch Auswirkungen auf die Ziele und Gestaltungsmöglichkeiten religiöser Lernprozesse. Die Gesellschaftssituation in Westeuropa wird mit den Stichworten »Spätmoderne« bzw. »Postmoderne« gekennzeichnet. Im Folgenden wird geklärt, welche Rolle Religion in einer Gesellschaft hat, die vor allem durch die Prozesse der Pluralisierung, Individualisierung und Globalisierung gekennzeichnet ist.

1.1.1 Die Gleichzeitigkeit von Moderne, Postmoderne und Globalisierung

Geht die Religion in unserer Gesellschaft ihrem Ende zu oder erfährt sie eine Renaissance? Diese Frage kann man nicht klären, ohne sich über den gesellschaftlichen Kontext, innerhalb dessen die Frage verhandelt wird, zu verständigen und sich über den verwendeten Religionsbegriff Gedanken zu machen.

Form d. Verweltlichu[...]

Lange Zeit dominierte auf dem Gebiet der Religionssoziologie die sogenannte Säkularisierungsthese: die Auffassung, dass Religion gesellschaftlich im Schwinden begriffen ist und an Bedeutung verliert, letztlich überflüssig werden wird. Die Säkularisierungsthese speist ihre Begründungskraft aus dem Gesellschaftskonstrukt der Moderne, das von Wissenschaftsgläubigkeit, Fortschrittsdenken und dem Glauben an die Stärke des Subjekts geprägt ist. Auf den Nenner gebracht: Die Welt erscheint als beherrschbar, Religion als unnötig. Wir befinden uns heute in einer Übergangsphase von der Moderne in die Postmoderne oder Spätmoderne – letztlich Such- oder Passepartout-Begriffe, um die gesellschaftlichen Wandlungsprozesse auf den Punkt zu bringen. Es zeigen sich vielfache Prozesse der Verunsicherung: eine Skepsis gegenüber dem Machbarkeitsmythos, das Zerbrechen globaler Ideologien, der Zweifel an der Leistungsfähigkeit des selbstverantwortlichen Subjekts, um nur die zentralen Phänomene zu benennen. Dennoch kann man nicht einfach sagen, das Paradigma der Postmoderne habe die Moderne abgelöst. Vielmehr überlappen sich beide und sind gleichzeitig wirksam (vgl. Mendl 2004a, 16–29). Das verwirrt und nötigt zu Differenzierungen:

	Moderne	Postmoderne
Wissenschaft	neuzeitliche Entwicklung der Naturwissenschaften; Wissenschaftsgläubigkeit; Zweckrationalität; wertfreie Wissenschaft	Skepsis gegenüber dem Machbarkeits-Mythos; Entzauberung wissenschaftlich globaler Deutungsmuster; diffuse Wertbehaftetheit jedes wissenschaftlichen Forschens

z.B. Wirtschaftss.H.

Politik	Sicherheitspolitik: fest-stehende Blöcke; globale Ideologien; politische Utopien	Krisensymptome: Energie-krise; Tschernobyl; Diffun-dierung aller Sicherheiten; konkrete Utopien
Wirtschaft	Industriegesellschaft; regionale Märkte	Dienstleistungsgesellschaft; Computer-Zeitalter; Globa-lisierung
Menschenbild	Glaube an das autonome und selbstidentische Subjekt in der Gemeinschaft von Subjekten	Zweifel am selbstverantwort-lichen Subjekt; Individuali-sierung; Patchwork-Identität
Gesellschaft	Emanzipationsgedanke als Kitt gesellschaftlicher Unterschiede; Pluralität als Chance; Gruppenmilieus; Kleinfamilie	Individualisierung und Pluralisierung von Werten und Lebensformen; Enttradi-tionalisierung; Auflösung der Gruppenmilieus
Kultur	kultureller Pluralismus; Massenmedien: Angebot für alle	Mediengesellschaft; Erlebnis-gesellschaft; Ästhetisierung des Alltags; mediale Differen-zierung und Pluralisierung
Religion	Wissenschaft vs. Glaube; Zweckrationalität; Entmytho-logisierung	Irrationalität; mannigfaltige »Ganzheitskonzepte«; Wiedererwachen des Mythos
Gesamtdynamik	Sicherheit Allmachtsgefühl Beständigkeit	Unsicherheit Grenzerfahrung Beschleunigung

Gleichzeitig verbunden mit und in Spannung zur Moderne und Postmoderne stehen die Prozesse der Globalisierung – die Ausdehnung des Lebens-, Erfahrungs- und Arbeits-raums des Menschen auf den Horizont der globalen Welt hin (vgl. RD, 81–83). Die gesellschaftlich-kulturelle Dynamik der Globalisierung schlägt sich in folgenden fünf Ebenen nieder, die dann auch starken Einfluss auf Religion und Religiosität haben:

1. Deinstitutionalisierung: Kontrollverlust von Institutionen auf das Verhalten und die Einstellungen von Menschen
2. Detraditionalisierung: Relativierung herkömmlicher Traditionen durch die Ent-grenzung von Räumen
3. Pluralisierung: Kontakt mit fremden Kulturen und Traditionen
4. Individualisierung: die Herausforderung, die eigene Biografie zu gestalten (siehe dazu unten)
5. Homogenisierung: globale Gleichgestaltungsprozesse auf den Gebieten der Mode, Musik, Nahrung, Ökonomie – und auch der Religion

Die Säkularisierungsthese der Moderne ließ sich mit den entsprechenden Beobachtungen untermauern: deutlicher Rückgang von sonntäglichen Gottesdienstbesuchern, Austrittszahlen aus den Kirchen, sinkende Zustimmung zu Glaubenssätzen. Dieser diagnostizierte »Abschied von Gott« (Der Spiegel, Nr. 25/1992) erfuhr in unseren Breiten eine weitere Plausibilitätsstütze, als nach der deutschen Wiedervereinigung drastisch deutlich wurde, wie es in einem Landstrich über entsprechende staatliche Ideologien im Zeitraum von zwei Generationen gelungen war, ein Volk weitgehend zu entchristlichen. Hubert Knoblauch weist allerdings darauf hin, dass unser Bild von einer abnehmenden Religiosität in Deutschland zugleich von der stark anwachsenden Religion nach dem Zweiten Weltkrieg geprägt ist, die Ende der 1950er-Jahre ihren Höhepunkt erreicht hatte (vgl. Knoblauch 2009, 17).

Die aktuellen Fakten: Bundesweit gehören ca. 53 von 82 Millionen Menschen einer christlichen Kirche an; je 30% der Bevölkerung sind katholisch bzw. evangelisch (vgl. aktuelle Zahlen jeweils: www.remid.de). Allerdings täuschen die immer noch hohen absoluten Zahlen (zumindest im Westen; in den östlichen Bundesländern gehört nur noch ein Viertel der Bevölkerung überhaupt der christlichen Religion an) darüber hinweg, dass die Mitgliedschaft allein keinesfalls etwas aussagt über die innere Bindung zur Kirche und die persönliche Einstellung zu Religion. Westeuropa und speziell Deutschland werden zunehmend säkularisierter – diese These bekommt auch durch internationale Vergleichsdaten Rückenwind: So antworten in Europa nur 61,6%, in Nordamerika hingegen 92,2% mit Ja auf die Frage »Glauben Sie an Gott?«.

1.1.2 Religion oder Konfession? Vom Wandel der Religion

»Renaissance der Religion. Mode oder Megathema?«, so lautete der Titel eines Hefts der Zeitschrift Herder Korrespondenz Spezial von 2006. Die Frage kann man nur beantworten, wenn man den Religionsbegriff differenzierter betrachtet (siehe Schaubild oben). Die Säkularisierungsthese allein vermag nicht ausreichend die gesellschaftlichen Wandlungsprozesse zu beschreiben, da mit dieser Brille, wie auch die oben genannten Beispiele zeigen, im Kern nur konfessionelle Ausprägungen von Religion erfasst werden. Glaube und Religion können aber nicht mit christlicher Konfession gleichgesetzt werden. Von einem weiten Religionsbegriff aus – z.B. in Anlehnung an Paul Tillichs Rede von Religion »als das, was uns unmittelbar angeht« (vgl. Tillich 1956) – kommen Phänomene in den Blick, die verdeutlichen, dass die Religion keineswegs am Ende ist, sondern vielmehr vielfältigen Wandlungsprozessen ausgesetzt ist. Man sollte also präziser von einer Entkonfessionalisierung und einer Marginalisierung (Randstellung) institutionalisierter Religion sprechen. Diese Prozesse sind tatsächlich in der Geschichte der Moderne festzustellen. Seit das Christentum das »Weltdeutungsmonopol« verloren hat, müssen sich die christlichen Kirchen mit anderen, manchen ernsten, zum Teil aber auch skurril anmutenden gesellschaftlichen Einrichtungen messen. Darüber hinaus gibt es vielfältige Formen einer »unsichtbaren Religion« oder einer »frei flottierenden Religion«, die weit stärker individualistisch geprägt ist. Religion zeigt sich also in der Postmoderne in differenzierten Formen.

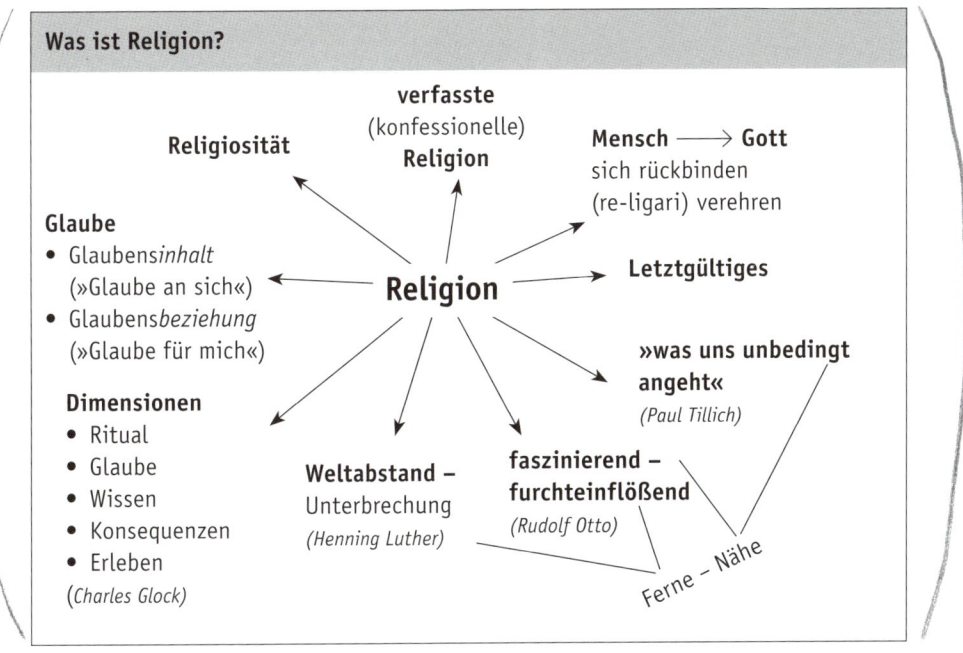

Was ist Religion?

1.1.3 (Religiöse) Individualisierung und Pluralisierung als markante Kennzeichen

Die zentralen Kennzeichen der Postmoderne werden mit den Hauptbegriffen der Pluralisierung und Individualisierung zutreffend beschrieben. Karl Gabriel (1996, 43) bündelt die gesellschaftlichen Veränderungsprozesse folgendermaßen: Das Individuum ist nicht mehr durch die herkömmlichen Bindungen (der Familie, des Herkunftsmilieus, der Religion etc.) determiniert, sondern davon freigesetzt und hat somit die Wahl zwischen verschiedenen Lebens- und Wertoptionen. Übergreifende und allgemeingültige Welt- und Lebensdeutungsmuster gelten als entzaubert; den Einzelnen stehen ganz unterschiedliche Wege der Lebensgestaltung offen. Diese Subjektivierungsprozesse sind gleichermaßen ein Zwang wie eine Chance zur Realisierung eines stärker biografisch bestimmten Lebenslaufes. Gleichzeitig ergeben sich aber auch neue Abhängigkeiten des individualisierten Einzelnen von Institutionen (des Arbeitsmarktes, des Wohlfahrtsstaates).

Auf dem Marktplatz der Post- oder Spätmoderne präsentieren sich vielfältige Weltanschauungen, Wertesysteme und Orientierungsmuster. Die »Kinder der Freiheit« (so ein Buchtitel von Ulrich Beck) haben auf diesem Forum der Sinndeutungen nicht nur die freie Möglichkeit der Auswahl, sie sind vielmehr gezwungen, sich aus den vielfältigen Angeboten ihren eigenen Sinn-Cocktail zusammenzustellen (»Zwang zur Wahl«). Der Mensch ist in diesem pluralen Gefüge von Deutungsmustern ein zur Suche und Selbstbestimmung Verdammter! Es klingt wie eine Wiederauferstehung des existenzialistischen Paradigmas: »Du bist, was du aus dir machst!« Gleichzeitig gilt, dass das

Kennzeichen der Postmoderne	Kennzeichen von Religion in der Postmoderne
Individualisierung	Religiöse Individualisierung
Pluralisierung	Religiöse Pluralisierung
Wertepluralisierung	»Zwang zur Häresie« (Berger)
Pluralisierung der Lebensformen	Auswahlchristentum
Patchwork-Identität (Bricolage)	Entkirchlichung
Meinungen statt Überzeugungen	Enttraditionalisierung
Wahlzwang	Marginalisierung institutionalisierter Religion
Bindungsängste	kirchendistanzierte Religiosität
Erlebnisgesellschaft	Funktionalisierung von Religion
Ästhetisierung des Alltags	Pragmatischer Synkretismus, Religions-Produktivität des Alltags, Religions-Äquivalente

brüchige Subjekt auf der permanenten Suche nach Selbstvergewisserung nach sozialer Übereinstimmung zielt: »Ich weiß, wer ich bin, wenn ich im Trend bin.« Das anspruchsvolle Ziel besteht also in einer grundlegenden und flexiblen Alphabetisierung des eigenen Lebens.

Vor diesem Hintergrund ist es verständlich, wenn Menschen sich nicht mehr auf Dauer binden wollen – sei es an eine Partei, einen Partner oder eine Kirche – und man statt beständigen Überzeugungen eher wechselnde Meinungen vertritt: Denn jede Entscheidung mit längerfristigen Folgen bedeutet die Absage an beliebig viele andere Möglichkeiten. Und so ist es kein Wunder, dass bei kirchlichen Jugendverbänden wie auch bei Kirchengemeinden Mitgliederrückgänge festzustellen sind – ähnlich wie bei Parteien und Vereinen. Schließlich lässt sich die Entwicklung hin zu einer Erlebnisgesellschaft auf vielfältige Weise belegen: Waren und Dienstleistungen haben nicht nur einen Nutzwert, sondern vor allem einen Erlebniswert (z.B. Erlebniskaufhäuser, Erlebnisbäder); dies schlägt sich auch in einer Ästhetisierung des Alltags nieder: Man definiert sich und die Gruppenzugehörigkeit der eigenen Person und Familie über die äußere Gestaltung des Lebens (Markenkleidung bereits bei Kindern, Statussymbole, Wohnraumästhetik etc.).

Wenn Religion ein Teilbereich der Gesellschaft und mit ihr untrennbar verwoben ist, so versteht sich von selbst, dass sich die Prozesse der Individualisierung und Pluralisierung ebenso im Bereich der Religion in einer »religiösen Pluralisierung« und einer »religiösen Individualisierung« niederschlagen (vgl. NHRPG 270–274). Peter Berger beschrieb diese Dynamik schon vor Jahren in seinem Buch »Der Zwang zur Häresie« (1980; Häresie ist eigentlich ein neutraler Begriff – das griechische Wort bedeutet »Auswahl«; im kirchlichen Milieu hat das Wort »Häresie« allerdings eine negative

Konnotation: eine Abweichung vom rechten Glauben). Auch im Sektor der Religion müssen Menschen ihre eigene religiöse Patchwork-Identität basteln; das sollte nicht abwertend verstanden werden, sondern einfach als nüchterne Beschreibung für die Notwendigkeit und insgesamt betrachtet sogar als Chance, im Bereich des Religiösen aus verschiedenen verfügbaren Stilen auszuwählen und einen selbstverantworteten individuierend-reflektierenden Glauben (vgl. Fowler, siehe Kap. 1.3.1) zu entwickeln, der eventuell in verschiedenen Bezugssystemen und Segmenten der Gesellschaft (Familie, Peergroup, Beruf) nochmals eigen nuanciert ist. Auswahlmaterial gibt es genügend; man überprüfe dies nur einmal in einer Buchhandlung und vergleiche die Breite der Theologie- und Esoterik-Regale!

= ZIEL

Auch diese Vielfalt, die als problemlos miteinander kombinierbar erscheint (Synkretismus) ist ein Beleg für die These, dass Religion nicht am Ende ist, sondern in vielfach gewandelter Form wiedererscheint, und dass Funktionen, Aufgabenfelder und Riten der klassischen konfessionellen Religion heute von religionsanalogen Erscheinungsformen und Einrichtungen übernommen werden (Religionsäquivalente). Im Alltag und in der Medienwelt lassen sich zahlreiche funktionale Bezüge zu Elementen der traditionellen Religion wahrnehmen; Religion ist auch in der Öffentlichkeit und in einer religionsproduktiven populären Kultur ein Thema (z.B. in der Werbung, in Kinowelten, in der Pop- und Rockmusik; vgl. Kap. 6.3). Für den innerkirchlichen Bereich benannte Paul Zulehner schon vor zwanzig Jahren das Phänomen des Auswahlchristentums, das inzwischen über zahlreiche Studien bestätigt wurde: Auch Christen stimmen nicht allen Glaubensaussagen ihrer Religionsgemeinschaft zu und kombinieren christliche Elemente mit alltagstauglichen Segmenten anderer religiöser und esoterischer Strömungen. Die Pfarrgemeinderatsvorsitzende pflegt den Garten nach dem Mondkalender und kauft Demeter-Produkte (die der Philosophie Rudolf Steiners verpflichtet sind) ein, Geistliche und Ordensfrauen üben sich in der fernöstlichen Zen-Meditation und Lehrer verwenden Mandalas im Unterricht.

Fazit: Die Frage nach dem Wiedererstarken oder dem Ende der Religion kann man nicht klären, ohne sich über den jeweils verwendeten Religionsbegriff Gedanken zu machen und diesen auf differenzierte und reflektierte Weise argumentativ in die Diskussion der Fragestellung einzubringen.

evtl. für eine Einleitung:

> **Vier Grundtypen der Religionsdefinition (Porzelt 2009, 50–107)**
> Anthropologische Definitionen: Religion als grundmenschliches Potenzial
> Funktionale Definitionen: Religion als Mittel zum Zweck
> Phänomenologische Definitionen: Religion als beobachtbares Geschehen
> Substantielle Definitionen: Religion als eigene Deutung der Wirklichkeit

> **Ein dreistufiger Religionsbegriff (Lechner/Gabriel 2009, 70–73)**
> Religion I: Existenz- oder Lebensglaube
> Religion II: Transzendenz- oder Gottesglaube
> Religion III: Konfessions- oder Gemeinschaftsglaube

 *wichtig*

1.1.4 Pluralität als religionspädagogische Herausforderung

Pluralität kann als Gefährdung oder als Chance empfunden werden, sie ist auf jeden Fall eine religionspädagogische Herausforderung. Hans-Georg Ziebertz (RD, 85) empfiehlt als angemessenen Umgang mit Pluralität, diese pluralistisch zu bearbeiten, d.h. Pluralität wahrzunehmen und nicht auszublenden und Schülerinnen und Schüler im Umgang mit Pluralität zu unterstützen, die ja bereits in der Unterschiedlichkeit der Subjekte im Klassenzimmer Realität ist. Diese können mithilfe der folgenden Verfahren Pluralität bewältigen und im gewaltfreien Diskurs Einigung erzielen:

- Sie müssen mehrdeutige Situationen aushalten können (Ambiguitäts-Toleranz).
- Sie müssen grundlegende Argumentationsstile und -verfahren kennenlernen.
- Sie müssen die Fähigkeit erwerben, die Perspektive anderer zu verstehen und darauf einzugehen, evtl. sogar davon zu lernen. *(Perspektivenwechsel)*
- Sie müssen in der Lage sein, Traditionen, die kulturell präsent sind, bei der Lösung heranzuziehen.
- Sie müssen kompetent werden, Übereinkunft zu erzielen, aber auch mit Ergebnissen ohne Übereinstimmung leben zu können.

Das formale Ziel eines »Fit-werdens für den Umgang mit Pluralität« im Zusammenhang einer »pluralitätsfähigen Religionspädagogik« bedarf jedoch einer inhaltlichen Weiterführung: Ziel heutigen Religionsunterrichts in Pluralität ist es, dass Schülerinnen und Schüler religiös kompetent und Subjekte ihres eigenen Glaubens werden. Rudolf Englert umschreibt »religiöse Kompetenz« folgendermaßen:

- »die Bereitschaft, sich auf die Frage nach dem Geheimnis von Leben und Welt einzulassen und die Fähigkeit, auf dieses Geheimnis verweisende (religiöse) Erfahrungen sensibel und verständig auszulegen;
- die Fähigkeit, religiöse Traditionen als Lesarten religiöser Erfahrungen zu interpretieren, mit anderen möglichen Lesarten zu vergleichen und sowohl die jeweilige Tradition als auch den eigenen Lebensglauben von daher kritisch zu befragen;
- die Fähigkeit, sich bei aller bleibender Offenheit religiöser Suchprozesse persönlich zu positionieren und allmählich so etwas auszubilden wie eine eigene religiöse Identität« (Englert 1998, 9).

Es geht also darum, in der Auseinandersetzung mit religiösen Traditionen sowohl diese zu verstehen als auch eine eigene Positionierung in Fragen von Religion und Glauben vorzunehmen, um auf einer solchen Grundlage dialogfähig im Austausch mit anderen religiösen Einstellungen und Haltungen zu werden. Lernende werden demnach »in Sachen Religion« kompetent, wenn sie in Auseinandersetzung mit den religiösen Konstruktionen anderer und unterstützt durch das Deutungs- und Praxisangebot christlicher Tradition ein selbstständiges und vor der Vernunft verantwortbares Urteil in Fragen der Religion sowie eigene religiöse Spuren entwickeln (Deutungs- und Partizipationskompetenz – vgl. RE, 85; vgl. auch Kap 2.4: Aufgaben und Ziele eines Religionsunterrichts in Pluralität).

Für die Lehrenden stellen sich folgende Aufgaben:

- Sie müssen die Herausforderungen der Pluralisierung und Individualisierung auch als Tatsache im Klassenzimmer wahrnehmen und akzeptieren. Im Religionsunterricht begegnen sich Schülerinnen und Schüler mit gänzlich unterschiedlicher religiöser Herkunft und Einstellung (Heterogenität).
- Sie müssen von einem weiten Religionsbegriff aus religionsproduktive Phänomene des Alltags im Leben ihrer Schülerinnen und Schüler aufspüren (Religion als das, »was uns unmittelbar angeht«; Tillich 1956), gleichzeitig aber zur Differenzierung von Religion beitragen (»es ist nicht alles Religion, was sich so fühlt«, Kroeger 1996).
- Sie müssen von einem selbstreflexiv verwendeten Religionsbegriff aus sowohl Elemente einer christlichen Tradition didaktisch einspielen (objektive, konfigurierte Religion) als auch die Entwicklung einer eigenständig verantworteten Religion fördern (subjektive, individuierte Religion; vgl. Kap. 2.4.2).

Die konkrete Einlösung dieser allgemeinen didaktischen Postulate im Umgang mit einer postmodernen Pluralität kann mit Bezug auf die weiter unten dargestellten religionspädagogischen Prinzipien (Kap. 4) erfolgen und muss sich dann auch bei der unterrichtlichen Aufbereitung von Inhaltsbereichen (Kap. 3) des Religionsunterrichts bewähren.

Literatur

LexRP Pluralität, Pluralismus, 1520–1525; Religion, 1672–1677; NHRPG Religion, Glaube und Aufwachsen heute, 20–25; Gesellschaftliche Lebenswelten, 138–174; Pluralismus und Individualisierung, 269–291; **RD I.4 Gesellschaftliche und jugendsoziologische Herausforderungen, 76–105**; RD GS I.2 Religion und Kindheit im Wandel – Pluralisierung, Individualisierung, Globalisierung, 25–38; RP 14–15, Herausforderungen, 243–278.

Weiterführende Literatur

Knoblauch, Hubert, Populäre Religion. Auf dem Weg in eine spirituelle Gesellschaft, Frankfurt a.M. 2009; Mendl, Hans, Im Mittelpunkt der Mensch. Prinzipien, Möglichkeiten und Grenzen eines schülerorientierten Religionsunterrichts, Winzer 2004, 16–29; Porzelt, Burkard, Grundlegung religiösen Lernens, Bad Heilbrunn 2009, 45–107.

Zusammenfassung in Stichworten

- Prozesse der Säkularisierung im Sinne einer abnehmenden Konfessionalisierung und Prozesse des Wandels von Religion überlagern einander.
- Die Frage nach der Zukunft von Religion ist nur klärbar, wenn man sich über den jeweils verwendeten Religionsbegriff verständigt.
- (Religiöse) Individualisierung, Pluralisierung und Globalisierung müssen als Tendenzen der Postmoderne ernst genommen werden.
- Die Postmoderne erscheint als gesamtgesellschaftliche Herausforderung, bei der es um die Alphabetisierung des Lebens insgesamt geht.
- Die religionspädagogische Aufgabe besteht in der Bewältigung von Pluralität und der Förderung von religiöser Kompetenz.

Prüfungsaufgaben

»Religion ist out« – »Wir erleben eine Renaissance von Religion«

1. Diskutieren Sie die beiden kontroversen Ansichten unter Einbezug des Religionsbegriffs, führen Sie Beispiele für die Thesen an und beziehen Sie selbst Position!
2. Wie muss religiöse Erziehung heute konzipiert sein, die die Ausdifferenzierung und Vielgestaltigkeit von Religion konstruktiv aufgreift?
3. Konkretisieren Sie Ihre Überlegungen an einem schulischen Beispiel der Schulart, in der Sie einmal unterrichten werden!

Pluralität als religionspädagogische Herausforderung

1. Beschreiben Sie den gesellschaftlichen Kontext (historische Entwicklung, aktuelle Kennzeichen) der sogenannten Postmoderne!
2. Skizzieren Sie zentrale Ziele eines religionspädagogischen Umgangs mit Pluralität!
3. Erläutern Sie wichtige Kompetenzen, die die Lehrenden benötigen, um die Heterogenität im Klassenzimmer zu bewältigen, und konkretisieren Sie diese an einem selbst gewählten Unterrichtsvorhaben!

1.2 Rechtliche und historische Grundlagen des Religionsunterrichts

Ein paradoxer Befund: Kein schulisches Unterrichtsfach ist grundgesetzlich so gut abgesichert wie der Religionsunterricht, keines steht aber in der Öffentlichkeit auch immer wieder so prinzipiell auf dem Prüfstand seiner Berechtigung im öffentlichen Schulwesen. Wer die eigenartige gesellschaftspolitische Situierung des konfessionellen Religionsunterrichts verstehen will, muss sowohl einen Blick in die deutsche Nachkriegsgeschichte (1.2.1) als auch umfassender in die geschichtliche Verhältnisbestimmung von Kirche und Staat (1.2.2) werfen. Vor diesem Hintergrund erfolgt dann eine Darstellung von unterschiedlichen alternativen Formen eines schulischen Unterrichtsfaches (1.2.3) und ein knapper Blick über den Zaun – auf die Konzeption des Religionsunterrichts in anderen europäischen Ländern (1.2.4).

1.2.1 Gesetzliche und gesellschaftspolitische Grundlage des Religionsunterrichts

Die Erfahrungen mit dem totalitären nationalsozialistischen Regime, das allen Staatsbürgern eine verbindliche Weltanschauung vorschrieb, führten die Väter und Mütter des deutschen Grundgesetzes einerseits zur Konstruktion eines Staates, der zur weltanschaulichen Neutralität verpflichtet ist. Anderseits erlaubt der wertneutrale Staat den gesellschaftlichen Gruppierungen aber nicht nur, ihre Werte öffentlich einzubringen und garantiert den Einzelnen die freie Ausübung ihrer Religion, sondern ist bei der Konstituierung einer Wertegemeinschaft sogar auf gesellschaftliche Gruppierungen angewiesen, die ihre Wertorientierungen artikulieren. »Der freiheitliche, säkularisierte Staat lebt von Voraussetzungen, die er selbst nicht garantieren kann«, formulierte der frühere Verfassungsrichter Ernst-Wolfgang Böckenförde (Böckenförde 1991, 112). Im Unterschied zu anderen Staaten wurden deshalb in der Bundesrepublik Deutschland Staat und Kirche nach dem Grundgesetz nicht völlig getrennt; auf manchen Gebieten benötigt der Staat die Unterstützung durch gesellschaftliche Einrichtungen. So ist der Religionsunterricht eine *res mixta*, ein gemischter Bereich, an dem die Kirchen als Körperschaften öffentlichen Rechts zur Mitwirkung nicht nur berechtigt, sondern auch verpflichtet sind. Im Grundgesetz Artikel 7 ist der konfessionelle Religionsunterricht gesetzlich verankert:

RU = verankert in

Artikel 7 Grundgesetz

(1) Das gesamte Schulwesen steht unter der Aufsicht des Staates.

(2) Die Erziehungsberechtigten haben das Recht, über die Teilnahme des Kindes am Religionsunterricht zu bestimmen.

> (3) Der Religionsunterricht ist an öffentlichen Schulen mit Ausnahme der bekennt-
> nisfreien Schulen ordentliches Lehrfach. Unbeschadet des staatlichen Aufsichts-
> rechtes wird der Religionsunterricht in Übereinstimmung mit den Grundsätzen
> der Religionsgemeinschaften erteilt. Kein Lehrer darf gegen seinen Willen
> verpflichtet werden, Religionsunterricht zu erteilen.

Ausgenommen von der Regelung waren nach der sogenannten Bremer Klausel (Art.
141 GG: »Artikel 7 Absatz 3 Satz 1 findet keine Anwendung in einem Lande, in dem am
1. Januar 1949 eine andere landesrechtliche Regelung bestand«) das Land Bremen und
das unter Vier-Mächte-Status stehende Land Berlin.

Der grundgesetzlich verankerte Religionsunterricht ist kein Vorrecht der beiden großen christlichen Kirchen; er kann auch von anderen organisierten Religionsgemeinschaften in Anspruch genommen werden und wird dies auch – so gibt es beispielsweise
in verschiedenen Bundesländern auch syrisch-orthodoxen, jüdischen, neuapostolischen
oder altkatholischen Religionsunterricht.

Die gesellschaftliche Herausforderung verschärfte sich nach der deutschen Wiedervereinigung, da nunmehr neue Länder dem Geltungsbereich des Grundgesetzes beitra-
ten, in denen Christen die Minderheit waren und bis heute sind. Die Fragen nach der
Umsetzbarkeit von Artikel 7 GG in einer Minderheitensituation und nach der durchgängig als notwendig erachteten Einführung eines Faches, das eine ethisch-philosophi-
sche Grundbildung gewährleistet, bestimmen die Diskussion in den neuen Bundesländern bis heute und wirken sich auch auf die gesamtdeutsche Diskussion um die
Konzeptionierung des Religionsunterrichts aus.

1.2.2 Das Verhältnis von Kirche und Schule – historisch betrachtet

Im gesamten Mittelalter war das Weltdeutungsmonopol des Christentums unumstritten;
das Christentum durchdrang alle Lebensbereiche, sodass die Bezeichnung »mittelalter-
liche Christianitas« durchaus zutreffend ist. Auf eine explizite religiöse Unterweisung
für die Mehrheit der Bevölkerung konnte in einem solchen umfassend christlichen Milieu weitgehend verzichtet werden – man erlebte in der Familie und in allen Facetten des
Alltags Religion. Auch das Schulwesen war selbstverständlich kirchlich geprägt und in
Form von Kloster-, Stifts- und Domschulen organisiert. Breite Bevölkerungsschichten
jenseits zukünftiger Kleriker und Gewerbetreibender kamen allerdings nicht in den
Genuss einer schulischen Bildung (vgl. zum geschichtlichen Aufriss: Mendl 2006).

Seit der Reformationszeit lässt sich ein schrittweiser Bedeutungs- und Einflussver-
lust der Kirche im Bildungsbereich feststellen, der mit der modernen Ausdifferenzierung der Gesellschaft zusammenhängt. Zur Zeit der Konfessionsstreitigkeiten wollte
man sich des eigenen Glaubens auch kognitiv vergewissern; die damals entstandenen
ersten Formen eines schulischen Religionsunterrichts begründeten den Prozess einer
»Pädagogisierung von Katechese«. Das entstehende breitere Schulwesen war zunächst
stark konfessionell geprägt – es gab entweder katholische oder evangelische »Bekenntnisschulen«.

Im Aufklärungszeitalter wurde der Ruf nach einer »Schule für alle« immer stärker vernehmbar. Dies führte zu einer Einführung der allgemeinen Schulpflicht (z.B. in Bayern im Jahre 1802), die zunächst als Postulat formuliert und nur mühsam bis Ende des 19. Jahrhunderts flächendeckend umgesetzt wurde. Seit 1799 trägt der Staat die Verantwortung über das Schulwesen (staatliche Schulaufsicht), wobei aus pragmatischen Gründen die Ortspfarrer auf der Distrikts- und Lokalschulebene bis ins 20. Jahrhundert hinein die sogenannte geistliche Schulaufsicht innehatten. Erst mit der Weimarer Verfassung wurde die geistliche Schulaufsicht gänzlich abgeschafft. Gleichzeitig wurde angesichts des zunehmenden Prozesses der Modernisierung und der Säkularisierung das nach wie vor dominante Modell einer Bekenntnisschule als Regelschule gesellschaftlich auf breiter Ebene kritisch angefragt.

Dass die Nationalsozialisten beim Bemühen, ihre Weltanschauung der gesamten Bevölkerung aufzuzwingen und den Einfluss der Kirchen auf allen Ebenen zurückzudrängen, auch die Bekenntnisschulen eliminierten und stattdessen eine »Deutsche Gemeinschaftsschule« errichteten, führte nach dem Zweiten Weltkrieg zunächst zu einer Wiedererrichtung des konfessionellen Schulwesens. Doch eine solche konfessionelle Prägung des allgemeinen Schulwesens wurde angesichts einer sich rapide verändernden Gesellschaft und eines Rückgangs der volkskirchlichen Prägung sowie einer Abnahme der konfessionellen Homogenität der Gesellschaft als nicht mehr tragfähig betrachtet. Ende der 1960er-Jahre wurden die Bekenntnisschulen zum Teil über Volksentscheide abgeschafft. In Bayern beispielsweise sind seit 1968 die Grund- und Hauptschulen »christliche Gemeinschaftsschulen« (Art. 135 Bayerische Verfassung); was das inhaltlich bedeutet, haben die evangelische und katholische Kirche mit den mehrmals überarbeiteten »Leitsätzen für den Unterricht und die Erziehung nach gemeinsamen Grundsätzen der christlichen Bekenntnisse an Grund-, Haupt- und Sondervolksschulen« (1988) formuliert. Die Abschaffung der Bekenntnisschulen war ein wichtiges Moment im Prozess der Säkularisierung und Entkirchlichung der deutschen Schulen.

Heute gibt es drei erkennbare institutionelle Kontaktzonen zwischen der öffentlichen Schule und den christlichen Kirchen:
• den Religionsunterricht als ordentliches Unterrichtsfach;
• die christliche Gemeinschaftsschule im Grund- und Hauptschulbereich, wobei das Bewusstsein für diese Verfasstheit in der Öffentlichkeit zunehmend schwindet;
• Aktivitäten im Rahmen der Schulpastoral und im Ganztagsschulbereich (vgl. Kap. 6.1), wobei diese Felder kein Sonderrecht der Kirche sind, sondern im Konzept einer gesellschaftlichen »Öffnung von Schule« betrachtet werden müssen; ähnlich wie andere kulturelle, wirtschaftliche oder sportliche Anbieter im Handlungsfeld Schule mitwirken, beteiligen sich auch die Kirchen mit ihren Angeboten in der öffentlichen Schule – als Beitrag zur Identitätsfindung junger Menschen und zur Humanisierung des Schulwesens.

Darüber hinaus haben die Kirchen nach Auflösung der Konfessionsschulen das Recht eingeräumt bekommen, eigene Schulen zu begründen und in der Folge ein breites und anerkanntes Parallelangebot an kirchlichen Schulen für alle Schularten entwickelt.

Historischer Überblick über das Verhältnis von Schule und Kirche	
Mittelalter	Schule für Klerus und Gewerbetreibende
Reformationszeit	Konfessionsschulen
Aufklärung	allgemeine Schulpflicht; Sonn- und Feiertagsschulpflicht; staatliche Schulaufsicht; Volksschulbereich: geistliche Schulaufsicht, Konfessionsschulen
Kulturkampf	aus »Pfarrschulen« werden »Gemeindeschulen«; Forderung nach Simultanschulen (Lehrer wie Schüler konfessionell gemischt) statt Konfessionsschulen
Weimarer Republik	christliche Simultanschule/Gemeinschaftsschule mit Religion als Pflichtfach als Regelschule; daneben bekenntnisfreie (weltliche) Schulen (Art. 149 der Weimarer Reichsverfassung 1919); endgültige Aufhebung der geistlichen Schulaufsicht
Drittes Reich	Schließung von Klosterschulen, Entlassung kirchlicher Lehrer, Verbot des Schulgebets, Entfernung von Kreuzen aus dem Klassenzimmer; aus »Bekenntnisschulen« werden »Deutsche Gemeinschaftsschulen«
Bundesrepublik	GG Art. 7: Religionsunterricht ordentliches Lehrfach, in Übereinstimmung mit den Grundsätzen der Religionsgemeinschaften; Bekenntnisschule als Regelschule, Gemeinschaftsschule als regionale Möglichkeit
Ende der 1960er-Jahre	Volksentscheid 1968: Ende der Konfessionsschulen; Volksschulen als christliche Gemeinschaftsschulen: »nach den Grundsätzen der christlichen Bekenntnisse« (BayVerf Art. 135); kirchliche Privatschulen
Würzburger Synode (1974)	diakonischer Ansatz: Religionsunterricht als Dienst der Kirche in der pluralen Schule; Unterscheidung Religionsunterricht – Gemeindekatechese

in Bayern: konfessioneller RU (nur kath. SuS & kath. Relilehrer – nur durch Antrag andere Ст-(aubet)

1.2.3 Alternative Formen des Religionsunterrichts

Das ordentliche Unterrichtsfach Religionsunterricht wird nach dem Grundgesetz (Art. 7,3) »in Übereinstimmung mit den Grundsätzen der Religionsgemeinschaften« unterrichtet; über die Teilnahme an diesem Fach entscheiden die Erziehungsberechtigten, die Ausgestaltung des Faches erfolgt in Absprache mit den jeweiligen Religionsgemeinschaften. Im Folgenden sollen zentrale konkrete Formen, die in der öffentlichen Diskussion immer wieder thematisiert werden, mit ihren Chancen und Grenzen knapp vorgestellt werden.

Konfessioneller Religionsunterricht *(siehe Blätter)*

Die Kirchen interpretieren die grundgesetzlichen Vorgaben im Sinne eines konfessionell gebundenen Religionsunterrichts. Er begründet sich als Recht der Schülerinnen
und Schüler auf Bildung und Erziehung in der eigenen Religion, unabhängig von der
inneren Beziehung zu dieser Religion (vgl. zum Konzept und zur Schülerdifferenzierung: Kap. 2.2.1). Die Religionsgemeinschaften sind in Absprache mit dem Staat für
die Inhalte des Religionsunterrichts verantwortlich; die beiden großen christlichen
Kirchen bevollmächtigen die Lehrenden mit der »Missio canonica« (katholisch) oder
»Vocatio« (evangelisch) dazu, den Unterricht in der jeweiligen Konfession durchzuführen. Begründet wird das Konzept eines konfessionellen Religionsunterrichts mit der
Tatsache, dass es Religion und Christentum nicht an sich gibt, sondern nur in konfessionell konkretisierter Form. Im Unterschied zu einem religionskundlichen Konzept
sind die Lehrenden in ihrer konfessionellen Positionalität (bei aller notwendigen individuellen Ausprägung!) und auch die Schülerinnen und Schüler in der Auseinandersetzung mit der eigenen Konfession gefordert.

Wer sich vom konfessionellen Religionsunterricht abmeldet, muss an einem alternativen Fach teilnehmen, das in den verschiedenen Bundesländern unterschiedlich benannt und ausgestaltet wird (vgl. Mendl 2004b). Derzeit werden auch für muslimische
Schülerinnen und Schüler Konzepte eines islamischen Religionsunterrichts entwickelt
und erprobt, die die religiöse Bildung muslimischer Kinder und Jugendlicher im Kontext eines anerkannten Unterrichtsfachs an öffentlichen Schulen garantieren. In der
juristischen Grundform eines konfessionellen Religionsunterrichts sind drei Größen
konfessionell geprägt: Lehrer, Schüler und Fachinhalt (sogenannte Trias).

Gegen das Konzept eines konfessionellen Religionsunterrichts wird eingewendet,
dass die Mehrzahl der Schülerinnen und Schüler heute keine konfessionelle Identität
besitzt und deshalb ein konfessionsgebundener Unterricht ein unrealisierbares Modell
für die konfessionsferne Schülerschaft darstellt. Außerdem birgt die Trennung in verschiedene konfessionelle Lerngruppen neben den schulorganisatorischen und schulpädagogischen Problemen (Trennung einer homogenen Lerngruppe in einem Fach) die
Gefahr in sich, dass konfessionelle Unterschiede verfestigt werden und die Verständigung mit anderen Gläubigen und Ungläubigen zu kurz kommt, sodass die geforderte
Kompetenz im Umgang mit religiöser Pluralität gerade nicht gefördert wird.

Konfessionell-kooperativer Religionsunterricht

»Identität und Verständigung« lautete der Titel einer evangelischen Denkschrift zum
Religionsunterricht. Auf dem Weg zur »kleinen« Ökumene zwischen den christlichen
Kirchen erscheint eine konfessionelle Kooperation als Möglichkeit, um im wechselseitigen Austausch sowohl die jeweils andere christliche Konfession besser kennenzulernen als auch in der Auseinandersetzung mit anderen Positionen den eigenen, oftmals
sehr fremden konfessionellen Glauben besser zu verstehen und eine flexible christliche
Identität zu entwickeln (zur Auswertung eines Modellprojekts: vgl. Kuld u.a. 2009).
Die aktuellen Lehrpläne aller Bundesländer und Schularten sind meist so aufeinander

abgestimmt, dass in allen Jahrgangsstufen eine thematische Kooperation zwischen den verschiedenen konfessionellen Lerngruppen möglich ist. Dort, wo es besondere Umstände (kleine Lerngruppen in der Oberstufe, Bundesländer mit konfessionellen Minderheiten) erfordern, wird im Religionsunterricht bereits in größerem Umfang ökumenische Gastfreundschaft gewährt.

dagegen:

Gegen eine konfessionelle Kooperation spricht die konfessionelle Standortlosigkeit vieler Schülerinnen und Schüler, von der aus auch kein besonderes Interesse an ökumenischen Fragestellungen zu erwarten ist. Die institutionellen Rahmenbedingungen erschweren zudem die Durchführung kooperativer Projekte, die einen erhöhten organisatorischen Aufwand für Lehrende, Lernende und die Institutionen mit sich bringen – besonders dort, wo es keine halbwegs homogene Präsenz beider christlicher Kirchen gibt. Die Kirchenleitungen befürchten bei einer Ausweitung ökumenisch-kooperativer Projekte, dass die Plausibilität eines konfessionell getrennten Religionsunterrichts besonders bei den Stundenplangestaltern noch mehr schwindet, als dies bereits der Fall ist.

Ökumenischer Religionsunterricht

Ein ökumenischer Religionsunterricht, der von den großen christlichen Kirchen gemeinsam durchgeführt wird, könnte den Einstieg in einen von den Kirchen verantworteten Religionsunterricht für alle im Sinne einer Religionskunde sein. Nachdem das Ziel der Schaffung oder Stärkung einer konfessionellen Identität der Schülerinnen und Schüler angesichts eines oft nur noch marginal verankerten konfessionellen Bewusstseins sehr hoch gegriffen sein dürfte, erscheint es als realistisch, dass eine Auseinandersetzung mit der christlichen Prägung der abendländischen Kultur und Gesellschaft im Zentrum eines gemeinsamen Unterrichts steht. Dadurch kann auch die pädagogisch und schulorganisatorisch ungünstige Auflösung des Klassenverbands in verschiedene Konfessionsgruppen vermieden werden. Auch sind Mischformen zwischen konfessionellem, ökumenischem und interreligiösem Religionsunterricht denkbar. So könnte man beispielsweise in den ersten beiden Jahrgangsstufen der Grundschule einen ökumenischen und dann in den dritten (Erstkommunion!) und vierten einen konfessionellen bzw. konfessionell-kooperativen Religionsunterricht anbieten oder im Rahmen einer Fächergruppe Religion Elemente des eigenständigen und kooperativen Unterrichts integrieren.

dagegen:

Die Kirchen befürchten, ähnlich wie bei »nur« konfessionell-kooperativen Projekten, ökumenische Modellprojekte könnten dazu führen, dass von staatlicher Seite zunehmend die Notwendigkeit eines kirchlich verantworteten Religionsunterrichts überhaupt hinterfragt werde. Kritisch diskutiert wird auch die Ortlosigkeit eines ökumenischen Konzepts, da es Religion nur in konfessionell konkretisierter Form, nicht aber im Sinne einer allgemeinen Christlichkeit gibt.

Diskussion um: / *neutraler über etwas sprechen* *(Konfessionen werden nebeneinander gestellt)*

Religionskunde

Das religionskundliche Konzept soll Fragen nach Sinn und Religion in den Unterricht in der Klassengemeinschaft integrieren. Die anzunehmende Unterschiedlichkeit der Schülerschaft wird als Chance für die Einübung eines Umgangs mit Pluralität betrachtet. Als Beleg für das Funktionieren religionskundlicher Modelle werden die angelsächsischen Länder herangezogen, die diesbezüglich einen jahrzehntelangen Erfahrungsvorsprung aufweisen und inzwischen weit differenziertere Formen als eine rein sachorientierte Religionskunde entwickelt haben. Vor allem dort, wo Christen in der Minderheit sind, also beispielsweise in den östlichen Bundesländern, werden religionskundliche Modelle als angemessene Konzepte für den Umgang mit einer sich auch religiös weiter ausdifferenzierenden Gesellschaft betrachtet. Mit diesen Argumenten wurde in Brandenburg in den 1990er-Jahren das Fach LER (Lebensgestaltung – Ethik – Religionskunde) eingeführt, um das bald ein heftiger Streit entbrannte (vgl. Edelstein u.a. 2001).

gegen: Religionskundliche Modelle stehen in mehrfacher Hinsicht unter dem Verdacht, dass man sich mit einem solchen Fach dem Gegenstand Religion nicht auf angemessene Weise nähern kann. Wird von Lehrenden wie von Lernenden auf eine konfessionelle Positionalität verzichtet, so führt das lediglich zu einer distanzierten Betrachtung von Religion und Religionen und zu einem funktionalen, nützlichkeitsorientierten Umgang mit Elementen der Religionen. Institutionell wird angefragt, ob der Staat überhaupt berechtigt sei, Lehrpläne für Religion und Religionen zu erstellen. Die nötigen diskur-

Vergleich der verschiedenen Modelle von Religionsunterrricht			
+ Religion ist Konfession	+ Ökumene als Ziel	+ Einstieg in eine von den Kirchen verantwortete Religionskunde	+ Religionsunterricht in der Klassengemeinschaft
+ Schülerrecht	+ flexible christliche Identität	+ entspricht dem geringen konfessionellen Bewusstsein der Schülerschaft	+ Pluralität bewältigen
Konfessioneller RU	**konfessionell-kooperativer RU**	**ökumenischer RU**	**Religionskunde**
– Konfessionsferne der Schüler	– kein Interesse an Ökumene	– Aufgabe einer konfessionellen Identität	– Unterricht »über« statt »in« Religion
– pluralitätsblinder Konfessionalismus	– organisatorisch problembehaftet	– Einstieg in eine nur staatlich verantwortete Religionskunde	– Beliebigkeit und Funktionalität von Religion

siven Konsensmodelle bei der Absprache verschiedener Interessensgruppen könnten sich bald angesichts faktischer Machtprozesse als Illusion erweisen.

1.2.4 Religionsunterricht in anderen Ländern –
Ein Blick über den Zaun

Die institutionelle Gestalt des Religionsunterrichts ist eng mit der Geschichte und Kultur des jeweiligen Landes verbunden. Tendenziell dominieren in traditionell protestantisch geprägten Ländern konfessionsübergreifende Formen und in katholisch geprägten ein konfessionell ausgerichteter Unterricht. In den meisten Ländern ist der Religionsunterricht ein Wahlpflichtfach bzw. Wahlfach. Fast überall gibt es die verfassungsrechtlich verankerte Möglichkeit, sich vom Religionsunterricht abzumelden. Alle Länder stehen vor den Herausforderungen einer postmodernen Ausdifferenzierung und Pluralisierung der Gesellschaft, auch in religiöser Hinsicht. Exemplarisch werden einige markant unterschiedliche europäische Nachbarländer vorgestellt (vgl. Übersichten: Religionsunterricht an den öffentlichen Schulen in Europa, hg. v. Sekretariat der deutschen Bischofskonferenz, Bonn 1991; Schreiner 2005; Heimbrock 2004; LD, 361–397; RD, 70–75):

In **Frankreich** bedingt die radikale Trennung von Kirche und Staat (keine Kirchensteuer und keine offiziellen Daten zur Religionszugehörigkeit, Religion ist Privatsache, religiöse Symbole und Kleidung an der Schule sind verboten), dass es keinen staatlichen Religionsunterricht an öffentlichen Schulen gibt. An Sekundarschulen kann auf Antrag der Eltern ein Katechet in der Schule, aber außerhalb der regulären Unterrichtseinheiten, Religionsunterricht erteilen. Etwa 30% der Kinder und Jugendlichen besuchen einen solchen Unterricht. Über Religion erfahren die Schülerinnen und Schüler etwas im Geschichts-, Geografie- und Philosophie-Unterricht.

In **England** ist die anglikanische Kirche Staatskirche. Andere Kirchen werden wie Vereine behandelt. An allen staatlichen Schulen ist der Religionsunterricht ein nicht konfessionelles Pflichtfach für alle Schülerinnen und Schüler. Es gibt Noten, das Fach ist versetzungsrelevant, man kann sich aber davon abmelden. Die Lehrpläne für dieses gemeinsame Fach werden auf regionaler Ebene unter Mitwirkung von verschiedenen Religionen, der Lehrergewerkschaft und der Erziehungsbehörde erstellt. Schulgottesdienste finden in Form von multireligiösen Feiern statt. Es dürfen religiöse Symbole getragen werden, von der Schülerschaft ebenso wie von den Lehrenden.

In der **Schweiz** führt der Pluralismus und Bildungsföderalismus dazu, dass es 26 verschiedene Verhältnisformen von Kirche und Staat gibt. Bei aller Unterschiedlichkeit lassen sich vier Grundmodelle eines Religionsunterrichts feststellen:
- ein christlicher Religionsunterricht an der Schule, aber außerhalb des Lehrplans, dessen Inhalte von den Religionsgemeinschaften bestimmt werden;
- ein konfessioneller Religionsunterricht, im Lehrplan ausgewiesen, in alleiniger Verantwortung der Kirchen;
- ein konfessionell-kooperativer Religionsunterricht im Rahmen des schulischen Lehrplans, gemeinsam verantwortet von den Konfessionen und dem Staat;
- ein konfessionell-neutraler christlicher Unterricht im Rahmen des Lehrplans in alleiniger Verantwortung der Schule.

In **Italien** ist katholischer Religionsunterricht seit dem Konkordat von 1984 nicht mehr obligatorisches Pflichtfach, sondern frei (ab-)wählbares ordentliches Unterrichtsfach. Alternativunterricht wird selten angeboten; ein Religionsunterricht anderer Konfessionen oder Religionen ist bislang an öffentlichen Schulen nicht vorgesehen. Die Lehrpläne werden von den Bischöfen erstellt und vom Bildungsministerium genehmigt. In der Grundschule wird gewünscht, dass die Klassenlehrer das Fach unterrichten, auch wenn sie es nicht studiert haben.

In **Österreich** ist der Religionsunterricht wie in Deutschland ein ordentliches Unterrichtsfach, und zwar für derzeit 13 anerkannte Religionsgemeinschaften. Man kann sich vom Unterricht abmelden, allerdings gibt es dort nur selten einen verbindlichen Alternativunterricht, sodass die Alternative häufig heißt: »Reli oder Kaffeehaus« (Ritzer 2003).

Im internationalen Vergleich wird die Eigenart des deutschen Modells deutlich, dessen Besonderheit die Ausgestaltung als ordentliches konfessionelles Unterrichtsfach ist, das sich von der kirchlichen Katechese unterscheidet und zu dem es alternative Formen eines Ethikunterrichts gibt.

Literatur

DdRU Begründung des RU, 73–85; Konfessionalität des RU, 86–99; FD B.III Rechtliche Rahmenbedingungen, 50–77; **LD 3.4 Dimension Ökumenisches Lernen, 256–273; 4. Religionsunterricht in Europa, 361–397**; LexRP RU in Deutschland, 1775–1833; RD Exkurs: Weitere Formen des Religionsunterrichts in Europa, 70–75; II.13 Unter welchen Rahmenbedingungen findet Religionsunterricht statt?, 302–320; RD GS I.8 Religionsunterricht als ordentliches Lehrfach – Rechtliches, Vocatio, Missio, 102–113.

Weiterführende Literatur

Edelstein, Wolfgang u.a., Lebensgestaltung – Ethik – Religionskunde. Zur Grundlegung eines neuen Schulfachs. Analysen und Empfehlungen, Weinheim/Basel 2001; Heimbrock, Hans-Günter, Religionsunterricht im Kontext Europa. Einführung in die kontextuelle Religionsdidaktik in Deutschland, Stuttgart 2004, bes. 26–33 (RU in europäischen Nachbarländern); Mendl, Hans, Katholischer Religionsunterricht – ein Längsschnitt, in: Lachmann, Rainer/Schröder, Bernd (Hg.), Geschichte des evangelischen Religionsunterrichts in Deutschland. Ein Studienbuch, Neukirchen-Vluyn 2006, 331–364.

Zusammenfassung in Stichworten

■ Das deutsche Modell eines konfessionellen Religionsunterrichts wird verständlich vor dem Hintergrund der gesellschaftlichen und geschichtlichen Entwicklung.

■ Die Kirche hat als die einstmals zentrale Bildungsinstitution beim Weg in die Moderne mit dem Weltdeutungsmonopol auch die ursprünglich dominante Rolle im Bildungsbereich verloren.

■ Im Grundgesetz der Bundesrepublik Deutschland wurde nach der Ernüchterung über ein staatsideologisches Bildungsverständnis in der Zeit des Nationalsozialismus der Religionsunterricht als ordentliches Schulfach (GG Art. 7,3) mit Abmeldemöglichkeit verankert.

■ In einer sich weiterhin auch religiös ausdifferenzierenden Gesellschaft werden auch andere Modelle als Alternativen zum konfessionellen Religionsunterricht diskutiert, die ein gemeinsames Lernen in Pluralität anstreben.

Prüfungsaufgaben

Die Diskussion über die Einführung eines ordentlichen Unterrichtsfachs Religion in Berlin verdeutlicht, dass der Religionsunterricht zu allen Zeiten begründet werden muss.

1. Erläutern Sie, wie sich der Einfluss der Kirche auf die schulische Bildung verändert hat und auf welche Weise Kirche heute in der Schule präsent ist und ihren Beitrag für das Bildungs- und Erziehungswesen begründet!
2. Beschreiben Sie gesellschaftliche Veränderungsprozesse, die zu einer verschärften Anfrage bezüglich eines flächendeckenden staatlichen Religionsunterrichts führen!
3. Diskutieren Sie kritisch mögliche alternative Formen zur derzeit gültigen Regelung bezüglich eines konfessionellen Religionsunterrichts und seiner Stellung im Fächerkanon!

Die Konzeption des schulischen Religionsunterrichts in Deutschland

1. Erläutern Sie die spezifische rechtliche Konstruktion des schulischen Religionsunterrichts in Deutschland und vergleichen Sie diese mit ausgewählten Konzepten in anderen Ländern!
2. Begründen Sie die Notwendigkeit eines schulischen Unterrichtsfachs auf dem Gebiet der Ethik, Religion und Philosophie!
3. Diskutieren Sie Chancen und Grenzen eines konfessionellen Religionsunterrichts im Vergleich mit anderen Konzepten!

1.3 Religiöse Entwicklung, Moralentwicklung, Lebenszyklus

Ausgangs- und Zielpunkt religiösen Lernens ist das lernende Subjekt. Von einer solchen Zielformulierung aus ergeben sich hermeneutische und didaktische Folgerungen: Wenn der Religionsunterricht »pünktlich« (kairologisch) sein will, müssen die Lehrenden in der Lage sein, die jeweiligen Lernvoraussetzungen der Schülerinnen und Schüler zu verstehen. Die didaktische Folgerung, die weiter unten (Kap. 4.1: Subjektorientiert lernen) konkretisiert wird, lautet: Alle Schülerinnen und Schüler müssen in ihrer je eigenen religiösen Kompetenz gefördert werden; das hat auch lerntheoretische Implikationen und didaktisch-methodische Folgen.

Zunächst aber geht es um ein Verständnis für die lebensweltliche und lebensgeschichtliche Herkunft und Situierung der Schülerinnen und Schüler. Verschiedene Dimensionen können herangezogen werden, um so die Wahrnehmungskompetenz für die Lebens- und Entwicklungsbedingungen der Schülerinnen und Schüler zu fördern: das Denk- und Sprachvermögen von Kindern und Jugendlichen, ihr Weltbild, ihre moralische und ethische Kompetenz, die Art zu glauben, die Lebenswelten und schließlich die anstehenden Entwicklungsaufgaben im Kindes- und Jugendalter. Deutlich wird, dass die lebensweltlichen und -geschichtlichen Bedingungen einen unhintergehbaren Ausgangspunkt für die Konzipierung religiösen Lernens darstellen. Bereits Thomas von Aquin formulierte dies so: »Alles, was erkannt wird, wird nach den Bedingungen des Erkennenden erkannt« (*quidquid recipitur, ad modum recipientis recipitur*).

Zu diesen Wahrnehmungsfeldern gibt es unterschiedliche wissenschaftliche Untersuchungen, die dazu dienen können, die Eigenart kindlichen und jugendlichen Denkens, Fühlens und Lebens besser zu verstehen. Diese Theorien werden dann problematisch, wenn deren Einzelelemente dazu verwendet werden, Individuen vorschnell in Kategorien zu pressen, ohne sich auf die unterschiedlichen individuellen Lebensformen und Entwicklungsausprägungen einzulassen.

1.3.1 Entwicklungsmodelle

Strukturgenetische Modelle der Entwicklung stehen in der Tradition des Schweizer Entwicklungspsychologen Jean Piaget (vgl. Piaget 1988). Entgegen reinen Reifungs- und Prägungstheorien nimmt bei der Theorie der Stufenmodelle das entscheidungsfähige Subjekt einen hohen Stellenwert ein. Die Art und Weise einer Auseinandersetzung mit der umgebenden Wirklichkeit erfolgt im Rahmen der jeweils zugrunde liegenden Denkoperationen; Ereignisse des Alltags und unerwartete Phänomene werden entweder so gedeutet, dass sie zur eigenen Theorie passen (Assimilation), oder es erfolgt eine Änderung der Denkstrukturen (Akkomodation) und somit ein Übergang zur nächsten Stufe. Piaget widmete sich vor allem der Denkentwicklung bei Kindern. Während Säuglinge die Wirklichkeit sensomotorisch erfassen und Kleinkinder über präoperational-anschauliche Denkweisen verfügen, besteht die Aufgabe im Grundschulalter in der Förderung eines konkret-operationalen Denkens: Ausgehend von konkreten Phänomenen können Kinder nun schrittweise abstraktere Operationen anstellen. Die Fähigkeit zum Vollzug formaler Operationen stellt dann die Leistungsaufgabe im Jugendalter dar.

Der Wert von strukturgenetisch orientierten Ansätzen besteht darin, dass man mit dem respektvollen Blick auf die jeweilige Denkmöglichkeit der Eigenart eines kindlichen oder jugendlichen Weltzugangs gerecht wird, ohne diese als defizitär gegenüber erwachsenen Ausprägungen abzuwerten; eine Gefahr bestünde darin, wenn man den missverständlichen Begriff der »höheren« Stufe wertend betrachten würde.

Im Folgenden werden einige zentrale Theorien vorgestellt (Überblick siehe Schweitzer 1999; Büttner/Dieterich 2000; Kuld 2001); ein besonderes Augenmerk wird auf diejenigen Entwicklungsphasen gelegt, die für die Kindheit und das Jugendalter bedeutsam sind.

nicht →
so wichtig

Erik Erikson: Psychosoziale Stufen im Lebenslauf (Erikson 1973)

> I. Ur-Vertrauen gegen Misstrauen: Ich bin, was man mir gibt. *(Säuglingsalter)*
>
> II. Autonomie gegen Scham und Zweifel: Ich bin, was ich will. *(Kleinkindalter)*
>
> III. Initiative gegen Schuldgefühl: Ich bin, was ich mir zu werden vorstellen kann. *(Spielalter)*
>
> IV. Werksinn gegen Minderwertigkeitsgefühl: Ich bin, was ich lerne. *(Schulalter)*
>
> V. Identität gegen Identitätsdiffusion: Wer bin ich? *(Adoleszenz)*
>
> VI. Intimität gegen Isolierung: Ich setze mich ein und verschenke mich. *(Frühes Erwachsenenalter)*
>
> VII. Generativität gegen Selbstabsorption: Ich zweifle an mir. *(Erwachsenenalter)*
>
> VIII. Integrität gegen Lebens-Ekel: Ich ringe um den Sinn des Ganzen. *(Reifes Erwachsenenalter)*

Nach Erik Erikson fordert jede Lebensphase das Individuum auf spezifische Weise heraus; bestimmte krisenhafte Situationen müssen bewältigt werden, und die Art der Krisenbewältigung prägt den Menschen. Dabei gilt es, ein Gleichgewicht zwischen zwei Extremen zu finden. Für die Schule erscheinen besonders die dritte Stufe (Initiative gegen Schuldgefühl), die vierte Stufe (Werksinn gegen Minderwertigkeitsgefühl), die fünfte Stufe (Identität gegen Identitätsdiffusion) und in Ansätzen auch die sechste Stufe (Intimität/Solidarität gegen Isolierung) als Herausforderungen, die bei Bildungs- und Erziehungsprozessen beachtet werden sollten. Erikson selbst hat zwar keine eigene religiöse Entwicklungstheorie verfasst; die Beschreibung der psychosozialen Krisen steht jedoch für eine religiöse Bedeutungszuweisung offen und kann jeweils mit zentralen religiösen Themen, Symbolen und Texten in Beziehung gebracht werden. (Zur Kritik an Eriksons Identitäts-Begriff: siehe unten, Kap. 2.4.3.)

Lawrence Kohlberg: Stufen der Moralentwicklung
(Kohlberg 1995; vgl. auch Oser/Althof 1997)

Sieben Gebote des Dekalogs sind auf die Beziehung der Menschen untereinander bezogen, drei auf das Verhältnis zwischen Mensch und Gott. Religion hat also auch mit der horizontalen Dimension des menschlichen Miteinanders zu tun und ist damit auf das Feld der Moral und der Ethik verwiesen (zur didaktischen Entfaltung: siehe Kap. 3.5). Auch moralisches Argumentieren und Handeln ist einer Entwicklung unterworfen. Lawrence Kohlberg hat seine Theorie von den Stufen der Moralentwicklung ähnlich ermittelt wie Fritz Oser (siehe unten): Er wertete die Antworten auf Dilemma-Erzählungen wie das berühmte »Heinz-Dilemma« (Darf Heinz für seine todkranke Frau ein Heilmittel stehlen?) aus und erstellte so seine Theorie.

Kohlberg unterscheidet drei Stadien, die jeweils in sich wieder in zwei Stufen unterteilt sind.

Präkonventionelle Moral: Hetero-Nomie

Auf der Ebene der präkonventionellen Moral ist die Reflexion über das, was richtig oder falsch ist, noch nicht von der Einsicht in die Gültigkeit übergreifender Normen für Gruppen und Gesellschaften geprägt.
Stufe 1: Gehorsam-Strafe-Orientierung: Auf der ersten Stufe erfolgt die Orientierung in moralischen Fragen nach dem Prinzip Gehorsam und Strafe: Verantwortlich für Moral ist also eine externe Autorität; ein anderer ist für die Bestimmung des »Richtigen« zuständig; diese Autorität wird unbedingt geachtet (heteronome Moral). Die Beurteilung, ob ein Verhalten gut oder böse ist, wird bestimmt von der physischen Form (z.B. die Größe der Lüge) oder den eingetretenen Konsequenzen (z.B. die Höhe des Schadens oder das Maß der zu erwartenden Strafe).
Stufe 2: Naiv-hedonistische Orientierung: Auf der zweiten Stufe wird das Handeln als »gut« bezeichnet, das den eigenen Bedürfnissen entgegenkommt und anderen nicht schadet. Grundzüge einer Fairness sind vorhanden, aber auf der Ebene des wechselseitigen Austausches.

Konventionelle Moral: Sozio-Nomie

Zunehmend wächst die Einsicht, dass für das Funktionieren menschlichen Zusammenlebens im Kleinen und Großen das Einhalten von festgesetzten Regeln sinnvoll ist.
Stufe 3: Prima-Kerl-Orientierung: Mehrheitsvorstellungen und Rollenerwartungen des näheren Umfelds, besonders der Peergroup, werden übernommen. »Gut sein« bedeutet, ehrenwerte Absichten zu haben und sich um andere im Nahbereich zu kümmern.
Stufe 4: Ordnungs- und Pflicht-Orientierung: Vorgegebene Ordnungen und Regeln werden geachtet, weil sie das Zusammenleben in einer größeren Gemeinschaft (Schule, Staat) unterstützen. Richtig ist die Handlung, die die Autorität respektiert und für

die soziale Ordnung eintritt. Gesetze müssen befolgt werden. Im Unterschied zur Stufe 1 wird die Autorität nicht an sich, sondern wegen ihrer gemeinschaftssichernden Aufgabe wertgeschätzt.

Postkonventionelle Moral: Auto-Nomie

Mit dem Stadium der postkonventionellen Moral wird auch eine rechtlich fixierte konventionelle Moral relativiert. Nun kommen globalere ethische Blickwinkel zum Tragen. **Stufe 5: Sozialvertragliche Orientierung:** Was sozial nützlich ist, gilt als »gut«; auch Gesetze sind daran zu messen. Gewisse absolute Werte wie »Würde«, »Leben« und »Freiheit« müssen in jeder Gesellschaft unabhängig von der Mehrheitsmeinung respektiert werden.
Stufe 6: Gewissens- und Prinzipienorientierung: Man orientiert sich nun an universellen ethischen Prinzipien, denen man sich verpflichtet fühlt (z.B. Gerechtigkeit, Achtung der Würde und des Lebens). Gesetze und soziale Übereinkünfte besitzen gewöhnlich Gültigkeit, da sie auf solchen Prinzipien beruhen, reichen aber häufig nicht aus.

Kohlbergs Stufen der Moralentwicklung wurden insgesamt oder in Teilelementen kritisiert und weiterentwickelt, auch bereits von ihm selbst durch eine verfeinerte Ausdifferenzierung der einzelnen Stufen.

Die Kohlberg-Schülerin Carol Gilligan bemängelte, die Stufentheorie beschreibe gerade im Zielpunkt einer »Prinzipienorientierung« einseitig eine männliche Moral; das vernachlässige die »andere Stimme« der Frauen (so der Titel ihrer Entgegnung: In a Different Voice, Gilligan 1977), die vor allem von einer Beziehungsmoral geprägt seien (vgl. Oser/Althoff 1997, 293–335). Ein weiterer Kritikpunkt ist der kognitive Zuschnitt der Studie, die dem Feld des Emotionalen und der Handlungsorientierung zu wenig Bedeutung zumisst. Außerdem wird kritisch angefragt, ob die strenge Linearität in der Entwicklung von einer Stufe zur nächsten stimmig ist. Bestritten wird auch, dass Kinder prinzipiell nicht zur moralischen Einsicht in der Lage sind; sie kennen universelle moralische Regeln, verfügen aber noch nicht über genügend intrinsische moralische Motivation, auch danach zu handeln (vgl. Nunner-Winkler 1992).

Insgesamt kann aber die Kenntnis der Stufen der Moralentwicklung die Lehrenden für die besondere Denk- und Argumentationsweise von Kindern und Jugendlichen sensibilisieren; didaktische Fragen nach angemessenen Wegen und Strategien einer ethischen Erziehung reichen dann aber weit über die Kohlberg-Stufen hinaus (siehe Kap. 3.5).

Fritz Oser: Stufen des religiösen Urteils (Oser/Gmünder 1996)

Fritz Oser, ein Schüler Piagets aus Fribourg/Schweiz, und seine Mitarbeiter haben weltweit zahlreiche empirische Untersuchungen zum religiösen Urteil durchgeführt. Das Erkenntnisinteresse lautete: Wie entwickelt sich das religiöse Urteil im Laufe eines Menschenlebens? Als zentrales Untersuchungsinstrument wurden Dilemmageschichten herangezogen, zu denen die Befragten differenziert Auskunft geben sollten; eine der bekanntesten Dilemma-Erzählungen ist das »Paul-Dilemma« (Welche Folgen hat ein Versprechen, das in einer extremen Notsituation gegeben wurde?). Auf der Basis zahlreicher Befragungen ermittelte Oser folgende Stufen, von denen die ersten drei fürs Schulalter als besonders bedeutsam erscheinen:

Stufe 1: Orientierung an absoluter Heteronomie

Das Kind erlebt sich als absolut abhängig von einem allmächtigen »Ultimaten«, das die Welt regiert und in sie eingreift. Die emotionale Ausprägung dieser Vorstellung kann sowohl positiv wie negativ sein: Gott kann als der angsteinflößende Bestrafer oder als der beschützende Vater gesehen werden; in Folgeuntersuchungen ergab sich, dass heute eher das Bild vom »lieben« und »guten« Gott vorherrscht. Den Begriff »Ultimates« wählte Oser, um damit zum Ausdruck zu bringen, dass die Theorie zu den Stufen des religiösen Urteils nicht nur für einen christlich personal gedachten Gott, sondern kultur- und religionenüberspannend Gültigkeit habe.

Ankerbeispiel einer stufentypischen Antwort auf das Paul-Dilemma: »*Paul sollte schon in die Dritte Welt gehen, weil Gott sonst macht, dass er später in einem Flugzeug abstürzt und dann stirbt.*«

Stufe 2: Orientierung an »do ut des«

Grundsätzlich bleibt die Abhängigkeit vom »Ultimaten«. Allerdings nimmt die Handlungsmächtigkeit insofern zu, als man der Überzeugung ist, mit Gott handeln zu können: Gott kann mit guten Taten, Gebeten und Opfern gnädig gestimmt werden (lateinisch *do ut des* – »ich gebe, damit du gibst«). Die Welt funktioniert also nach überschaubaren Gesetzen; Gott will das Beste für den Menschen, aber der Mensch soll sich auch als würdig erweisen.

Ankerbeispiel einer stufentypischen Antwort auf das Paul-Dilemma: »*Wenn Paul jeden Monat viel Geld nach Afrika schickt, dann muss er nicht unbedingt dorthin gehen und Gott ist zufrieden mit ihm. Passieren wird ihm dann sicher nichts, wenn er dafür selbst auch etwas leistet.*«

Stufe 3: Orientierung an absoluter Autonomie – Deismus

In diese Phase fällt der Abschied vom Gott des Kinderglaubens. Das Letztgültige wird aus der Welt gedrängt; Immanenz und Transzendenz werden voneinander getrennt. Der Mensch ist selbst für sein Tun verantwortlich, Gott mischt sich nicht ein, sondern bedeutet höchstens Ursprung und Ziel der Welt (Deismus). Der Prozess der Entmythologisierung und des Ablösens von bisherigen Erziehungsmächten ist häufig mit negativen Emotionen verbunden – man verabschiedet sich von allen Ingredienzien der

Kindheit (Bibel, Gottesdienst, Weihnachtsmann ...) und fühlt sich gleichzeitig zunehmend unbehauster. Strittig ist bei der Diskussion der Oser'schen Theorie, ob diese deistische Stufe, die im Kern in eine deutliche Distanz zum konfessionellen Glauben führt, unabdingbar für die Fortentwicklung der Religiosität und des religiösen Urteils ist.

Ankerbeispiel einer stufentypischen Antwort auf das Paul-Dilemma: »Paul muss sich selber Rechenschaft darüber geben, ob er das Versprechen einhalten will oder nicht, denn Gott kümmert sich nicht um einen solchen ›Kuhhandel‹, er ist allenfalls dort, wo Menschen nach dem Tode hingelangen.«

Stufe 4: Orientierung an vermittelter Autonomie und Heilsplan

Das Individuum verliert nicht seine Selbstverantwortung, findet aber gleichzeitig wieder zur Versöhnung mit Gott, der als Ermöglichungsgrund allen Seins verstanden wird. Gott wird zum Ereignis inmitten der Anforderungen des Lebens; der Mensch stellt sich ihm anheim und muss nicht mehr alles aus sich selbst heraus leisten.

Ankerbeispiel einer stufentypischen Antwort auf das Paul-Dilemma: »Gott ist daran gelegen, dass Paul sich selber und frei entscheidet, denn wenn er das tut, bringt er nicht nur sich selber, sondern auch das weiter, was Gott mit den Menschen eigentlich will. Er gibt ihm die Möglichkeit und die Kraft, damit fertig zu werden.«

Stufe 5: Orientierung an religiöser Intersubjektivität

Man wird diese Stufenausprägung wohl kaum im Klassenzimmer vorfinden. Stufe 5 hat auch auf der konzeptionellen Ebene zu einer heftigen Diskussion geführt, weil sie – wie eine weitere, sechste Stufe – empirisch nur vage nachgewiesen werden konnte und zunächst nur theoretisch beschrieben wurde. Mystiker aller Religionen wie Mahatma Gandhi und Mutter Teresa kommen in die Nähe dieser Stufe, in der Transzendenz und Immanenz, Glaube und Engagement für andere auf eindringliche Weise miteinander verschmelzen.

James Fowler: Stufen des Glaubens (Fowler 1991)

Wenn James Fowler von »Glaube« (englisch *faith*) spricht, meint er im Unterschied zu bestimmten Glaubensinhalten (englisch *belief*) eine bestimmte Struktur der Einstellung zur Welt: das Bemühen des Menschen, sein Leben zu erkennen, zu werten und mit Sinn zu erfüllen. Dieser Glaube ist ein beziehungshaftes Geschehen und hat nach Fowler eine triadische Struktur: Es geht um die Einstellung zu sich und zu anderen und die Schaffung gemeinsamer Wertzentren.

Die Stufentransformation belegt Fowler mit dem spirituell besetzten Begriff der »Bekehrung«. Bei Oser dominierte, bedingt durch die Untersuchungsmethode, der kognitive Anteil (»Stufen des religiösen Urteils«), auch wenn dieser auf eine grundlegende, auch emotional verankerte Mutterstruktur bezogen ist. Fowler beschreibt stärker eine übergreifende, den ganzen Menschen umfassende Veränderung und Transformation in der Einstellung zum Leben. Er bezieht sich bei der Begründung seiner Theorie sowohl auf Jean Piaget als auch auf Lawrence Kohlberg und Erik Erikson.

Stufe 0: *Erster Glaube (Säuglingsalter)* = Grundannahme

Im Säuglingsalter ist der Glaube durch die Größe »Vertrauen« geprägt, die überwiegend vorsprachlich, sinnlich und emotional bestimmt ist.

Stufe 1: *Intuitiv-projektiver Glaube* (Kiga)

In dieser Phase dominiert die Fantasie, angeregt durch Geschichten, Gesten und Symbole. Die Denkmuster sind fließend, sie weichen ab von der Erwachsenenlogik. Täglich muss Neues verarbeitet werden. In dieser Phase brauchen die Kinder eine stabile Ordnung der umgebenden Welt und feststehende Rituale, um Sicherheit in der Gemeinschaft des Nahbereichs zu erhalten.

Untersch. Realität & Fantasie noch nicht gegeben

Stufe 2: *Mythisch-wörtlicher Glaube* (GS)

Kinder sind eines hochentwickelten Fantasielebens fähig, das freilich mit den Regeln der Logik untersucht wird, da Kinder nun zunehmend die Welt mit den Kategorien von Kausalität, Raum und Zeit ordnen. Die eigene Erfahrung kann nun in Erzählform gebracht werden, die Perspektive anderer wird zugänglich. Allerdings fehlt noch die Fähigkeit zur Reflexion des eigenen Lebens. Fowler veranschaulicht dies mit dem Bild des Flusses: Es werden auf dieser Stufe *stories* erzählt, die den Verlauf von der Mitte des Flusses her beschreiben; aus dem Fluss herauszusteigen und vom Rand aus über den Fluss zu reflektieren ist noch nicht möglich. Auf dem Gebiet der Religion sind starke Geschichten und Legenden bedeutsam. Glaubensinhalte und moralische Werte werden jedoch im Wortsinn interpretiert und die dahinterstehenden Symbole eindimensional und wörtlich verstanden. Gelegentlich findet man einen unnatürlich ausgeprägten Perfektionismus und eine ausgeprägte Werkgerechtigkeit, was mit Osers Stufe 2 (»do ut des«) korrespondiert.

Geschichten/Märchen wichtig f. K. (gut 2 hören) bibl. Erz./Legenden, um strukturierter denken zu können

Stufe 3: *Synthetisch-konventioneller Glaube* (4. Kl./Sek I)

zusammensetzen/verknüpfen

Fowler ordnet diese Stufe in die Zeit der Adoleszenz und der Pubertät ein. Jugendliche sind wegen ihrer wachsenden Fähigkeit zum Perspektivenwechsel auch zunehmend verunsichert, weil man sich gleichzeitig selbst beobachtet und der Meinung ist, auch von anderen dauernd beobachtet zu werden. Für die Identitätsentwicklung benötigen Jugendliche »Spiegel« – reale und übertragen gemeinte, nämlich die Augen und Ohren einiger Vertrauter, die über die Familie hinausgehen. Das Leitwort lautet »Beziehung«. Peergroup und Freunde gewinnen an Bedeutung. Mit diesen kann man über sich selbst reden, auf Distanz zu den eigenen *stories* gehen, aus dem Fluss des Lebens aussteigen und vom erhöhten Blick des Ufers aus das Fließen des Stroms als Ganzem überblicken. Wenn Gott in dieser Lebensphase eine Bedeutung hat, dann muss er eine unergründliche Tiefe besitzen und fähig sein, das Selbst von anderen persönlich zu erkennen.

Nach Fowler richtet sich der religiöse Hunger des jungen Menschen auf einen Gott, der das Selbst in seiner Tiefe kennt, annimmt und bestätigt und der persönlichen Identität und dem persönlichen Glauben dient. Dennoch ist die wertende Autorität noch außerhalb des Selbst angesiedelt. Man übernimmt Einstellungen und Überzeugungen aus der vertrauten Gruppe; deshalb ist diese Stufe »konventionell«; gleichzeitig bastelt man sich seine Sinnstrukturen subjektiv zusammen, gelegentlich sprunghaft, experimentierend, auswählend, zusammenfügend (synthetisch).

→ andere sind wichtig f. d. Glauben
→ Begründungen werden die anderen heraus genommen   daraus
→ daraus eigenen Gl. basteln

evtl. für HS !

Stufe 4: *Individuierend-reflektierender Glaube*

Erst im Erwachsenenalter gewinnt der Glaube an reflexiver Eigenständigkeit. Es wird ein individueller Lebensstil entwickelt und in vielfältiger Hinsicht Verantwortung für das eigene Leben übernommen. Mit dem Individualisierungsschub verbinden sich die Trennung von Autoritäten und der Prozess der Entmythologisierung.

→ selbstbegründet Gl. darlegen

Stufe 5: *Verbindender Glaube/Stufe 6: Universalisierender Glaube* (junge Erw. zeit)

Fowler fällt es wie Oser schwer, diese letzten Stufen einer Hochform des Glaubens zu beschreiben. Es handelt sich um eine kontemplative Weltsicht, eine Stufe der sogenannten »zweiten Naivität«, in der beispielsweise die Dimension des Mythischen wieder neu geschätzt wird. Man übersteigt die Schranken des Subjektiven und ist bereit zur Integration mit etwas Größerem. Zielhorizont der Entwicklungsdynamik ist die Verwirklichung der verheißungsvollen jüdisch-christlichen Vorstellung vom Reich Gottes, wo die humanisierende Kraft Gottes eine absolute Geltung hat. Beispiele für ein solches »In-Gott-gegründetes-Selbst« sind Martin Luther King oder Dietrich Bonhoeffer.

1.3.2 Religionspädagogischer Umgang mit den Erkenntnissen der Religionspsychologie

Die Erkenntnisse der Religionspsychologie können zu einer besseren Wahrnehmung der Eigenart kindlichen und jugendlichen Denkens, Fühlens und Handelns befähigen. Ein erfahrungsbezogener Religionsunterricht wird deshalb auf die jeweilige Entwicklung der Schülerinnen und Schüler Bezug nehmen.

Für das Kindesalter bedeutet dies einerseits, mit Blick auf das kindliche Denkvermögen möglichst konkret und anschaulich zu unterrichten und auf die Kraft beeindruckender Geschichten zu setzen. Andererseits ist aus den religionspsychologischen

Im Überblick: Entwicklungsphasen und Lebensalter

	Piaget	Erikson	Kohlberg	Oser	Fowler
Säuglingsalter 0–1	senso-motorisch	Urvertrauen			
Frühe Kindheit 2–6	prä-operational	Autonomie	präkon-ventionell	absolute Heterono-mie	intuitiv-projektiv
Kindheit 7–12	konkret-operational	Initiative Werksinn	konven-tionell	Do ut des	mythisch-wörtlich synthetisch-konven-tionell
Adoleszenz 13–21	formal-operational	Identität	postkonven-tionell	Deismus	individu-ierend-reflektiv
Junges Erwach-senenalter 21–35		Intimität		vermittelte Autonomie	

Forschungsergebnissen auch ein Respekt vor der speziellen Art und Weise kindlicher Weltwahrnehmung und -deutung erwachsen. Dies motivierte die Ausbildung einer Kinderphilosophie, die das Fragen der Kinder in seiner speziellen Ausprägung ernst nimmt und fördert. Gleichzeitig muss gemäß der didaktischen Doppelbewegung eines »Förderns« (die jeweilige Stufenausprägung wertschätzen) und »Forderns« (zu einem nächsten Schritt herausfordern) Verunsicherung als Chance begriffen werden, die didaktisch genutzt werden kann als Vorbereitung auf den »Abschied vom Gott des Kinderglaubens«.

In der Religionspädagogik ist umstritten, welche theologischen Fragestellungen Kinder und Jugendliche am meisten herausfordern. Lange Zeit galt die Theodizee-Frage (Wieso lässt Gott Leid in der Welt zu?) als die zentrale Herausforderung für den Gottesglauben im Kindes- und Jugendalter. In den letzten Jahren wurde die Dominanz dieser Fragestellung bestritten und demgegenüber die Alternative zwischen Evolutionstheorie und Schöpfungsglaube als die aktuell bedeutendste Herausforderung benannt.

Wenn man die Erkenntnisse der Religionspsychologie auf das Jugendalter hin pädagogisch wendet, dann benötigen Jugendliche vor allem Hilfen zur Selbstwerdung und zu einer Identitätsbildung im Fragment; Erziehende und Lehrende müssen gleichermaßen »Spiegel« für eigene Entwicklung sein und helfen, Konventionen auszubilden. Gerade in der Zeit der Adoleszenz verändert sich der Gottesglaube radikal. Moratorien, die zeitweilige Distanzierung von Religion zuzulassen, sind die pädagogische Herausforderung für die Lehrenden. Insgesamt gilt es, die lebensgeschichtliche Dimension des Glaubens zu fördern.

Aufschlussreich ist, wie Methoden der empirischen Forschung auch in die konkrete Didaktik einfließen; so gehört im Kontext eines diskursethischen Ansatzes (siehe unten, Kap. 3.5 und 3.6) der Einsatz von Dilemmageschichten zu den methodischen Standards im Religionsunterricht.

Kritik: Dabei sind immer wieder auch methodische Detailfragen im Fokus der Kritik: So wird die Vermutung, Kinder hätten durchgängig ein anthropomorphes Gottesbild mit Blick auf die Forschungsfrage bzw. den entsprechenden methodischen Auftrag »Malt, wie ihr euch Gott vorstellt« kritisch betrachtet; setzt man andere Impulse (»welche Farbe hat Gott«, »wie klingt Gott« ...) und stellt andere Materialien (z.B. Ton) zur Verfügung, so kommt die Reichhaltigkeit und Differenziertheit kindlicher oder jugendlicher Gottesbilder weit deutlicher zum Tragen (vgl. Helbling/Egger 2006).

Literatur

DdRU Schülerinnen und Schüler im RU, 100–128; NHRPG Lebensgeschichte, 175–212; ÖAR I.3 Wie hast du's mit der Religion?, 57–72; RD II.2 Wozu religiöses Lernen?, 142–154; II.4 Wer lernt? Schülerinnen und Schüler als Subjekte religiösen Lernens, 174–193; RD GS I.3 Kinder und ihre religiöse Entwicklung: Entwicklungspsychologische Befunde, 39–52.

Weiterführende Literatur

Kuld, Lothar, Das Entscheidende ist unsichtbar, München 2001; Schweitzer, Friedrich, Lebensgeschichte und Religion, München ⁴1999.
Siehe auch die entsprechenden einführenden Beiträge in den Handreichungen zu den verschiedenen Lehrplänen der einzelnen Schularten in verschiedenen Bundesländern!

Zusammenfassung in Stichworten

- Religionspsychologische Stufentheorien beschreiben Entwicklung als aktiven Prozess des Subjekts, das im Rahmen seiner je aktuellen Denk- und Wahrnehmungsmodalitäten die Erlebnisse und Widerfahrnisse des Lebens verarbeitet.
- Die Kenntnis religionspsychologischer Theorien dient der Ausbildung einer Wahrnehmungsfähigkeit für die Eigenart kindlichen und jugendlichen Fühlens, Denkens und Glaubens.
- Im Umgang mit kindlichen und jugendlichen Befindlichkeiten ist als didaktische Maxime die Doppelstrategie eines »Förderns« und »Forderns« nötig.
- Die besondere religionsdidaktische Herausforderung besteht in der Begleitung beim Abschied vom Gott des Kinderglaubens, im Akzeptieren jugendlicher Moratorien und in der Öffnung für einen tragfähigen Erwachsenenglauben.

Prüfungsaufgaben

Religiöse Erziehung muss »pünktlich« angelegt sein.

1. Erläutern Sie diese These mit Rückgriff auf Ihnen als besonders aussagekräftig erscheinende Forschungsergebnisse aus der Religionspsychologie! Beziehen Sie Ihre Ausführungen entweder auf das Kindes- oder auf das Jugendalter!
2. Reflektieren Sie die Bedeutung dieses Postulats einer Pünktlichkeit für den Umgang mit konkreten Inhaltsfeldern des Religionsunterrichts (z.B. Bibel, Glaube, Ethik)!
3. Skizzieren Sie exemplarisch mögliche konkrete, subjektbezogene Lernwege!

Im Übergang vom Kindes- zum Jugendalter steht der »Abschied vom Gott des Kinderglaubens« an.

1. Erläutern Sie diesen lebensgeschichtlich bedeutsamen Übergang unter Einbezug von religionspsychologischen Eckdaten!
2. Entwickeln Sie entsprechende Postulate für eine Religionspädagogik im Übergang vom Kindes- ins Jugendalter!
3. Konkretisieren Sie Ihre Überlegungen an einem unterrichtlichen Vorhaben in einer entsprechenden Jahrgangsstufe!

1.4 Lebenswelt als Ort religiöser Bildung und Erziehung: Soziologische Rahmendaten

Anthropologische und lebensweltliche Bedingungen sind mehr als nur die Vorausset-zungen für religiöses Lernen, sie sind der Ort, an dem sich die Plausibilität religiöser Sinnangebote bewähren kann. Die Lebenswelt heutiger Schülerinnen und Schüler muss deshalb explizit, implizit und korrelativ im Religionsunterricht aufgegriffen werden. Die Untersuchung von Anton Bucher zum Religionsunterricht ergab sehr eindeutig, dass der Religionsunterricht dann von allen Altersstufen gut angenommen wird, wenn er lebensweltbezogen und handlungsorientiert ausgelegt ist (vgl. Bucher 2000, 69).

Bei der Erforschung kindlicher und jugendlicher Lebenswelten ist die Religionspäd-agogik auf die Erkenntnisse der Soziologie, Religionssoziologie und Jugendforschung verwiesen.

1.4.1 Veränderte Kindheit

Die einschlägigen Eckdaten zu einer »veränderten Kindheit« werden hier nur in Stich-punkten vorgestellt. Als pädagogisch zentral erscheint es, die beschriebenen Verände-rungstendenzen nicht im Sinne einer Katastrophen- oder Verelendungstheorie vor-schnell als negativ zu betrachten. Der didaktische Spagat wird darin bestehen, von den veränderten Lebenswelten aus und auf sie hin Religionsunterricht so zu konzipie-ren, dass die Lebensfragen und -themen von Kindern vorbehaltlos aufgegriffen und mit den Inhalten einer religiösen und christlichen Tradition konstruktiv, aber durchaus auch herausfordernd in Beziehung gebracht werden.

Als zentrale Aspekte einer veränderten Kindheit können folgende Beobachtungen genannt werden:
- **Vom Befehls- zum Verhandlungshaushalt:** In Familien dominiert heute ein part-nerschaftlicher Erziehungsstil. Kinder werden als Individuen mit eigenen Rechten ernst genommen.
- **Veränderte Familienstrukturen:** Die Form der Großfamilie wurde von anderen For-men abgelöst: Kleinfamilien, Patchwork-Familien, alleinerziehende Elternteile. Den-noch: 80% der Kinder wachsen im Konstrukt Vater – Mutter – Kind(er) auf. Die Be-rufstätigkeit und Mobilität beider Eltern hat erheblich zugenommen.
- **Kinder als Konsumenten – Kinderarmut:** Kinder verfügen über eigene finanzielle Mittel und werden als Teilnehmer und Objekte im Wirtschaftsprozess wahrgenom-men. Gleichzeitig gibt es in unserer Gesellschaft eine beträchtliche Zahl von Kin-dern, die unter der Armutsgrenze leben.
- **Kinder unter Druck:** Das Alltagsleben von vielen Kindern ist nicht selten auch in der Freizeit verplant. Da Bildung als die zentrale Zukunftsperspektive betrachtet wird, sehen sich Kinder bereits in der Grundschule einem schulischen Leistungs-druck ausgesetzt.

- **Leben aus zweiter Hand:** Kinder leben heute in einer durch technische Medien bestimmten Umwelt. Und sie tun dies häufig souveräner als ihre Eltern!
- **Fehlender Nahraumbezug:** Nicht mehr die Straße, sondern das Kinderzimmer ist der Hauptspielort von Kindern.
- **Multikulturelles Leben:** Kinder wachsen vor allem in Ballungsgebieten in multikulturellen Gruppen auf.

1.4.2 Jugendalter

Jugendforscher neigen dazu, jugendliche Kohorten mit entsprechenden aussagekräftigen Kurzbeschreibungen zu versehen: »Null-Bock-Generation«, »Generation @«, »Generation flex«, »Generation Golf«, »Generation X«, »Generation Praktikum« – um nur einige zu nennen! Wie ist es um die aktuelle Jugendgeneration bestellt?

Eine pragmatische Generation behauptet sich

»Eine pragmatische Generation unter Druck« lautet der Untertitel der Shell-Jugendstudie 2006 (Deutsche Shell Holding 2006). »Die heutige junge Generation stellt sich mit einem ausgesprochen pragmatischen Zugang den Herausforderungen in unserer Gesellschaft (...) Leistungsbereitschaft, Engagement und eine Orientierung an den konkreten und naheliegenden Problemen prägen die Grundhaltung dieser Generation. Damit verbunden ist der Wunsch nach befriedigenden persönlichen Beziehungen. Die Bedeutung von Familie und privatem Freundeskreis, die den Jugendlichen als Rückhalt dienen und Sicherheit vermitteln, hat sogar noch weiter zugenommen« (Deutsche Shell Holding 2006, 15). Mit dieser Beschreibung setzt sich ein Trend fort, der bereits in der Shell-Studie 2000 vorgezeichnet war: Heutige Jugendliche erstreben die Vereinbarkeit von privatem familiärem Glück und beruflicher Karriere. Diese Tendenzen wurden auch in der Shell-Studie 2010 mit dem Titel »Eine pragmatische Generation behauptet sich« bestätigt. Die Herkunftsfamilie bietet vielen Orientierung und Sicherheit und hat deshalb einen hohen Stellenwert, die Eltern gelten als die wichtigsten Vorbilder. Die Jugendlichen wollen Leistung und Genuss unmittelbar miteinander verbinden.

Familie

Die Familie erweist sich in mehrfacher Hinsicht als »biografisches Rückgrat« der Jugendlichen:
- Familie ist die Ressource, aus der heraus Jugendliche leben. Diese Erkenntnis muss insofern als äußerst ambivalent bewertet werden, weil damit auch die Chancenungleichheit von der Wiege an vorgezeichnet ist; sozial privilegierte Elternhäuser ermöglichen auch höhere Bildungsstandards.
- Familie ist ein Ort der Kommunikation und Heimat, als letzter Ort von Konstanz in postmoderner Unübersichtlichkeit und in Zeiten (welt-)wirtschaftlicher Krisen. Vor

allem Lehrende der 68er- und Spät-68er-Generation dürfen deshalb nicht den Fehler begehen, eigene fundamentale Generationenkonflikte mit den Eltern auf heutige Schülerinnen und Schüler zu überblenden. Das Beziehungsgefüge zwischen Eltern und Kindern ist trotz aller notwendiger Konflikte weitgehend befriedet – die Jugendlichen sind mit ihren Eltern zufrieden und haben ein gutes Verhältnis zu ihnen (vgl. Deutsche Shell Holding 2006, 17): Eltern sind heute eher Vertrauens- denn Respektpersonen.

- Familie ist die Zieloption heutiger Jugendlicher: Drei Viertel aller Jugendlichen streben das »Lebenskonzept Familie« an und wollen heiraten; der Weg dorthin ist freilich ein weiter und in vielfältigen Beziehungsformen gestaltbar.

Zukunft, Freizeitverhalten, Politik, Engagement

- **Zukunft:** Heutige Jugendliche haben durchaus gemischte Zukunftsaussichten und einen gebremsten Optimismus. Die Sorge um einen angemessenen Arbeitsplatz hat wieder zugenommen. Signifikant unterscheiden sich hier die eher pessimistische Sicht von Hauptschülern und die eher optimistische von Gymnasiasten. Zukunftsperspektive und Bildung hängen also eng zusammen. Dabei haben inzwischen die Mädchen die Jungen überholt, gerade was das Anstreben von höheren Bildungsabschlüssen betrifft.
- **Freizeit:** Eine soziale Schere wird auch im Freizeit- und Gesundheitsverhalten der Jugendlichen deutlich: Jugendliche aus gut situierten Familien werden als »kreative Freizeitelite« bezeichnet, während besonders männliche Jugendliche aus der Unterschicht die Gruppe der »Technikfreaks« bilden. Gesundheitsgefährdende Ernährungsgewohnheiten und Suchtverhalten sind in der Unterschicht weit häufiger.
- **Politik:** Ein Interesse an Politik ist unter Jugendlichen weiterhin niedrig ausgeprägt. Gleichzeitig befürwortet die große Mehrheit der Jugendlichen die Demokratie in Deutschland und ihre grundlegenden »Spielregeln« und erteilt dem politischen Extremismus eine Absage. Man vertraut den parteiunabhängigen Institutionen wie der Justiz und der Polizei sowie Menschenrechts- und Umweltgruppen. Das geringste Vertrauen wird den politischen Parteien entgegengebracht.
- **Engagement:** Was vielleicht erstaunt: Für viele Jugendliche gehört ein Engagement für gesellschaftliche Angelegenheiten und für andere Menschen ganz selbstverständlich zum persönlichen Lebensstil. Ohne ideologische Überhöhung setzen sich Jugendliche für die Interessen von Jugendlichen und eine sinnvolle Freizeitgestaltung ein, aber auch für sozial Schwache und Benachteiligte: 33% der Jugendlichen geben an, »oft«, weitere 42% »gelegentlich« für soziale oder gesellschaftliche Zwecke in ihrer Freizeit aktiv zu sein. Die Shell-Forscher folgern: »Die Haltung der Jugendlichen zu gesellschaftlichen Aktivitäten entspricht dem pragmatischen Gestus dieser Generation. Es sind nicht (mehr) die ideologischen Konzepte oder auch mögliche gesellschaftliche Utopien, die prägend sind. Weitaus wichtiger ist die persönliche befriedigende Aktivität im eigenen Umfeld, jenseits von großen Entwürfen oder gesellschaftlichem ›Getöse‹ im Sinne einer neuen Jugendbewegung« (Deutsche Shell Holding 2006, 20).

Die Jugendverbände reagieren auf das veränderte Engagement-Profil, welches sich einerseits in einer zunehmenden Scheu vor langfristigen Bindungen und anderseits in einer durchaus vorhandenen Bereitschaft zum zeitlich begrenzten Engagement niederschlägt, durch entsprechende neue Formen, die einen stärkeren Event-Charakter und eine zeitliche Begrenzung aufweisen, wie z.B. »72-Stunden-Aktionen«: Jugendliche engagieren sich drei Tage lang in konkreten Projekten des Nahbereichs.

1.4.3 Religion im Jugendalter

Die Mehrheit aller Jugendlichen hat eine prinzipiell wohlwollende Einstellung zur Kirche; zwei von drei stimmen der Aussage zu: »Gut, dass es die Kirche gibt!« (Deutsche Shell Holding 2006, 27). Dieses Ergebnis der Shell-Studie 2006 mag zunächst überraschen. Die »pragmatische Generation«, wie sie in der Studie bezeichnet wird, hat eben auch ein nüchtern-pragmatisches Verhältnis zu den Kirchen. Freilich bedeutet diese prinzipielle Sympathie für die gesellschaftliche Bedeutung der Kirchen nicht gleichzeitig auch eine persönliche Kirchenbindung. Die These, es sei keine Renaissance der Religion erkennbar (Deutsche Shell Holding 2006, 26), wird folgendermaßen begründet und durch die Shell-Studie 2010 bestätigt:
- Nur 30% der Jugendlichen glaubten 2006 an einen persönlichen Gott. (Diese Entwicklung hat sich laut Shell-Studie 2010 noch verschärft: Statt 40% glauben nur noch 32% der katholischen Jugendlichen an einen persönlichen Gott; Deutsche Shell Holding 2010, 204–207.)
- Viele Jugendliche sind glaubensunsicher.
- Die Sympathie mit der Kirche geht zugleich einher mit einer deutlichen Kirchenkritik: Zwei Drittel der Jugendlichen finden es zwar gut, dass es Kirche gibt, ebenso viele äußern aber, dass die Kirche sich ändern müsse und dass die Kirche keine Antwort auf Fragen hätte, die sie wirklich bewegten.
- Unterschiede sind nach wie vor zwischen Ost (keine erkennbare Zunahme bzw. Bedeutungslosigkeit von Religion) und West (»Religion light«; laut Shell-Studie 2010 weiter abnehmende Bedeutung) festzustellen;
- Jugendliche mit Migrationshintergrund hingegen zeichnen sich durch einen starken religiösen Rückhalt und eine im letzten Jahrzehnt sogar noch zunehmende religiöse Vitalität aus.

Erstmals wurde im Rahmen der Shell-Studie 2006 bei der Ermittlung verschiedener jugendlicher Religionstypen der Religionsbegriff präzisiert: Statt einer rein funktionalen Religionsbeschreibung fokussierte man die Frage der Religiosität hin auf den Aspekt der menschlichen Endlichkeit und den Transzendenzglauben; immerhin die Hälfte bis zwei Drittel aller Jugendlichen glaubt an ein Leben nach dem Tod. Folgende Religionstypen wurden gebildet:
- die Gruppe der »Gottesgläubigen« (ca. 30%)
- die Gruppe der »kirchenfern Religiösen« (ca. 19%)
- die Gruppe der »Religionsfernen« (ca. 28%)
- die Gruppe der »Glaubensunsicheren« (ca. 23%)

s. Kopien :

Hans-Georg Ziebertz (vgl. RD, 101f) ermittelte folgende fünf Formen von Religiosität bei Jugendlichen:

- christlich-kirchlich religiös (ca. 15%)
- christlich orientierte Religiosität (ca. 25%)
- religiös unbestimmt (ca. 20%)
- funktional religiös (ca. 20%)
- nicht religiös (ca. 20%)

Was die unmittelbare Nähe zur Kirche betrifft, so ergab die Sinus-Milieu-Jugendstudie U27, dass Kirche nur für wenige jugendliche Milieus (für das traditionelle, für das bürgerliche und teilweise auch für das postmaterielle) attraktiv ist (vgl. Hobelsberger 2008). Kirchliche Lebenswelten sind für alle anderen Milieus in Ästhetik, Stil und Inhalt fern von der eigenen Lebenswelt. Die kritische Beobachtung, die sich bereits aus der allgemeinen Sinus-Milieu-Kirchenstudie ergab, lautet: Die Kirche verliert zunehmend den Zugang zu denjenigen Leitmilieus, die in Zukunft die Gesellschaft prägen werden. Dies verbindet sich mit der Option auf eine milieusensible Kirche, die sich deutlicher auf für sie fremde Milieus einlässt und den Weg »hinaus ins Weite« (vgl. Ebertz/Hunstig 2008) wagt (vgl. Kap. 6.2.1).

s. Kopie

Sinus-Jugend-Milieus und ihre Hauptinteressen (vgl. Hobelsberger 2008)

Traditionell: Reproduktion des Vorgefundenen
Bürgerlich: Wegkommen und Ankommen
Konsum-materialistisch: Anschluss finden
Postmaterialistisch: Kritik und Weltverbesserung
Hedonistisch: »Leben jetzt« und Anpassung
Performer-Jugendliche: Multioptionalität
Experimentalistisch: Exploration und Kreation

1.4.4 Religionspädagogische Folgerungen

Eine besondere Herausforderung besteht in der religionspädagogischen Deutung der soziologischen Daten. Zieht man die zuvor dargestellten religionspsychologischen Erkenntnisse bezüglich einer Kirchen- und Religionsdistanziertheit von Jugendlichen heran, so wird man jugendliche Moratorien eher gelassen betrachten. Dennoch muss man aber nach wie vor über alle Gruppen von Jugendlichen hinweg von einem »noch-nicht-gegebenen Einverständnis« (Nipkow 1998, 215–263) zu Kirche, Glaube und Religion ausgehen und konstatieren, dass für viele Jugendliche in der Phase des Übergangs vom Kinder- zum Erwachsenenglauben die eigene Kirche eine »fremde Heimat Kirche« darstellt und sie wenig mit der kirchlichen Semantik und Pragmatik vertraut sind: Jugendliche sind zwar nicht nichtreligiös, aber durchaus kirchenfern!

Diese benannten verschiedenen Gruppen mit unterschiedlicher Glaubensausprägung und Kirchenbindung wird man in etwa auch im katholischen Religionsunterricht vorfinden, nachdem nach wie vor die überwiegende Mehrheit der katholischen Jugendlichen auch den Religionsunterricht besucht. Die Abmeldezahlen vom Religionsunterricht liegen beispielsweise auch an bayerischen Gymnasien in der Mittelstufe weit unter 10%, und nur ca. 10% aller bayerischen Gymnasiasten besuchen den Ethikunterricht. Es kann didaktisch reizvoll zu sein, diese unterschiedlichen Religionstypen auch im Religionsunterricht zu einem wechselseitigen Dialog über die je eigenen Positionen und Verortungen bezüglich der Kirche zu befähigen, um somit auch das Lernziel, für den Umgang mit Pluralität befähigt zu werden, anzugehen. So sind beispielsweise kirchennah religiöse Jugendliche »deutlich familienorientierter, traditionsorientierter (...) sowie respektvoll gegenüber Gesetz und Ordnung und gesundheitsbewusster. Nicht mehr so viel größer, aber noch erkennbar höher, ist bei ihnen die Hilfsbereitschaft für sozial Benachteiligte« (Deutsche Shell Holding 2006, 227).

Friedrich Schweitzer (Schweitzer [2]1998, 153) postuliert als erste Aufgabe einer Religionspädagogik des Jugendalters, es gehe darum, die Religion von Jugendlichen wahrzunehmen, anzuerkennen, herauszufordern und zu begleiten: Zunächst muss angesichts der verschiedenen Ausprägungen von Religion diese in ihrer individuellen Bestimmtheit erst einmal *wahrgenommen* werden. Zum Zweiten müssen sowohl religiöse Tastversuche, so eigenartig sie anmuten mögen, als auch konfessionelle Distanziertheit respektvoll *anerkannt* werden, anstatt sie mit Defizithypothesen abwertend zu belegen. »Anerkennen« bedeutet nicht, sie gegenüber den verfassten Formen von Religion als gleichwertig zu kategorisieren – das wäre ein recht oberflächliches Verständnis von positionsloser Akzeptanz und Toleranz –, sondern sie zunächst in ihrer biografischen Stimmigkeit und Sinnhaftigkeit wertzuschätzen. Und deshalb ist es notwendig, diese biografisch und entwicklungsbezogen verständlichen Formen individueller Religion auch *herauszufordern*. Ingesamt gilt es, diese Lernprozesse zu *begleiten*, rote Fäden zu beobachten und zum kritischen reflexiven Lernen »in Sachen Religion« anzuleiten.

Literatur

NHRPG Religion, Glaube und Aufwachsen heute, 20–25; **Gesellschaftliche Lebenswelten, 138–174; Lebensgeschichte, 175–212**; RD GS I.2 Religion und Kindheit im Wandel – Pluralisierung, Individualisierung, Globalisierung, 25–38; RP 4. Religion im Lebenslauf, 66–82.

Weiterführende Literatur

Hobelsberger, Hans, Lebenswelten katholischer Jugendlicher: Die Sinus-Milieustudie U27, in: KatBl 133 (2008), 291–300; Schweitzer, Friedrich, Die Suche nach eigenem Glauben. Einführung in die Religionspädagogik des Jugendalters, Gütersloh [2]1998.

Zusammenfassung in Stichworten

- (Religions-)Soziologische Daten beschreiben die Veränderung von Kindheit und Jugend. Lehrende werden durch diese Erkenntnisse in der offenen Wahrnehmung kindlicher und jugendlicher Lebenswelten unterstützt, ohne diese vorschnell von der eigenen Lebensgeschichte her zu bewerten.
- Bei der Deutung der religionssoziologischen Daten sollten auch die religionspsychologischen Erkenntnisse herangezogen werden, um jenseits von Katastrophentheorien des Jugendalters eine realistische Einschätzung jugendlicher Religiosität zu bekommen.
- Die postmoderne Ausdifferenzierung und Pluralisierung von kindlichen und jugendlichen Lebenswelten kann als Chance für die pluralistische Bearbeitung von Pluralität betrachtet werden.
- Die Hauptaufgabe einer Religionspädagogik des Jugendalters besteht darin, die Religion von Jugendlichen wahrzunehmen, anzuerkennen, herauszufordern und zu begleiten.

Prüfungsaufgaben

Man muss von einem »noch nicht gegebenen Einverständnis« (Karl E. Nipkow) von Jugendlichen zu Religion und Konfession ausgehen.

1. Beschreiben Sie diese These mit Rückgriff auf die entsprechenden soziologischen und psychologischen Daten!
2. Entwickeln Sie ein Modell religiöser Bildung, welches diese kontextuelle Voraussetzung respektiert, und integrieren Sie in die Darstellung eine Skizzierung der entsprechenden Ziele religiöser Bildung!
3. Welche Kompetenzen benötigen Lehrende für solche religiösen Lernprozesse?

»Jugendliche sind nicht nichtreligiös!«

1. Diskutieren Sie diese These mit Rückgriff auf Ihnen als besonders aussagekräftig erscheinende Ergebnisse der Religionspsychologie und Religionssoziologie!
2. Beschreiben Sie, inwiefern diese Ausgangslage eine besondere Herausforderung für den Religionsunterricht darstellt, und konkretisieren Sie Ihre Problemanzeige mit konkreten Bezügen zum Lehrplan Ihrer Schulart!
3. Skizzieren Sie attraktive Lernwege für den Religionsunterricht, die die geschilderte Ausgangslage aufgreifen!

2. Religionsdidaktische Konzepte und Ziele

Die Entwicklung von religionspädagogischen Konzepten vollzieht sich in einem mehrperspektivischen Klärungsprozess.

Intentional gestaltete religiöse Lernprozesse in Schule und Gemeinde finden im Kontext konkreter gesellschaftlicher, kultureller und politischer Gegebenheiten statt. Wie oben bereits erläutert wurde (vgl. Kap. 1.2), hängt die Gestalt des Religionsunterrichts und der Katechese auch wesentlich mit dem jeweiligen rechtlichen Verhältnis von Kirche und Staat und mit dem Konstrukt von Schule und schulischem Lernen zusammen. Zu allen Zeiten gab es engagierte (Religions-)Pädagogen, die die vorgefundene Praxis religiösen Lernens einer kritischen Bestandsaufnahme unterzogen und unter Einbezug aktueller pädagogischer Vorstellungen ihre Konzepte eines Religionsunterrichts entworfen haben; und immer wurde die Bildungs- und Erziehungsarbeit auch von außerpädagogischen, z.B. kirchenpolitischen, bildungspolitischen oder wirtschaftlichen Momenten beeinflusst. Wie weit religionspädagogische Konzepte die Praxis des Religionsunterrichts und der Gemeindekatechese tatsächlich verändern, entscheidet sich über die Wirksamkeit ihrer Verbreitung durch schriftliche Werke (theoretische Literatur, Schulbücher, Praxishandbücher) und die Schulung der Lehrenden (Lehrerfortbildungen, Kongresse) – beides kann zu einer veränderten Praxis beitragen.

In der Religionspädagogik lassen sich Konzepte ausmachen, die stärker sachorientiert, und solche, die deutlicher adressaten- oder subjektorientiert ausgelegt sind. Der Blick in die Geschichte der Katechese und des Religionsunterrichts verdeutlicht einen zunehmend schnelleren Wechsel von Grundkonzeptionen, der auch mit einer zentralen Zeitsignatur der Postmoderne in Verbindung steht, die als Beschleunigung gekennzeichnet ist. Von diesem historischen Blickwinkel aus wird man deshalb sehr vorsichtig, was die Fixierung auf ein zeitüberdauerndes Konzept betrifft; Lehrende sollten um die Grundkonstanten bei der Entstehung von Konzepten wissen und zu einem verantwortlichen Umgang mit diesen angeleitet werden, was auch eine Offenheit für Veränderungen und Neuansätze (siehe Kap. 5.4) impliziert.

Nach einer kurzen Beschreibung historischer Konzepte (2.1) wird die Korrelationsdidaktik als das grundlegende hermeneutische Prinzip erläutert, das seine Wirksamkeit von der Würzburger Synode aus bis in die heutige Zeit entfaltet (2.2) und vielfach kritisiert, aber auch weiterentwickelt wurde (2.3). Es ist derzeit keine konzeptionelle Grundidee in Sicht, die die Korrelationsdidaktik ablösen könnte; die Zeit umfassender Konzepte scheint vorbei zu sein. Deshalb sollten die aktuellen Suchbewegungen als je eigene Interpretationen des Korrelationsgedankens betrachtet werden (2.4), die sich dann auch in grundsätzlichen Prinzipien niederschlagen (vgl. dazu Kap. 3). Abschließend werden aktuelle Zielhorizonte religiösen Lernens beschrieben.

2.1 Konzepte des Religionsunter-richts im 19. und 20. Jahrhundert

2.1.1 Die Dominanz katechetischer Modelle

Bis ins 20. Jahrhundert hinein dominierten im Religionsunterricht katechetische Modelle. Der Übergang von einem kirchlich geprägten zu einem öffentlichen Schulwesen ging nicht ohne Brüche vonstatten (siehe oben, Kap. 1.2.2); am nachhaltigsten wurde dies am Religionsunterricht deutlich, der konzeptionell bis in die 1970er-Jahre hinein missionarische Züge trug, auch wenn die gesellschaftliche Basis dafür zunehmend schwand: Er zielte auf die Formung christlicher Kinder und Jugendlicher und wollte diese zum Mitvollzug eines christlichen Lebens und Glaubens in Familie und Gemeinde motivieren. Der katechetische Unterricht selbst war in verschiedenen Epochen dezidiert kognitiv, begriffs- und normorientiert geprägt.

Im **Aufklärungszeitalter** gab es durchaus Theologen und Pädagogen wie Johann Baptist Hirscher, Johann Michael Sailer, Ägidius Jais oder Christoph von Schmid, die sich von den Ideen der Aufklärung inspirieren ließen und gegenüber einem voraufklärerischen, sterilen Katechismusunterricht Konzepte religiösen Lernens entwickelten, die dem Emotionalen mehr Raum gaben, anthropologische Momente und didaktische Innovationen wie Erzählungen, Erkundungen und das sokratische Gespräch aufnahmen (vgl. Mendl 2006).

In der zweiten Hälfte des 19. Jahrhunderts allerdings kam wieder stärker ein apologetischer Dogmatismus zum Zuge: In einer Zeit der gesellschaftlichen Verunsicherung und der Infragestellung der Kirche – und als Reaktion darauf – einer innerkirchlichen »Festungspsychose« (Alfred Läpple) im Umgang mit der Welt sollten über einen **neuscholastischen Katechismusunterricht** die katholischen Schülerinnen und Schüler feste Überzeugungen und definierbares Wissen über ihren Glauben erhalten.

In den Großstädten wurde an der Wende zum 20. Jahrhundert aber deutlich, dass die kirchlichen Milieus diffundierten und sich die Arbeiterschaft von der Kirche abwandte. Erfahrene Praktiker empfanden einen Unterricht, der nur auf die Sicherung zentraler theologischer Begriffe aus war, zunehmend als unpassend. Sie bezogen psychologische Erkenntnisse der Formalstufentheorien ein und entwickelten die sogenannte **Münchener Methode**, die auf die entwicklungspsychologische Verfasstheit der Lernenden Rücksicht nahm, einen Wechsel von Aktivität und Besinnung beinhaltete und vor allem auf die Anschauung Wert legte. Die Kritiker bezeichneten dieses Modell als offenbarungs- und autoritätsfeindlich.

Die gesellschaftliche Krise nach dem Zweiten Weltkrieg und die Notwendigkeit eines geistlich-moralischen Wiederaufbaus führten zu einer **materialkerygmatischen Katechese**, bei der die Inhalte wieder stärker in den Mittelpunkt rückten; es ging mehr um das »Was« denn um das »Wie«. Der Religionsunterricht wurde nach wie vor als kirchliche Katechese im Raum der öffentlichen Schule gesehen; die gläubige Existenz der Schüler und die Hinführung zur kirchlichen Gemeinde waren sein Ziel. Konkretisiert wurde dieses Konzept im sogenannten »Grünen Katechismus«, dem »Katechismus der Bistümer Deutschlands« aus dem Jahre 1955. Auch in der evangelischen Religionspädagogik lassen sich ähnliche Tendenzen feststellen – dem materialkerygmatischen Konzept ähnlich war dort das Modell der »Evangelischen Unterweisung«.

Die lange Phase einer schulischen Katechese, in der das Memorieren von Katechismusfragen und -antworten dominierte, muss man in mentalitätsbedingter Hinsicht als verheerend für die Reputation des Faches bezeichnen; umstritten ist, inwieweit dies zu einem Verlust der Religiosität durch den Religionsunterricht führte. Den Nachhall auf einen meist als negativ erlebten Religionsunterricht bis in die zweite Hälfte des 20. Jahrhunderts hinein kann man aber in vielen Autobiografien und den Vorbehalten gegenüber dem Fach bei heutigen Entscheidungsträgern in Politik und Gesellschaft feststellen.

2.1.2 Die Krise des Religionsunterrichts – Das Karussell der Konzepte

Bedingt durch die zunehmende Säkularisierung der Gesellschaft und damit auch der Schule erschien ein katechetischer Ansatz des Religionsunterrichts als kaum mehr tragfähig. In den 1960er-Jahren galt der Religionsunterricht als eines der unbeliebtesten Fächer, mit der Folge, dass die Abmeldezahlen rapide zunahmen. Die Krise des Faches schlug sich in der Entwicklung zahlreicher neuer Konzepte (»Karussell der Theorien«) nieder, die teilweise zeitlich eng beieinanderlagen und nicht immer eine lang andauernde Wirkkraft besaßen. Bei den meisten dieser Konzepte bemühte man sich, angestoßen durch die Theologie des Zweiten Vatikanischen Konzils und herausgefordert durch die gesellschaftlichen Fragen dieser Zeit, um eine deutlichere Hinwendung zum Individuum.

Der **hermeneutische Religionsunterricht** war inspiriert von den Erkenntnissen einer existenzialistischen Exegese: Biblische Texte sollten im Licht der heutigen Wirklichkeit so erschlossen werden, dass eine Auslegung der Tradition in moderne Lebenswelten hinein möglich wurde. Anspruch und Methode dieses Konzepts hatten ihre Grenzen, sowohl vom einpoligen Ausgang von der Traditionsorientierung her als auch bezogen auf die eingeschränkte Eignung eher für die gymnasiale Oberstufe. Gleichwohl lag in der Erkenntnis, die Botschaft müsse doppelseitig, also vom Gegenstand und vom Adressaten her, erschlossen werden, der Keim für die empirische Wende und eine korrelative Didaktik.

Als Ende der 1960er-Jahre unter den Stichworten der Emanzipation und Aufklärung der kirchlich orientierte Religionsunterricht unter Druck kam und sich dem Vorwurf der Indoktrination stellen musste, wurde als Antwort darauf erstmals ein **religionskundliches Modell** für den Religionsunterricht entwickelt. Der Unterricht sollte sich auf eine Information über Religion und Religionen für alle Schülerinnen und Schüler beschränken und damit eine rein sachorientierte, wertneutrale und kritische Auseinandersetzung mit Religion ermöglichen. Neben einer kognitiven Engführung des Unterrichts bestand dabei die Gefahr, dass von einem diffusen Religionsbegriff aus das kritische Potenzial einer konfessionellen Religion und die existenzielle Dimension religiösen Fragens verloren gingen. Der Ertrag dieses Konzepts für die Weiterentwicklung

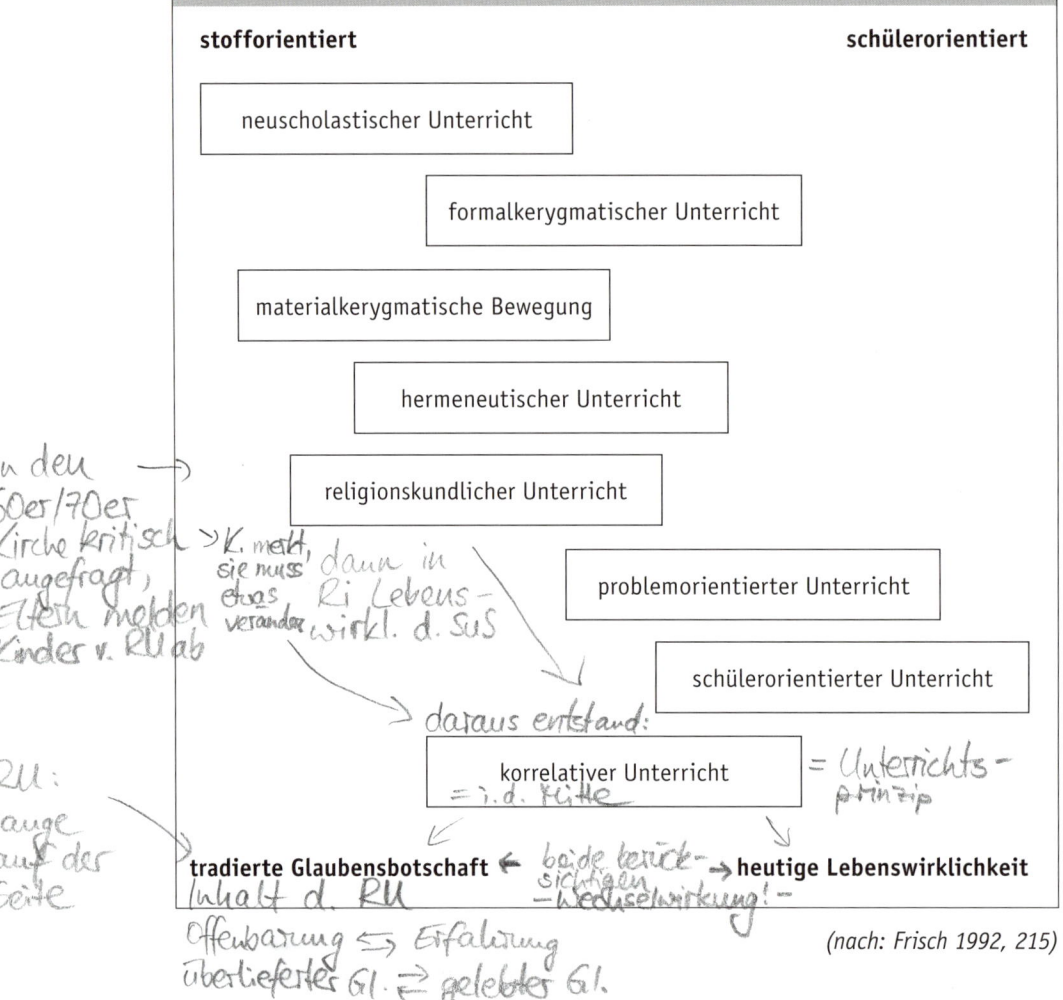

Konzepte des Religionsunterrichts zwischen Schüler- und Stofforientierung

stofforientiert   schülerorientiert

- neuscholastischer Unterricht
- formalkerygmatischer Unterricht
- materialkerygmatische Bewegung
- hermeneutischer Unterricht
- religionskundlicher Unterricht
- problemorientierter Unterricht
- schülerorientierter Unterricht
- korrelativer Unterricht

tradierte Glaubensbotschaft ←   → heutige Lebenswirklichkeit

(nach: Frisch 1992, 215)

[Handschriftliche Notizen am Rand:]
in den 60er/70er Kirche kritisch angefragt, Eltern melden Kinder v. RU ab
→ K. merkt, sie muss' dann in etwas verändern Ri Lebens- wirkl. d. SuS
RU: lange auf der Seite
daraus entstand: = i.d. Mitte
= Unterrichts- prinzip
Inhalt d. RU   beide berück- sichtigen - Wechselwirkung!
Offenbarung ⇆ Erfahrung   überliefertes Gl. ⇄ gelebtes Gl.

des Religionsunterrichts liegt in der seither unbestrittenen Thematisierung anderer religiöser Traditionen und religionskritischer Fragestellungen auch innerhalb des konfessionellen Religionsunterrichts.

In einem **lebenskundlichen Religionsunterricht** ging man konsequent von den Alltagsfragen aus, die aufgegriffen, diskutiert und mithilfe religiöser Traditionen gedeutet werden sollten. Als **problemorientierter Religionsunterricht** verstand sich das Fach im Auftrag einer kritischen Gesellschaftsanalyse; Theologie stand im Dienste der Gesellschaftskritik. Die Lebenswirklichkeit der Schüler wurde nicht nur beschreibend, sondern hinterfragend und problematisierend aufgegriffen. Emanzipation, Selbstfindung und Hilfe zur Lebensbewältigung lauteten die Stichworte der Zeit. Problematisch an diesen beiden Ansätzen war, dass zwar die Fragen, Erfahrungen und Situationen von Heranwachsenden und der Gesellschaft aufgegriffen wurden, der zweite Schritt einer Erhellung der Lebenssituation im Licht der Heiligen Schrift jedoch häufig unterblieb; der Religionsunterricht lief Gefahr, zum unverbindlichen »Laberfach« zu mutieren.

Ein **schülerorientiert-therapeutischer Religionsunterricht** sollte den Raum dafür öffnen, dass Schülerinnen und Schüler ihre Ich-Identität entwickelten und Sozialisationsdefizite kompensierten. Einbezogen wurden sozialtherapeutische und tiefenpsychologische Erkenntnisse zur Prägung in der Kindheit. Religion und Glaube sollten entgegen den Zwängen der Kindheitserlebnisse als befreiend erlebt werden. Von zwei Seiten her hatte dieser Ansatz seine Grenzen. Zum einen wurden Erziehung und Sozialisation nur einseitig in ihren destruktiven Erscheinungsformen aufgegriffen; zum anderen wurden Grenzen des Systems Schule deutlich: Die Schule ist keine therapeutische Anstalt, und Religionslehrer sind keine Seelsorger und Therapeuten.

Literatur

DdRU RU in Vergangenheit und Gegenwart, 45–72; LD 2. Religionsdidaktische Konzeptionen im 19. und 20. Jahrhundert, 29–203; NHRPG Religionspädagogik – Begriff und wissenschaftstheoretische Grundlagen, 46–49; RD I.1 Gegenstandsbereich der Religionsdidaktik, 17–28; I.2 Religionsdidaktik als Wissenschaft, 29–40; **I.3 Konzeptuelle Entwicklungslinien der Religionsdidaktik, 41–75.**

Weiterführende Literatur

Mendl, Hans, Katholischer Religionsunterricht – ein Längsschnitt, in: Lachmann, Rainer/Schröder, Bernd (Hg.), Geschichte des evangelischen Religionsunterrichts in Deutschland. Ein Studienbuch, Neukirchen-Vluyn 2006, 331–364.

Gedanke d. Begriffs „Korrelation" geht auf Synodenbeschluss (71–75) zurück

Zusammenfassung in Stichworten

■ Religionspädagogische Konzepte müssen vor dem Hintergrund der jeweiligen Zeitumstände (Gesellschaft, Politik, Bildungsverständnis) betrachtet und gewürdigt werden.
■ Bis zur Würzburger Synode war der Religionsunterricht in der Schule katechetisch gestaltet und hatte eine missionarische Funktion (Hinführung zur Gemeinde, Bildung von gläubigen Christen).
■ Immer wieder gab es engagierte Pädagogen und Theologen, die entgegen kognitiven Engführungen des Religionsunterrichts Konzepte entwarfen, die schülerorientiert angelegt waren.

Prüfungsaufgaben

Religionspädagogisch aus der Geschichte lernen

1. Erläutern Sie an einem selbst gewählten Konzept des Religionsunterrichts vor der Würzburger Synode Prinzipien der Konzeptbildung!
2. Erarbeiten Sie didaktische Momente aus historischen Konzepten, die auch heute noch für den Religionsunterricht von Bedeutung sein können!
3. Diskutieren Sie aktuelle Herausforderungen an den Religionsunterricht und stellen Sie ein Konzept Ihrer Wahl vor, das Ihrer Meinung nach eine passende Antwort auf diese Herausforderungen darstellt!

Krisen als Chancen zum konzeptionellen Neubeginn

1. Erläutern Sie an verschiedenen historischen Stationen, dass gesellschaftliche Veränderungen auch die Frage nach einer Umgestaltung des Religionsunterrichts aufwerfen!
2. Beschreiben Sie aktuelle Krisenphänomene, von denen aus derzeit die Gestalt des Religionsunterrichts kritisch hinterfragt wird!
3. Entwerfen Sie thesenartig Prinzipien eines zukunftsfähigen Religionsunterrichts!

2.2 Korrelation als hermeneutisches Grundprinzip: Die Bedeutung der Würzburger Synode

2.2.1 Die Würzburger Synode: Das Dokument einer Wende

Der Beschluss der Würzburger Synode zum Religionsunterricht aus dem Jahre 1974, »Der Religionsunterricht in der Schule«, mit dem die Theologie des Zweiten Vatikanischen Konzils für die deutschsprachigen Länder umgesetzt werden sollte, wurde als »Dokument einer Wende« bezeichnet. Das missionarisch-katechetische Konzept des Religionsunterrichts wurde nun zugunsten eines diakonischen Ansatzes aufgegeben. Der Religionsunterricht versteht sich seitdem als selbstloser Dienst der Kirche am Handlungsort Schule; er leistet seinen Beitrag zur Identitätsfindung junger Menschen und zur Humanisierung der Schule.

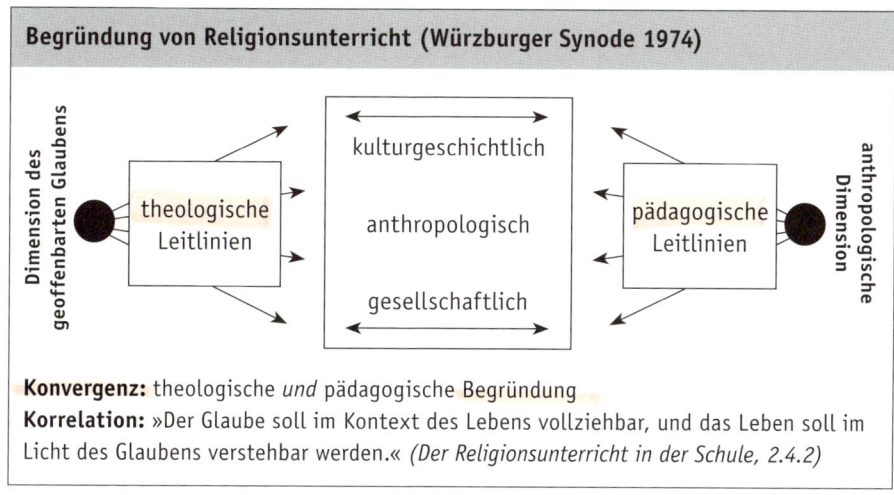

Begründung von Religionsunterricht (Würzburger Synode 1974)

Dimension des geoffenbarten Glaubens

theologische Leitlinien

kulturgeschichtlich

anthropologisch

gesellschaftlich

pädagogische Leitlinien

anthropologische Dimension

Konvergenz: theologische *und* pädagogische Begründung
Korrelation: »Der Glaube soll im Kontext des Lebens vollziehbar, und das Leben soll im Licht des Glaubens verstehbar werden.« *(Der Religionsunterricht in der Schule, 2.4.2)*

Die anthropologische und gesellschaftsbezogene Wende wird bereits im Aufbau des Dokuments deutlich; die Ausführungen beginnen nicht mit einer theologischen Zielangabe, sondern mit einer differenzierten Darstellung der beteiligten Personen im Bildungsgeschehen (Schüler, Lehrer, Eltern) und mit einer gesellschaftlichen Situationsanalyse. Im Zentrum steht eine doppelte Begründung für das schulische Unterrichtsfach: Man begnügt sich nicht mit einer theologischen Argumentationsreihe, sondern reflektiert auch pädagogische Leitlinien. Dass der Religionsunterricht aus beiden Perspektiven (= Konvergenzmodell) heraus sinnvoll ist, wird über drei Ebenen – kulturgeschichtlich, anthropologisch und gesellschaftlich – durchbuchstabiert.

Der Religionsunterricht der Würzburger Synode hat folgendes Globalziel: »Der Religionsunterricht soll zu verantwortlichem Denken und Verhalten im Hinblick auf Religion und Glaube befähigen« (2.5.1). Dem wird eine weitere Differenzierung bezüglich der Schülerschaft hinzugefügt: Nicht nur gläubige, sondern auch suchende, im Glauben angefochtene und sich als ungläubig betrachtende Schüler werden mit ihren je eigenen Einstellungen und Erwartungen im Religionsunterricht ernst genommen. Die Unterschiede zu den kirchenzentrierten konzeptionellen Vorstellungen »vor Würzburg« sind augenfällig. Hinzukommt, dass parallel zum Religionsunterricht und in deutlicher Absetzung von ihm eine eigene Gemeindekatechese entwickelt wird, was zur Profilbildung beider Handlungsorte – schulischem Religionsunterricht und Katechese in der Gemeinde – beiträgt.

Die Bedeutung der Würzburger Synode kann nicht hoch genug eingeschätzt werden: Der Religionsunterricht wurde als Unterrichtsfach in der öffentlichen Schule wieder salonfähig; seit fast vierzig Jahren bildet der von der Würzburger Synode formulierte Rahmen die tragfähige Grundlage eines gesellschaftsoffenen, zeitgemäßen Konzepts eines konfessionellen Religionsunterrichts.

2.2.2 Korrelative Theologie – Korrelationsprinzip

Im Zentrum der anthropologischen Begründung des Religionsunterrichts im Synodenbeschluss der Würzburger Synode findet man folgenden Leitsatz: »Der Glaube soll im Kontext des Lebens vollziehbar, und das Leben soll im Licht des Glaubens verstehbar werden« (2.4.2). Auch wenn der Begriff selbst nicht genannt wird, so gilt doch von der Sache her diese Formulierung als Initialzündung für die in den Jahren darauf entwickelte Korrelationsdidaktik. Dabei ist durchaus umstritten, ob es sinnvoll ist, von der Korrelationsdidaktik als differenziertem religionsdidaktischen Modell zu sprechen, oder Korrelation als zentrales religionsdidaktisches und theologisches Prinzip zu bezeichnen.

Hermeneutisch liegt der Rede von einer wechselseitigen Korrelation von Glaube und Leben die theologische Überzeugung zugrunde, dass die Glaubensüberlieferung überhaupt nur verstanden werden kann, wenn sie in ihrer Bedeutung für heutiges Leben erschlossen wird. Noch grundlegender bezeichnet Gottfried Bitter Korrelation als die Grundstruktur menschlicher Erkenntnis überhaupt: Die sinnliche Wahrnehmung von etwas Neuem wird verglichen mit etwas schon Bekanntem; aus dem kritisch-produktiven Zueinander von Neuem und Altem erwächst eine neue Erkenntnis. Korrelation vollzieht sich also immer in der Erkenntnisdynamik zwischen dem Erkenntnisgegenstand und dem erkennenden Subjekt (vgl. Bitter 1996).

Korrelation als Denkform der Theologie wurde maßgeblich geprägt von dem evangelischen Theologen Paul Tillich (1886–1965). Das, was den Menschen unbedingt angeht, ist nach Tillich der Inhalt von Religion. Die christliche Botschaft stellt die Antwort auf die existenziellen Anliegen des Menschen dar; beides gilt es in eine fruchtbare Wechselbeziehung zu bringen. Der katholische Theologe Edward Schillebeeckx (1914–2009) führte diesen Ansatz weiter, indem er stärker die kritischen Momente bei der wechselseitigen Erschließung beider Erfahrungsquellen, der Tradition und des Menschen, hervorhob und deshalb auch von einer »kritisch-produktiven Interrelation« sprach. Die Zweideutigkeit menschlicher Existenz – Hoffnung und Verzweiflung, Sinn und Unsinn – erfordere eine Entscheidung. Die christliche Tradition stellte hier das Angebot einer Lebensmöglichkeit dar, das es kritisch und befreiend auf die Alltagserfahrungen zu beziehen gelte; gleichzeitig müsse von der Konkretheit menschlicher Lebenserfahrung aus auch die theologische und religiöse Rede ihre je aktuelle Lebenstauglichkeit unter Beweis stellen.

Gottfried Bitter entfaltet das Modell einer »kritisch-produktiven Korrelation von Lebenswirklichkeiten«: In einem Prozess der Selbst- und Fremdprüfung geht es um die Suche nach Grundeinsichten (z.B. die Bedeutung von Sinn, Gemeinschaft, Solidarität) in bekannten (z.B. in der Schulklasse) sowie unbekannten Lebenszeugnissen (z.B. in der Bibel). Die Erforschung verschiedener Lebenswirklichkeiten führe zum Aufspüren sinnverdächtiger Signale, die sich hier und da bewährt haben, deren aktueller »Wahrheitstest« (Evangelii nuntiandi 24) allerdings noch unternommen werden muss.

Zum unterrichtlichen Leitprinzip wurde der Begriff Korrelation mit dem »Zielfelderplan für den katholischen Religionsunterricht – Grundschule« (1977); seitdem prägt er die Lehrpläne und Schulbücher für alle Schularten. Merkmale eines korrelativen Religionsunterrichts sind (vgl. RD, 349f):

- **Erfahrungsorientierung und Lebensweltbezug:** Die Erfahrungen und Lebenswelten werden in eine kritische Wechselbeziehung zu tradierten Glaubenserfahrungen gebracht.
- **Repräsentanz und Relevanz:** Lerninhalte müssen nach einem doppelten Kriterium ermittelt werden: Sie müssen in Beziehung zur Sinnmitte des Glaubens stehen und einen Bezug zur Lebenssituation von Kindern und Jugendlichen haben.
- **Korrelation als offener Prozess:** Ob Korrelation didaktisch gelingt, hängt von der Fähigkeit der beteiligten Personen ab, die Hermeneutik des Korrelierens von Glauben und Leben auch persönlich zu vollziehen und durch entsprechende Handlungsformen und Arbeitsangebote die Möglichkeit eines Bezugs von Glauben und Leben aufzuzeigen.
- **Korrelation als Einladung:** Dass Korrelation im didaktischen Prozess tatsächlich geschieht, ist nicht völlig planbar, da der Respekt vor der Freiheit des Subjekts auch dessen Ablehnung des Angebots beinhaltet. Im Sinne einer »kontextuellen Kairologie« dürfen die Lehrenden nicht einfach den Korrelationsangeboten der Lehrpläne vertrauen, sondern müssen situativ und lerngruppenbezogen überlegen, wie die Lebenserfahrungen ihrer Schülerinnen und Schüler mit den jeweiligen Inhalten der Tradition in eine fruchtbare Wechselbeziehung gebracht werden können.

Das Korrelationsprinzip wurde nie auf eine didaktisch umfassend entfaltete didaktische Methode hin entwickelt; vielleicht liegt gerade in dieser Bescheidung die Bedeutung des Prinzips als eher allgemeines hermeneutisches und theologisches Modell einer wechselseitigen Bezugnahme von Glaube und Leben, das bis heute bei allen kritischen Anfragen (siehe nächstes Kap. 2.3) seine grundsätzliche Bedeutung für die Ausgestaltung eines gleichermaßen lebenswelt- und glaubensbezogenen Religionsunterrichts beibehalten hat.

Literatur

DdRU Begründung des Religionsunterrichts, 73–85; LexRP Korrelationsdidaktik, 1106–1111; RD III.2 Korrelationen entdecken und deuten, 344–354; RD GS II.1 Korrelation und Elementarisierung als religionsdidaktische Grundkategorien, 152–168.

Zusammenfassung

- Das Konzept »Der Religionsunterricht in der Schule« (1974) der Würzburger Synode gilt als Dokument einer Wende von einem missionarisch-katechetischen Konzept des Religionsunterrichts hin zu einem diakonischen.
- Der Religionsunterricht wird seitdem theologisch und pädagogisch begründet (Konvergenzmodell) und bemüht sich um eine Korrelation von Glauben und Leben.
- Das Ziel des Religionsunterrichts besteht in Abgrenzung zur Gemeindekatechese in der Befähigung zum verantwortlichen Denken und Verhalten in Fragen der Religion.
- Adressaten eines Religionsunterrichts in einer öffentlichen Schule sind nicht nur gläubige, sondern auch fragende, suchende, ungläubige und indifferente Schüler.

Prüfungsaufgaben

»Der Religionsunterricht in der Schule« (1974)

1. Erläutern Sie, inwiefern der Beschluss der Würzburger Synode »Der Religionsunterricht in der Schule« das Dokument einer Wende darstellt!
2. Skizzieren Sie die konzeptionellen Eckdaten des Beschlusses und diskutieren Sie kritisch, welche dieser Eckdaten heute noch zutreffen und welche man verändern müsste, um den aktuellen Herausforderungen gerecht zu werden.
3. Konkretisieren Sie das Postulat, Glauben und Leben in eine produktive Beziehung zu bringen, an einem selbst gewählten Thema des Lehrplans!

Die Adressaten des Religionsunterrichts

1. Erläutern Sie, an welchen Adressatenkreis sich der Religionsunterricht seit der Würzburger Synode richtet, und skizzieren Sie die diesbezüglichen Unterschiede zu den Konzepten zuvor!
2. Diskutieren Sie Chancen und Probleme, die sich mit einer Zielgruppendifferenzierung des Religionsunterrichts ergeben!
3. Beschreiben Sie ein unterrichtliches Vorhaben, das offensiv die Heterogenität der Schülerschaft im Religionsunterricht aufgreift!

2.3 Korrelation in der Kritik

2.3.1 Kritische Anfragen an die Korrelationsdidaktik und -praxis

Die Diskussion um die Bedeutung und Grenzen von Korrelation als unterrichtlichem Leitprinzip ist bis heute nicht verstummt. Kritische Anfragen ergeben sich aus verschiedenen Perspektiven:

In der **Praxis des Religionsunterrichts** gibt es viele Beispiele für misslungene Korrelation – beispielsweise wenn auf einer rein formalen Ebene Glaube und Leben in eine Beziehung gebracht werden, die Erfahrungen der Menschen dabei nur als kurzer Aufhänger dienen, bevor das »eigentlich« Wichtige (Theologische) kommt oder in einer simplifizierenden Aufeinanderfolge von Fragen (das Leben) und Antworten (der Glaube) eine »Topf-Deckel-Korrelation« erfolgt. Letztlich dominierte vielfach doch eine offenbarungstheologische Deduktion, auf die anthropologische Bezüge nur notdürftig bezogen waren.

Thomas Ruster erteilte von einer kritischen Gesellschafts- und Jugendanalyse aus erfahrungsorientierten Ansätzen insgesamt eine Absage. Die Erfahrungen heutiger Kinder und Jugendlicher seien durch den Kapitalismus desavouiert. Ein Unterricht, der stringent von den Erfahrungen Jugendlicher ausgehe, müsse zwangsläufig die Ernsthaftigkeit des radikal anderen Wirklichkeitsverständnisses der biblischen Botschaft preisgeben, zumal dann, wenn nur solche Elemente der Tradition ausgewählt würden, die halbwegs mit den Erfahrungen der Schülerinnen und Schüler in Beziehung gesetzt werden können (vgl. Ruster 2002).

Noch grundsätzlicher war die kritische Anfrage **Rudolf Englerts** formuliert: Das Korrelationsprinzip sei das beste Konzept – leider am falschen Ort, weil der Religionsunterricht an der säkularen Schule und angesichts einer Schülerschaft, die zunehmend der Kirche entfremdet ist, nicht der richtige Platz sei, an dem ein existenzieller Bezug zur Sache des Glaubens möglich sei. Englert plädierte deshalb für einen »ehrenwerten Abgang« der Korrelationsdidaktik (vgl. Englert 1993).

2.3.2 Symboldidaktik als Alternative?

Dass die Symboldidaktik in den 1990er-Jahren als Alternative zur Korrelationsdidaktik verstanden wurde, ist unter anderem auch der Tatsache geschuldet, dass der Religionsunterricht im Zuge der Curriculumtheorie und vor allem dort, wo diese sehr konsequent in Lehrplänen und im Religionsunterricht umgesetzt wurde, eine kognitive Verengung erfuhr.

Der Modernisierungsschub der Gesellschaft, die Tradierungskrise des Glaubens und die zunehmende Rationalisierung des Lebens und die Entzauberung der Welt verschärften die Frage danach, wie denn im Religionsunterricht überhaupt noch für die Tiefendimension der Wirklichkeit sensibilisiert werden könnte. Man unterstellte Schülerinnen und Schülern eine weitgehende Symbolunfähigkeit und konstatierte eine Verbreiterung des Grabens zwischen der Lebenswelt der Menschen und dem Glauben der Kirche.

Über verschiedene symboldidaktische Ansätze sollten christliche Kernsymbole wieder den Menschen zugänglich gemacht werden. Gerade Symbole und Symbolhandlungen gelten als verdichtende Kristallisationspunkte besonderer Art, an denen sich Individualgeschichte, Christentumsgeschichte und Gesellschaftsgeschichte begegnen. Die zentrale Frage lautete, wie menschliches Symbolisieren und Glaubensaussagen so aufeinander bezogen werden konnten, dass menschliche Erfahrungen auch zu Glaubenserfahrungen werden. Der gemeinsame theologische Hintergrund verschiedener symboldidaktischer Ansätze bestand in einem allgemeinen Religionsbegriff im Sinne von »das, was uns unbedingt angeht« (Paul Tillich), weil somit ein Zu- und Ineinander von anthropologischer und theologischer Hermeneutik als möglich erschien.

Hubertus Halbfas konzipierte in seinem umfangreichen Unterrichtswerk die *Symboldidaktik als religiöse Sprachlehre* schlechthin (»Das dritte Auge«, Halbfas 1982); verstehende Zugänge zum Christentum und darüber hinaus zur Welt der Religionen sollten über die elementare Grundgrammatik der religiösen Sprache vermittelt werden. Kritisiert wurden an diesem Ansatz die kognitive Verfrühung und die eigenwillige Bilddidaktik, unbestritten ist das Plädoyer für ästhetische Erziehung und die Förderung kreativer Lernumgebungen.

Peter Biehl entwarf die Symboldidaktik als *kritische Symbolkunde* (»Symbole geben zu lernen«, Biehl 1989); der Prozess der Re-Symbolisierung religiöser Grundsymbole geht einher mit der kritischen Auseinandersetzung mit quasireligiösen Symbolbildungen der Alltags- und Medienkultur.

Anton Bucher plädierte gegenüber kognitiven symboldeutenden Ansätzen besonders im Kindesalter für eine verstärkte *ästhetische Erziehung*; der Umgang mit Symbolen, nicht deren Deutung habe Vorrang in einer Phase, in der die Kinder das Recht auf eine erste Naivität hätten (Bucher 1990).

In der evangelischen Religionspädagogik entstand als weitere Spielart eine *semiotische Symboldidaktik* – zu nennen ist hier insbesondere **Michael Meyer-Blanck** –, bei der es um die Dekodierung von religiösen Sprachsymbolen geht (Meyer-Blanck 1998).

Norbert Weidinger entwickelte das Konzept einer *alltagsorientierten Symbolisierungsdidaktik*; Erleben, Wahrnehmen, Deuten und Handeln sollten als prozess-, kommunikations- und handlungsorientierte Lernprozesse aufeinander bezogen dazu beitragen, dass Symbole von ihrer Verwurzelung im Alltag und in der Lebenswelt der Jugendlichen her erschlossen würden (Weidinger 2009).

Georg Baudler verstand *Symboldidaktik als Korrelationsdidaktik* im eigentlichen Sinn: Die eigene Lebenserfahrung sollte zu Symbolen verdichtet und schrittweise mit biblisch-christlichen Symbolen in Beziehung gesetzt werden; von einer empirischen über die allgemein religiöse gelange man zu einer explizit christlichen Deutung von Symbolen (Baudler 1984).

In der Zwischenzeit hat sich gezeigt, dass die Symboldidaktik als globales Modell für den Religionsunterricht zwar nicht tragfähig, gleichwohl aber ein wichtiges Prinzip (vgl. Kap 4.2, Symbolorientiert lernen) und ein zentraler Inhaltsbereich der Religionsdidaktik ist; im Anschluss an Georg Baudler kann man von der Intention her die verschiedenen Ansätze der Symboldidaktik durchaus als angewandte Korrelationsdidaktik verstehen.

Dass die Diskussion über die Korrelationsdidaktik bis heute weitergeht, soll der Überblick über die aktuellen Suchbewegungen im nächsten Kapitel 2.4 aufzeigen.

Literatur

DdRU Symbole im RU, 180–200; LexRP Symboldidaktik, 2074–2079; ÖAR II.3.1 Symboldidaktik, 149–165; RD III.3 Symbollernen, 355–364; RD GS II.5 Symbole wahrnehmen, deuten und gestalten, 221–234.

Weiterführende Literatur

Bitter, Gottfried, Plädoyer für eine zeitgemäße Korrelationsdidaktik. Sieben friedfertige Thesen, in: Lebendige Katechese 18 (1996), 1–8; Englert, Rudolf, Die Korrelationsdidaktik am Ausgang ihrer Epoche. Plädoyer für einen ehrenhaften Abgang, in: Hilger, Georg/Reilly, George (Hg.), Religionsunterricht im Abseits?, München 1993, 97–110; Weidinger, Norbert, Was nützt ein goldener Schlüssel, wenn er die Tür zur Wahrheit nicht öffnet? (Aurelius Augustinus). Mit heutigen Schülerinnen und Schülern sakramentale Symbol-Zeichen erschließen, in: Mendl, Hans/Glück, Theresia (Hg.), Worauf es ankommt, Winzer 2009, 140–149.

Zusammenfassung in Stichworten

- Bei aller Bedeutung der Curriculumtheorie und der Korrelationsdidaktik für die Professionalisierung des Religionsunterrichts wurden dort Grenzen erkennbar, wo der Religionsunterricht eine kognitive Verengung erfuhr.
- Angesichts der zunehmenden Entfremdung von Schülerschaft und Kirche wird immer wieder die Tragfähigkeit des Korrelationsprinzips als konzeptionelle Leitlinie für den Religionsunterricht kritisch hinterfragt.
- Mit unterschiedlichen symboldidaktischen Konzepten soll der garstige Graben zwischen Schülerwelt und Symbolwelt des Glaubens überbrückt werden.

Prüfungsaufgaben

Symboldidaktik als angewandte Korrelationsdidaktik

1. Diskutieren Sie die Bedeutung und die Grenzen eines curricular ausgestalteten Religionsunterrichts!
2. Erläutern Sie die These, dass Symboldidaktik eine angewandte Korrelationsdidaktik sei!
3. Veranschaulichen Sie diese These an einem symbolorientierten Unterrichtskonzept!

Symbole verbinden Individualgeschichte, Christentumsgeschichte und Gesellschaftsgeschichte.

1. Erläutern Sie diese These an einem zentralen Symbol des Christentums!
2. Diskutieren Sie den Ertrag und die Grenzen verschiedener symboldidaktischer Ansätze, wenn es um die genannte Verbindung geht!
3. Erläutern Sie anhand konkreter Beispiele, dass ein Verständnis für den Umgang mit Symbolen auch für interreligiöses Lernen von Bedeutung ist! [vgl. 3.7]

2.3.3 Weiterentwicklung des Korrelationsgedankens *(weitere Prinzipien, die RU attraktiv machen)*

In neueren didaktischen Ansätzen wird der Grundansatz eines korrelationsdidaktisch angelegten Religionsunterrichts gleichermaßen kritisiert wie weiterentwickelt. Was die verschiedenen Ansätze miteinander verbindet, ist die Erkenntnis, dass der Graben zwischen der Lebenswelt der Schülerinnen und Schüler und der christlichen Botschaft in den letzten Jahrzehnten größer geworden ist und deshalb ein Brückenschlag nicht einfach vonstatten gehen kann.

Der Ansatz einer **abduktiven Korrelation** (vgl. Prokopf/Ziebertz 2000) kritisiert den dualistischen Ansatz eines Zueinanders von zwei getrennten Größen, der Erfahrung der Schülerinnen und Schüler und der Tradition. Vielmehr geht man hier davon aus, dass lernende Subjekte in ihrem existenziell-fragenden Zugang auf die Wirklichkeit Gedankengänge entwickeln, die bereits vor einer bewussten Auseinandersetzung Bezüge zur christlichen Tradition aufweisen; werden diese latenten Sinnstrukturen aufgedeckt, können sowohl traditionelle Argumentationsstrategien als auch subjektbezogene Fragehaltungen in einen produktiven Dialog gebracht werden. *= SuS tragen mehr Gl.inhalte in sich, als man vermutet*

Nach dem Modell einer **Dekonstruktion** (vgl. Kropač 2002) werden auf paradoxe Weise Destruktion und Konstruktion miteinander verbunden: Sowohl die fremde Welt der Bibel als auch die lernenden Subjekte sind diesem Prozess der Dekonstruktion ausgesetzt: Eingeschliffene und linear-einfache Deutungskonstrukte biblischer Texte werden destruiert; biblische Texte werden in ihrem vielfältigen Sinnpotenzial für jeweils sich mit ihnen beschäftigende Subjekte freigegeben. Andererseits irritieren biblische Texte auch das Selbstverständnis eigener Selbst-, Welt- und Gottesbilder und bieten Schülern Gegenwelten, die für konstruktiv verändernde Prozesse offenstehen.

Vom Leitbegriff der **Beziehung** aus entwickelt Reinhold Boschki eine kreativ-dialogische Religionsdidaktik, mit der der Begriff der Korrelation als kommunikatives Geschehen interpersonal und subjektorientiert ausdifferenziert und letztlich ersetzt werden soll (vgl. Boschki 2003). Diese beziehungshermeneutische Grundlegung müsste freilich deutlicher hinsichtlich der Differenzerfahrungen bei dialogischen Prozessen reflektiert und didaktisch durchbuchstabiert werden.

Vom Blickwinkel eines **pädagogischen Konstruktivismus** (vgl. Mendl 2005b; siehe auch Kap. 4.6) erfolgt Lernen immer aktiv, subjektgesteuert und individuell. Fremde Bildungsgehalte – also auch die Fremdheit der biblisch-christlichen Botschaft – stellen nach diesem Denkmuster Informationen dar, die im besten Fall zu einer »Perturbation« (Verstörung) des Lernenden führen oder im schlechtesten Fall als unbedeutend ausgefiltert und ignoriert werden. Die pädagogische Verantwortlichkeit erstreckt sich deshalb auch darauf, wie diese fremden Informationsbausteine in je individuelle Lernlandschaften eingepasst werden bzw. diese verändern können.

Am radikalsten wird jeglicher Versuch, vorschnell Verstehensprozesse zwischen fremden und eigenen Erfahrungen zu unterstellen, von den Vertretern **alteritätsdidaktischer Entwürfe** bestritten, die von da aus mehr oder weniger deutlich das Korrelationsdenken verabschieden. Ulrike Greiner bezweifelt, dass die Horizonte verschiedener Identitäten verschmolzen werden können; dem setzt sie die These von der bleibenden Differenz zwischen singulären Identitäten entgegen (Greiner 2000, 282) und entwickelt von da aus das Modell einer Differenzhermeneutik. Bernhard Grümme plädiert für einen Erfahrungsbegriff, »der die Andersartigkeit gegenüber einer ungebrochenen Subjektzentrierung stark macht und doch das Ankommenkönnen dieser Alterität im Subjekt bedenkt« (Grümme 2007, 144). Erfahrung wird somit immer auch Differenzerfahrung. Lernende Subjekte sind in der Auseinandersetzung mit Fremdem selbst an der Produktion von Bedeutungen beteiligt, die allerdings nicht ungebrochen vonstatten geht: »Eine kritische Subjektorientierung hingegen betont das Moment des Fremden, des Irritierenden, des Unerhörten, des radikal Neuen, des Undenkbaren, die Anerkennung der Andersheit des Anderen« (Grümme 2007, 321). Ulrike Greiner bezeichnet dies im Umgang mit der buchstäblichen Fremdheit der Glaubenstradition als ein »Lernen am ›Widerstand‹ ohne dessen ›Überwindung‹« (Greiner 2000, 280). »Gerade eine alteritätstheoretische Subjektorientierung kann die Autorität der Botschaft und damit die Bedeutung der Inhalte für den Prozess religiösen Lernens sichern, ohne die Subjekte zu überspielen. Vielmehr werden dort die Subjekte in ihrer eigenen Lebensgeschichte religionspädagogisch gewürdigt. Sie werden in ihren lebensweltlichen Erfahrungen zu Subjekten ihrer eigenen, religionspädagogisch unhintergehbaren Glaubensbiografie erhoben, die freilich immer auch in einem kritisch-prophetischen wie produktiven Dialog mit den Erfahrungen anderer Subjekte stehen« (Grümme 2007, 322). Dieser fundamentalkritische Ansatz kann so zur differenzierten pluralitätsfähigen Weiterentwicklung des Korrelationsgedankens beitragen. Denn nicht mehr »Glauben« und »Leben« stehen einander gegenüber, sondern vielfältige mögliche Glaubensformen, zu denen innerhalb eines konfessionellen Religionsunterrichts natürlich in erster Linie die eigene Glaubenstradition gehört, aber selbstverständlich auch andere, und vielfältige mögliche Lebensentwürfe – mindestens so viele, wie Schülerinnen und Schüler und die Lehrkraft in einer Lerngruppe sind. Wenn diese verschiedenen Deutungskonstrukte von Wirklichkeit – traditionelle gemeinschaftsbezogene und individuell disparate – unterrichtlich aufeinanderprallen, ereignet sich im besten Fall ein Lernen im Fragment; das ist der realistische Zielhorizont für religiöses Lernen heute.

Auch das Konzept einer **performativen Religionsdidaktik** (vgl. RE; siehe auch Kap. 4.7) knüpft an der korrelationsdidaktischen Problemstellung an, wie Grundelemente des tradierten Glaubens heutigen Schülerinnen und Schülern überhaupt noch verständlich gemacht werden können. Eine Lösung wird darin gesehen, dass im Religionsunterricht verstärkt die fremde Erlebniswelt des sogenannten objektiven Glaubens präsentiert wird, sodass auf der Basis einer solchen Teilhabe (Partizipationskompetenz) die Schülerinnen und Schüler zur deutenden Auseinandersetzung mit Personen, Orten, Gegenständen und Ritualen der gelebten Religion angeregt werden können.

Literatur

RD III.2 Korrelationen entdecken und deuten, 344–354 (bes. 350–352); **RD GS II.1 Korrelation und Elementarisierung als religionsdidaktische Grundkategorien, 152–168**; RE I.A.4 Der Streit um das Verständnis von Korrelation, 31–35.

Zusammenfassung in Stichworten

■ Das Korrelationsprinzip stellt gerade angesichts der Tradierungskrise und des »garstigen Grabens« zwischen Schülerwelt und Glaubenstradition einen hohen Anspruch an die Leistungskraft schulischen Religionsunterrichts dar.
■ Mit je zeitgemäßen Ansätzen und einem hohen Grad an Problemorientierung bemüht man sich in der Religionspädagogik um eine angemessene Deutung und Ausdifferenzierung des Korrelationsgedankens.

Prüfungsaufgaben

Korrelation in der Diskussion

1. Erläutern Sie die Herkunft und die theologische und religionspädagogische Bedeutung des Korrelationsprinzips!
2. Diskutieren Sie kritische Anfragen an eine Didaktik der Korrelation!
3. Veranschaulichen Sie an konkreten Beispielen die Leistungskraft von didaktischen Modellen, die die Korrelation kritisch weiterentwickeln!

»Wenn der Religionslehrer trotzdem versucht, in den Glauben und in das Leben der Kirche einzuweisen und einzuüben, so ist es oft, wie wenn er zu Blinden von Farbe spricht« (Würzburger Synode, 1.1.1).

1. Skizzieren mit Rückgriff auf religionssoziologische Eckdaten den garstigen Graben zwischen dem Glauben der Kirche und heutigen Schülerinnen und Schülern!
2. Erläutern Sie ein aktuelles religionsdidaktisches Konzept, das sich der Herausforderung stellt, eine Korrelation zwischen Glauben und Leben zu ermöglichen!
3. Diskutieren Sie kritisch die Zielsetzung, die aus dem Synodenzitat aufscheint (»einweisen« und »einüben«), und formulieren Sie realistische Ziele eines aktuellen Religionsunterrichts in Pluralität!

2.4 Aufgaben und Ziele eines Religionsunterrichts in Pluralität

2.4.1 Religiöse Kompetenz – Leitziel für den Religionsunterricht heute

Es ist hilfreich, zunächst einmal eine Kontrastfolie darzustellen: Ein diakonischer Religionsunterricht »nach Würzburg« zielt nicht auf eine existenzielle Glaubenseinführung ab, strebt keine konfessionelle Sozialisation an und führt nicht zur Pfarrgemeinde hin, er hat auch keine missionarische Intention. Der Religionsunterricht nach der Würzburger Synode ist vielmehr für eine disparate Schülerschaft (gläubige, suchende, ungläubige … Schüler) gedacht, er »soll zu verantwortlichem Denken und Verhalten im Hinblick auf Religion und Glaube befähigen«, er »weckt und reflektiert die Frage nach Gott« (Der Religionsunterricht in der Schule, 2.5.1) – darin besteht seine zentrale Aufgabe.

Unter den Vorzeichen einer Diskussion um Bildungsstandards (siehe dazu auch Kap. 5.1.4) wird heute der Kompetenzbegriff bemüht, wenn es um die Ausdifferenzierung von Fähigkeiten und Fertigkeiten geht, die die Schülerinnen und Schüler im Religionsunterricht erwerben sollen. Lernende werden »in Sachen Religion« kompetent, wenn sie in Auseinandersetzung mit den religiösen Konstruktionen anderer und unterstützt

vom Deutungsangebot christlicher Tradition ein »selbstständiges und vor der Vernunft verantwortbares Urteil in Fragen der Religion« sowie eigene religiöse Spuren entwickeln (Deutungs- und Partizipationskompetenz; vgl. Benner 2004a); dieser Prozess lässt sich in Teilbereichen auch operationalisieren und evaluieren. Religiöses Lernen kann heute nicht mehr uniform und linear vonstattengehen; vielmehr müssen Lernende befähigt werden, sich mit fremden religiösen Konstruktionen – dazu gehören für viele Schülerinnen und Schüler auch die Positionen und Traditionen des Christentums! – auseinanderzusetzen und sich begründet persönlich zu positionieren.

Durch die Ausfaltung des Kompetenzbegriffs in verschiedene Teilkompetenzen eröffnet sich ein breites Spektrum von Zielhorizonten; die Lehrenden benötigen diagnostische und didaktische Fähigkeiten, um Lernprozesse auf verschiedenen Ebenen zu erkennen und zu gestalten (siehe dazu: Kirchliche Richtlinien zu Bildungsstandards 2004/2006; Fischer/Elsenbast 2006; Obst 2008; Mendl 2007d).

2.4.2 Das Zueinander von konfiguriertem und individuiertem religiösen Wissen

Das formale Ziel des Religionsunterrichts besteht in einer lebensweltlichen und lebensgeschichtlichen Pünktlichkeit (Kairologie; griech. *kairos* = der rechte Augenblick), deren Planbarkeit freilich Grenzen gesetzt sind. Elemente der sogenannten objektiven Religion sollten im Bildungsprozess so platziert werden, dass sie sowohl im Sinne eines in sich schlüssigen und zusammenhängenden kulturellen Verfügungswissens erworben werden können als auch als Orientierungswissen für die Ausgestaltung einer subjektiven Religion von Bedeutung sind.

Rudolf Englert (Englert 2006) führt hier die Begriffe der Konfiguration (das Verstehen zusammenhängender Wissensbestände der objektiven Religion) und der Individuation (die individuelle Aneignung religiöser Tradition) ein. Inhaltlich geht es beim Erwerb eines religiösen Weltwissens um ein komplexes Zusammenspiel von drei Dimensionen religiösen Lernens, die zum Aufbau eines »konfigurierten religiösen Wissens« beitragen:

- der spezifische Modus des religiösen Weltzugangs, welcher sich in einem bestimmten Sprachspiel niederschlägt (**syntaktische Dimension**), z.B. die spezifische Annäherung an das Unsagbare über symbolische Repräsentationen und metaphorische Rede, die sich beispielsweise in Gebetsformen, Liturgie und kulturellen Zeugnissen konkretisieren;
- der innere Zusammenhang der christlichen Tradition als zwar spannungsreiches, aber insgesamt sinnvolles übergreifendes Gebilde von gemeinsamen inhaltlichen Vorstellungen (**semantische Dimension**), z.B. der Kern der biblischen Botschaft im intertextuellen Gewebe durchaus unterschiedlicher biblischer Texte, die Glaubensaussagen, wie sie sich in der Geschichte des Christentums ausgebildet haben;
- die Einsicht in die soziale und kommunikative Wirkung der christlichen Tradition (**pragmatische Dimension**), z.B. die kulturellen, politischen und sozialen Auswirkungen des Christentums im Laufe der Geschichte und in der Gegenwart und die konkreten Manifestationen gelebten Christentums (Englert 2006, 12).

Konfiguriertes religiöses Wissen		Individuiertes religiöses Wissen
Syntaktische Dimension der besondere Modus des Welt-verstehens durch Religion	*befragen, zurückweisen, transformieren, integrieren*	**Syntaktische Dimension** das eigene Verstehen von Welt und Religion
Semantische Dimension die inhaltlichen Fundamente von Religion(en)		**Semantische Dimension** inhaltliche Fundamente des eigenen (Un-)Glaubens
Pragmatische Dimension die soziale und kommunikative Wirkung von Religion		**Pragmatische Dimension** Folgen für das eigene Verhalten in Gesellschaft und Kirche

Nur im Zusammenspiel dieser drei Lernebenen können die inneren Zusammenhänge der Tradition erkennbar werden. Dieser lernpsychologische Ansatz, der den reflexiven Zugriff auf Religion hervorhebt, schützt davor, im anderen Straßengraben zu landen und kognitive Akte der Vergewisserung auszublenden. Konfiguriertes religiöses Wissen soll dann aber auch in Prozessen der individuellen Aneignung »sinnvoll befragt, zurückgewiesen, transformiert bzw. auf seine Relevanz für die Bearbeitung eigener Orientierungsfragen geprüft werden« (Englert 2006, 11). In der Praxis werden beide Prozesse auf vielschichtige Weise miteinander verschränkt sein – gelegentlich werden erst Phasen der Individuation dazu beitragen, dass auch die Tradition neu befragt und rekonstruiert wird.

Die Präsentation »konfigurierten religiösen Wissens« und die »individualisierte Aneignung religiöser Tradition« muss in der rechten wechselseitigen Balance erfolgen, Phasen der kohärenten Darstellung objektiver Religion – vertieft, vernetzt, nachhaltig präsentiert –, der Reflexion und der Adaption müssen intelligent miteinander verschränkt werden.

Die veränderten gesellschaftlichen Rahmenbedingungen finden in den verschiedenen kirchlichen Verlautbarungen zum Religionsunterricht, die seit der Würzburger Synode erschienen sind, ihren Niederschlag. Man schreibt in diesen Positionsbestimmungen einerseits das prinzipielle gesellschaftsoffene, diakonische und korrelative Programm der Würzburger Synode fort, nuanciert die inhaltlichen Ausführungen aber in bestimmte Richtungen: Stand im Zentrum des Dokuments der deutschen Bischöfe »Die bildende Kraft des Religionsunterrichts« (1996) die Begründung und Verteidigung eines konfessionellen Religionsunterrichts im Mittelpunkt (parallel dazu: die evangelische Denkschrift »Identität und Verständigung« aus dem Jahre 1994), so thematisieren die Bischöfe im Jahre 2005 unter dem Titel »Der Religionsunterricht vor neuen Herausforderungen« die veränderte religiöse und schulpolitische Situation; dort kommen sie zu folgenden Aufgabenbeschreibungen:

1. Der Religionsunterricht vermittelt strukturiertes und lebensbedeutsames Grundwissen über den Glauben der Kirche.
2. Der Religionsunterricht macht mit Formen gelebten Glaubens vertraut und ermöglicht Erfahrungen mit Glaube und Kirche.
3. Der Religionsunterricht fördert die religiöse Dialog- und Urteilsfähigkeit der Schülerinnen und Schüler.

2.4.3 Narrative, multiple Identität

Schließlich leistet ein subjektorientierter Religionsunterricht über die inhaltsbezogenen Zielhorizonte hinaus, aber selbstverständlich auch durch sie motiviert und gestützt, einen gesamtmenschlichen Beitrag für die Identitätsfindung von Kindern und Jugendlichen. Für Erikson (siehe oben, Kap. 1.3) gehört die Identitätsbildung zur prägenden Leistungsaufgabe der Jugendphase, stellt aber darüber hinaus den zentralen Dreh- und Angelpunkt im Lebenszyklus dar. Erikson beschreibt Identität so: »Das bewusste Gefühl, eine persönliche Identität zu besitzen, beruht auf zwei gleichzeitigen Beobachtungen: der unmittelbaren Wahrnehmung der eigenen Gleichheit und Kontinuität in der Zeit, und der damit verbundenen Wahrnehmung, dass auch andere diese Gleichheit und Kontinuität erkennen« (Erikson 1974, 18). Für das Jugendalter lautet die entsprechende Krise: die Balance zwischen Identität und Identitätskonfusion zu finden.

Zwar hat auch schon Erikson darauf hingewiesen, dass die Identitätsbildung von sozialen Faktoren abhängig sei, dennoch wurde sein Lebenszyklus-Konzept häufig so verstanden, als sei mit dem Jugendalter die Phase der Identitätsbildung abgeschlossen: Wenn ich meine Identität gefunden habe, weiß ich ein für allemal, wer ich bin!

Unter den Vorzeichen einer postmodernen Pluralität und Beschleunigung erweist sich freilich die Vorstellung von einer einmal gebildeten und dann abgeschlossenen Identität als illusorisch. Man geht heute von einer **Balance von personaler und sozialer Identität** aus: Neuere psychologische und soziologische Studien bezweifeln die Vorstellung einer monadisch strukturierten, lebenslang feststehenden Identität und heben demgegenüber stärker hervor, dass sich Identitätsbildung lebensgeschichtlich dynamischer in der Auseinandersetzung zwischen Individuum und sozialen Einflüssen vollziehe. Die gelungene Ausbalancierung zwischen den ständig sich verändernden Situationen und Ansprüchen anderer (Rollen-Identität) und dem, was man als eigenen Personkern (personale Identität) bezeichnet, also das Ergebnis des Prozesses zwischen *role-taking* und *role-making,* wird dann Ich-Identität genannt (vgl. RD, 146f).

Unter den Signaturen der sogenannten Postmoderne (Beschleunigung, Wandel, Mobilität, Flexibilität ...) wird die Vorstellung eines in sich ruhenden, mit sich über Zeit und Raum hin konsistenten Subjekts zunehmend bezweifelt. Ist das Subjekt nicht doch viel brüchiger und weit weniger selbstbestimmt, als man meint? Taugt überhaupt angesichts der rasanten Veränderungen und einer pluralen Gesellschaft ein starres Identitäts-Ideal? Soziologen machen angesichts diverser lebensweltlicher Fragmentarisierungs-Erfahrungen die Tendenz hin zu einer Patchwork-Identität aus: Der postmoderne Mensch ist gezwungen, aus einer Vielzahl von Lebensentwürfen auszuwählen und sich seine eigene, brüchige, veränderbare Identität – bestehend aus verschiedenen Teilidentitäten in verschiedenen Lebenszusammenhängen – zusammenzubasteln (»bricolage«, **Patchwork-Identität**). Die Tendenz zur »Bastelbiografie« oder zur »multiplen Identität« (Heiner Keupp) manifestiert sich beispielsweise darin, dass Berufswechsel nicht mehr wie früher als Indiz für berufliches Scheitern, sondern als Ausdruck von Lebendigkeit und Neuorientierung betrachtet werden.

Das Konzept der **narrativen Identität** setzt an dieser pluralen Verfasstheit des Menschen an: Menschen erfahren sich dann als »identisch«, indem sie Ereignisse ihres Lebens erzählend nacherleben. »In der Erzählung wird das Leben strukturiert, werden Zusammenhänge hergestellt, Widersprüche eingepasst sowie genutzte und verpasste Chancen evaluiert« (RD, 149).

Identität hat demnach eine temporale Struktur: Die Frage »Wer bin ich?« wird im Zeitstrahl des eigenen Lebens geklärt; sie spielt sich zwischen Wirklichkeit und Möglichkeit ab; und sie hat sowohl kognitive wie affektiv-evaluierende Implikationen: man rekonstruiert das eigene Leben beschreibend und bewertend.

Der Religionsunterricht kann die Konstruktion balancierender Identitäten unterstützen, indem immer wieder Phasen der Reflexion und Narration (mündlich und schriftlich) gepflegt und die Schülerinnen und Schüler zur punktuellen Standortbestimmung eingeladen werden. Die Perspektive des narrativen Identitätsmodells lautet, man solle die Offenheit des Lebens als Wagnis, Herausforderung und Chance begreifen. Auch religiöse Identität entwickelt sich im Rahmen der vorgestellten Problemanzeige lebenslang (vgl. Dressler 1998). Ziel muss es sein, Kinder und vor allem Jugendliche dazu zu befähigen, in den Differenzerfahrungen und Fragwürdigkeiten des Lebens existenzielle Tiefe und religiöse Dimensionen zu entdecken und so seinem Leben und Glauben immer wieder eine je neue Deutung und Gestalt zu geben. Im Rahmen eines kontextuellen sozialen Identitätskonzepts werden solche Prozesse immer auch im Beziehungsrahmen einer Orientierung und Abgrenzung an anderen (siehe auch Kap. 3.6, Vorbilder) vonstattengehen. Schülerinnen und Schüler sollen mündige und selbstreflexive Subjekte ihrer eigenen religiösen Biografie werden.

Literatur

ER B. Sozial- und erziehungswissenschaftliche Zugänge, 50–85; LexRP Identität, 847–854; NHRPG II.4.4 Lebensgeschichte, 188–194; **RD II.2 Wozu religiöses Lernen?, 142–154.**

Weiterführende Literatur

Dressler, Bernhard, Wie bilden sich religiöse Identitäten?, in: Pastoraltheologie 87 (1998), 236–252; Englert, Rudolf, Religion reflektieren – nötiger denn je, in: Kirche und Schule. Mitteilungen der Hauptabteilung Schule und Erziehung im Bischöflichen Generalvikariat Münster für Religionslehrer/-innen, Schulseelsorger/-innen an katholischen Schulen 36 (2006), Nr. 139, 9–14 (unter dem Titel »Der Religionsunterricht vor der Frage nach seinem Ertrag« in überarbeiteter Form auch in: Englert, Rudolf, Religionspädagogische Grundfragen, Stuttgart 2007, 256–269); Obst, Gabriele, Kompetenzorientiertes Lehren und Lernen im Religionsunterricht, Göttingen 2008.

Zusammenfassung in Stichworten

- Kompetenzmodelle für den Religionsunterricht weiten den Blick für das breite Spektrum von angestrebten Teilkompetenzen, die den beiden Hauptfeldern einer Deutungs- und Partizipationskompetenz zugeordnet werden können.
- Der Religionsunterricht hat demnach eine doppelte Hauptaufgabe: Er soll zum Erwerb von Verfügungswissen (konfigurierte Religion) führen, das aber auch beiträgt zum Erwerb eines Orientierungswissens (individuierte Religion).
- Der Religionsunterricht leistet einen Beitrag zur Identitätsbildung junger Menschen; Identitätsfindung ist dabei nicht als abgeschlossener Prozess zu verstehen, sondern als Befähigung zur je neuen Bildung einer balancierenden Identität in Pluralität.

Prüfungsaufgaben

»Der Religionsunterricht vermittelt strukturiertes und lebensbedeutsames Grundwissen über den Glauben der Kirche.« (Der Religionsunterricht vor neuen Herausforderungen)

1. Erläutern Sie Dimensionen, in denen sich ein Grundwissen über Religion und Religionen niederschlagen kann!
2. Diskutieren Sie mögliche Zusammenhänge und Brüche zwischen einem strukturierten Sachwissen und einem individuellen religiösen Wissen!
3. Skizzieren Sie ein Unterrichtsvorhaben, bei dem die Frage nach dem Sach- und Orientierungswissen miteinander verschränkt entfaltet wird!

Identitätsentwicklung als Ziel des Religionsunterrichts

1. Diskutieren Sie unter Einbezug entsprechender soziologischer und psychologischer Theorien Möglichkeiten und Grenzen einer Identitätsförderung im Religionsunterricht!
2. Skizzieren Sie zentrale Kompetenzfelder, die im Religionsunterricht bearbeitet werden sollen.
3. Erläutern Sie, welche Bedeutung der sogenannten objektiven Religion auch bei einem subjektorientierten Religionsunterricht zukommt, und konkretisieren Sie dies an einem unterrichtlichen Beispiel!

3. Inhaltsbereiche

Ein Subjektansatz in der Religionspädagogik wäre missverstanden, wenn damit ein rein formal-intrinsisches Lernverständnis (»mich selber bilden, wie ich bin«) gemeint wäre. Die Bildung eines selbstreflexiven Subjekts erfolgt selbstverständlich nicht gegenstandslos, sondern in der Auseinandersetzung mit Bildungsinhalten. Gleichwohl bedeutet der Ausgangspunkt vom lernenden Subjekt aus, dass es nicht genügt, Bildungsinhalte, die im Prozess des Lernens thematisiert werden sollen, nur zu benennen. Sowohl die themen- wie auch die jeweils adressatenspezifischen Lernvoraussetzungen (siehe Kap. 1.3 und 1.4) müssen ebenso bedacht werden wie die je eigenen didaktischen Verarbeitungsmodalitäten bei der aktiven Auseinandersetzung der Lernenden mit den jeweiligen Inhalten.

Bereits der Begriff der »Bildung« (intransitiv!) gibt einen Hinweis auf die Bedeutung der Selbsttätigkeit bei Bildungsprozessen; man kann niemanden anders »bilden«, höchstens »ausbilden«. Ohne weiter auf die konstruktivistische Fundierung dieser Überlegungen einzugehen, kann man daraus schließen, dass Lernprozesse nicht als lineare Vermittlung und identische Abbildung von Inhalten ablaufen, sondern sich die Inhalte (der Natur, Kultur, Gesellschaft, Religion ...) je nach Rezeptionsmodalitäten jedes einzelnen Lernenden verändern. Bildungsinhalte sind also Angebote zur selbstständigen Auseinandersetzung mit Lerngegenständen, um im Zueinander von konfiguriertem und individuiertem religiösen Wissen (siehe Kap. 2.4.2) Verfügungs- und Orientierungswissen zu erwerben. Bei einer so verstandenen »Schülerorientierung« verzichtet man nicht auf Inhalte, man akzeptiert aber, wenn diese Angebote nicht angenommen bzw. in ihrer Bedeutung modifiziert werden.

Gefordert werden kann freilich im Kontext des Systems Schule als Lernraum, dass sich Kinder und Jugendliche mit Deutungskonstrukten der Tradition(en) auseinandersetzen. Man kann diese Thesen noch untermauern mit der Grundüberzeugung, dass der Schatz christlicher Tradition mannigfaltige Ressourcen zur Entfaltung des Mensch-Seins birgt. Das ist die eigentliche Begründung für den Bildungswert von Lerngegenständen. Wegen des hier immanenten Subjektbezugs erscheint eine solche Begründung weit stimmiger als von außen angelegte, rein sachorientierte Motive (Vermittlung von Kulturwissen, Weitergabe des Glaubens), die stärker institutionen- und gesellschaftsorientiert ausgerichtet sind. Ziel ist es demnach, Sehbrillen der Tradition kennenzulernen und mit diesen das eigene Leben wahrzunehmen und zu deuten.

Das Konzept »Im Mittelpunkt der Mensch« wäre jedoch defizitär, würde man nicht den transzendentalen Haltepunkt des Mensch-Seins thematisieren: die Gottverwiesenheit des Menschen als freiheitsermöglichendes Angebot. Insofern ist es legitim und widerspricht nicht dem grundlegenden Subjekt-Ansatz, wenn im Religionsunterricht Essentials des Christ-Seins thematisiert werden.

»Sich-Bilden geschieht nicht im Anhäufen von abstrakten Sätzen, die ihre Herkunft nicht mehr aus der konkreten Wirklichkeit und damit aus der Erfahrung erkennen lassen. Sich-Bilden heißt vielmehr, von der konkreten Wirklichkeit Allgemeines in Erfahrung zu bringen und es darauf auch wieder anwenden zu können. Besonders religiöse Erziehung macht nur Sinn in Korrespondenz zum eigenen Leben des jungen Menschen. Sonst verkommt sie zur Indoktrination.«

Die bildende Kraft des Religionsunterrichts (1996), 28

»Sich-Bilden ist aber kein leerer und bloß formaler Akt zur Entwicklung einer abstrakten Individualität. Sich-Bilden heißt, sich die bildenden Kräfte der Natur, der Kultur, der Wissenschaft, der Religion zu erschließen.«

Die bildende Kraft des Religionsunterrichts (1996), 27

Die im Folgenden entfalteten Inhaltsbereiche finden ihren Niederschlag in allen Länderlehrplänen für den Religionsunterricht. Das verwundert insofern nicht, als es über die gemeinsamen Klammern der Grundlagenpläne für den Religionsunterricht und der kirchlichen Bildungsstandards länderübergreifende Vereinbarungen über die Themenfelder gibt, die im Religionsunterricht behandelt werden sollen. Wie diese didaktisch ins Spiel kommen, hängt freilich auch von den grundlegenden Prinzipien (siehe Kap. 4) und den zugrunde liegenden konzeptionellen Planungsprinzipien (siehe Kap. 5) ab. Im Sinne eines aufbauenden Lernens sollte es das Ziel sein, die einzelnen thematischen Felder schlüssig über die Jahrgangsstufen hinweg und miteinander verbunden so zu entfalten, dass eine nachhaltige Wissensfundierung gelingt. Diesem Anspruch darf sich ein schulisches Unterrichtsfach nicht entziehen.

3.1 Bibel

3.1.1 Grundsätzliche konzeptionelle Fragen

Der Stellenwert der Bibel im Religionsunterricht ist ein Seismograf für die Gestalt und Zielrichtung didaktischer Konzepte. In der Materialkerygmatik beispielsweise (siehe Kap. 2.1.1) war der Umgang mit der Bibel auf eine Belegkatechese beschränkt – Bibelstellen, die zur jeweiligen dogmatischen oder ethischen Hauptaussage passten, wurden als autoritatives Argument eingebracht. Beim hermeneutischen Religionsunterricht rückte die Bibel in den Mittelpunkt des Unterrichts, um von den Texten des Ersten und Zweiten Testaments aus einen existenzerschließenden Unterricht zu gestalten.

An der traditionellen Zielbeschreibung biblischen Lernens (vgl. DdRU 217) lässt sich die sachorientierte Perspektive erkennen, die die Bibeldidaktik lange Zeit konzeptionell prägte und die heute in ihrer einseitigen Blickrichtung überholt ist:

- Die Bibel sollte als Sprachdokument verstanden werden – dies zielte auf eine biblische Literatur- und Gattungsgeschichte,
- als Geschichtsdokument – hierzu wurden die biblische Realienkunde, die Entstehungs- und Wirkungsgeschichte biblischer Aussagen bemüht,
- sowie als Glaubensdokument – hier erfolgte eine Einführung in biblische Theologie.

Die neueren didaktischen Konzepte, die einer korrelativen Didaktik verpflichtet sind, sind bei aller Unterschiedlichkeit weit deutlicher dialogisch und interaktional begründet; sie gehen vom Subjekt als aktivem Mitschöpfer des prinzipiell unabschließbaren Textes aus.

Alle empirischen Daten zur Rezeption der Bibel im Religionsunterricht belegen die hohe Wertschätzung, die biblischen Erzählungen besonders im Grundschulunterricht zuerkannt wird. Wenn demgegenüber für das Jugendalter ein Relevanzverlust der Bibel konstatiert wird, so lässt sich dies nicht allein mit der religionspsychologisch belegbaren Dynamik eines Abschieds vom Gott des Kinderglaubens begründen, sondern auch mit einer Bibeldidaktik in der Sekundarstufe, der es nicht gelingt, Bibelleser und Bibeltexte ins Gespräch zu bringen. Vor allem dort, wo nicht nur die Ergebnisse, sondern auch die Arbeitsweisen der historisch-kritischen Exegese unvermittelt auf den Religionsunterricht übertragen wurden, führt dies auch zu einer Bibelmüdigkeit.

Horst Klaus Berg (vgl. Berg 1993) setzt am konstatierten Relevanzverlust der Bibel an und entwickelt zu dessen Überwindung das Konzept einer interaktionalen Bibeldidaktik, das an den Erfahrungen, Bedürfnissen und Problemen der Lernenden ausgerichtet ist und von da aus die Lernchancen biblischer Texte für Kinder und Jugendliche ermittelt. Zudem bemüht er sich entgegen der Behandlung isolierter biblischer Fragestellungen um die Zusammenstellung biblischer Grundbescheide – grundlegender Themen, die über das Erste und Zweite Testament hinweg zentrale Fragestellungen der Bibel facettenreich und im Sinne eines Wachstumsprozesses enthalten. Folgende

Grundbescheide der Bibel sind für Berg zentral: Gott stiftet Leben – Gott schenkt Gemeinschaft – Gott leidet mit und an seinem Volk – Gott befreit die Unterdrückten – Gott gibt seinen Geist – Gott herrscht in Ewigkeit.

Erfahrungen und Bedürfnisse von Kindern und Jugendlichen	Lernchancen der Bibel
Bedrohung, Hoffnungslosigkeit	Hoffnung
Bedrückend-lähmende »Dschungelwelt«	Lebensmodelle: z.B. Gegenwelt »Schalom«
Sehnsucht nach Einfachheit, Ganzheit	heilvolle und heilende Erinnerungen an ein integriertes Leben
Perfektionszwänge	Erkenntnis der Geschöpflichkeit und Sündhaftigkeit
Anonymität, Beziehungsarmut	Kommunikation
Hektik, Künstlichkeit der Lebenswelt	Ganzheitlichkeit

(ev.)

Ingo Baldermann versucht von einer ähnlichen Problemanzeige und Zielvorstellung aus, mithilfe der Psalmen Kindern und Jugendlichen eine Perspektive der Hoffnung zu bieten; gerade die Psalmen als »Sprache der Seele« eignen sich in besonderer Weise, um diese biblische Sprache der Hoffnung weiterzuvermitteln. Dabei geht es vor allem im Kindesalter nicht um die reflexive Aneignung der Symbolsprache und um die Auseinandersetzung mit gattungsbezogenen oder biblisch-historischen Fragestellungen, sondern um den existenziell-fragenden Umgang mit Psalmen und einzelnen Psalmworten. Rainer Oberthür (z.B. Oberthür 1995; 1998) hat die Bibeldidaktik von Ingo Baldermann auf vielfältige Weise entfaltet.

»Die antike Sage erzählt von dem König Midas, in dessen Händen alles zu Gold wurde. Beim Umgang mit biblischen Texten kann man leicht den Eindruck gewinnen, dass unter unseren Händen alles zu Stroh wird ... Sooft ich den Versuch gemacht habe, Kinder über eine sorgfältige exegetische und hermeneutische Vorbereitung an einen biblischen Text heranzuführen, blieb das Ergebnis deprimierend abstrakt und allgemein und der Welt der Kinder so fern, dass offensichtlich war: Dieser Aufwand hatte sich nicht gelohnt, im Gegenteil: Die Motivation schwand, die Unlust wuchs. Was sollen Kinder mit der Einsicht anfangen, dass das Reich Gottes ›schon jetzt‹ und ›noch nicht‹ da ist; dass Markus uns Jesus als einen verborgenen Messias zeigt; dass Jesus in der Bergpredigt eine radikale und im Gleichnis vom Barmherzigen Samariter eine grenzenlose Nächstenliebe fordert? So wird der Umgang mit biblischen Texten zu einem Glasperlenspiel, an dem nur noch einige wenige feinsinnige Kinder beteiligt sind.« *(Baldermann 1996, 1 u. 25)*

(Hd.) **Franz Wendel Niehl** bezeichnet es als den größten Fehler in der Geschichte der Auslegung biblischer Texte, zu meinen, man könnte diese auf jeweils eine Aussageintention verkürzen. Gegenüber einer solchen Skopustheologie entwickelte er das Modell einer dialogischen Bibeldidaktik: Das didaktische Arrangement sollte in Prozessen eines »umkreisenden Verstehens« so gestaltet sein, dass ein intensiver Dialog zwischen den Schülerinnen und Schülern und dem biblischen Text entsteht. Dieser Dialog bezieht auch die Wirkungsgeschichte biblischer Texte mit ein und soll multiperspektivisch ausgestaltet werden. Als dialogisch angelegtes Buch verlange der Umgang mit der Bibel immer auch dialogische Arbeitsformen. Der biblische Text spielt aus seiner Entstehungszeit und seinem Sinnzusammenhang den Lesern bestimmte Vorstellungen und Fragen zu, in denen die Leser ihre je eigenen Fragen und Deutungen entdecken sollen.

> »Wer erreichen will, dass Leser angerührt und verändert werden, der muss Geschichten erzählen, die mit den eigenen Erzählungen der Leser ins Gespräch kommen. Wer Tiefenschichten der Person ansprechen will, der muss Bilder und Symbole aufbieten, die tief in uns verwurzelt sind. Wer Prozesse auslösen will, durch die Menschen sich verändern können, der muss seine Leser in Geschichten verstricken. In Geschichten, die irritieren und nachdenklich machen. Und deshalb muss Bibel fiktionale Literatur sein. Nur dann schafft sie Identifikationsmöglichkeiten, wie sie keine historische Darstellung bieten kann. Weil die Bibel Geschichten erzählt, weil sie in Metaphern und Gleichnissen spricht, legt sie Spuren der Transzendenz. Darüber lohnt es sich nachzudenken!« *(Niehl 2006, 16)*

Dass der Dialog zwischen biblischem Text und heutigen Adressaten komplexer ist, als man auf den ersten Blick meint, verdeutlichen die jüngeren Arbeiten zur Bibeldidaktik von Joachim Theis, Ulrich Kropač und Mirjam Schambeck, die hier nur angedeutet werden können:
Joachim Theis (vgl. Theis 2005) zeigt mithilfe von sprachanalytischen Verfahren auf, dass das Verstehen biblischer Texte ein aktiver und konstruktiver Verarbeitungsprozess ist und in einer Doppelbewegung von den Lesern zum Text und vom Text zu den Lesern zurückführt. Was Leser verstehen, hängt zentral von den eigenen Zielsetzungen, ihren Sinnerwartungen und ihrem Vorwissen ab. Letztlich lässt sich zeigen, dass Leser den Text in ihre eigenen Denkstrukturen einpassen. Andererseits verändert der biblische Text durchaus auch die Denkstrukturen des Lesers. Eine biblische Didaktik sollte deshalb immer eine »Ermöglichungsdidaktik« sein, bei der Räume für gelingende und inhaltsoffene Kommunikationsprozesse eröffnet werden.

Nach **Ulrich Kropač** ereignet sich bei der Begegnung von lernendem Subjekt und biblischem Text ein wechselseitiger Prozess der Dekonstruktion; einfache und eingeschliffene Deutungen werden bei einer gründlichen Beschäftigung mit dem Text destruiert und somit neu verstanden. Aber auch die eigene Welt-, Gott- und Selbstsicht verändert sich durch den Dialog mit einem biblischen Text (vgl. RD, 429f).

Mirjam Schambeck stellt in ihrem Konzept einer bibeltheologischen Didaktik nicht die Textwelt und die Leserwelt getrennt einander gegenüber, wie es in Modellen einer

»einfachen« Korrelation der Fall ist, sondern entfaltet vom Konzept der Intertextualität her konsequent eine mehrschichtige Verwobenheit zwischen Text und Leser – der Text, der nur im Prozess des Lesens in seiner Textwelt rekonstruierbar ist, und der Leser, der sich im Prozess des Lesens selbst neu versteht (vgl. Schambeck 2009).

Zusammenfassung: Begründungsfiguren biblischen Lernens (vgl. RD, 417–421)

Theologische Aspekte

Ungeschminktes Menschenbild: Die Bibel enthält schonungslos die ganze Palette an menschlichen Erfahrungen und Beziehungsgeschichten, die als Spiegelungspotenzial für eigene Lebensfragen dienen können.

Suchen und Fragen im Horizont der Hoffnung: Die Bibel analysiert nicht nur menschliches Leben, sie hat auch einen Aufforderungscharakter und skizziert Modelle gelingenden Lebens.

Gotteswort in Menschenwort und Einladung zur Gottesbegegnung: Gott spricht, vermittelt durch menschliche Autoren, die Menschen an; die Bibel ist für Gläubige und für die Glaubensgemeinschaft ein normierendes Dokument, welches jeden Einzelnen zur Selbst- und Gottbegegnung einlädt.

Bildungstheoretische Begründung

Biblisches Lernen als Beitrag zur Allgemeinbildung: Dieses kulturgeschichtliche Argument weist darauf hin, dass unsere Kultur und Gesellschaft zutiefst von biblischem Gedankengut geprägt ist; wer die Welt verstehen will, benötigt biblisches Grundwissen!

Biblisches Lernen als Dienst an der (religiösen) Sprachfähigkeit: Der Umgang mit biblischer Sprache und die Anregung zur eigenen Verbalisierung befähigt zu einer mehrdimensionalen Erfassung der Wirklichkeit und erweitert die rezeptive und praktische Sprachkompetenz.

Biblisches Lernen als Hilfe zur Identitätsbildung: Wie bereits oben angemerkt, zielen alle modernen Bibeldidaktiken auf den Aufweis, dass biblische Texte vielfältige Lernchancen auch für die Lebenssituationen und Fragen heutiger Kinder und Jugendlicher haben und somit ein verantwortlicher Umgang mit biblischen Texten einen Beitrag zur Identitätsfindung junger Menschen leistet.

Biblisches Lernen als Einüben in Kritik und Hoffnung: Biblische Texte halten, wie Johann Baptist Metz sagt, »gefährliche Erinnerungen« wach. Sie provozieren in ihrem Realismus und in ihrem Hoffnungspotenzial sowohl einen kritischen Blick auf aktuelle gesellschaftliche und politische Verhältnisse als auch auf die Entwicklungsmöglichkeiten jedes Einzelnen, der sich in diese Texte suchend und fragend hineingibt.

Alle neueren Konzepte einer Bibeldidaktik zeigen, dass der Prozess einer didakti-schen Auseinandersetzung mit biblischen Texten differenzierter abläuft, als dies Kriti-ker einem erfahrungsorientierten Ansatz unterstellen. Um die Lebensbedeutung der biblischen Botschaft zu ermitteln, müssen Bezüge zu den lebensweltlichen Erfahrungen und Bedürfnissen heutiger Kinder und Jugendlicher hergestellt werden; gleichzeitig enthält die biblische Botschaft immer auch genügend provozierendes Potenzial, das diesen Erfahrungshorizont sprengt, indem gegenläufige Erfahrungen, fremde Lebenswel-ten und andere Vorstellungen eines gelingenden Lebens eingespielt und die Schülerin-nen und Schüler anhand biblischer Irritationen (vgl. KatBl 128 [2003], Heft 1) in die »Negativität der Erfahrung« (Benner 2004b, 31) eingeführt werden können.

3.1.2 Religionspädagogische Aspekte

Die Bibel – kein Kinderbuch?

Von der Entstehungssituation her wurde die Bibel nicht für Kinder, sondern für Erwach-sene verfasst. Diese Erkenntnis nötigt zu einer begründeten Auswahl, wenn es um die Frage geht, welche biblischen Texte für Kinder geeignet sind. Die Lehrpläne treffen bereits eine entsprechende Auswahl, über die sich die Lehrenden aber im Klaren sein sollten: Zentrale Erzählungen und Gattungen aus dem Alten Testament sind die Schöp-fungserzählungen, ausgewählte Vätergeschichten, die Josefserzählung, Elemente aus der Exodustradition, Erzählungen vom Königtum Davids sowie Psalm- und Propheten-worte. Zu einem Kinderkanon des Neuen Testaments gehören realistische Jesus-geschichten und -handlungen, besonders Begegnungsgeschichten von Menschen mit Jesus, auch Wundererzählungen, einfache Bildworte, Kindheitsgeschichte, Leidens- und Auferstehungserzählungen sowie Erzählungen von der Urgemeinde.

Die Gefahr einer solchen Reduktion von biblischen Erzählungen auf den (vermeint-lichen) Verstehenshorizont der Kinder hin besteht in einer Vermeidung oder gar Glät-tung sperriger biblischer Texte (besonders Texte, die ein verstörendes Gottesbild im-plizieren, etwa die Opferung Isaaks Gen 22, die Vernichtung der Menschen in der Sintflut-Erzählung oder die ägyptischen Plagen). Demgegenüber wird von einer kin-dertheologischen Sicht her dafür argumentiert, Kinder in ihrer Kompetenz auch im Umgang mit schwierigen biblischen Texten zu unterstützen und sie als eigenständige und eigenwillige theologische Konstrukteure ernst zu nehmen.

Die Bibel – kein Buch für Jugendliche?

»Machen Sie alles, nur nicht Bibel!«, so der Ausspruch eines Jugendlichen auf die Fra-ge, was er sich im Religionsunterricht wünsche – ein eindrücklicher Beleg für die viel zitierte Bibelmüdigkeit im Jugendalter. Gerade im Jugendalter, wo mit dem Abschied vom Gott des Kinderglaubens auch alle Accessoires, die zu diesem Kindergott gehörten, »eingemottet« werden, erfolgt eine entwicklungspsychologisch verständliche Distan-zierung von der Bibel. Diese Position relativieren können zahlreiche innovative Projekte (z.B. Elemente der Eventkultur, Bibelnächte, Standbild- und Foto-Projekte wie »Jesus an der Ruhr«, vgl. KatBl 128 [2003], Heft 1: Biblische Irritationen), die zeigen, dass mit einer reflektierten inhaltlichen Auswahl und den entsprechenden didaktischen Verfahren die Lebensrelevanz biblischer Texte und Personen durchaus auch im Jugendalter erkannt und wertgeschätzt werden kann.

Das Methodenspektrum muss sich bei Jugendlichen indessen deutlich von den Methoden der Grundschuldidaktik unterscheiden. Für das Jugendalter empfiehlt beispielsweise Franz Wendel Niehl (Niehl 2006, 181–183) biblische Texte, die sich auf die Lebensfragen von Jugendlichen beziehen lassen: die großen mythischen Erzählungen, Gleichnisse als Entscheidungs- und Freiheitsgeschichten, Bergpredigt, Sozialgesetze, Versuchung Jesu und Weltgericht, Schöpfung, Tod und Auferstehung sowie prophetische Gestalten.

[Randnotiz: Bspe. f. Jgdl.]

Von Gleichnissen zu Psalmworten

In den 1990er-Jahren entbrannte im Kontext der Diskussion um ein kindliches Symbolverstehen der religionspädagogische Streit, ob biblische Gleichnisse bereits im Grundschulalter behandelt werden sollten. Kritiker wandten ein, dass Kinder noch nicht in der Lage seien, die komplexen mehrschichtigen sprachlichen Verweisebenen zu erkennen und zu unterscheiden.

In der Folge erhielt im Religionsunterricht der Grundschule die Gattung der Psalmen und vor allem der Umgang mit Psalmworten eine größere Bedeutung, weil die Schulung eines Umgangs mit Symbolen über einfache Psalmworte didaktisch als sinnvoller erschien als der verfrühte Einsatz von komplexen biblischen Parabeln und Gleichnissen. Gleichzeitig veränderte sich aber auch der didaktische Umgang mit Gleichnissen, die nun weniger einleitungswissenschaftlich in ihrer formalen Gestalt analysiert und in ihrem (vermeintlichen) theologischen Vollsinn verstanden, sondern vielmehr in ihrem theologischen Gehalt und in ihrer spezifischen Gestalt als provozierende und perturbierende Eigenart der Sprache Jesu in seiner Absicht, für seine Botschaft vom Reich Gottes zu werben und einzuladen, thematisiert wurden. Diese Sprachgestalt muss auch didaktisch ernst genommen werden: Gleichnisse sollten in ihrer unmittelbaren und herausfordernden Leser-Ansprache auch didaktisch inszeniert werden.

Was beide biblische Sprachformen miteinander verbindet, die Psalmen als eine »Sprache der Seele« (Baldermann) und die Gleichnisse als poetisch-dialogische Weise des »Geschichtenerzählers Jesus« (vgl. KatBl 134 [2009], Heft 5: Gleichnisse, hier 318), das Reich Gottes zu verkündigen, ist die Mehrschichtigkeit der Bedeutungsebenen. Dies bedeutet gleichermaßen eine didaktische Herausforderung wie die Chance zu einer mehrdimensionalen Erschließung.

Wundererzählungen

Von einem Wirklichkeitsverständnis aus, das eine religiöse Sicht widerspruchsfrei zu einem naturwissenschaftlichen Verständnis der Wirklichkeit entfalten wollte, hatten aufgeklärte Theologen und Religionspädagogen Probleme mit der Gattung der Wunder-

erzählungen (vgl. KatBl 135 [2010], Heft 4: Wunder), die lange Zeit im Religionsunterricht entweder ausgeblendet oder konform mit einem naturwissenschaftlichen Verständnis der Wirklichkeit lediglich symbolisch (z.B. »blind sein« als Metapher für
fehlende Wahrnehmungsfähigkeit) oder sozial- und entstehungsgeschichtlich (z.B. der
Seesturm als Bild für die Anfechtung der jungen Christengemeinde) gedeutet wurden.

Wir sollten dieses Feld nicht den säkularen Heilsmythen überlassen, formulierte
sinngemäß Werner Ritter vor einigen Jahren (vgl. Ritter 1995). Von einer Didaktik aus,
die Kinder und Jugendliche als aktive Konstrukteure der Bedeutung von biblischen
Texten sieht und die biblischen Texte als bedeutungsoffene und für die eigene Deutung
offenstehende Gebilde betrachtet, traut man sich heute auch wieder stärker an Wundererzählungen heran, die gerade in ihren Leerstellen und ihrer Deutungsoffenheit zu eigenständigen Deutungen einladen. Die Wundererzählungen als »Blitzlichter des Gottes-
reiches«, mit denen Jesus dem Menschen Heil für Seele und Leib zuspricht, ermöglichen
eine Annäherung an diejenigen, an denen ein Wunder getan wurde; Kinder brauchen
die Heilsmythen und das Entgrenzungspotenzial dieser starken biblischen Geschichten;
Jugendlichen eröffnen Wundererzählungen die Reflexion über das eigene Wirklichkeitsverständnis.

Schöpfungserzählungen

Wenn heute bereits Kinder mit den Erkenntnissen der Evolutionstheorie Bekanntschaft
machen, so führt dies häufig zu einem unversöhnlichen Bruch mit der Rezeption der
biblischen Schöpfungserzählungen. Entwicklungspsychologisch ist dies damit erklärbar, dass Kinder nur bedingt über die Fähigkeit zum komplementären Denken (»sowohl
– als auch«) verfügen und deswegen einer Deutung der Wirklichkeit (»entweder –
oder«) den Vorrang geben. In der Religionspädagogik wurde in den letzten Jahren die
Diskussion entfacht, ob nicht die Art und Weise, wie die Interpretation der Schöpfungserzählungen für Kinder und Jugendliche verstehbar wird, auch für die Plausibilität des Gottesglaubens insgesamt entscheidend sei; diese Frage habe die Theodizee-
frage als Einbruchstelle für den Gottesglauben abgelöst. Entscheidend ist, ob anhand
der Schöpfungserzählungen erläutert werden kann, auf welch spezifische Art und Weise der Modus einer religiösen Wirklichkeitserschließung vonstattengeht (vgl. KatBl
133 [2008], Heft 5: Schöpfung und Evolution, bes. 316–319).

Synoptiker versus Johannes

Der Adler steht als Symbol für den Evangelisten Johannes und seine Art der verdichteten nach oben strebenden Gedankenführung, die sich bereits in der lyrischen Sprache des Prologs (»Im Anfang war das Wort, und das Wort war bei Gott, und das Wort
war Gott«, Joh 1,1) und in der theologischen Zentrierung auf die Selbstoffenbarung
Jesu (z.B. die »Ich-bin«-Worte) niederschlägt; in der Bibeldidaktik gab man lange Zeit
der Anschaulichkeit der synoptischen Evangelisten Matthäus, Markus und Lukas den
Vorrang. In der jüngsten Zeit wurden religionsdidaktische Entwürfe zum Johannes-

evangelium vorgestellt, die didaktisch und theologisch begründet waren (vgl. KatBl 132 [2007], Heft 5: Das Johannesevangelium): Von Ansätzen der Kindertheologie aus traut man auch schon Kindern die Fähigkeit im Umgang mit schwierigen, symbolhaften Aussagen zu, und theologisch erfährt das Johannes-Evangelium wegen seiner deutlich christologischen Ausführung eine größere Wertschätzung.

Textsichernde und textaneignende Methoden

Im doppelten Überschwang der schultheoretischen Curriculumtheorie und der damit verbundenen Orientierung an der Fachwissenschaft und der theologisch motivierten Begeisterung für die bibelwissenschaftliche Forschung drang auch die historisch-kritische Methode in den Religionsunterricht ein, wenn es z.B. um die vergleichende Erschließung der Schöpfungserzählungen, der Auferstehungsberichte oder der Gleichnisse ging. Bei aller positiven Würdigung für diese exegetische Grundmethode, mit der ein wissenschaftlich fundierter Umgang mit biblischen Texten geleistet wird, sieht man heute doch eher Grenzen, was deren unmittelbare Praktizierung im Religionsunterricht betrifft. Neben den textsichernden Verfahren sind heute vor allem solche exegetischen Auslegungsmethoden von Bedeutung, die als textaneignende stärker den unmittelbaren Dialog zwischen Bibeltext und heutigen Leserinnen und Lesern inspirieren (vgl. Berg 1991; Berg 1993). Die Dynamik biblischer Lernwege führt von einem Entdecken des (fremden) Textes über eine Erarbeitung bis hin zum Überschreiten des Textes über Prozesse der Aneignung (vgl. RD, 431f)

3.1.3 Didaktische Perspektiven

Bedeutung des Narrativen im Kindesalter

Bei der Erstbegegnung mit biblischen Texten, die für viele Schülerinnen und Schüler heute erst im Religionsunterricht erfolgt, sollten Kinder die Erzählungen der Bibel möglichst authentisch erfahren. Dies spricht für ein textnahes Erzählen, dessen Grundsätze und Praxis Religionslehrerinnen und -lehrer beherrschen sollten. Im Jugendalter können bekannte biblische Texte durch eine transformierte Präsentation (veränderte Erzählperspektiven, provozierende Gegenerzählungen) neu an Bedeutung gewinnen.

Dialogische Methoden

Entsprechend der oben entfalteten Grundsätze einer Bibeldidaktik müssen biblische Methoden den Dialog zwischen Text und Leser anregen. Gerade für die Bibeldidaktik wurden zahlreiche Methoden entfaltet (z.B. kreatives Schreiben, Umgang mit biblischen Bildern, Standbilder und Rollenspiele, musikalische Gestaltung), die es Schülerinnen und Schülern ermöglichen, mit ihren Fragen und Themen sich in biblische Texte einzuklinken.

Biblische Texte als Spiegel

Biblische Texte sollen so verstanden werden, dass sie eine Wirkung als Spiegel oder Resonanzräume für das eigene Leben entfalten. Sie sollten auf das eigene Leben bezogen werden und dieses interpretieren und gegebenenfalls verändern helfen. Wenn dem so ist, dann genügen kognitiv-analytische Lesarten nicht mehr; adressatenorientierte Zugänge müssen die text- und wirkungsgeschichtlichen ergänzen. Franz Wendel Niehl nennt folgende Zugänge, mit denen die Leserinnen und Leser in ein Gespräch mit dem Text treten können (vgl. Niehl 2006, 113):

- systematische Deutungsmodelle als Schlüssel zum Text (z.B. politische, feministische, tiefenpsychologische Auslegung),
- thematische Zugänge zum Text (z.B. Schöpfung, Exodus, Gott ...),
- die Bibel im interreligiösen Dialog (z.B. Jesus und Buddha, Bibel und Koran),
- unsere Probleme – ins Gespräch gebracht mit dem Text (z.B. Geschwisterrivalität, Nächstenliebe, Gerechtigkeit),
- unmittelbare Begegnungen mit dem Text (z.B. Bibelteilen, Bibliodrama, kreative Zugänge, Tageslosungen).

Besonders die biblische Beziehungs- und Geschwistergeschichten eignen sich dann in ihrem Spiegelungspotenzial als Lerngegenstände für Kinder und Jugendliche, wenn die Personen nicht bereits heilsgeschichtlich ausgedeutet, sondern in ihren menschlichen Zügen, ihren Hoffnungen und Wünschen, aber auch in ihrer Gebrochenheit und in ihrer Fehlerhaftigkeit dargeboten werden (vgl. Mendl 2005a, 161–183).

Literatur

DdRU Die Bibel im RU, 216–227; LexRP Bibel (in der Religionspädagogik), 166–172; Bibelarbeit, Bibeldidaktik, 172–180; Erzählen, 435–441; **NHRPG Bibeldidaktik, 215–220**; ÖAR II.3.2 Bibeldidaktik, 165–183; RD III.8 Biblisches Lernen, 385–401; RD III.8 Biblisches Lernen, 416–433; RD GS II.4 Biblisches Lernen mit Kindern, 204–220; RE II.C.11 Bibel handgreiflich, 252–268.

Weiterführende Literatur

Lachmann, Rainer u.a. (Hg.), Elementare Bibeltexte. Exegetisch – systematisch – didaktisch, Göttingen 2001; Niehl, Franz W., Bibel verstehen. Zugänge und Auslegungswege. Impulse für die Praxis der Bibelarbeit, München 2006.

Zusammenfassung in Stichworten

■ Die Bibel als Quellenschrift christlichen Glaubens soll nicht nur in ihrer kulturellen, gesellschaftlichen und sprachlichen Eigenart verstanden werden, sondern auch heutigen Menschen als gleichermaßen lebensförderliche wie provozierende Orientierungshilfe und Spiegelungsfolie für das eigene Leben dienen.

■ Primär sachorientierte Modelle eines Umgangs mit biblischen Texten wurden deshalb von dialogisch angelegten abgelöst.

■ In der heutigen Bibeldidaktik vertraut man auf die Fähigkeiten der Kinder und Jugendlichen zur aktiven, eigenständigen und lebensweltbezogenen Interpretation biblischer Texte.

Prüfungsaufgaben

Wundererzählungen – nichts für Kinder?

1. Erläutern Sie die Zielsetzungen, die mit dem Einsatz von Wundergeschichten im Religionsunterricht verbunden sind!
2. Diskutieren Sie den Einsatz von Wundererzählungen in der Grundschule unter Rückbezug auf entwicklungspsychologische Eckdaten!
3. Zeigen Sie an einer Wundererzählung methodische Möglichkeiten bei der Arbeit mit Wundererzählungen im Religionsunterricht der Grundschule auf!

[handschriftliche Notiz am Rand:] Fowler Oser/Gmünder

»Machen Sie alles, nur nicht Bibel!«

1. Beschreiben Sie mögliche Ursachen für eine Bibel-Müdigkeit von Jugendlichen!
2. Begründen Sie, wieso im Religionsunterricht dennoch nicht auf die Arbeit mit der Bibel verzichtet werden kann, und erläutern Sie entsprechende befreiende und provozierende Lernchancen bei der Arbeit mit biblischen Texten im Religionsunterricht!
3. Veranschaulichen Sie Ihre Thesen an einem selbstgewählten Beispiel!

[handschriftliche Notizen am Rand:] keine Bibel, Sprache sperrig, Buch ist dick, kein Interesse mehr, kein Aussagewert heute mehr, keine Motivation – weil keine Berührungspunkte, Methodenmonotonie — Aspekte

[handschriftliche Notiz unten:] ! Elementarisierung nennen !

3.2 Glaubenslehre

3.2.1 Grundsätzliche konzeptionelle Fragen

Ein unterrichtliches Pflichtfach muss den Nachweis erbringen, dass in ihm nachhaltige Lernprozesse stattfinden. Wenn ein schulisches Unterrichtsfach »in Übereinstimmung mit den Grundsätzen der Religionsgemeinschaften (GG Art. 7,3) erteilt wird«, sollten die Schülerinnen und Schüler nach fast »1000 Stunden Religion« (vgl. Kliemann/Rupp 2000) über diese Grundsätze des besuchten Religionsunterrichts auch Auskunft geben können. Für den katholischen Religionsunterricht konkretisiert sich dies auf das Verfügungswissen über den christlichen Glauben hin.

Einen solchen Anspruch zu formulieren ist notwendig, aber bei Weitem noch nicht ausreichend, um zu beschreiben, wie im Religionsunterricht didaktisch mit den Essentials christlichen Glaubens denn zu verfahren ist. Die Thematisierung eines Katechismus-Wissens und die Postulierung einer hermetischen »Wahrheit an sich« genügen heute theologisch und didaktisch nicht mehr. Eine Behauptungstheologie, die nicht auch zur intellektuellen Auseinandersetzung anregt, erweist sich als wenig tragfähig, um inmitten postmoderner Pluralität und Individualisierung den Glauben auch verständlich zu machen. Innerhalb der Religionspädagogik wurde deshalb aus guten Gründen ein normativ-deduktiver Ansatz von einem empirisch-induktiven abgelöst. Nicht gehorsames Nachplappern von Glaubensformeln, sondern deren Verständnis und die Suche nach eigenem Glauben sind das Ziel!

Der Wandel in der Art zu glauben nach dem Zweiten Vatikanischen Konzil wird zutreffend mit den Gegensatzpaaren vom Gehorsams- zum Verstehensglauben, vom Bekenntnis- zum Erfahrungsglauben und vom Leistungs- zum Verantwortungsglauben beschrieben. Dies muss im Religionsunterricht auch didaktisch und methodisch eingelöst werden, und nur unter diesem hermeneutischen Vorzeichen können auch inhaltliche Elemente benannt werden, die im Religionsunterricht thematisiert werden müssen. Religionslehrende werden deshalb die Essentials des christlichen Glaubens präsentieren, aber nicht blauäugig – als wären Präsentation, kritische Auseinandersetzung und partielle Aneignung schon identisch. Sie werden vielmehr christliche Glaubenselemente in ihrer perturbierenden (ein konstruktivistischer Fachbegriff: verstörenden, verwirrenden) Kraft nutzen, damit sie bei den Lernenden Verstehensprozesse anregen. Dabei wissen wir, dass Verstehen immer auch transformierende Auslegung (H. Gadamer) ist, weil Fremdes und Eigenes zusammenkommen und damit auch neue Wirklichkeitskonstrukte entstehen.

Das christliche Bekenntnis soll im Religionsunterricht verstehbar werden, es ist aber gleichzeitig vom individuellen Bekenntnis der Lernenden zu unterscheiden. Denn der Religionsunterricht zielt nicht auf die Beheimatung in der christlichen Konfession und bedeutet keine katechetische Einführung in den christlichen Glauben, sondern er befähigt zu »verantwortlichem Denken und Verhalten im Hinblick auf Religion und Glaube« (Würzburger Synode, siehe Kap. 2.2).

Insofern unterscheidet sich die Art und Weise eines Umgangs mit den Glaubenslehren der Kirche im Religionsunterricht und in der Gemeindekatechese (siehe dazu auch

Kap. 6.2.2) deutlich voneinander, wenn es um die Festlegung der Ziele, um die Beschreibung der Adressaten, um den Verbindlichkeitsgrad und um die Lernmodalitäten geht.

3.2.2 Religionspädagogische Aspekte

Die Ausgangsbasis: Die Hierarchie der Glaubenswahrheiten

Der offizielle »Katechismus der Katholischen Kirche« von 1993, nicht umsonst auch »Weltkatechismus« genannt, präsentiert den katholischen Glauben auf über 800 Seiten und in 2865 nummerierten Abschnitten. Ein solches Werk kann kein Lese- und schon gar kein Schulbuch, sondern höchstens ein Nachschlagewerk sein, um sich der Eckdaten kirchlichen Glaubens zu vergewissern (vgl. Lange 2001). Die Religionslehrenden versprechen im Rahmen der Zuerkennung der kirchlichen Unterrichtserlaubnis (missio canonica), dass sie ihren Unterricht nach den Grundsätzen des Glaubens der Kirche halten. Dies kann aber nicht bedeuten, dass sie, wie es manchmal missverständlich heißt, diesen Glauben vollständig und unverkürzt in jeder Altersstufe vorzulegen hätten. Dagegen sprechen sowohl theologische wie didaktische Gründe.

In didaktischen Argumentationszusammenhängen versteht es sich von selbst, dass die Grundsubstanz eines Erwachsenenglaubens, wie es das Kompendium christlichen Glaubens darstellt, für Kinder und Jugendliche in je angemessener Form vereinfacht, knapp und verständlich präsentiert werden soll. Dabei gilt nach dem Grundsatz des Modells der Elementarisierung (siehe Kap. 5.1.3), dass auch bei einer Reduktion der Aussagekern stimmig sein sollte. In der Geschichte religiösen Lernens gab es immer wieder Versuche, den Glauben der Kirche adressatenspezifisch zu vereinfachen – von Martin Luthers Unterscheidung in einen »großen« und »kleinen« Katechismus über die verschiedenen Katechismen des Petrus Canisius bis hin zur Formulierung altersspezifischer Kurzformeln des Glaubens in der Gegenwart. Theologisch lässt sich eine solche Suche nach einer konzentrierten Mitte des Glaubens mit der Lehre des Zweiten Vatikanischen Konzils begründen, wo von einer »Hierarchie der Glaubenswahrheiten« die Rede ist. Es gibt unumstößliche zentrale Glaubensaussagen, und es gibt weniger wichtige, die im Laufe der Kirchengeschichte in Auseinandersetzung mit verschiedenen theologischen und kirchlichen Positionen der jeweiligen Zeit formuliert wurden, sich heute aber als weniger bedeutend erweisen. Die Kontextualisierung des Glaubens in die verschiedenen Zeiten und Kulturen führt zu einer je eigenen Schwerpunktsetzung, die aber nicht mit einer Beliebigkeit und einfachen Anpassung verwechselt werden darf (vgl. KatBl 134 [2009], Heft 2: Basics des Glaubens).

Der unverzichtbare Kern: Glaube – was ist wesentlich?

Von dieser einleitenden Weichenstellung aus kann formuliert werden, was zum unverzichtbaren Kern christlichen Glaubens gehört, um den sich dann die weiteren Glaubenswahrheiten in größerer Nähe und weiterer Ferne gruppieren (vgl. Lange 2001):

- Das knappste Bekenntnis lautet: »Jesus Christus ist der Herr« (Röm 10,9). Der christliche Glaube lässt sich ohne Bezug auf Jesus Christus nur unvollständig erklären. Im Sinne einer Wahrheitszumutung bedeutet diese Glaubensaussage nicht nur deskriptiv die Beschreibung eines Sachverhaltes, der theologisch zu klären ist – beispielsweise im Sinne einer Reflexion über die Göttlichkeit und Menschlichkeit Jesu –, sondern der im Sinne des weiter unten skizzierten dreifachen Wahrheitsanspruchs (Sache, Schüler, Lehrer) auch als persönliches Bekenntnis zur Frage herausfordert: Was bedeutet Jesus Christus mir persönlich? Inwiefern bestimmt die Einstellung ihm gegenüber das eigene Leben?
- Das Spezifische des christlichen Glaubens ist der eine Glaube an die Dreifaltigkeit Gottes, an die göttliche Trinität: Gott ist als der Gott-Vater als Geheimnis über uns, als Jesus Christus mit uns und als Heiliger Geist in uns.
- Die Liebesgeschichte Gottes mit den Menschen findet ihre Entsprechung im Verhältnis zu den Mitmenschen (Mk 12,29–31); Gottes- und Nächstenliebe stehen in einem untrennbaren inneren Zusammenhang zueinander (Mt 25).

Im Zusammenhang mit diesen drei Achsen – Jesus Christus, Trinität, Gemeinschaft und Mitmenschlichkeit – müssen dann auch die weiteren zentralen Fundamente des Glaubens, Inhalte und Lernfelder (z.B. Sakramente, die Gestalt der Kirche, Auferstehung) bearbeitet werden.

Zentrale elementare Inhalte des Glaubens

Von da aus lassen sich auch weitere Konzentrationsstellen christlichen Glaubens benennen, die im Religionsunterricht so thematisiert werden sollten, dass Kinder und Jugendliche nicht nur über deren Verhältnis zum beschriebenen zentralen Fundament christlichen Glaubens Bescheid wissen, sondern das Verstandene auch in Beziehung zum eigenen Glauben zu bringen in der Lage sind:
- Das apostolische Glaubensbekenntnis in seiner trinitarischen Struktur, das freilich in seiner jesuanischen Lücke (zwischen »geboren von der Jungfrau Maria« und »gelitten unter Pontius Pilatus«) einer christologischen Ergänzung bedarf.
- Die Sakramente als bestätigender Akt der Vergewisserung einer Heilszusage Gottes.
- Der Dekalog als Auslegung der Gottes- und Nächstenliebe.
- Die Bergpredigt als provozierende Ethik Jesu.
- Die Konkretisierung christlichen Glaubens als spezifischer Modus einer religiösen Weltwahrnehmung und -deutung im Gebet und Ritual.

Elementare Lernfelder einer theologischen Anthropologie

Der christliche Glaube soll so erschlossen werden, dass er einen Beitrag für die Identitätsfindung junger Menschen, also im weitesten Sinne eine Lebenshilfe, leistet. Deshalb sind vor allem auch die theologischen Eckdaten einer christlichen Anthropologie von besonderer Bedeutung (vgl. DdRU 231f; weiterführend Dirscherl 2008):

1. Geschöpflichkeit: Der Mensch verdankt sein Leben Gott.
2. Gottebenbildlichkeit: Der Mensch erhält seine Würde als Abbild Gottes. Damit verbindet sich auch die Verantwortlichkeit für alles Leben auf der Erde.
3. Sündhaftigkeit und Erlösungsbedürftigkeit: Als Wesen der Freiheit kann sich der Mensch auch der Liebe verweigern und seiner Verantwortung nicht gerecht werden. Die Zusage Gottes lautet: Umkehr ist möglich! Das gelingende Leben hängt nicht nur von der eigenen Leistung ab.
4. Verantwortlichkeit: Jesus Christus lebte als Urbild des wahren Menschen das Modell einer Selbstverwirklichung, das in der Selbsthingabe bestand. Damit begründet sich für Christen das Modell einer grenzenlosen, verpflichtenden Solidarität.
5. Hoffnung und Zukunft: Christen dürfen an der Verwirklichung des Reiches Gottes mitwirken, das die Grenzen des individuellen irdischen Todes übersteigt.

Aktuelle theologische Herausforderungen

In der Religionspädagogik werden verschiedene zentrale Glaubensfragen benannt, die in besonderer Weise eine Herausforderung für die Plausibilität christlichen Glaubens bedeuten:
• Die Theodizee-Frage (siehe Kap. 3.3.2): Wieso gibt es Leiden auf der Welt und wie verhält sich diese Frage zu der Frage nach Gott?
• Die Entstehung der Welt: Wie lassen sich ein christlicher Schöpfungsglaube und die Evolutionstheorie miteinander verbinden?
• Problem Kirche: Wie steht es um die Glaubwürdigkeit der Kirche im Kontext der Zeiten, aber auch in ihren aktuellen Organisationsformen und Repräsentanten, wenn es um die Verheutigung des Evangeliums Jesus Christi geht?
• Krisenfeld Sakramentenkatechese: Die Rezeption der Sakramente stellt einen Indikator für die Chance der Kirche, den Glauben in die Kirche vor Ort hinein zu konkretisieren, dar. Derzeit herrscht konzeptionelle Ratlosigkeit, was das Bußsakrament, die Eucharistie (Zahl der Gottesdienstbesucher) und die Priesterweihe betrifft. Andererseits wird eine deutlich gestiegene gesellschaftliche Sehnsucht nach Ritualen und einem sinnlich konkretisierten Heilszuspruch erkennbar.

3.2.3 Didaktische Perspektiven

Zueinander von objektiver und subjektiver Religion

Die Auseinandersetzung mit zentralen Fragen christlichen Glaubens verfolgt zwei Zielhorizonte (siehe oben, Kap. 2.4.2): Die Schülerinnen und Schüler sollten über zentrale Elemente des christlichen Glaubens im Sinne eines kulturellen Verfügungswissens Auskunft geben können. Ein reines Oberflächenwissen reicht dabei nicht aus; gefordert ist das durchdringende Verstehen der elementaren Glaubensvorstellungen des Christentums, das auch kritische Anfragen impliziert. Gleichzeitig soll die intensive Beschäftigung mit dem »konfigurierten Wissen« (siehe Kap. 2.4.2) einer Glaubensgemeinschaft im Sinne eines Orientierungswissens auch die Entwicklung der eigenen Identität, des individuierten Glaubens und das Finden eigener verantwortbarer Urteile in Fragen der Religion unterstützen.

Nachhaltiges Lernen

Religiöses Lernen über die Schuljahre hinweg wäre nur in unzureichender Weise erfasst, wenn man darunter ein kumulatives Anhäufen von Wissensbeständen verstünde. Gerade die entwicklungs- und religionspsychologischen Eckdaten (siehe Kap. 1.3) erfordern ein entwicklungsgemäßes Entfalten des Grundbestands christlichen Glaubens. Dies bedeutet, dass nachhaltiges Lernen im Religionsunterricht immer die Dimension der Transformation im Blick haben muss: Besonders bedeutsam ist dabei der Abschied vom Gott des Kinderglaubens. Ein kindliches Verstehen christlichen Glaubens muss sich in ein jugendliches Verständnis wandeln. Ziel sollte sein, dass die Schülerinnen und Schüler nach Abschluss ihrer Schulzeit über ein erwachsenes kohärentes Verständnis der Eckdaten des christlichen Glaubens (und nicht über Zerrbilder davon oder nur über ein inhaltliches »Oasenwissen«) verfügen und für sich selbst dazu eine vor der Vernunft verantwortbare Einstellung erworben haben.

Heilige Zeiten als Verdichtung christlichen Glaubens

In der Feier des Kirchenjahres verdichtet und konkretisiert sich das kulturelle Gedächtnis der Kirche. Die einzelnen Feste im Jahresfestkreis in der rhythmischen jährlichen Wiederkehr bieten immer wieder und altersbezogen auf unterschiedlichem Reflexionsniveau Anlässe, von der konkreten Feier zum theologischen Tiefengrund vorzustoßen. Die anamnetische Heilsdramatik des Kirchenjahrs ermöglicht eine Kultur des erinnernden Rückfragens an die Traditionsgeschichte, Bedeutung und gelebte Weise christlichen Glaubens. Dass der christliche Glaube auch die Schattenseiten des Lebens nicht ausspart, in seiner konkreten Gestalt den Menschen auch zur Umkehr herausfordert und auch die eschatologische Dimension im Umgang mit dem Tod im Kirchenjahr kultiviert, kann als Mehrwert einer christlichen Festkultur gegenüber einer rein profanen wertgeschätzt werden. Religiöse Traditionen sollen dabei sowohl in ihrer konkreten Form kritisch hinterfragt als auch in ihrer Relevanz für den eigenen Glauben ausgelotet werden.

Die dreifache Struktur der elementaren Wahrheit

Gemäß dem Elementarisierungsmodell (siehe Kap. 5.1.3) ist der Umgang mit der Wahrheitsfrage im Religionsunterricht in drei miteinander verknüpften Perspektiven von Bedeutung: Der »Wahrheit an sich«, die sich aus dem Wahrheitsanspruch des Evangeliums ergibt, müssen sich auch die Lehrenden so stellen, dass die Relevanz einer »Wahrheit für mich« deutlich wird. Als dritte Ebene ist zu klären, welcher elementare

Wahrheitsanspruch der jeweiligen Lerngruppe zugemutet werden kann und soll, sodass dieser auch für die einzelnen Schülerinnen und Schüler eine »Wahrheit für mich« werden kann.

Literatur

DdRU Glaubenslehre im RU, 227–234; NHRPG Theologische Bildung/Katechismusunterricht, 259–264; **RE II.C.14 Glaubensfundamente, 309–324.**

Weiterführende Literatur

Kaldewey, Rüdiger/Niehl, Franz W., Grundwissen Religion. Neuausgabe. Begleitbuch für Religionsunterricht und Studium, München 2009; Lachmann, Rainer/Adam, Gottfried/Ritter, Werner, Theologische Schlüsselbegriffe. Biblisch – systematisch – didaktisch, Göttingen 1999; Scholl, Norbert, Das Glaubensbekenntnis. Satz für Satz erklärt, München 2000.

Zusammenfassung in Stichworten

■ Der Religionsunterricht hat die Aufgabe, zentrales religiöses Verfügungswissen christlichen Glaubens nicht nur zu präsentieren, sondern für Schülerinnen und Schüler verständlich zu machen.
■ Die elementaren Inhalte christlichen Glaubens müssen didaktisch so dargeboten werden, dass dadurch auch der subjektive Glaube der Kinder und Jugendlichen gefördert wird.
■ Die Wahrheitsfrage in Glaubenswahrheiten ist dreifach ausdifferenziert: Sie betrifft die elementare Wahrheit der Sache (»Wahrheit an sich«), aber auch den Wahrheitsanspruch für die Lehrenden (»Wahrheit für mich«) und die Lernenden (»Wahrheit für meine Schülerinnen und Schüler«).

Prüfungsaufgaben

Glaube – was ist wesentlich?
1. Benennen und begründen Sie unverzichtbare elementare Glaubensinhalte, die im Religionsunterricht thematisiert werden müssen! 2. Erläutern Sie, worauf eine Auseinandersetzung mit den Essentials christlichen Glaubens im Religionsunterricht abzielt! 3. Zeigen Sie an einer unterrichtlichen Sequenz zu einem zentralen Glaubensinhalt, wie Sie die genannten Ziele didaktisch umsetzen würden!

Credo – ich glaube
1. Diskutieren Sie Notwendigkeit und Problemfelder einer Auseinandersetzung mit dem christlichen Credo im Religionsunterricht! 2. Erläutern Sie Zielhorizonte einer Thematisierung des Credos im Religionsunterricht! 3. Konkretisieren Sie Ihre Überlegungen an einem Unterrichtsvorhaben im Religionsunterricht!

3.3 Gottesfrage

3.3.1 Grundsätzliche konzeptionelle Fragen

Bei etymologischen Klärungen des Religionsbegriffs wird meist auf die lateinische Wurzel einer Rückbindung (*re-ligare = sich zurückbinden*) an eine transzendente Größe verwiesen (vgl. Kap. 1.1.1). Auch in der Shell-Studie 2006 wurde Religiosität erstmals strikt inhaltlich bestimmt: als »Glaube an Gott oder eine höhere Macht bzw. ein höheres Wesen« (Deutsche Shell Holding 2006, 208). Ein Fach, das sich mit dem Phänomen Religion beschäftigt, wird also immer wieder und unter verschiedenen Perspektiven (christlich-biblisch, existenziell, entwicklungsgeschichtlich, interreligiös, religionswissenschaftlich, religionskritisch) Bezug nehmen auf die Frage nach Gott. So sehen dies auch die Lehrpläne: »Den Sinn für das Religiöse entfalten und die Frage nach Gott wach halten« lautet die Zielformulierung im Fachprofil Katholische Religionslehre des Lehrplans für Katholische Religionslehre an bayerischen Grundschulen (2000). Diese Formulierung zeigt, dass die Klärung der Gottesfrage ein dynamisches Geschehen ist, in das die Kinder und Jugendlichen mit ihren eigenen Anfragen an das Leben verwoben werden sollen. Wenn Kinder und Jugendliche sich mit zentralen Sinnfragen beschäftigen, dann stoßen sie unweigerlich auch auf die Frage nach Gott. Deshalb ermutigt der Religionsunterricht »die Kinder, nach sich, nach dem Zusammenleben mit anderen, nach dem Woher und Wohin des Lebens und in diesem Zusammenhang nach Gott zu fragen« (Grundlagenplan für den katholischen Religionsunterricht in der Grundschule 1998, 19).

Die Beschäftigung mit der Gottesfrage darf dabei nicht bei einer individualistischen Reflexion stehen bleiben; sie erfolgt vielmehr auch in Auseinandersetzung mit den vielfältigen Facetten einer christlich-biblischen Gottesvorstellung: Der Religionsunterricht »eröffnet Zugänge zur lebensbedeutenden und befreienden Kraft des Wortes Gottes in den biblischen Überlieferungen« (Grundlagenplan für den katholischen Religionsunterricht in der Grundschule 1998, 23). Wie bereits im Kapitel zuvor erläutert wurde, gehören zu den zentralen Wahrheiten christlichen Glaubens der Ausgang von der Person Jesu Christi und unter einem dogmengeschichtlichen Blickwinkel einer Entwicklung christlichen Gottesglaubens die Thematisierung der Trinität, in der die Einzigartigkeit der christlichen Gottesvorstellung deutlich wird: ein Gott, der als Urgrund allen Seins nicht radikal transzendent und getrennt von der Welt gedacht wird, sondern immer wieder initiativ wird, wenn es um die Beziehung zum Menschen geht. Dies konkretisiert sich in den Bundesschlüssen des Ersten Testaments und erhält seinen Höhepunkt in der Menschwerdung Jesu Christi. Christen glauben, dass nach Tod und Auferstehung Jesu Christi die Welt nicht gottfern bis zu seiner Wiederkunft am Jüngsten Tag verharrt, sondern durchwoben ist vom guten Geist Gottes. Die heilsökonomische Perspektive des Trinitätsglaubens (was Gott Vater, Sohn und Geist jeweils für uns bedeuten) ermöglicht Kindern und Jugendlichen einen elementaren Zugang zur christlichen Gottesvorstellung.

Im Kontext interreligiösen Lernens (vgl. Kap. 3.7) muss die Frage des Gottesglaubens und der Trinität schließlich auch vergleichend betrachtet werden, beispielsweise im Blick auf den strengen Monotheismus des Islams oder auf die apersonalen Transzendenzvorstellungen bei fernöstlichen Religionen.

Von einem korrelativen Ansatz aus sind außerdem die entwicklungspsychologischen und religionssoziologischen kontextuellen Voraussetzungen zu bedenken: So hängt die Art und Weise einer individuellen Rekonstruktion Gottes von den jeweiligen kindlichen bzw. jugendlichen Vorstellungen von Gott ab (siehe Kap. 1.3), über die die einschlägigen religionspsychologischen Studien Auskunft geben, die aber unter einer kinder- und jugendtheologischen Perspektive immer auch mit der konkreten Lerngruppe eingeholt werden müssen. Zudem stellt sich die Frage, wie die Personalität Gottes verstehbar werden kann, wenn man sie im Kontext zunehmend apersonaler Vorstellungen von Gott zu verbinden versucht. So glauben laut Shell-Studie 2010 nur noch 26% der Jugendlichen in Deutschland an einen persönlichen Gott, 21% glauben, dass es eine überirdische Macht gibt; mehr als die Hälfte aller Jugendlichen ist nicht mehr vom Gottesglauben überzeugt. Die Zahlen bei katholischen Jugendlichen liegen nur geringfügig höher, gerade einmal 32% unter ihnen glauben an einen persönlichen Gott (Deutsche Shell Holding 2010, 207). Auch gesamtgesellschaftlich lässt sich eine Abnahme des Glaubens an einen personalen Gott und die Zunahme von abstrakten Gottesvorstellungen feststellen.

Der Gottesglaube Jugendlicher im Sinne der individuellen Religion

- **»Schwebender« Charakter:** Von Gott wird kaum mit Begriffen der christlichen Tradition gesprochen, sondern mit solchen aus der eigenen Erfahrungs- und Sprachwelt und ohne sich festlegen zu lassen.
- **Subjektivierung:** Gott wird gefunden in Abgrenzung und mit Bezug auf das Innere des Subjekts.
- **Verortung jenseits aller menschlicher Vorstellungen – Kirchenkritik:** Gott soll aus den Fesseln menschlicher Fixierungen befreit werden.
- **Gottesglaube als Projektion oder Fiktion:** Gott wird »durchschaut« als Fiktion menschlicher Wünsche.
- **Biografisierung:** Der Gottesglaube wird auf die eigene Erziehung zurückgeführt.
- **Zentrale Bedeutung der Theodizee:** Die Frage nach der Gerechtigkeit Gottes angesichts des Leids in der Welt wird als die zentrale »Einbruchsstelle« für den Gottesglauben bezeichnet.
- **Spannung zwischen (naturwissenschaftlich eingefärbter) Entmythologisierung und Denken in Komplementarität:** Evolutionstheorie und Schöpfungsglauben lassen sich nicht immer komplementär miteinander verbinden.
- **Frage nach dem Ursprung der Welt:** Die Frage nach dem »Woher« des Menschen und der Welt ist die zweite große »Einbruchsstelle« für den Gottesglauben heute.
- **Lebensgeschichtliche Einbindung (in Grenzsituationen):** Wo das Leben brüchig wird, scheint die Gottesfrage auf.

(vgl. Schweitzer 1996, 41)

3.3.2 Religionspädagogische Aspekte

Bilderverbot – Gottesvorstellungen

Sind Gottesvorstellungen und ein Austausch darüber überhaupt legitim – angesichts des biblischen Bilderverbots (Ex 20,4f)? Gerade im interreligiösen Dialog, wo beispielsweise im Islam Darstellungen Gottes verboten sind und im Judentum ein Aussprechen des Gottesnamens vermieden wird, drängt sich diese Frage auf. Theologisch-exegetisch kann das Problem insofern gelöst werden, als darauf verwiesen wird, dass mit dem biblischen Bilderverbot Schnitzbilder gemeint sind, also Götterstatuen, die kultisch verehrt werden. In der jüdisch-christlichen Tradition gibt es kein generelles Kunstverbot, sondern eine Tabuisierung des Götzendienstes, da man um die Macht religiöser Bilder weiß, die häufig mit der sie repräsentierenden Wirklichkeit verwechselt werden. Der Gott Israels setzt sich durch die Offenbarung selbst ins Bild und entzieht sich jeder Vereinnahmung durch die Menschen. Die christliche Dogmatik geht davon aus, dass jede annähernde Aussage über Schöpfer und Geschöpf zugleich eine immer noch größere Unähnlichkeit enthalte (4. Laterankonzil, 1215). Von diesen theologischen Eckdaten aus sind Gottesvorstellungen dann nicht nur gestattet, sondern auch individuell und kollektiv notwendig. Die christlich-biblische Tradition verfügt über eine faszinierende Palette unterschiedlicher Gottesvorstellungen; deren metaphorische Vielfalt regt an zum eigenen Sich-Ausdrücken, zum Nachdenken und Reden über das Unsagbare. Mit diesen Vorstellungen der Tradition müssen die sozial und entwicklungspsychologisch bedingten Gottesvorstellungen der Kinder und Jugendlichen in einen produktiven Dialog gebracht werden.

Anthropomorphe Gottesbilder im Kindesalter

»Der alte Mann mit Bart« – das sei die dominante Gottesvorstellung von Kindern im Grundschulalter. In der religionspädagogischen Forschung bezweifelt man die starren Anthropomorphismen bei der kindlichen Gotteskonstruktion. Sie sind gleichermaßen beeinflusst von den visuellen Vorgaben der umgebenden Kultur, wenn man an viele Gottesdarstellungen in Kirchen und Kapellen denkt, und von einer Didaktik, die eine konkret-menschliche Vorstellung von Gott fördert (»malt, wie ihr euch Gott vorstellt«). Wie bereits oben angemerkt (Kap. 1.3.2), eröffnen sich neue Vorstellungswelten, wenn man andere Suchwege nach Gott einschlägt. Empirische Forschungen haben ergeben, dass Kinder sich Gott durchaus als Person, nicht aber als Mensch vorstellen; erst diese Weite ermöglicht, dass sie ihn auch (und eben nicht ausschließlich!) als Mensch aus Fleisch und Blut denken können!

Deismus im Jugendalter

Die Gottesferne im Jugendalter wird aus religionspsychologischer Sicht erklärbar mit dem Abschied vom Kinderglauben, der notwendigerweise auch zu einer Distanzierung von kindlichen Glaubenswelten führt. Ob dies ausschließlich zu einer deistischen Positionierung führt, wie dies Fritz Oser (siehe Kap 1.3) in seinen Stufen des religiösen Urteils annimmt, ist umstritten.

Nachvollziehbar ist eine deistische Konfigurierung über die zunehmende Selbstverantwortung, von der aus eine mehr oder weniger radikale Ausgrenzung der Verantwortlichkeit Gottes erfolgt. Wenn Gott im Jugendalter eine Bedeutung erlangt, dann hat dies mit der innersten Mitte der Jugendlichen, eigenen Lebensfragen inmitten der Brüchigkeit des Alltags und der Identitätsentwicklung zu tun.

Die dunklen Seiten Gottes

Was ist das für ein Gott, der die Verstocktheit des Pharao erst dadurch lösen kann, dass er ein Volk mit Plagen quält? Der die Streitmacht der Ägypter im Meer ertränkt? Der eine Sintflut über die Welt kommen lässt und nicht eingreift, als sein Prophet die Ermordung von Priestern eines anderen Gottes anordnet (2 Kön 10)? Der es zulässt, dass sein Sohn am Kreuz stirbt?

Es ist ebenso problematisch, mit einem strafenden Gott Angst einzuflößen, wie es gefährlich ist, die dunklen Seiten Gottes auszublenden. Wer nur vom lieben Gott spricht, reduziert ihn und die eigene Religiosität auf einen »Weichspüler-Glauben«. Ein solcher Gottesglaube trägt nicht, wenn die globalen und individuellen Katastrophen ins Leben einbrechen. Gott ist auch der Unbegreifliche.

Als ein Gott, der das Unrecht nicht will, wird er aber auch zum entschiedenen Gott. Die in der Bibel geschilderten Gottesvorstellungen sind ebenso wenig wie manche Ansichten über den Menschen und einzelne ethische Weisungen von ihrer Entstehungszeit, dem damit verbundenen kulturellen Kontext und ihren Autoren zu trennen: Mit Recht müssen heute fanatische Gottesvorstellungen abgewehrt werden, die suggerieren, dass im Namen Gottes auch Unrechtstaten geschehen dürften.

Das Theodizee-Problem

Wie lässt sich die Vorstellung von einem der Welt wohlgesonnenen Gott mit den verschiedenen Leiderfahrungen zusammenbringen? Hier setzt die Theodizee-Frage an, der Versuch, angesichts von Naturkatastrophen und durch Menschen unmittelbar hervorgerufenen Situationen des Leids die Frage nach Gott ganz radikal zu stellen.

Im Laufe der Theologiegeschichte wurden verschiedene Ansätze entwickelt, die je eigene Fragwürdigkeiten beinhalten:
- **Prüfung** – Leid als die Strafe Gottes und als Erziehungsmittel; Reifen am Leid.
- **Freiheit** – Leid als Folge der Begleiterscheinung einer gottgewollten selbstständigen Evolution und der Freiheit des für seine Handlungen verantwortlichen Menschen.

- **Unerklärbarkeit** – Leid bleibt absurd und unerklärbar; Gott ist aber ein Gegenüber, bei dem man sich beklagen kann.
- **Solidarität** – Gott ist im Leid solidarisch; das wird radikal deutlich im Leiden des Sohnes Gottes selbst am Kreuz.

Die heutige Theologie ist sehr zurückhaltend mit der unmittelbaren Beantwortung der Theodizeefrage; die meisten Antwortversuche erweisen sich in der Situation des Leids als wenig tragfähig. Vielmehr gilt es, Wege zu eröffnen, die zu eigenen tragfähigen Antworten führen – diese sind weniger diskursiver als vielmehr spiritueller Art. Die Modellerzählung von Ijob zeigt: Der Weg durch die Not hindurch und aus ihr heraus führt zur Wirklichkeit, die wir Gott nennen (vgl. Mendl/Schwienhorst-Schönberger/Stinglhammer 2006).

3.3.3 Didaktische Perspektiven

Um die oben angeschnittenen Problemfelder angemessen zu bewältigen, ist eine Vielfalt bei der Rede von Gott zu pflegen, die die grundsätzliche Überzeugung, dass Gott den Menschen und der Welt wohlgesonnen ist, mit den dunklen Seiten und der Unbegreiflichkeit Gottes zu verbinden sucht (siehe auch Ritter 2006; Oberthür 1998).

Unangemessene Handlungsstrategien	Angemessene Handlungsstrategien
Die Verdrängung von Tod und Leid.	Die »Warum?«-Frage als existenzielle Herausforderung wertschätzen und fördern.
Die präzise Beantwortung der Theodizee-Frage.	Die Kompetenz der Kinder und Jugendlichen beim Ringen um Antworten anerkennen.
Die verkürzte Rede vom »lieben« Gott.	Eine differenzierte Rede von Gott wachhalten.
Das Reden zur falschen Zeit.	Pünktliches Handeln und Reden.

Gott ist weit: »Gott« im Grundschullehrplan

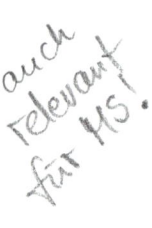

Bereits in der Grundschule sollte die Frage nach Gott auf vielfältige Art wachgehalten werden, indem sie von verschiedenen Perspektiven aus angegangen wird. Lehrpläne thematisieren die Gottesfrage auf eine differenzierte Weise; so bietet beispielsweise der bayerische Grundschullehrplan folgende Blickwinkel an:
- jesuanisch: z.B. Jesus erzählt von Gott, nennt Gott Vater, bringt Gottes Reich;
- symbolisierend: z.B. Gott als guter Vater und gute Mutter, Sonne, Licht; liebend und begleitend;

- biblisch: z.B. biblische Erzählungen von Gott – verlässlich, rettend, befreiend, verzeihend;
- dialogisch: z.B. mit Gott reden, beten, danken, bitten, klagen;
- reflektierend: über Gott nachdenken, der unbegreifliche Gott, die Theodizee-Frage;
- individuell: z.B. eigene Gottesbilder kundtun;
- interreligiös: z.B. Gottesvorstellungen anderer Religionen.

Von der Gottesvergiftung zur Gottesnarkotisierung

Bei Kindern dominiert heute die Vorstellung eines freundlichen, helfenden und behütenden Gottes. Dieser Glaube an den »guten« Gott hat das alte Gottesbild eines strafenden Aufpasser-Gottes (»Pass auf, kleines Auge, was du siehst ...«) abgelöst. Das übermächtige, drohende Gottesbild, das lang die religiöse Erziehung beherrschte und dessen Folgen Tilmann Moser in seinem autobiografischen Buch »Gottesvergiftung« (1976) drastisch beschrieben hat, scheint weitgehend verschwunden. Kinder stellen sich Gott als eine positive Größe vor, bei der sie sich geborgen fühlen können. Diese positive Tendenz ist aber auch ambivalent, weil die Frage angebracht ist, ob diese einseitige Vorstellung von Gott ausreicht, um beispielsweise die Theodizee-Frage angemessen zu beantworten. Mit der Vorstellung eines ausschließlich »guten« Gottes läuft man Gefahr, eine »Eiapopeia-Religiosität« (Ralph Sauer) zu erzeugen, der schließlich nicht mehr ernst genommen wird (vgl. Ritter 2008; Büttner 2008).

Das sieht auch eine 16-jährige Schülerin so: »Ich habe nie verstanden und reagiere immer noch mit Wut und Ärger, wenn Christen vom ›lieben‹ Gott reden, als ob es nicht so viele Formen des Elends in der Welt dieses Schöpfers gäbe! Wenn er nun lieb ist, alles gut meinte und am Anfang machte, wie sie immer sagen, und wenn er auch noch allmächtig ist – ja dann soll er das Leiden doch beenden. Wozu dient es ihm denn sonst!« (Willert 1997, 7).

Die Gottesfrage im Kindes- und Jugendalter

Kindesalter	Jugendalter
• absolut bestimmender Gott **physische** Präsenz des Unsichtbaren	• Deismus – Selbstverantwortung
	• Biografisierung
• Do-ut-des-Glaube (»Kuhhandel«) **Mythologisierung** des Unsichtbaren	**Verinnerlichung** des Unsichtbaren
	• Kirchendistanz
• Mythisch-wörtlicher Glaube **Literalisierung** des Unsichtbaren	• schwebender Charakter
	• synthetisch-konventionell (Patchwork – Peergroup)
	Psychologisierung des Unsichtbaren

Abschied vom Gott des Kinderglaubens

Insofern ist vor einer billigen, einfältigen, eindimensionalen Gottesrede zu warnen; leider ist sie weit verbreitet. Die Gottesfrage angesichts des Leids in der Welt erweist sich als »Einbruchsstelle für den Gottesglauben« (Karl Ernst Nipkow), von der die Glaubwürdigkeit eines christlichen Gotteskonzepts abhängt – gerade in der Phase, in der der Abschied vom Gott des Kinderglaubens ansteht.

»Der Gott mit dem Schlüsselbund, der auf alle Fragen eine Antwort bereithält, der Gott mit dem Taschentuch, der uns in all unserem Leiden tröstet, der Gott mit dem Portemonnaie als Quelle all unserer Sicherheit – diese Götterbilder mussten früher oder später zu Grabe getragen werden«, äußert der Christ in Shafique Keshavjees Wettstreit der Religionen »Der König, der Weise und der Narr« (2000, 50). Bereits in der Grundschule sollte deshalb eine differenzierte Rede von Gott gepflegt werden, die den Abschied vom Gott des Kinderglaubens und die Entwicklung eines jugendgemäßen Gottesglaubens auszubilden hilft; im Jugendalter gilt es, die Rede von Gott auf vielfältige Weise unterrichtlich einzuspielen, z.B. mit Spuren der Gottesrede in der Gegenwartsliteratur (vgl. Langenhorst 2009) oder in multimedialen Erscheinungsformen, und diese in ein spannungsreiches Gefüge zwischen biblischer Gottesrede, provozierenden Fremd- und Gegendarstellungen und eigenen Hypothesen zu bringen.

in der Anredeform

»Gott gibt es nur im Vokativ« (Martin Buber)

gut : (weil es christl. Glauben ausmacht)

Wie kann diese Gottesfrage beständig wach gehalten werden – als eine, die nicht nur existenziell betrifft, sondern sich auch in entsprechenden Verhaltensweisen und religiösen Vollzügen konkretisiert, ohne deren Vollzug die Eigenart christlicher Gottesbegegnung nicht verständlich werden kann?

Vertreter einer performativen Religionsdidaktik (siehe Kap. 4.7) meinen, dass im Religionsunterricht nicht nur über Gott reflektiert werden, sondern auf maßvolle Weise auch eine Weltsicht kultiviert werden sollte, die sich in konkreten religiösen Vollzügen niederschlägt: der Akt der Selbstüberschreitung und Orientierung auf ein Du hin. Nach christlichem Verständnis ist diese Du-Anrede nicht ritualisiert-inhaltsleer, sondern bestimmt von einer Grunddynamik, dass die Betenden ihr Leben und alles, was sie bewegt, vor Gott bringen. Dies bedeutet, dass die Befähigung zum Beten in enger Verbindung mit der Fähigkeit zur Wahrnehmung der Welt und des eigenen Lebens betrachtet werden muss. Die grundlegende Ingebrauchnahme religiöser Sprache in der Form des Gebets muss als Kommunikationsform auch geschult werden. In den kirchlichen Bildungsstandards für den Religionsunterricht sind deshalb auch Kompetenzfelder ausgewiesen, die nicht nur die Kenntnis von Gebetsformen, sondern auch deren Anwendung vorsehen (vgl. RE, 161–179).

Jesus Christus im Kindes- und Jugendalter

Das Jesusbild der Kinder und Jugendlichen hängt mit dem jeweiligen Weltbild und den entwicklungspsychologischen Ausprägungen des Denkens zusammen. Kinder (1.-3. Jahrgangsstufe) sehen zunächst in Jesus noch einen »Hyperzauberer«, der in jeder Situation helfen kann. Allmählich (4.–7. Jahrgangsstufe) schwindet das Vertrauen, dass Jesus eingreifen kann. Jesus verliert in der Vorstellung der Kinder seine übernatürlichen Kräfte und seine göttlichen Prädikate, er wird entmythologisiert.

Die Christologie von Kindern und Jugendlichen		
1.–3. Klasse	Artifizialismus: Jesus hilft! Konkret! Alles geht gut aus!	Gott und Jesus eng verbunden; unscharfe Verhältnisbestimmung
4.–7. Klasse	Jesu/Gottes Hilfe in Übereinstimmung mit den Naturgesetzen; subjektorientierter Blick: Jesus gibt Mut, Situationen zu bestehen	Deutliche Trennung Jesus/Gott. Gebet als Kommunikationsmedium zwischen beiden. Gott: der Mächtigere
8.–9. Klasse	Subjektorientierte Christologie als individuelle Erfahrung	Die Bedeutung des »besonderen Menschen« im Zusammenhang mit Gott

Im Jugendalter werden die kindlichen Vorstellungen von Gott abgelehnt, wie das Zitat eines 17-Jährigen zeigt: »Ich fand den Religionsunterricht in der Grundschule noch witzig. Altes Testament, Gott lässt mal wieder den Rauch rein, Schlachten und Geschichten, das war interessant. Dann kam Jesus, und plötzlich war alles wie im Blumen-Sonne-Lutscherland. Keine Gewalt, Nächstenliebe, wenn dir einer die Jacke klaut, gib ihm die Hose auch noch – ja, ja, ganz klasse« (Ziegler 2001, 124). Jesus wird nur akzeptabel als ein besonderer Mensch, der zwar in einer innigen Gottesbeziehung steht, aber auch Fehler und Schwächen hat. Gerade in der Phase des Übergangs benötigen Kinder perspektivische Jesuskonzepte (z.B. Jesus als Freund), die mit den Jugendlichen mitwachsen können und die ihnen Beziehungsmöglichkeiten zu Jesus Christus eröffnen, die an den eigenen Erfahrungen anknüpfen und diese zugleich radikal sprengen. Jugendliche, die die Relevanz Jesu für ihr Leben bejahen, sehen in Jesus (1) ein Leit- und Vorbild, (2) eine Bezugsperson, der man im Gebet alles anvertrauen kann, (3) einen Tröster, Beistand und Beschützer und (4) einen Helfer und Ratgeber (vgl. Ziegler 2001). Didaktisch empfiehlt es sich, die Pluralität verschiedener christologischer Zugänge bei Jugendlichen und das Angebot biblischer Texte und deren Interpretation als Herausforderung zu entdecken, die zu einer persönlichen Positionierung führen sollte.

Lernen an Jesus heute (nach Langenhorst 2002)

- **Jesus als Lehrer diakonischer Liebe:** Jesus predigt und lebt seine vorbehaltlose Solidarität mit den Ausgegrenzten und den am Rande der Gesellschaft Stehenden.
- **Jesus als Prophet:** Die Geschichte des Lebens Jesu ist auch die Geschichte eines unerbittlich konsequenten Mahners – wiederum in Wort und Tat.
- **Jesus als Mahner des Gotteswichtigen:** Die Konsequenz des Predigers Jesu, der sich immer wieder in die Einsamkeit und ins Gebet zurückzieht und dessen Entscheidung für das Lebenswichtige für ihn lebensgefährlich wird, beeindruckt.
- **Jesus als Lehrer der Gottesbeziehung:** Jesus lehrt und lebt, wie mit Gott in Beziehung zu treten ist und wie aus dieser Verbindung Leben und Glauben gestaltet werden kann.

Heiliger Geist – eine Randfigur?

Dass die dritte trinitarische Person, der Heilige Geist, in Unterricht und Gemeinde wenig thematisiert wird und reichlich vage bleibt, hängt neben der Unklarheit, was man sich unter dem Heiligen Geist denn nun vorzustellen habe, auch mit einem nur gering ausgeprägten pfingstlichen Brauchtum sowie mit der Krise des Sakraments der Firmung zusammen. Die oben bereits skizzierte heilsökonomische Deutung, nach der der Geist als »Gott mit uns« die Zusage der Anwesenheit Gottes inmitten der Welt darstellt, verlangt weniger nach einer explizit reflexiven Erklärung als vielmehr nach einer mystagogischen Gestaltung des Religionsunterrichts (vgl. Kap. 4.4).

Die spirituelle Dimension des Modus einer Weltwahrnehmung und -deutung durch Religion konkretisiert sich in der Überzeugung, dass die Wirklichkeit vielschichtig und transparent auf die ganz andere Wirklichkeit hin ist, die in der Religion Gott genannt wird. In meditativen Übungen, Ritualen und Gebeten, aber auch in der Beschäftigung mit biblischen Erzählungen, in denen vom Geist Gottes die Rede ist, mit Biografien und Texten der Mystiker kann im Unterricht das aufscheinen, was mit der Wirklichkeit des Heiligen Geistes gemeint ist.

Wege der Annäherung an die Gottesfrage

Rudolf Englert (Englert 1997) sieht folgende Wege einer Thematisierung der Gottesfrage im Religionsunterricht, die sich in ihrer Verbindung miteinander wechselseitig erschließen:

1. Der Weg über die Geschichte Gottes mit den Menschen (biblische Personen, Erzählungen von Menschen in der Christentumsgeschichte, die sich von Gott berufen gefühlt haben).
2. Der Weg über die eigene religiöse Erfahrung (unterrichtlich begrenzt möglich, aber als reflektierende Basis und Konstrukt für die Wahrnehmung und Bewertung von fremden Erfahrungen immer mitschwingend).

3. Der Weg über das Experiment des Lebens (Fragen des Lebens berühren sich unweigerlich mit der Frage, »woran mein Herz hängt« und verdeutlichen die Nähe und Ferne zum Anspruch des ersten Gebots).

»Wie viele Wege zu Gott gibt es?« Papst Benedikt XVI. antwortete auf diese Frage des Journalisten Peter Seewald: »So viele, wie es Menschen gibt. Denn auch innerhalb des gleichen Glaubens ist der Weg eines jeden Menschen ein ganz persönlicher« (Ratzinger 1996, 35). Wenn im Religionsunterricht Gott thematisiert wird, so müssen die christlichen und außerchristlichen Gottesvorstellungen konstruktiv und provozierend mit solchen subjektiv verbindlichen Wahrheiten der einzelnen Schülerinnen und Schüler in einen Dialog gebracht werden.

Literatur

LexRP Leiden, 1206–1211; NHRPG Leiden – Theodizee, 98–101; **RD GS II.2 Gott, Gottesbilder und Kinder, 169–187;** II.3 Jesus Christus – elementare Zugänge zwischen »Jesulogie« und »Christologie«, 188–203, II.8 Kinder und die »großen Fragen« – Nachdenken und Philosophieren im RU, 264–280.

Weiterführende Literatur

Mendl, Hans/Schwienhorst-Schönberger, Ludger/Stinglhammer, Hermann, Wo war Gott, als er nicht da war?, Münster 2006; Ziegler, Tobias, Abschied von Jesus, dem Gottessohn? Christologische Fragen Jugendlicher als religionspädagogische Herausforderung, in: Büttner, Gerhard/Thierfelder, Jörg (Hg.), Trug Jesus Sandalen? Kinder und Jugendliche sehen Jesus Christus, Göttingen 2001, 106–139.

> z.B. dreiblättriges Kleeblatt für Gott, Jesu & Hl. Geist

Zusammenfassung in Stichworten

■ Die Gottesfrage kann im Religionsunterricht nur angemessen reflektiert werden, wenn die entsprechenden entwicklungspsychologischen Eckdaten und die religionssoziologischen Tendenzen, die den Rückgang eines personalen Verständnisses von Gott nahelegen, wahrgenommen werden.

■ Ziel ist es, den Reichtum, die Vielfalt und die Sperrigkeit des christlich-biblischen Gottesverständnisses und des Trinitätsglaubens so einzubringen, dass die Schülerinnen und Schüler in ihrem Gottesglauben herausgefordert werden.

■ Die Schülerinnen und Schüler sollen durch die beständige Beschäftigung mit der Gottesfrage eine entwicklungsgemäße reflektierte Gottes-, Jesus- und Geistvorstellung erlangen.

Prüfungsaufgaben

Die Frage nach Gott wachzuhalten bildet eine wichtige Intention des Religionsunterrichts in der Grundschule.

1. Erläutern Sie diese These, indem Sie sie von inhaltlich ähnlichen Formulierungen (z.B. zum Glauben an den christlichen Gott führen, den Glauben von Menschen kennen) absetzen. → *Konzeption d. zeitgem. RU's /mehr als nur Reden über Gott*

2. Begründen Sie diese These, indem Sie sich auf den Bildungsauftrag des Religionsunterrichts in der Grundschule beziehen.

3. Welche konkreten Chancen und Probleme ergeben sich aus der genannten Intention für die Frage nach der Entwicklung des Gottesbildes? *Vielfältig, tragfähig...*

»Wie konnte Gott das zulassen?«, fragen schon Kinder nach den kleinen und großen Katastrophen des Lebens.

1. Formulieren Sie mögliche Antworten auf die Theodizee-Frage und bewerten Sie diese hinsichtlich ihrer theologischen Tragfähigkeit! → *AB mit Ijob*

2. Ein Vater kommt in Ihre Sprechstunde und vertritt die Position, Grundschulkinder sollte man mit Ereignissen und Bildern, die die Themenfelder Leid und Tod berühren, verschonen. Was antworten Sie ihm? *„Leben besteht nicht nur aus Freude"*

3. Mit welchen Strategien würden Sie die Fragen der Kinder anlässlich einer Leiderfahrung aufgreifen, um mit ihnen in ein konstruktives Gespräch zu kommen? Welche weitere Aktionen und Handlungen halten Sie für kindgemäß und sinnvoll?

3.4 Kirchengeschichte

3.4.1 Grundsätzliche konzeptionelle Fragen

Die »Geschichte der Kirche« wird von Schülerinnen und Schülern der Sekundarstufe im gesamten Themenspektrum des Religionsunterrichts als am wenigsten wichtig erachtet (vgl. Bucher 2000, 86–89). Anscheinend gelingt es im aktuellen Religionsunterricht nicht, die Bedeutsamkeit historischer Zusammenhänge für religiöse Bildungsprozesse heutiger Kinder und Jugendlicher hinreichend zu begründen. Um von diesem problematischen Ausgangspunkt aus befriedigende Zugänge zu historischen Fragestellungen zu eröffnen, erscheinen zwei Optionen unerlässlich zu sein: Lehrende müssen jenseits der lapidaren Feststellung »Weil's halt im Lehrplan steht!« erstens selbst über überzeugende argumentative Begründungsmuster und zweitens über ein entsprechendes didaktisch-methodisches Instrumentarium verfügen.

Die Suche nach Begründungsstrukturen für eine Didaktik der Kirchengeschichte fällt nicht leicht: Sowohl ein ausschließlich identitätsorientierter Ansatz (Gruber 1995) als auch einer, bei dem als eigentlicher Gegenstand kirchengeschichtlichen Arbeitens das Geschichtsbewusstsein benannt wird (Hasberg 2003) oder ein dezidiert personal angelegter Ansatz (Lindner 2007) erscheinen zu einseitig, um der religionsdidaktischen Bedeutung der Kirchengeschichte in ihrer Multiperspektivität gerecht zu werden.

Ein Schlüssel für die Begründung eines Lernens aus und an der Geschichte des Christentums könnte das Konvergenzmodell der Würzburger Synode (1974; siehe Kap 2.2) sein, bei dem auf drei Ebenen das Konzept eines modernen Religionsunterrichts entfaltet wird; dies soll hier auf das Feld der Kirchengeschichte übertragen werden (vgl. ausführlicher Mendl 2007b). Maßgeblich ist dabei das Prinzip der Reziprozität, nach dem jeder Rückgriff auf Geschichte seinen Ausgangspunkt in der Gegenwart nehmen muss (siehe 3.4.3);

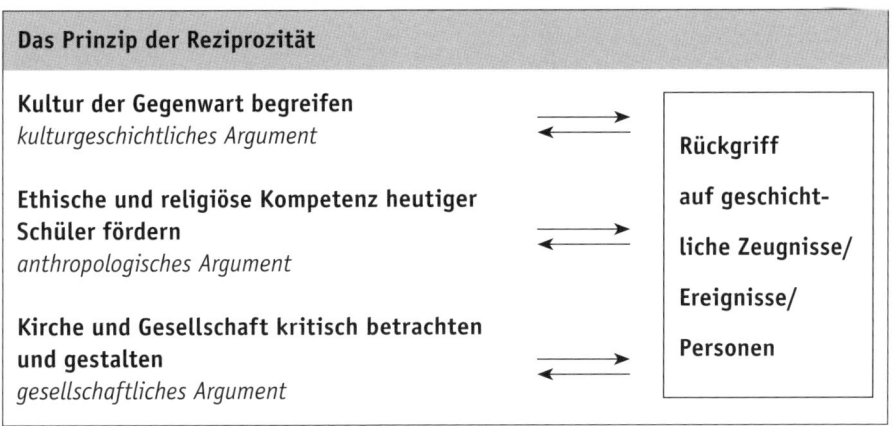

Das Prinzip der Reziprozität

Kultur der Gegenwart begreifen
kulturgeschichtliches Argument

Ethische und religiöse Kompetenz heutiger Schüler fördern
anthropologisches Argument

Kirche und Gesellschaft kritisch betrachten und gestalten
gesellschaftliches Argument

Rückgriff auf geschichtliche Zeugnisse/ Ereignisse/ Personen

- **Kulturgeschichtliches Argument:** In unserer Kultur und Gesellschaft stößt man immer wieder und auf verschiedenen Ebenen (Baudenkmäler, Sprache, Alltagsgestaltung, Riten, Feste, Werte …) auf Spuren der Geschichte des Christentums. Die kulturhermeneutische Dynamik eines traditionserschließenden Ansatzes führt vom aktuell Anzufragenden (»was ich wahrnehme«) zu den Wurzeln in der Vergangenheit (»woher dies kommt«) und wieder zurück zu den Folgen für Gegenwart und Zukunft (»was das heute bedeutet«).
- **Anthropologisches Argument:** Zentrale Sinn- und Wertfragen lassen sich nur mit Rückgriff auf religiöse Deutungskonstrukte beantworten. Der Rückbezug auf historische Kontexte und das Handeln von »kleinen« und »großen« Personen der Geschichte weitet das individuelle Bewusstsein und erschließt den kulturellen Schatz historischer Antworten auf zentrale Menschheitsfragen (Glück, Sinn, Zukunft …) und Menschheitsherausforderungen (Freiheit, Gerechtigkeit, Zivilcourage …).
- **Gesellschaftliches Argument:** Der Blick auf Geschichte und Gegenwart enthält immer auch gesellschafts- und kirchenkritische Elemente. Entgegen der Anpassung an den Status quo soll erinnerndes Lernen über die Zeiten hinweg eine Reflexion ermöglichen, inwiefern Menschen und Gruppen, Kirche und Staat der Reich-Gottes-Botschaft Jesu entsprechen. Die Option einer »Kirche als Volk Gottes unterwegs« bedeutet für Schülerinnen und Schüler dreierlei: Sie ermutigt sie zu einem kritischen Blick auf die Geschichte dieses Volkes und seinem Anspruch, »Salz der Erde« zu sein, sie legt diesen Maßstab auch an die heutige Kirche an, und sie fordert die Schülerinnen und Schüler selbst zur reflexiven Überprüfung des eigenen Standpunkts und Verhaltens heraus.

Ein solcher mehrperspektivischer Ansatz entlastet, weil er nicht nur einen unmittelbar aktualisierenden und auf direkte Lebensorientierung hin ausgerichteten Kirchengeschichtsunterricht als sinnvoll und identitätsfördernd erachtet.

3.4.2 Religionspädagogische Aspekte

Exemplarisch statt universal

Es kann nicht erwartet werden, dass ein universitäres kirchengeschichtliches Fachcurriculum zwar elementarisiert, aber doch gemäß dem Epochalprinzip als kontinuierliche Entwicklungslinie im Religionsunterricht dargeboten wird. Vielmehr empfiehlt sich eine Orientierung am allgemeinen Fach Geschichte; auf das hier erworbene Grundgerüst kann Bezug genommen werden, wenn didaktisch wohlbegründet exemplarisch kirchengeschichtliche Ereignisse, Personen oder Dokumente dargeboten werden.

Kritische Funktion einer Kirchengeschichtsdidaktik

Der Zugriff auf die Christentumsgeschichte erfolgt kritisch; die Kirchen und Vertreter von christlichen Gemeinschaften müssen sich immer daran messen lassen, inwiefern ihr Reden und Handeln auch zur damaligen Zeit im Einklang mit der Interpretation des Evangeliums Jesu Christi stand. In diesem Sinne haben Päpste, Bischöfe oder Landeskirchen in den letzten Jahrzehnten immer wieder Verantwortung für die Vergehen ihrer Kirchen in der Vergangenheit übernommen.

Gleichzeitig gilt es, pauschale, ahistorische und nicht sachgerechte Urteile abzuwehren und die Schülerinnen und Schüler zu einem differenzierten Geschichtsverständnis anzuleiten. Der kritische Blick wendet sich (ab der Sekundarstufe) auch auf die Geschichtsdarstellung im Unterricht, in der Gesellschaft und in den Medien, um zu verdeutlichen, dass der Rückgriff auf und die Darstellung von Geschichte immer interessengeleitet und perspektivisch verengt erfolgt.

Kirchengeschichte – multiperspektivisch und personorientiert

Zu den zentralen Prinzipien (siehe Kap. 3.4.3) einer Didaktik der Kirchengeschichte zählt ein multiperspektivischer Zugang. Nicht Fakten und Zahlen und nicht nur das Handeln der Großen und Mächtigen vergangener Zeiten interessieren, sondern besonders auch sozial- und kulturgeschichtliche Blickwinkel: Geschichte spielt sich im Kontext sozialen, kulturellen und gesellschaftlichen Handelns ab, auch »kleine« Personen und unbedeutendere Personengruppen waren von geschichtlichen Ereignissen nicht nur betroffen, sie gestalteten diese auch mit.

Kirchengeschichte für Kinder?

Von der Entwicklungspsychologie aus ist kritisch anzufragen, ab welchem Alter Kinder in der Lage sind, aus dem eigenen Fluss der Geschichte herauszusteigen und ein reflexives Verhältnis zur eigenen Biografie (vgl. Fowler 1991) wie auch ein objektives und chronologisches Geschichtsbewusstsein zu entwickeln.

In der Geschichtsdidaktik weist man aber bereits der Grundschule die Aufgabe zu, durch entsprechend kindgemäße Zugänge und Lernwege ein erstes individuelles Geschichtsverständnis anzubahnen, das dann vor allem bezüglich eines verlässlichen Zeitkontinuums in der Sekundarstufe gefestigt werden muss. Am Ende der Grundschulzeit sollten Kinder in der Lage sein zu begreifen, dass Geschichte etwas mit Zeit zu tun hat, mit Wandel und Entwicklung in einem Zusammenhang steht, vielschichtig und tatsächlich passiert ist und dass auch die eigene Person in geschichtliche Prozesse eingebunden ist. Dies gelingt vor allem über eine Didaktik des Nahbereichs, die im Religionsunterricht zur kirchlich geprägten Heimat- und Ortsgeschichte führt. Von den wahrnehmbaren Phänomenen der näheren Umgebung (Friedhof, Kirchenbau, Kapellen, Klöster, Gedenkstätten, Straßennamen …) gelangt man zu einer genaueren Untersuchung über deren Entstehung und Hintergründe.

Erinnerungskultur

Die jüdisch-christliche Religion ist gekennzeichnet durch ihre kulturelle Tradierungs-
form von Generation zu Generation und der damit verbundenen Bedeutung der Erinnerung als »gestaltende Kraft für Gegenwart und Zukunft« (RD, 368). Die Zukunft wird
nur gestaltbar, wenn man in der Gegenwart die Bedeutung der Vergangenheit zu
begreifen vermag. Insofern führt der Weg in die Geschichte des Christentums immer
auch zur kritischen Frage, inwieweit die Kirche dem Anspruch, die Botschaft Jesu als
Gegenwelt zu innerweltlichen Heilsentwürfen zu konkretisieren, gerecht geworden ist
und was das für die Verantwortung der Kirche in der Welt von heute bedeutet; Aufgabe
ist es, auf eine Spurensuche zu gehen, wo denn die Geschichte und die Geschichte der
Kirche »gefährliche Erinnerungen« (Johann Baptist Metz) bereithält, die im Religionsunterricht erarbeitet werden können (siehe auch Kap. 4.5).

3.4.3 Didaktische Perspektiven

Als Zielperspektiven einer Didaktik der Kirchengeschichte lassen sich nennen:
- Kinder und Jugendliche sollen Anteil erhalten am kulturellen Gedächtnis von Gesellschaft und Christentum.
- Durch Bildungsarbeit sollen kulturelle Erinnerungsfragmente ins individuelle Gedächtnis übergehen, sodass die Schülerinnen und Schüler zur verantwortlichen Mitgestaltung der individuellen und gemeinsamen Geschichte befähigt werden.
- Sie sollen sich selbst als in die Geschichte verwobene Wesen begreifen, die auf
diese individuelle und kollektive Geschichte auf vielfältige Weise zurückblicken und
sie für die Zukunft gestalten können.

Die genannten Zielperspektiven müssen mit entsprechenden Prinzipien einer Didaktik
des Dialogs mit der Geschichte angegangen werden. Besonders ab der Sekundarstufe
zielt eine Kirchengeschichtsdidaktik auch auf die Entwicklung eines reflektierten historischen Bewusstseins. Schülerinnen und Schüler sollen lernen, mit verschiedenen
Quellen umzugehen, Vor-Urteile gerade auch in der Kirchengeschichte kritisch zu hin-
terfragen und die Rekonstruktivität (Geschichte wird gemacht), Reziprozität (histori-
sches Denken nimmt seinen Ausgang stets in der Gegenwart) und Multiperspektivität
(Wahrnehmung, Deutung und Bewertung von Vergangenheit sind stets perspektivisch
gebunden) von Kirchengeschichte erkennen zu können (vgl. Hasberg 2003); im Detail
können die Prinzipien so erläutert werden:

- **Reziprozität:** Ausgangspunkt und Zielpunkt einer Auseinandersetzung mit der Vergangenheit sind Fragen der Gegenwart.
- **Multiperspektivität:** Nicht nur die Geschichte »von oben« interessiert, sondern
gerade auch die Situation und das Handeln der »kleinen« Leute, die nicht im System
Kirche oder Gesellschaft Leitungsaufgaben hatten. Bei allen gilt, dass man jeweils
auch reale oder fiktive andere (personale) Blickwinkel einfügen kann und alle Personen sowohl als Handelnde als auch als »Behandelte« thematisiert.

- **Exemplarität:** An herausragenden beispielhaften Gestalten und Geschehnissen wird Zeittypisches veranschaulicht.
- **Personalisierung:** Geschichte ist keine Ansammlung von Fakten und Zahlen, sie entsteht durch handelnde und getriebene Menschen.
- **Lokalisierung:** Personen und Ereignisse der Geschichte haben Spuren in der unmittelbaren Umgebung hinterlassen; es kann spannend sein, dem in Prozessen erinnernden Lernens nachzugehen und »sprechende Orte« (vgl. RL 33 [2004], Heft 2) wahrzunehmen!
- **Handlungsorientierung:** Geschichte wird im wahrsten Sinn des Wortes »begreifbar« und anschaulich, wenn Prozesse des entdeckenden und verarbeitenden Lernens angeregt werden, deren Ergebnisse man dann auch einer Öffentlichkeit präsentieren kann; besonders die didaktischen Formen des Projekts und der Exkursion bieten sich für eine solche intensive Auseinandersetzung mit kirchengeschichtlichen Themen an. Die aktive Schülerbeteiligung bei den inhaltlichen, konzeptionellen und organisatorischen Fragen erscheint hier von besonderer didaktischer Bedeutung.

Prinzipien einer Didaktik der Kirchengeschichte	
Reziprozität	... vom Heute aus betrachten
Multiperspektivität	... Wahrnehmung und Deutung sind perspektivisch gebunden
Exemplarität	... am Beispielhaften Zeittypisches verdeutlichen
Personalisierung	... kleine und große Personen als Handelnde/Behandelte
Lokalisierung	... vom nahen zum fernen Raum
Handlungsorientierung	... Geschichte »begreifen«

Literatur

NHRPG Lernen aus der Geschichte, 225–228; RD III.4 Erinnerungsgeleitetes Lernen, 365–373; RE II.A Fremde Heimat erkunden, 88–146.

Weiterführende Literatur

KatBl 128 (2003), Heft 6: Kirchengeschichte; Lachmann, Rainer u.a. (Hg.), Kirchengeschichtliche Grundthemen. Historisch – systematisch – didaktisch, Göttingen 2003; Mendl, Hans, »Afra – die ist doch schon lange tot!« – Lernen an Personen der Vergangenheit? Eine religionsdidaktische Reflexion, in: Bauer, Karl F./Rendle, Ludwig/Mendl, Hans/Ansbacher, Walter (Hg.), Schrittmacher im Glauben. Lebensentwürfe für Jugendliche von heute, Donauwörth 2007, 13–29.

Zusammenfassung in Stichworten

■ Ein Einbezug kirchengeschichtlicher Fragestellungen ist multiperspektivisch (kulturgeschichtlich, anthropologisch, gesellschaftlich) begründet und zielt auf dementsprechend unterschiedliche Lerndimensionen, die vom Prinzip der Reziprozität bestimmt sind.
■ Eine Auseinandersetzung mit geschichtlichen Fragestellungen beginnt für Kinder im Nahbereich und sollte im Jugendalter zur Förderung eines kritischen Geschichtsbewusstseins führen.
■ Von besonderer Bedeutung für produktive Prozesse eines erinnernden Lernens sind die handlungsorientierte Spurensuche vor Ort und ein personorientierter Ansatz.

Prüfungsaufgaben

Geschichte – überflüssig oder unabdingbar im Religionsunterricht?

1. Begründen Sie gegenüber durchaus ernsthaft gemeinten Vorschlägen, man könne in der Schule auf geschichtliche Themen verzichten, die Notwendigkeit und Ziele von kirchengeschichtlichen Fragestellungen im Religionsunterricht.
2. Erläutern Sie zentrale Prinzipien einer aktuellen Didaktik der Kirchengeschichte!
3. Veranschaulichen Sie die genannten Zieloptionen und Prinzipien an einem konkreten unterrichtlichen Vorhaben!

Geschichte erleben

1. Begründen Sie anthropologisch, theologisch und gesellschaftlich, wieso im Religionsunterricht auch historische Fragestellungen aufgegriffen werden müssen!
2. Erläutern Sie geeignete Zugänge zu geschichtlichen Themen für das Kindes- und das Jugendalter!
3. Skizzieren Sie ein entsprechendes Projektmodell erinnernden Lernens und erläutern Sie, aus welchen didaktischen Gründen Sie sich für die jeweiligen Teilschritte entschieden haben!

3.5 Ethik

3.5.1 Grundsätzliche konzeptionelle Fragen

Die gesellschaftliche Pluralität von Werten und Normen stellt die große Herausforderung für ethisches Lernen im Religionsunterricht und in der Schule dar. Im Dschungel der verschiedenen Vorstellungen von einem »guten« und »richtigen« Leben Orientierung zu finden und zu geben ist nicht einfach. Dabei bedürfen sowohl der empirische Ausgangs- als auch der pädagogisch-intentionale Zielpunkt ethischen Lernens einer Präzisierung.

Als gleichermaßen empirisch wie pädagogisch fragwürdig erscheint die These vom Werteverlust in der heutigen Gesellschaft, verglichen mit früheren Zeiten. Weit zutreffender ist die Skizzierung eines Wertewandels: Man kann im Kontext einer Pluralisierung der Gesellschaft auch eine Ausdifferenzierung von Wertvorstellungen feststellen, die in der Shell-Studie 2000 plakativ mit der Bezeichnung »Inflation am Wertehimmel« (Fritzsche 2000) beschrieben wurde und sich bei den folgenden Untersuchungen bestätigt hat. Es gibt heute keinen allgemeinen Wertehimmel mehr; die Wertoptionen heutiger Jugendlicher sind breit aufgefächert; unterschiedliche Gruppen priorisieren verschiedene Wertemuster, die nicht miteinander in Einklang zu bringen sind. Tendenziell haben sich auch elterliche Erziehungsvorstellungen deutlich gewandelt: nicht mehr Anpassungs- und Pflichtwerte, sondern Selbstbestimmungswerte werden erstrebt. Deutlich wird, dass wertorientiertes Verhalten kein Privileg der Christen ist; viele nicht kirchlich gebundene Jugendliche engagieren sich durchaus auf hohem Niveau für andere, freilich selten in langfristigen Bindungen. Graduelle Unterschiede sind insofern feststellbar, als kirchennah religiöse Jugendliche familienorientierter, respektvoller gegenüber Gesetz und Ordnung und gesundheitsbewusster sowie hilfsbereiter gegenüber sozial Benachteiligten sind.

Gesellschaft der Zwischentöne – »Inflation am Wertehimmel«
(Shell-Studie 2000)

Yvonne Fritzsche hat in der Shell-Studie 2000 folgende acht Wertdimensionen ermittelt, die heute die Orientierungsmuster der Jugendlichen bilden:
1. Autonomie – Kreativität und Konfliktfähigkeit
2. Menschlichkeit – Toleranz und Hilfsbereitschaft
3. Selbstmanagement – Disziplin und Einordnungsvermögen
4. Attraktivität – gutes Aussehen und materieller Erfolg
5. Modernität – Teilhabe an Politik und technischem Fortschritt
6. Authentizität – persönliche Denk- und Handlungsfreiheit
7. Familienorientierung – Partner, Heim und Kinder
8. Berufsorientierung – gute Ausbildung und interessanter Job

Der pädagogische Zielpunkt ethischen Lernens besteht heute nicht mehr in einem fragwürdig gewordenen Vermittlungsmodell, das auf die Weitergabe eines tradierten Wertekanons zielt, sondern in der Befähigung zum ethischen Urteil und in der Förderung der Wertentwicklung (siehe dazu auch: Kap. 1.3.1 zu Kohlberg) heutiger Kinder und Jugendlicher; dies muss didaktisch entsprechend umgesetzt werden (vgl. Adam/Schweitzer 1996; Eid 1995; Ernst/Engel 1998; Mokrosch/Regenbogen 2009). Auch erscheint es als bedeutsam, die Begriffe »Moral« und »Ethik« differenziert zu verwenden, um das jeweilige Aufgabenspektrum präzise beschreiben zu können.

Moral	Ethik
Inbegriff von Werten und Normen	**Reflexion von moralischem Verhalten**
»Bezeichnung erwünschter und praktizierter ›Einstellungen‹, ›Haltungen‹ und ›Verhaltensweisen‹ (sowie traditionell ›Tugenden‹), bei denen Wertvorstellungen (›Werte‹) eine Rolle spielen«	»Bezeichnung für die Reflexion moralischer Praxis mit dem Interesse an ihrer theoretischen Durchdringung, Systematisierung und Rechtfertigung«
	(Zitate: Nipkow 1996, 40)

Konzeptionell orientiert sich ethische Erziehung heute weder an einer romantischen Erziehungsphilosophie, von der aus man auf intentionale moralische Erziehung verzichten würde, noch an einer technokratischen, die auf eine Übertragung von Werten abzielt, sondern an einer progressiven Erziehungsphilosophie, die diskurs- und handlungsethisch angelegt ist. Von den im Folgenden skizzierten Modellen einer Werterziehung erscheint das Modell der Wertübertragung (die unmittelbare und unreflektierte Übernahme von vorgegebenen Werten) als problematisch; die anderen Modelle einer Werterhellung (das Nachdenken über eigene und fremde Werthaltungen), der Wertentwicklung (die stufenweise Erweiterung der moralischen Urteilsfähigkeit) und der Wertkommunikation (die Fähigkeit, über Werthaltungen und ihre Folgen in einen offenen Diskurs zu treten) werden in der Praxis in vielfältigen Kombinationen aufzufinden sein.

Modelle ethischer Bildung				
	Wert-übertragung	Wert-erhellung	Wert-entwicklung	Wert-kommuni-kation
Ziel	Jugendliche sollen vorab ausgewählte Werte und Normen übernehmen	Jugendliche sollen erworbe-ne moralische Einstellungen erkennen und sich ggf. davon emanzipieren	Jugendliche sollen ihre moralische Urteilskompe-tenz stufen-weise erhöhen	Jugendliche sollen die Wünschbarkeit und Haltbarkeit von Werten und Normen aus einer ethischen Optik beurteilen
Methode/ Verfahren	Weitergabe von Werten und Normen auf direktem Weg durch kogniti-ve, affektive und volitive Lernprozesse	Bewusstma-chung von und Konfrontation mit erworbenen Werten und Normen	Diskussion moralischer Konflikte anhand von Dilemma-Geschichten	Teilnahme an argumentativen Diskussionspro-zessen mit Perspektiven-wechsel
Wertorien-tierung	liegt in den Inhalten (»dem Wert«) der Werte und Normen, die tradiert werden sollen	liegt in der Optimierung des subjektiven Denkens, Fühlens und Handelns	liegt im Aufbau eines prinzipien-geleiteten ethischen Urteils	liegt im Ziel der ethischen Mündigkeit des Jugendlichen, die Ziel und Methode ist
Wert-pluralität	wird auf jene Werte redu-ziert, die von Jugendlichen übernommen werden sollen	wird auf die Werte redu-ziert, die individuell bedeutsam sind	kommt in ausgesuchten Dilemmata in funktionaler Absicht zur Sprache	ist Ausgangs-punkt und Gegenstand der Kommunikation über Werte und Normen

(aus: RD, 445)

3.5.2 Religionspädagogische Aspekte

Formales Ziel: Moralische Urteils- und Entscheidungsfähigkeit

Moralisch urteils- und entscheidungsfähig werden Kinder und Jugendliche dann, wenn sie lernen, Sachstrukturen zu erfassen, zu analysieren und mit Wert und Sinnfragen zu verknüpfen. Dies geschieht in der Gruppe der Lernenden, also in differenziert ausge-stalteten Modellen einer Kommunikation, des Diskurses und Streitgesprächs. Wie weiter unten didaktisch noch entfaltet wird, impliziert die Befähigung zum moralischen Urteil immer auch die Anregung zum moralischen Handeln. Eine formale Ethik sagt noch nichts über die inhaltlichen Werte und Normen aus; sie muss deshalb im Kontext eines wertorientierten Unterrichtsfachs inhaltlich konkretisiert werden.

Die Bedeutung einer inhaltlichen Ethik

Die Betonung eines diskursethischen Ansatzes, welcher in der Förderung einer ethischen Entscheidungsfähigkeit besteht, bedeutet keine Absage an eine materiale Ethik mit konkreten Moral- und Normvorstellungen. Kinder und Jugendliche benötigen ein materiales Verfügungswissen, sie müssen Werte und Normen der Tradition kennen, anhand derer sie ihre ethische Urteils- und moralische Handlungsfähigkeit ausbilden können. Sie müssen erkennen, dass ein individuelles und gesellschaftliches Leben ohne ein wertorientiertes Entscheiden und Handeln zum Scheitern verurteilt ist. Die Formulierung einer erwünschten Moral ist pädagogisch betrachtet am Handlungsort Schule legitim und im Kontext des Religionsunterrichts notwendig. Progressive Moralerziehung gelingt aber nur, wenn materiale Zielvorstellungen eines »guten« Lebens mit den Prozessregeln formaler Ethik verknüpft werden, sodass das Verfügungswissen einen Beitrag leisten kann zur Ausbildung eines Orientierungswissens, mit dem die Welt gedeutet und geordnet werden kann.

Zielfindung ethischer Erziehung		
Materiale Ethik	*zu verknüpfen mit*	**Prozessregeln formaler Ethik**
1. Partnerschaft, Ehe – z.B. Treue, Liebe, Achtung		• moralisch urteils- und entscheidungsfähig werden
2. Zwischenmenschliche Beziehung – z.B. Diakonie, Umgang im Alltag		• Sachstrukturen erfassen, Sachanalysen mit Wert- und Sinnfragen verknüpfen
3. Arbeits- und Berufsmoral – z.B. Gemeinsinn, Zivilcourage		• über ethische Fragen kommunizieren lernen
4. Öffentlich-politische Moral – z.B. Gemeinsinn, Zivilcourage		• zum ethischen Handeln angeregt werden
5. Umweltmoral		
6. Ethik der Wissenschaften		
= inhaltliche Zielvorstellungen		**= formale Zielvorstellungen**

soll jeder Mensch erlernen (z.B. im Ethikunterricht)

besonders will der kath. RU zu materialer Ethik befähigen

Biblische Gebote als Weisungen zum gelingenden Leben

Aus der jüdisch-christlichen Tradition bieten sich vor allem die Weisungen des Dekalogs und die Ethik Jesu an; diese manifestiert sich sowohl im Handeln Jesu als auch in seinem Reden, besonders in den Texten der Bergpredigt. Die biblischen Weisungen dürfen aber nicht moralisch verkürzt als normative Verbote und Gebote dargeboten werden. Sie sind in ihrer theologischen Deutung zu entfalten als Handlungsanweisungen zum gelingenden Leben für Menschen, die beschenkt von Gott dankbar auch ein entsprechendes Leben führen wollen. So darf bei der Deutung des Dekalogs die erste Weisung nicht unterschlagen werden (»ich bin JWHW, dein Gott, der dich aus Ägypten herausgeführt hat, aus dem Sklavenhaus«, Ex 20,1–2; Dtn 5,6). Der Dekalog beginnt also mit einer Freiheitsformel Gottes: »Ich habe euch in die Freiheit geführt«; in dieser Logik kann man die folgenden Gebote als Hilfen verstehen, um die geschenkte Freiheit verantwortlich zu gestalten. Sie sind ein Angebot, »damit es uns das ganze Leben lang gut geht« (Dtn 6,24); beschrieben werden Grenzsituationen, in denen das falsche Handeln Schaden für die Beteiligten herbeiführt.

Ähnliches gilt für die Ethik Jesu. Sie wird nur verständlich im Kontext des Zentrums seiner Verkündigung vom Anbruch der Reich-Gottes-Botschaft (Mk 1,15: »Die Zeit ist erfüllt, das Reich Gottes ist nahe«). Die Barmherzigkeit Gottes erfährt ihren ersten Widerhall in der Haltung des Sich-Beschenken-Lassens; das Heil ist als Geschenk total und nicht zu verdienen. Sittliches Handeln kann demzufolge nicht als Leistungsprinzip verstanden werden und ist keine soteriologische Größe – man kann und braucht sich das Heil nicht zu erarbeiten. Andererseits bedeutet das aber nicht, dass menschliches Tun damit unbedeutend würde. Vielmehr setzen das von Gott geschenkte Heil und die dankbare Annahme des Menschen Kräfte zum Handeln frei. Die Ethik Jesu ist so verstanden eine »Handlungsermöglichung«: Der Imperativ, die Aufforderung zum Tun, entspringt dem grundlegenden Heilsindikativ, der Zusage des Heils.

Ziel ethischer Bildung: moralische Entwicklung

Die Rahmenbedingungen einer ethischen Bildung ergeben sich aus den Erkenntnissen zur moralischen Entwicklung von Kindern und Jugendlichen (siehe Kap. 1.3.1). Die zentrale Aufgabe im Kindesalter besteht in der Förderung der Einsicht in die Bedeutung von Regeln für kleine und größere Gemeinschaften (im Sinne einer konventionellen Moral) und in der Befähigung, diese auch reflektiert zustimmend einzuhalten.

Im Jugendalter wird der Horizont der moralischen Urteilsfähigkeit ausgeweitet; die Relativität von gesellschaftlichen und staatlichen Gesetzen und Normen im Sinne einer postkonventionellen Moral kommt gleichermaßen in den Blick wie die Kenntnis von und der Umgang mit zentralen ethischen Handlungsmodellen (Naturrecht, Positivismus, Hedonismus, Utilitarismus), Prinzipien (z.B. Güterabwägung, Verantwortungs- und Diskursethik, Gewissensorientierung) und prinzipieller Begründungsansätze (deontologische und teleologische Vorstellungen). Dabei zielt ethisches Lernen auf eine reflektierte ethische Urteilsfähigkeit, die benötigt wird für eine humane Gestaltung der Welt ebenso wie des eigenen Lebens.

3.5.3 Didaktische Perspektiven

Wertorientierte Schulkultur als Basis ethischer Erziehung

Der Erwerb von Wertorientierungen, so hält Franz Weinert fest,
- wird ermöglicht durch das Erleben einer Wertgemeinschaft (Schulkultur, Klassengeist, Lehrervorbild, Gemeinschaftserfahrungen),
- wird begünstigt durch motivationalen Lerntransfer,
- wird nicht gefördert durch spezielle Unterrichtsmethoden, sondern durch lebendige Schulkultur (*nach: Helmke 2003, 25*).

Der Erwerb von Wertorientierungen stellt eine eigene Domäne schulischen Lernens dar. Dieser Lernbereich ist, anders als etwa die Domäne des Erwerbs intelligenten Wissens, kaum über differenzierte Methoden einer direkten Instruktion und des Diskurses vermittelbar als vielmehr über ein variables Instrumentarium erkenntnis- und erlebnisintensiver Methoden, die entsprechende Schulkultur, ein Lernen an Vorbildern und durch ein schulisches Reflexionsklima.

Ein kognitiver und diskursethischer Ansatz ist zwar notwendig, muss aber eingebettet sein in ein kohärentes und reflektiertes Zusammenspiel der Akteure an der Schule im Reden und Handeln; dies bildet die Basis einer wertorientierten Schulkultur.

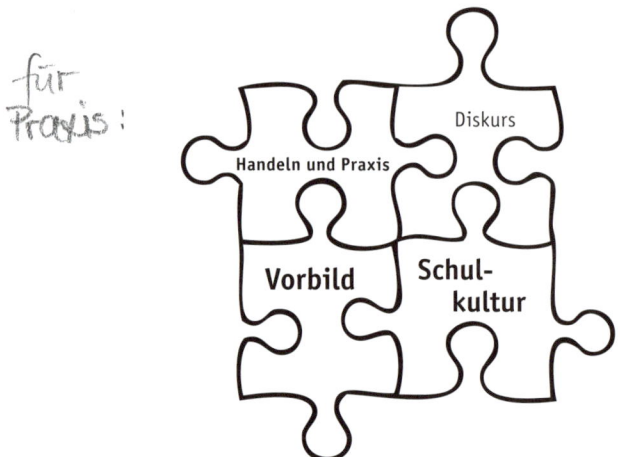

Werteerziehung: Das Zusammenspiel verschiedener Ebenen und deren lernpsychologische Wirksamkeit

Die Bedeutung von Dilemma-Geschichten

Als Dilemma wird die Notwendigkeit bezeichnet, sich zwischen zwei gleichwertigen Möglichkeiten zu entscheiden. Gerade in einer vom (Werte-)Pluralismus bestimmten

Gesellschaft ergibt sich auch für Kinder und Jugendliche immer wieder die Notwendig-keit, zwischen Handlungsweisen wählen zu müssen, in denen ethische Werte und Nor-men miteinander konkurrieren. Um die Fähigkeit der Schülerinnen und Schüler zu för-dern, solche Situationen ethisch reflektieren und eigenständig Lösungswege finden zu können, ist es im Sinne einer prozessorientierten ethischen Erziehung sinnvoll, im Unterricht Dilemma-Geschichten diskutieren zu lassen, die die Entscheidungssituatio-nen auf den Kern des Wertekonflikts konzentrieren und nachvollziehbare Antworten auf überschaubare Fragestellungen einfordern (vgl. Kuld/Schmid 2001). Dabei werden durch den offenen Austausch von Argumenten (Diskursethik) spielerisch das Abwägen von Handlungsfolgen und das Aushandeln von Lösungen eingeübt. Eine solche Dilemma-Diskussion vermag darüber hinaus die Plausibilität verbindlicher Normen und die gleichzeitige Notwendigkeit, dem Einzelfall gerecht zu werden, eher aufzuzeigen, als das bloße Einschärfen von Verboten und Geboten. Letzteres führt häufig dazu, dass Kinder und Jugendliche sofort die in ihren Augen von der Lehrkraft erwartete Verhal-tensweise zur einzig legitimen erklären (»Religionsstunden-Ich«). Wichtig bei einer Dilemma-Diskussion ist es daher vor allem, darauf zu achten, dass es kein »richtig« oder »falsch« geben darf, sondern ein begründetes Werturteil zu respektieren und zu würdigen ist, auch wenn es nicht der Antwort des Lehrers oder der Lehrerin entspricht.

Dilemma-Geschichten zeichnen sich dadurch aus,

- dass sie zu einer Entscheidung und zum Handeln herausfordern; ein Nicht-Entschei-den (»ich weiß nicht«) ist nicht möglich. Dieses Postulat kann an vielen ethisch relevanten Fragen überprüft werden: ein Kind austragen oder abtreiben, sein Ge-nom bestimmen lassen oder nicht, einen Organspendeausweis beantragen …;
- dass verschiedene Handlungsalternativen nicht nur möglich, sondern auch ethisch begründbar sind;
- dass weniger die Entscheidung »dafür« oder »dagegen« interessiert, sondern viel-mehr das Herausarbeiten von Gründen, Motiven und implizierten Werten;
- dass die Entscheidung für die einzelnen Handlungsalternativen unterschiedliche Folgen für die beteiligten Personen und die Gesellschaft nach sich zieht.

Methodisch kann bei der Auseinandersetzung mit Dilemma-Geschichten auf vielfältige diskursethische Teilmethoden zurückgegriffen werden (vgl. Mendl 2005a, 74–94): For-mulierung von Briefen oder Leserbriefen, Erstellen von Mindmaps, Konzipierung von Nachrufen und Gedenktafeln, Kommunikations- und Einschätzungsspiele, Wertepyra-miden, gelenkte Gruppendiskussionen.

Die Bedeutung eines solchen Wertentwicklungs- und Wertkommunikationsansatzes ist evident: Werden Kinder und Jugendliche immer wieder in Dilemma-Geschichten dieser Art verstrickt, dann steigt nachweislich ihre Sensibilität für die Komplexität ethischer Fragestellungen und ihre Fähigkeit zum begründeten differenzierten morali-schen Urteil.

Grundstruktur einer Arbeit mit Dilemma-Geschichten	
Eindruck	Dilemma-Geschichte vorstellen Dilemma-Frage formulieren
Ausdruck	Position zur Dilemma-Frage einnehmen Positionen begründen (Motive/Werte) Kreative Entfaltung der eigenen Position (z.B. Brief, Leserbrief, Resolution, Plakat, Aufruf, Mindmap)
Austausch	Austausch, Bewertung und Diskussion der einzelnen Positionen und Begründungen Kreative Weiterführung der Diskussion (z.B. Abstimmung, Werte-pyramiden, Rollenspiel, Kommunikations- und Einschätzungsspiele, narrative Ausgestaltung der Handlungsfolgen)

Soziales Handeln – Compassion-Modelle

Moral hat vor allem eine affektive Dimension. Ein Reden über moralische Fragen allein reicht nicht aus, um den Anspruch und die Humanität einer Ethik im Leben und am eigenen Leib zu erspüren. Denn ethische Urteile bewähren sich erst in der Begegnung und im ethischen Handeln. Deshalb sind handlungsorientierte Primär-Erfahrungen unverzichtbar. Wenn Werteerziehung ein zentrales Element der Schulkultur ist, muss dies auch in entsprechenden konkreten Formen erkennbar sein. Denn: »Werte werden nicht durch Appelle, sondern durch Erfahrungen gelernt. Dabei spielen die Gefühle eine entscheidende Rolle, weil sie unabdingbar mit sozialen Erfahrungen verbunden sind« (Zilleßen 2004, 172).

Das Modell »Compassion« ist motiviert durch die kritische Wahrnehmung von gesellschaftlichen Veränderungen (Stichwort: sinkende soziale Sensibilität, Entsolidarisierung der Gesellschaft), aber auch durch die skizzierte geringe Reichweite rein diskursethischer Ansätze. Es zielt auf die Entwicklung und Stärkung sozialverpflichtender Haltungen unter Schülerinnen und Schülern. Diese arbeiten während der Projektphase mehrere Wochen in einer sozialen Einrichtung mit. Die Lehrkräfte betreuen die Praktikanten und bereiten das ganze Projekt unterrichtlich vor und nach. Die wissenschaftliche Auswertung von Sozialprojekten ergab, dass Compassion-Projekte vor allem dann besonders nachhaltig waren, wenn die Sozialaktionen auch eng mit unterrichtlicher Vorbereitung, Begleitung und Reflexion verknüpft waren (vgl. RE, 289–308; Kuld/Gönnheimer 2000).

Umfassende Sozialprojekte können erst ab der Sekundarstufe durchgeführt werden; doch auch für Grundschulklassen gibt es zahlreiche Projekte, bei denen soziale Aktionen (z.B. eine Begegnung mit alten Menschen) durchgeführt oder ein soziales Handeln (z.B. Patenschaftsmodelle) eingeübt werden.

Schulkultur und Lehrervorbild

Das Gelingen einer Werteerziehung hängt maßgeblich von den schulischen Rahmenbe-dingungen ab. Unter dem weiten Begriff der Schulkultur (siehe oben) wird hier eine Wertegemeinschaft verstanden, die sich immer wieder neu über entsprechende Rah-menvereinbarungen konstituiert. Solche Regeln des Zusammenlebens an der Schule konkretisieren allgemeine Werte – etwa einen achtsamen, wertschätzenden und res-pektvollen Umgang – in operationalisierte Handlungsformen hinein: konkrete Regeln der Kommunikation und des Umgangs, Grußformen, Feedback-Kultur, Umgang mit Men-schen, Sachen und Räumen, Konfliktlösungsstrategien. Gemäß dem Prinzip der Kom-plementarität gelten diese Regeln gleichermaßen für die Lernenden wie die Lehrenden und die Leitungspersonen; gerade die Lehrenden müssen sich ihrer Vorbildrolle gewiss sein (siehe dazu auch das folgende Kap. 3.6).

Literatur

NHRPG Ethisches und soziales Lernen; 238–243; **RD III.9 Ethisches Lernen, 434–452**; RD GS II.7 Ethisches Lernen – Wertebildung bei Kindern, 247–263; RE II.C.13 Christliche Ethik, 289–308.

Weiterführende Literatur

Kuld, Lothar/Gönnheimer, Stefan, Compassion – sozialverpflichtetes Lernen und Handeln, Stuttgart 2000; Lachmann, Rainer u.a. (Hg.), Ethische Schlüsselprobleme. Lebensweltlich – theologisch – didaktisch, Göttingen 2006; Mokrosch, Reinhold/Regenbogen, Arnim (Hg.), Wer-te-Erziehung und Schule. Ein Handbuch für Unterrichtende, Göttingen 2009.

Zusammenfassung in Stichworten

■ Moralerziehung gelingt nur, wenn materiale Zielvorstellungen eines »guten« Lebens mit den Prozessregeln formaler Ethik verknüpft werden.
■ Der Erwerb von Wertorientierungen wird weniger durch spezielle Unterrichtsmethoden als durch Erleben einer Wertgemeinschaft (Schulkultur, Klassengeist, Lehrervorbild, Gemeinschaftserfahrungen) gefördert.
■ Ziel ethischen Lernens ist es, die Wertentwicklung der Schülerinnen und Schüler zu fördern; dies geschieht unterrichtlich durch die regelmäßige Diskussion wertehaltiger Dilemmata und im schulischen Kontext einer Gemeinschaft, die auf die Ausgestaltung und Reflexion eines wertorientierten Miteinanders hin angelegt ist.

Prüfungsaufgaben

Ethisches Lernen als Ziel des Religionsunterrichts

1. Diskutieren Sie die spezifischen Leistungen und Grenzen von verschiedenen Modellen einer Werterziehung!
2. Erläutern Sie formale und inhaltliche Ziele einer Werterziehung in der Schule!
3. Veranschaulichen Sie an einem konkreten Unterrichtsvorhaben, mit welchen unterrichtlichen Verfahren Sie die genannten Zielspektren anstreben können!

Biblische Normen als materiale Basis für ethisches Lernen

1. Begründen Sie zentrale Zieldimensionen eines ethischen Lernens im Religionsunterricht!
2. Erläutern Sie die Bedeutung von biblischen Normen des Alten und Neuen Testaments im Kontext der genannten Zieldimensionen!
3. Diskutieren Sie die These: »Der Erwerb von Wertorientierung wird kaum durch spezielle Unterrichtsmethoden gefördert« und skizzieren Sie entsprechende Felder ethischer Bildung an der Schule über den unmittelbaren Unterricht hinaus.

3.6 Vorbilder – Biografisches Lernen

3.6.1 Grundsätzliche konzeptionelle Fragen

Eine Beschäftigung mit vorbildhaften Gestalten im Unterricht hatte pädagogisch und religionspädagogisch lange Zeit keine Konjunktur mehr: Die Auseinandersetzung mit Vorbildern als »peinlichen Überbautypen« (Siegfried Lenz) galt als pädagogisch überholt. Zu Recht wird ein Umgang mit fremden Biografien im Unterricht, der dem moralpädagogischen Modell der *Wertübertragung* (siehe Kap. 3.5.1) entspricht – also die Bewunderung und Nachahmung vorbildhafter Gestalten –, seitdem in moralpsychologischer Hinsicht als fragwürdig eingeschätzt! Denn Werte und Werthaltungen können nicht einfach von einer Person auf die andere »übertragen« werden!

Inzwischen kann man jedoch eine Trendwende in der didaktischen Begründung eines Einsatzes von fremden Biografien beobachten, die auch mit einer differenzierteren lernpsychologischen Sicht zusammenhängt und zu einem zweifachen Verständnis eines biografischen Lernens führt:

- Ziel ethischer Lernprozesse ist die Entwicklung eigener Wert- und Lebenshaltungen, also die Entwicklung der eigenen Biografie.
- Dies kann auch in kritischer Auseinandersetzung mit biografischen Entwürfen von anderen Personen geschehen.

Wenn fremde Biografien ins Spiel kommen, dann unter der Prämisse einer doppelten *Werterhellung*, die sich am Konzept des **Modell-Lernens** orientiert; im Unterschied zur verhaltenstheoretischen Auffassung ist hier die reflexive Auseinandersetzung mit Situationen und Entscheidungen der fremden Person von besonderer Bedeutung. Konflikthaltige Situationen aus dem Leben einer Person sollen auf ihre »Wertladung« hin untersucht werden: Welche Werte stehen zur Disposition, bei welchen Handlungsalternativen werden welche Werte bevorzugt?

Von einem **diskursethischen Ansatz** aus verzichtet man auf unmittelbare Übertragungsmuster auf das eigene Leben, die bei einem modelltheoretischen Ansatz noch intendiert wären (»mich in Teilbereichen verhalten wie«). Dahinter verbirgt sich die moralpsychologisch begründete Hoffnung, dass Kinder und Jugendliche durch eine regelmäßige Diskussion von moralischen Dilemmata in ihrer moralischen Urteilskompetenz und in ihrem Wertbewusstsein gefördert werden (*Wertentwicklung*). Sie lernen in der Auseinandersetzung mit biografischen Entwürfen und besonders den Entscheidungssituationen anderer Menschen die Komplexität des Lebens kennen und erhalten ein Gespür für Normen und Werte, die Konsequenzen von Verhaltensweisen und die Notwendigkeit, über moralische Fragen in der Gruppe unterschiedlich Denkender zu streiten.

Beschäftigen sich Schülerinnen und Schüler mit den entsprechenden diskursethisch orientierten Methoden mit Entscheidungssituationen, fließen zwangsläufig auch eigene Wertprioritäten ein. Geschieht dies in offenen Gesprächen im Klassenverband, so kommt auch das Modell der *Wertkommunikation* zum Tragen, welches gerade innerhalb postmoderner Vielfalt von herausragender Bedeutung ist, um auch kommunikativ fit zu werden im Umgang mit Pluralität.

Doch auch ein diskursethischer Ansatz reicht noch nicht aus: Moralische Entscheidungen zu einem fiktiven Dilemma im Klassenzimmer oder Gruppenraum bedeuten nicht, dass im realen Leben genauso entschieden und gehandelt würde. Aus diesem Grund sind Projekte so bedeutsam, in denen **planvolles ethisches Handeln** tatsächlich erfahren und gegebenenfalls eingeübt wird: Sozialprojekte und -aktionen (siehe Kap. 3.5.3: Compassion-Modell). Hier schließt sich dann der Kreis, wenn man ein Element hinzufügt, das bei diesen Aktionen bisher noch unterbelichtet ist: Die professionellen Helfer, z.B. auch die *Local heroes* vor Ort, werden zu vorbildhaften Personen und Spiegelungen für eigenes Verhalten; bei der reflexiven Auseinandersetzung mit den Motiven für ihr berufliches oder ehrenamtliches Handeln, aber auch im unmittelbaren gemeinsamen Tun (Umgang mit Behinderten, Pflege eines Kranken, Betreuung von Kindern) ergeben sich Felder der Nachahmung und Bewunderung.

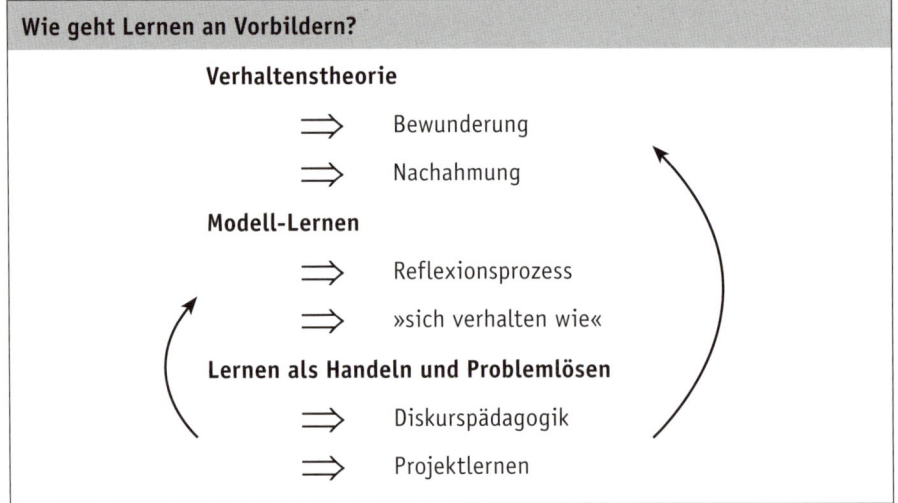

Wie geht Lernen an Vorbildern?

Verhaltenstheorie

$\Longrightarrow$ Bewunderung

$\Longrightarrow$ Nachahmung

Modell-Lernen

$\Longrightarrow$ Reflexionsprozess

$\Longrightarrow$ »sich verhalten wie«

Lernen als Handeln und Problemlösen

$\Longrightarrow$ Diskurspädagogik

$\Longrightarrow$ Projektlernen

3.6.2 Religionspädagogische Aspekte

Haben Kinder und Jugendliche Vorbilder?

Verbunden mit dem Auswandern der Vorbilder aus der Pädagogik konnte man auch einen Rückgang der Orientierung an Vorbildern in der zweiten Hälfte des 20. Jahrhunderts feststellen: Gaben 1955 noch 44% der Jugendlichen an, ein Vorbild zu haben, so waren das 1984 nur noch 19% und im Jahre 1996 nur noch 16% (Deutsche Shell Holding 2000). Inhaltlich wurde die Ablehnung von Vorbildern so begründet: Man wolle sich in Eigenregie entwickeln, sehe Autoritäten kritisch differenziert und lehne eine Idealbildung und Heldenverehrung prinzipiell ab.

Erstaunlicherweise kann man im letzten Jahrzehnt eine deutliche Trendwende fest-stellen. So gaben bei der Shell-Studie 2000 nunmehr 29% aller Jugendlichen an, ein Vorbild zu haben; Jürgen Zinnecker kommt bei einer kurz danach veröffentlichten Siegener Studie gar auf 56% von Jugendlichen, die die Frage nach einem Vorbild mit »ja« beantworten (vgl. Mendl 2005a, 7–41). In einer Zeit des raschen Wandels und Zerbrechens vieler privater und globaler Sicherheiten scheinen die »Kinder der Frei-heit« ein stärkeres Bedürfnis nach Orientierung zu haben; bei der Qual der Wahl zwi-schen verschiedenen Lebensoptionen und inmitten der Notwendigkeit eines Umgangs mit gesellschaftlicher Pluralität braucht man auch Orientierungsmarken, die zeigen, wie Leben zumindest teilweise und vorläufig gelingen kann.

Die wichtigsten Vorbilder kommen aus dem Nahbereich

Entgegen soziologischer Deutungen, die die Zunahme einer Orientierung an Vorbildern mit einer gewachsenen Bedeutung medialer Leitbilder zu erklären versuchen, ergeben zahlreiche Befragungen aus den letzten Jahren eindeutig, dass Jugendliche wirklich lebensbedeutsame Vorbilder in ihrem Nahbereich finden: die Mutter, der Vater, die Großeltern werden häufig genannt. Das Problem von empirischen Ergebnissen besteht neben dem vagen Vorbild-Begriff auch in dem zumeist bereits mit der Frage vorgege-benen Erkenntnisinteresse: »Wen bewunderst du?« – »Wer ist für dich ein Vorbild?« – »Von wem hast du etwas gelernt?« Je nach Fragerichtung werden auch unterschied-liche Personenkreise genannt.

Kinder und Jugendliche sind übrigens im Umgang mit medialen Vorbildern weit souveräner, als ihnen mitunter unterstellt wird; sie unterscheiden in der Regel zwi-schen der Person und der Rolle und wählen aus dem Gesamt einer Person das Leit-bild-Segment heraus, das ihren eigenen Interessen entspricht. Gerade in Phasen der entwicklungsbedingten Verunsicherung und Identitätskonfusion benötigen Kinder und Jugendliche auch entgrenzende Spiegelbilder, denen sie für eine bestimmte Zeit manchmal eine außerordentlich große Verehrung zukommen lassen; der von den Iden-tifikationsfiguren geborgte Sinn wird gebraucht, bis die eigenen Kräfte wieder reichen. So ist auch verständlich, dass mit zunehmendem Lebensalter eine Orientierung an Vorbildern rückläufig ist. Von einem solchen entwicklungsorientierten Blickwinkel aus ist die Unterscheidung zwischen »Vorbild«, »Leitbild« und dem häufig religionsdidak-tisch abwertend eingebrachten »Idol« wenig sinnvoll: Bei allen fremden Personen geht es um Lernprozesse einer Spiegelung und Orientierung mit dem Ziel einer Ent-wicklung der eigenen Identität.

Das vielfältige Lernpotenzial fremder Biografien

Wenn fremde Biografien dergestalt differenziert didaktisch ins Spiel gebracht werden, wie oben skizziert wurde, ist die Frage des Personals zunächst zweitrangig: berühmte Personen der Geschichte, biblische Personen, große Gestalten heute, Heilige, Helden, mediale Stars und Idole, fiktive Personen, nahe Personen aus dem Umfeld der Schüler, Lehrer, Eltern und Geschwister – sie alle können Potenziale für ein orientierendes Lernen bieten.

Dies entspricht theologisch der Vorstellung von einer Gemeinschaft aller Heiligen (*communio sanctorum*) als Volk Gottes unterwegs durch die Zeiten, mit dem sich die bereits zur Ehre der Altäre erhobenen Heiligen mit den verstorbenen Menschen und den noch lebenden in ihrer Potenzialität als Heilige verbinden lassen.

Selbst negative Figuren und Personen bieten einen Spiegel, um Wertfragen und die Folgen von Lebensentscheidungen für einen selbst und die Gesellschaft abzuwägen. Dennoch lassen sich dem theologischen Prinzip der Gradualität entsprechend (die Entscheidung für den nächstmöglichen Schritt) Aussagen über die besondere Eignung von unterschiedlichen Personengruppen treffen.

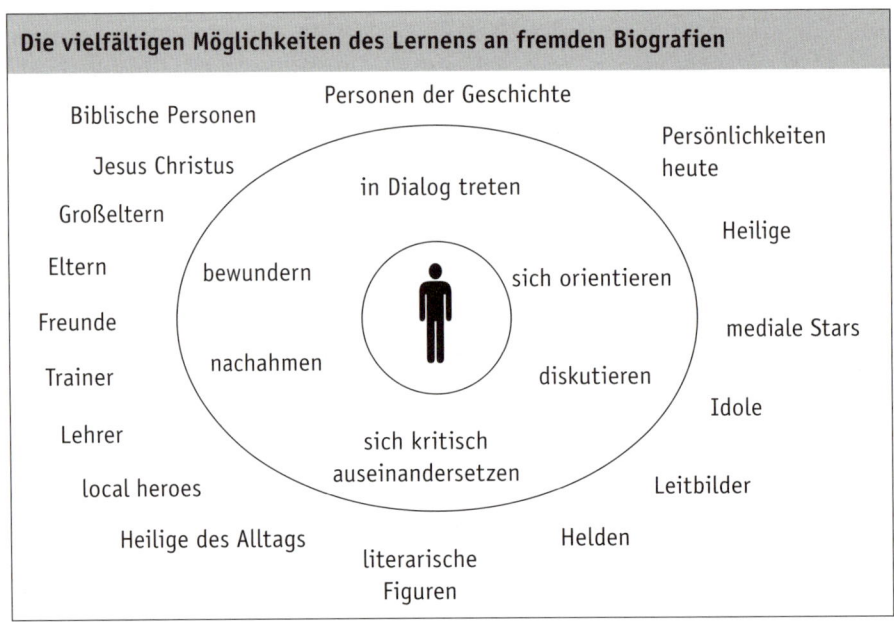

Die vielfältigen Möglichkeiten des Lernens an fremden Biografien

Die Problematik der »großen« Heiligen

Zwischen den großen Heiligen der Kirche und heutigen Kindern und Jugendlichen besteht zunächst einmal ein großer Graben, der sich dann auch in einer zögerlichen Behandlung im Unterricht niederschlägt:

- Um Menschen fremder Zeiten gerecht zu werden, muss man sie im Kontext ihrer je zeitbedingten Kultur und Lebensweise erschließen. Das kostet Zeit, die man im Unterricht häufig nicht hat.
- Gerade die Großgestalten der Geschichte und des Glaubens werden häufig von ihrem Lebensganzen her betrachtet. Dies vergrößert die Distanz, zumal dann, wenn dieses Lebensganze geglättet oder überhöht gezeichnet ist.
- Heilige als katholische Sondergruppe vorbildhafter Gestalten sind in der Mehrzahl zölibatär lebende Menschen. Damit verschärft sich die Distanz zu Lebensalltag und Zukunftsentwürfen heutiger Schülerinnen und Schüler.

Deshalb gilt es bei der Thematisierung von großen Gestalten des Glaubens, aber auch von biblischen Personen, diese zu »erden«, sie realistisch darzustellen – auch mit Fehlern und Schwächen –, Situationen zu ermitteln, in denen diese vor zentralen Lebensentscheidungen standen, und auch andere Personengruppen als Beispiele gelebten Christseins in allen Facetten zu thematisieren.

Der Vorteil der »Heiligen des Alltags« oder »local heroes«

Demgegenüber eignen sich die sogenannten »kleinen«, nahen Vorbilder, die »local heroes« oder »Heiligen der Unscheinbarkeit« (Romano Guardini) in mehrfacher Hinsicht auf besondere Weise für orientierende Lernprozesse:

- Sie leben in der unmittelbaren Umgebung, sind Menschen »wie du und ich«.
- Sie belegen, dass auch in unserer Gesellschaft zwischen »punktuell« und »radikal« verschiedene Formen altruistischen Verhaltens möglich sind.
- Sie bilden in ihrer Alltäglichkeit eine Brücke zwischen den dominierenden Lebensvorstellungen der Schüler und dem Mehr-Wert christlich-sozialen Verhaltens.
- Theologisch lässt sich eine Orientierung an »kleinen Heiligen« mit dem »Modell der Gradualität« (vgl. Enzyklika »Familiaris consortio«, 1981) begründen: Die Einführung in christliches Leben geschieht in kleinen Schritten, nicht in großen Sprüngen. Dies motiviert auch zum (begrenzten) eigenen Handeln.
- Moralpsychologisch entspricht dies der sogenannten +1-Stimulation; das bedeutet: Man ist solchen Argumenten gegenüber aufgeschlossen, die nur etwas differenzierter angelegt sind als die eigene Argumentationsstruktur.
- Gerade Menschen aus dem Nahbereich und der Jetzt-Zeit ermöglichen eine unmittelbare personale Begegnung.

(Religions-)Lehrer als Vorbilder?

Wenn heute wieder verstärkt über die Vorbildrolle des Lehrers nachgedacht wird, z.B. wenn es um die Werteerziehung geht (siehe Kap. 3.5), sollte man sich vor moralischen Überhöhungen hüten. Im Kontext des beschriebenen Umgangs mit fremden Biografien lautet die nüchterne Feststellung: Selbstverständlich können sich die Lehrenden der Wahrnehmung ihrer Person und ihres Verhaltens durch die Schülerinnen und Schüler nicht entziehen. Insofern ist es überhaupt nicht möglich, als Lehrerin oder Lehrer der eigenen Wirksamkeit als Vorbild zu entkommen. Lehrer können, ebenso wie Eltern, Vorbilder sein für angemessenes Sozialverhalten, angemessenes emotionales Verhalten, kognitive Leistungen und planvolles Handeln und sind in diesem Sinne Modelle für die sie tagtäglich beobachtenden Kinder und Jugendlichen (vgl. Mendl 2005a, 219–234).

   Religionslehrerinnen und -lehrer (vgl. RE, 130–132) werden von den Schülerinnen und Schülern darüber hinaus als zentrale Kontaktstelle zur Kirche und deren Repräsentanten wahrgenommen. Wenn von ihnen Authentizität und Transparenz in ihrer kirchlichen Position eingefordert ist, so beinhaltet das auch sowohl das Recht auf Diskretion als auch das Zugeständnis des Zweifels in der eigenen religiösen Entwicklung. Als Interaktionspartner bringen sie zweierlei ein: Sie präsentieren eigene Standpunkte und eigene Normen und Wertorientierungen, fordern dadurch aber auch die Schülerinnen und Schüler zu je subjektiven Positionierungen und Deutungen auf. Insofern sind Religionslehrende als personale Medien vielfältige Vorbilder im eigenen Umgang mit Religion als Wahrnehmungsmodus von Wirklichkeit, als Vermittler und Deuter kirchlicher Traditionen und in der Art und Weise, kindliche und jugendliche Wachstumsprozesse zu fördern.

3.6.3 Didaktische Perspektiven

Lebenssituationen und -entscheidungen vorstellen

Den lernpsychologischen Ansätzen eines Modell-Lernens und der Diskursethik entsprechend müssen fremde Personen so vorgestellt werden, dass sich Kinder und Jugendliche in deren Lebenssituationen und -entscheidungen hineinversetzen können. Die Darstellung einer Gesamtbiografie kann didaktisch in anderen Zusammenhängen sinnvoll sein, für orientierende Lernprozesse empfiehlt sich eher eine begründete Auswahl von zentralen Lebenssituationen, in denen die Person vor einer Entscheidung stand, in der es verschiedene, durchaus nachvollziehbare Lebensentscheidungen gegeben hätte. Dabei interessieren dann die Motive und Werte, die für die tatsächliche Entscheidung der Person handlungsleitend waren, aber auch diejenigen, die Personen aus dem Umfeld tatsächlich eingebracht haben oder fiktional hätten einbringen können. Insofern gelten didaktisch alle Spielregeln eines Umgang mit Dilemma-Geschichten (siehe oben, 3.5.3).

Diskursethische Methoden

Wenn fremde Personen zu Spiegeln und Reibungsflächen für die Wertoptionen der Kinder und Jugendlichen werden sollen, kann auf die Vielfalt des diskursethischen Methoden-Arsenals zurückgegriffen werden (vgl. Mendl 2005a, 74–94). Ziel ist es, sich den Situationen und Entscheidungen anzunähern und eigene Werturteile zu fällen. Der Vorteil indirekter Identifikationsangebote bei der Auseinandersetzung mit fremden Positionen (z.B. Formulierung einer Aussage oder eines Briefs aus der Sicht eines Beteiligten) besteht darin, dass Kinder und Jugendliche auch mit Wertoptionen spielerisch verfahren können und kein unmittelbares eigenes Wert-Credo ablegen müssen. Dieser Schutzraum ist hilfreich, wenn die Schülerinnen und Schüler offenes Argumentieren noch nicht gewohnt sind oder sich im Sozialraum der Lerngruppe nicht mit bestimmten von der Mehrheitsansicht abweichenden Meinungen outen wollen.

Infrage kommt auch die ganze Bandbreite von Formen des kreativen Schreibens (z.B. Akrostichon zur Beschreibung einer Person, Brief an die Person, Text für eine Gedenktafel), des Weiterdenkens und -schreibens offener oder durch eine Erzählunterbrechung geöffneter Geschichten und der Einschätzübungen (»Wie würden wir uns wohl verhalten?«).

Der unmittelbare Transfer von Teilsegmenten einer Lebenshaltung oder -entscheidung des Vorbilds auf die eigene Lebenswelt entspricht zwar dem Konzept des Modell-Lernens (»sich in bestimmten Situationen verhalten wie ...«), ist aber von einem diskursethischen Ansatz aus überflüssig. Die Lehrenden müssen bei gelingenden diskursethischen Ansätzen auch aushalten können, wenn die Schülerinnen und Schüler in der jeweiligen Situation andere Entscheidungen treffen würden, als sie selbst es für ethisch wünschenswert halten.

Die Inszenierung von Begegnung

Gerade die »nahen« Vorbilder ermöglichen einen unmittelbaren Kontakt, der zu einer intensiven Auseinandersetzung mit fremden Personen führen kann. Dabei sind folgende Lernfelder und Begegnungsformen denkbar:
- Eine Begegnung im Klassenraum: Einladungen von Experten bzw. Vertretern von kirchlichen und sozialen Einrichtungen oder von *local heroes* aus verschiedenen Lebensbereichen.
- Eine Begegnung außerhalb des Klassenraums: Vor allem im Rahmen von Sozialprojekten erweist sich das Begegnungskonzept in mehrfacher Hinsicht als ertragreich. Es ermöglicht die Begegnung mit den professionellen Helfern und den unmittelbaren Kontakt mit betreuten Personen (Behinderte, Kranke, Kinder ...). Neben Sozialprojekten sind auch stärker analytisch-forschende Projektmethoden möglich, die in die Handlungsräume kirchlich oder sozial engagierter Menschen führen (vgl. RE, 119f; siehe auch Kap. 3.8).

Eine Didaktik der Begegnung zielt immer auch auf die Förderung von Empathie und sozialer Kompetenz. Die Inszenierung von Begegnung bedarf deshalb einer guten Vor-

und Nachbereitung (siehe eine Checkliste für die Einladung von Local heroes: *www.ktf. uni-passau.de/local-heroes* unter »Unterrichtsprojekte«):
- Konventionen des Umgangs mit Fremden (evtl. entsprechendes Verhaltenstraining),
- inhaltliche Vorbereitung (Fragen sammeln, Fragebogen erstellen, Themenfelder verteilen, ein Gespräch thematisch vorstrukturieren),
- Klärung und Gestaltung des Gesprächsrahmens,
- Auswertung der Begegnung (kommunikativ, inhaltlich).

Die Suche nach eigenen Vorbildern

Die Beschäftigung mit fremden Biografien sollte immer wieder auch zu einer Suchbewegung im eigenen Umfeld führen, sowohl in gesellschaftlicher Hinsicht vor Ort als auch als persönliche Vergewisserung über die Bedeutung von anderen Personen in der eigenen Lebensgeschichte.

Literatur

LexRP Vorbild, 2184–2188; ÖAR III.3.4 Vorbilder – Heilige, Lernen an fremden Biografien, 271–274; **RE II.A.3 Personen – Begegnungen erfahren, 121–134.**

Weiterführende Literatur

JRP 24 (2008): Sehnsucht nach Orientierung. Vorbilder im Religionsunterricht; **Mendl, Hans, Lernen an (außer-)gewöhnlichen Biografien, Donauwörth 2005**; Themenhefte zur Vorbild-Thematik: KatBl 131 (2006), Heft 1; rhs 45 (2002), Heft 5; ru 32 (2002), Heft 4; Themenhefte Gemeinde 74/2006, Heft 2: Heilige wie wir.

Zusammenfassung in Stichworten

■ Fremde Personen werden im Sinne eines modelltheoretischen und diskursethischen Ansatzes im Religionsunterricht nicht als Vorbilder zur Nachahmung eingesetzt, sondern um eine kritische Auseinandersetzung und ein orientierendes Lernen zu fördern.
■ Von einem solchen lernpsychologischen Ansatz aus eignen sich zahlreiche Personengruppen als Spiegelungsfolien und Lerngegenstand, besonders aber Personen des Nahbereichs für eine »Didaktik des nächsten Schritts«.
■ Didaktisch kann auf die diskursethische Methodenvielfalt zurückgegriffen werden, damit sich Kinder und Jugendliche mit ihrem Wertebewusstsein in fremde Situationen und Entscheidungen hineinbegeben können.

Prüfungsaufgaben

Krise oder Renaissance der Vorbilder?

1. Erläutern Sie die Bedeutung von Vorbildern für Kinder und Jugendliche heute!
2. Diskutieren Sie lernpsychologische Modelle im Umgang mit fremden Biografien und skizzieren Sie einen didaktisch verantworteten Umgang mit Vorbildern im Religionsunterricht!
3. Konkretisieren Sie Ihre Überlegungen an einer Unterrichtsreihe nach freier Wahl!

»Macht keinen Heiligen aus mir!«

1. Diskutieren Sie die didaktischen Vor- und Nachteile von Heiligen und Helden des Alltags!
2. Erläutern Sie Ziele eines Umgangs mit fremden Biografien im Religionsunterricht und konkretisieren Sie diese anhand eines konkreten Unterrichtsvorhabens!
3. Diskutieren Sie, inwiefern Religionslehrende Vorbilder sein können!

3.7 Interreligiöses Lernen

3.7.1 Grundsätzliche konzeptionelle Fragen

Sprach man früher von einer »Didaktik der Weltreligionen«, so richtet sich der Fokus heute stärker auf den Ansatz eines »interreligiösen Lernens«. Dieser konzeptionelle Wandel ist auch theologisch begründet. Entgegen monoreligiösen Positionen (Exklusivität und Vorrang der eigenen Religion) und multireligiösen Positionen (Gleichheit aller Religionen; distanzierter Unterricht über Religionen) bewegt sich ein interreligiöser Ansatz im Umgang mit fremden Religionen zwischen den Polen »Identität« und »Verständigung«: Im katholischen Religionsunterricht begegnen getaufte Kinder und Jugendliche fremden Religionen von der eigenen Religion aus, die freilich häufig auch eine fremde darstellt. Ein solcher interreligiöser Ansatz zielt auf Toleranz und Verständigung, auf die gemeinsame Verantwortung aller Religionen für die Weltgestaltung sowie auf die Klärung des eigenen Standpunkts.

Drei Konzepte für eine Didaktik der Weltreligionen	
monoreligiös	Erziehung »in« Religion
multireligiös	Erziehung »über« Religion
interreligiös	Erziehung »von« Religion aus

Kopie S. 470f. Stephan Leimgruber benennt fünf Schritte interreligiösen Lernens im Religionsunterricht, die auch didaktisch umgesetzt werden sollten (Leimgruber 2007, 108–110):
1. **Fremde Personen und religiöse Zeugnisse wahrnehmen lernen:** Die Wahrnehmung der Zeugnisse fremder Religionen mit allen Sinnen sollte sich mit der Entwicklung des Interesses für fremde religiöse Wirklichkeiten und Menschen, die ihre Religion leben, verbinden.
2. **Religiöse Phänomene deuten:** Die Erschließung der Bedeutung von religiösen Phänomenen führt unweigerlich auch zur vergleichenden Interpretation in Bezug auf die Erscheinungen der christlichen Religion.
3. **Durch Begegnung lernen:** Die unmittelbare Begegnung ist der Königsweg interreligiösen Lernens. Wenn keine direkte Begegnung möglich ist, sollten fremde Religionen zumindest medial als gelebte Religionen vorgestellt werden.
4. **Die bleibende Fremdheit akzeptieren:** Religion insgesamt birgt einen nicht unerheblichen Rest an Geheimnisvollem; umso mehr führt eine Begegnung mit fremden Religionen auch zu emotionalen Widerständen und zu Grenzen des Verstehens; hier ergibt sich die Aufgabe, im Sinne einer »starken« Toleranz Respekt für das Andere und Unverständliche zu entwickeln.
5. **In eine existenzielle Auseinandersetzung verwickeln:** Ein interaktiver Umgang mit Zeugnissen anderer Religionen, die von ihren Fragen immer auf die

Existenz des Menschen bezogen sind, impliziert auch die Reflexion des eigenen Standpunkts und der Antworten auf zentrale Lebensfragen.

Von diesen Schritten interreligiösen Lernens aus können zentrale Lernprinzipien eines interreligiösen Lernens abgeleitet werden:

Personalisierung: Nicht eine kontextlose Dogmatik anderer Religionen interessiert; es geht vielmehr um Menschen, die ihre Religion leben. In keinem anderen Themenfeld verführen Zahlenformeln (die fünf Säulen des Islams, der achtteilige Pfad im Buddhismus …) so sehr zur Aufbereitung abfragbaren Wissens. Nachhaltig werden solche Elemente einer Glaubenslehre aber nur, wenn sie als gelebter Glaube veranschaulicht werden und sich Kinder und Jugendliche aktiv, dialogisch und durchaus kritisch damit auseinandersetzen.

Kontextualisierung: Es interessieren der kulturelle, soziale und politische Kontext einer fremden Religion, etwa die Konsequenzen für das Zusammenleben in Glaubensgemeinschaft und Welt, das Leben in der Familie, die Einstellung zu Leben und Tod. Optimal ist es, wenn Nahraumerfahrungen (z.B. Besuch einer Moschee oder Synagoge) oder persönliche Kontakte mit Menschen einer anderen Religionszugehörigkeit inszeniert werden können.

Elementarisierung und Sequenzierung: Eine Begegnung mit fremden Religionen sollte nach dem Modus »vom Nahen zum Fernen« arrangiert werden und im Sinne eines aufbauenden Lernens immer wieder Bezüge zwischen den einzelnen Religionen herstellen. In Lehrplänen sind verschiedene Logiken erkennbar, was den ersten elementaren Zugang zu anderen Religionen betrifft: entweder von der Sachseite her (das Judentum als die Wurzelreligion des Christentums, was sich gerade auch im gemeinsamen Ersten Testament niederschlägt) oder vom Lebenskontext der Schülerinnen und Schüler her (der Islam als die Weltreligion, die nicht nur in Ballungsräumen tagtäglich präsent ist). Der Ausgangspunkt interreligiösen Lernens ist der »Trialog« der drei abrahamitischen Religionen Judentum, Christentum und Islam von der gemeinsamen Wurzel aus, bevor fernöstliche Religionen in den Blick kommen (vgl. rhs 51 [2008], Heft 5: Trialog).

Subjektorientierung: Schülerinnen und Schüler lernen fremde religiöse Zeugnisse wahrzunehmen und religiöse Phänomene zu deuten; sie begegnen Fremdem und Fremden und sollen dabei auch lernen, bleibende Fremdheit zu respektieren. Letztlich soll eine Begegnung mit fremden Religionen Kinder und Jugendliche in eine existenzielle Auseinandersetzung verwickeln.

3.7.2 Religionspädagogische Aspekte

Das Fremde als Gabe entdecken

Bedingt durch die Vielfalt von Kulturen und Religionen und das Konzept eines gemeinsamen Religionsunterrichts kommen Impulse zu einem interreligiösen Lernen vor allem aus dem angelsächsischen Raum (vgl. RE, 272f; ausführlich: Meyer 1999). Dort wurden Konzepte entwickelt, die gleichermaßen einen rein distanzierten Umgang mit Religionen im Sinne eines rein religionskundlichen Ansatzes und eine vereinnahmende existenziale Annäherung an andere Religionen vermeiden. Michael Grimmitt und John Hull haben unter dem Stichwort »A Gift to the Child« in neuerer Zeit den Ansatz einer erfahrungsbezogenen und zugleich reflexiven Annäherung präsentiert, der auch für die Thematisierung anderer Religionen im Religionsunterricht in Deutschland inspirierend sein kann (vgl. Sajak 2010). Ein zentrales Element einer Religionsgemeinschaft, welches das Heilige repräsentiert, ein religiöses Artefakt oder Numen (ein Kunstwert, eine Geschichte, ein Klang, ein Bild, ein Lied …) wird auf konkrete Weise in den Unterricht eingebracht. Die Schülerinnen und Schüler sollen sich in ritualisierten Gestaltungsformen dem Gegenstand annähern, dann aber auch wieder reflexive Distanz zu ihm entwickeln; besonders dann, wenn Kinder und Jugendliche anwesend sind, die der jeweiligen Religion angehören, können diese einen respektvollen Umgang mit den eigenen religiösen Artefakten (z.B. der Umgang mit einem Koran oder die Annäherung an den Schrein mit einer Götterstatue Ganeshas) unmittelbar zeigen. Es findet also ein Wechselspiel von persönlicher Annäherung und sachorientierter Kontextualisierung, existenzieller Verwicklung und Distanz statt. Der Horizont einer Begegnung mit fremder Religion wird möglichst weit gezogen, ohne die Grenzen des Respekts zu überschreiten. Als didaktische Konsequenz ergibt sich die Notwendigkeit, dass die Religionslehrenden oder Fachschaften über ein entsprechendes Arsenal an religiösen Artefakten verfügen, das als anschauliches repräsentatives Material in den Unterricht eingebracht werden kann.

Respekt im Umgang mit fremden Riten

Der erfahrungsorientierten Teilhabe an einer anderen Religion, besonders an ihren religiösen Riten, sind Grenzen gesetzt. Inwieweit ist einem Außenstehenden ein existenzieller Zugang zu einer anderen Religion möglich und erlaubt? Von der anderen Religionsgemeinschaft aus betrachtet, betrifft das die Integrität und Authentizität der eigenen Religion und deren Riten, die nicht einfach probehalber von einem Außenstehenden nachvollzogen werden können. Und vom außenstehenden Lernenden, der dieser Religionsgemeinschaft nicht angehört, stellt sich die Frage nach der Bedeutung und Reichweite nachahmenden Tuns eines Ausschnitts aus einem gesamten Weltdeutungssystem, das nicht das eigene ist. So wird jede Exkursion in den Raum einer anderen Religion zu einer vielschichtigen und paradoxen Form der Teilhabe führen: Man befindet sich im heiligen Raum einer fremden Religion, ohne die Riten dort mitzuvollziehen, man erhält Anteil an den geschilderten Erfahrungen von Menschen einer anderen Religion, ohne dass diese Erfahrungen zu eigenen werden können. Gleichzeitig vollzieht man aus Respekt vor den an den entsprechenden Räumen üblichen Verhaltenskodizes auch Handlungen, die eine empathische Annäherung an die andere Religion bedeuten (Kippa oder Kopftuch aufsetzen, Schuhe ausziehen …): Eine interreligiöse Didaktik befähigt deshalb zum Umgang mit Fremdheit, ohne die bleibende Fremdheit gänzlich aufzuheben.

Zudem ist eine deutliche Grenzziehung angebracht, was den Vollzug von zentralen Riten einer anderen Religion betrifft. So äußern Vertreter des Judentums den dringlichen Wunsch, dass Christen kein Pessachmahl feiern sollten – ebenso wie auch in einem islamischen Religionsunterricht die Schülerinnen und Schüler keine Eucharistiefeier erproben sollten.

Gemeinsam feiern

Das Friedensgebet von Assisi, von Papst Johannes Paul II. im Jahre 1986 veranlasst, wird als Modell eines multireligiösen Feierns von verschiedenen Religionen bezeichnet. In der Schule sind solche Feiern motiviert vom Bedürfnis der Kinder und Jugendlichen, Leben und Lernen in der Schule auch in einem gemeinsamen Akt des Feierns und Betens zum Ausdruck zu bringen. Folgende Modelle können unterschieden werden:

- *Liturgische Gastfreundschaft:* Eine Religion lädt die Vertreter anderer Religionen zu einem Gottesdienst ein.
- *Multireligiöse Feiern:* Menschen verschiedener Religionen kommen nebeneinander zu Wort.
- *Interreligiöse Feiern:* Hier wird das Verbindende in gemeinsamen Lesungen, Gebeten, Liedern und Riten zum Ausdruck gebracht.
- *Religiöse Feiern für alle:* Menschen aller Weltanschauungen und Religionen bringen in einem allgemeinen religiösen Rahmen, bevorzugt an »neutralen« Orten, ihre Fragen und Hoffnungen zum Ausdruck.

Stephan Leimgruber formuliert zwei Regeln für solche Feiern: Erstens sollen synkretistische Tendenzen (eine Verschmelzung verschiedener Riten oder Gebete) und eine nichtssagende Verallgemeinerung religiöser Traditionen vermieden werden; jede Religion bringt ihre je eigenen Riten und Gebete ein. Und zweitens dürfen solche Feiern nicht der gegenseitigen Missionierung dienen (vgl. Leimgruber 2007, 210). Faktisch wird es sich immer um eine im Detail kaum entscheidbare Gratwanderung handeln, wenn die Frage ansteht, ob es sich um eine multireligiöse Feier (nacheinander vollzogene Gebete und Riten) oder um eine interreligiöse Feier (gemeinsam gesprochene Gebete) handelt. Denn auf gemeinsame Elemente – etwa symbolische Gesten wie den Friedensgruß – wird man nicht verzichten. Die Leitlinien der deutschen Bischöfe für das Gebet bei Treffen von Christen, Juden und Muslimen (2008) halten fest: »Gesten und Gebärden, die von allen Partnern nach Absprache akzeptiert worden sind, können einbezogen werden. Zu nennen sind das Entzünden von Kerzen, Formen des Friedensgrußes, das Austeilen von Blumen oder anderer geeigneter Zeichen. Auch das Schweigen ist ein wichtiges und geeignetes Element, das der Sammlung und dem stillen Beten dient, aber auch beim Gedenken an Opfer der Gewalt und bei Bitten in Krisensituationen angebracht ist« (44). Die deutschen Bischöfe mahnen in jüngster Zeit freilich zur Zurückhaltung, was die Gestaltung multireligiöser Feiern betrifft. So haben sie ihre eigenen »Leitlinien für multireligiöse Feiern« aus dem Jahre 2003 in der Neuauflage von 2008 mit »Leitlinien für das Gebet bei Treffen ...« überschrieben und lehnen interreligiöse Feiern gänzlich ab. Von der Realität an Schulen ausgehend, erscheinen gemeinsame ritualisierte Formen einer Gestaltung des Schullebens durch die verschiedenen Religionen als unverzichtbar.

(Welt-)Religionen im Zusammenhang verstehen lernen

Religionen sollten im Lernzusammenhang so präsentiert werden, dass ein aufbauendes Lernen möglich wird, vor allem ab der Sekundarstufe. Von der ersten Beschäftigung mit einer fremden Religion an sollte immer wieder eine Rückbindung an zentrale Fragen und Themen der Religionen stattfinden, und ab der zweiten konsequent auf das in den Jahren zuvor Erarbeitete Bezug genommen werden. Aufbauendes Lernen ist natürlich weit erfolgreicher, wenn es dafür auch ein Konzept innerhalb der Religionsfachschaft an der Schule gibt, weil sich die Lehrer dann darauf verlassen können, dass in den Jahrgangsstufen zuvor auf ähnliche Weise und mit ähnlichen Arbeitsformen und Zielen gearbeitet wurde. Solche herausragenden nachhaltigen, weil handlungsorientiert und dialogisch gesetzten Anker für die »große« Ökumene können z.B. ein Moscheebesuch in einer 7. oder 8. Klasse, eine Expertengespräch mit einem Juden/einer Jüdin in der 9. Klasse, die Exkursion in ein Meditationszentrum in der 9. Klasse und ein interreligiöses Projekt in der 10. Klasse sein – um dies einmal fiktiv an aufeinanderfolgenden Jahrgangsstufen und mit performativ ausgerichteten Unterrichtsformen durchzuspielen.

3.7.3 Didaktische Perspektiven

Bedeutung des Emotionalen und Widerständigen

Kinder dekodieren die »Gegenstände« einer fremden Religion (Symbole, Feste, Bräuche) nicht abstrakt und isoliert, sondern konkret in der sinnlichen Wahrnehmung und immer in Bezug auf die eigene Lebenswelt. Deshalb sollte bei jeder Form einer phänomenologischen Annäherung mitbedacht werden, wie denn die Wahrnehmung des Fremden erfolgt, vor allem auf welchen Feldern Differenzen auftreten. Die Erfahrung von Differenz ist die Normalität in der Begegnung mit Fremdem: Auch bei Kindern ist die Lust, sich auf Fremdes einzulassen, und die entstehende Empathie und Sympathie verbunden mit der distanzierten Erkenntnis, dass die erlebten Räume und Riten die »der Anderen« sind. Eine Interpretation des Anderen erfolgt nie wertneutral-distanziert, sondern im Vergleich zu den eigenen Vorstellungen von einem guten und richtigen Leben und Glauben. Bereits auf der vermeintlich rein kognitiven Ebene einer Auseinandersetzung mit Fremdem werden affektive Filter wirksam. Wird Religion phänomenologisch in ihrem Lebenszusammenhang präsentiert, verbindet sich die Wahrnehmung unweigerlich mit emotionalen Wertungen.

Interreligiöse Lernprozesse müssen an dieser Erfahrung von Differenz und den damit verbundenen Emotionen ansetzen. Nur dann, wenn diese Emotionen auch thematisiert und hinterfragt werden, können sich tiefergehende Lernprozesse im Sinne einer »Hermeneutik des widerständig Fremden« ereignen. Eine solche differenzierte Wahrnehmung von Differenz ermöglicht dann auch die Reflexion des Eigenen (vgl. Mendl 2009a).

Personales Lernen: Fremde(s) hören, sehen, erleben

»Dialogisches Lernen ist vor allem ein Lernen in der Begegnung und durch die Begegnung«, meint Johannes Lähnemann (Haußmann/Lähnemann 2005, 20). Stephan Leimgruber bezeichnet die Begegnung gar als den »Königsweg interreligiösen Lernens«: »Gleichsam als ›Königsweg‹ ist die intersubjektive Begegnung zu verstehen. Wenn sich Angehörige unterschiedlicher Religionen auf Augenhöhe begegnen und eine Zeit lang Gemeinschaft pflegen, ereignet sich einprägsames und nachhaltiges interreligiöses Lernen. Im ›Dialog des Lebens‹ wird die gemeinsame Fremdheit aufgebrochen, lassen sich Menschen von anderen ansprechen und unter Umständen herausfordern. Die Begegnung eröffnet dann einen Raum des Erfahrungsaustauschs« (Leimgruber 2007, 101f). Die wichtigsten Schritte der Begegnung sind nach Johannes Lähnemann (1) das gegenseitige Kennenlernen, (2) das gegenseitige Verstehen, (3) die gegenseitige Achtung, (4) die Bereitschaft voneinander zu lernen und (5) die Bereitschaft füreinander einzutreten – ein anspruchsvolles Programm!

Theologische und didaktische Kriterien für die Auswahl von Medien für das interreligiöse Lernen

1. Die Medien sollten so gestaltet sein, dass auch die Angehörigen der anderen Weltreligionen ihren Glauben als im Wesentlichen zutreffend dargestellt erkennen können (was einschließt, dass auch das unserem Denken und Erleben Fremde, Andersartige nicht vertuscht wird).

2. Sie müssen so einsetzbar sein, dass sie Lernprozesse eröffnen, Sensibilität für Glauben und Leben der anderen wecken, nicht aber durch kompakte, abgerundete Informationen jedes Weiterfragen hemmen.

3. Sie sollten den Lebenskontext der Religionen sichtbar machen, also nicht nur Gedankenwelt, Lehre, religiöse Bräuche vorführen, sondern auch die sozialen Bezüge, die Auseinandersetzung mit modernen Lebensformen, die Relation zum politischen Geschehen darstellen.

4. Sie sollten zu existenzbezogener und gleichwohl kritischer Auseinandersetzung mit Angebot, Anspruch und Wirkungsweisen der Religionen herausfordern, aber auch zu kritischem Vergleich mit Selbstverständnis und Erscheinungsformen christlicher Kirchen und Gruppen sowie säkularer Weltanschauungen anregen.

5. Die Medien müssen helfen, vorhandene Vorstellungen und Vorurteile, aber auch Erwartungen bei Schülern (und Lehrern) ins Bewusstsein zu heben.

6. Sie sollten zu produktiver, kritischer Auseinandersetzung, zu Eigentätigkeit der Schülerinnen und Schüler und zu eigenständiger Mitwirkung im Unterricht herausfordern.

7. Sie müssen den Vorbedingungen in der jeweiligen Lerngruppe entsprechend einsetzbar sein (Überschaubarkeit, Verstehbarkeit ...).

8. Sie müssen selbst der Kritik (wer hat sie hergestellt, mit welcher Absicht?) zugänglich sein.

(Nach Lähnemann 1994, 145f)

In der Schule konkretisiert sich ein Lernen in der Begegnung vor allem dort, wo auch Schülerinnen und Schüler anderer Religionen in den Klassen vertreten sind und bereit sind, Rede und Antwort zu stehen; wenn der islamische Religionsunterricht auf breiterer Ebene stattfindet, ergeben sich vielfältige Möglichkeiten einer interreligiösen Begegnung zwischen den verschiedenen Lerngruppen. Ein weiteres Lernfeld besteht in der Einladung von Vertretern einer fremden Religion in den Religionsunterricht. Und schließlich gibt es, wie im nächsten Absatz erläutert werden soll, die Chance einer originalen Begegnung in den Räumen einer anderen Religion mit den Vertretern derselben.

Wo all das nur schwer zu bewerkstelligen ist, kommt es umso mehr darauf an, dass die verwendeten sekundären Materialien (Filme, Internet, Tondokumente, Erzählungen, Texte) den oben genannten Prinzipien und qualitativ dem unten angefügten Kriterienkatalog entsprechen.

Lernen in den Räumen der Anderen

Die Wahrnehmung von Religion erfolgt von außen nach innen; deshalb ist neben dem oben skizzierten Ansatz eines Lernens an religiösen Artefakten eine Begegnung in den Räumen anderer Religionen so bedeutsam, weil sich phänomenologisch in der Wahrnehmung des Ungewohnten und Fremden entdeckende und fragende Lernprozesse geradezu aufdrängen: »Synagogen, Kirchen und Moscheen sind Orte, die Menschen verschiedener Religionen touchieren, wo sich elementare Einsichten über eine Religion erschließen und wo spirituelle Praxis offenbar wird« (Leimgruber 2007, 79; vgl. auch: Brüll u.a. 2005).

»Performativ« (siehe dazu Kap. 4.7) sind solche Exkursionen an Orte, wo Menschen ihre Religion leben, in doppelter Hinsicht:

- Die Schülerinnen und Schüler nehmen vor Ort mit allen Sinnen die Andersartigkeit einer fremden Religion wahr. Sie sind Besucher und somit, konstruktivistisch gedacht, Beobachter zweiter Ordnung. Die sinnlich-ästhetische Erfahrung dort (Raumgestaltung, Sprache, Einrichtungsgegenstände, Riten, Gerüche, Personwahrnehmung ...) geschieht aber nicht distanziert-neutral, sondern wertend. Maßstab für solche Wertungen ist das eigene Konstrukt von Ästhetik, Leben und Glauben.
- Die andere Religion zeigt sich in ihrem Handlungszusammenhang. Das gilt natürlich besonders dort, wo es sich nicht nur um eine kulturelle Gedenkstätte handelt, sondern um den Versammlungsort von Gläubigen der anderen Religion. So ergeben sich Möglichkeiten der respektvollen beobachtenden Teilnahme an deren Riten und die Gesprächsmöglichkeit mit Menschen, die dieser Glaubensrichtung angehören.

Ziel einer Differenzhermeneutik

Was alle Religionen miteinander verbindet: Es geht zentral um den Modus einer Wahrnehmung der Wirklichkeit unter der Perspektive des Glaubens. Jede Auseinandersetzung mit Religion zielt deshalb neben der Entwicklung von Respekt und Toleranz, oder,

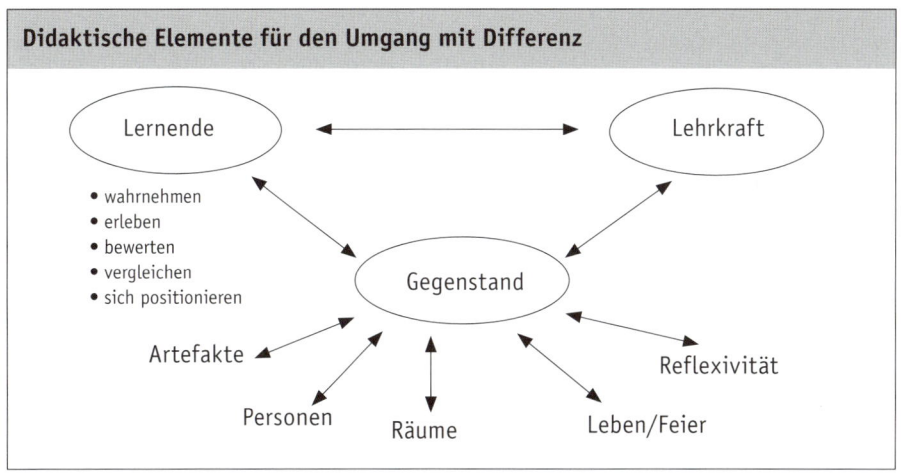

wie dies Stephan Leimgruber nennt, »Xenosophie oder der weisheitliche Umgang mit Fremden« (Leimgruber 2007, 82) fundamental darauf, den Grundstrukturen der Religionen auf die Spur zu kommen. »Wie tickt Religion?«, lautet die globale Aufgabenstellung. Die übergreifende Aufgabe besteht also darin, die Komplexität und Eigenart von Religion und Religionen verstehen zu lernen (vgl. KatBl 127 [2002], Heft 6: Interreligiöses Lernen). Deshalb sollten die einzelnen Weltreligionen nicht additiv präsentiert werden. Der Begriff des »Interreligiösen« deutet es bereits an: Es geht vielmehr um ein permanentes Wechselspiel von Annäherung und Distanzierung, von neues Wissen aufbauendem und Neues und Bekanntes vergleichendem Lernen. Dabei findet jeweils eine Rückbindung an zentrale Fragen und Themen der Religionen statt. Gerade die Erfahrung der Differenz trägt dann dazu bei, die »Suche nach eigenem Glauben« (Schweitzer 1996), die Konstruktion der eigenen Religion weiterzuentwickeln.

Literatur

LD 3.6 Dimension Interreligiöses Lernen, 274–286; NHRPG Interreligiöses Lernen, 283–291; ÖAR II.3.5 Interreligiöses Lernen, 194–198; **RD III.11 Interkulturelles und interreligiöses Lernen, 462–471**; RD GS II.11 Kinder begegnen anderen Religionen, 306–326; RE II.C.12 Interreligiöse Begegnungen, 269–288.

Weiterführende Literatur

Haußmann, Werner/Lähnemann, Johannes, Dein Glaube – mein Glaube. Interreligiöses Lernen in Schule und Gemeinde, Göttingen 2005; KatBl 127 (2002), Heft 6: Interreligiöses Lernen; **Leimgruber, Stephan, Interreligiöses Lernen, München 2007**; Mendl, Hans, Wie Kinder mit Differenz umgehen – Theologisieren mit Kindern im Kontext religiöser Pluralität, in: Bucher, Anton A. u.a. (Hg.), »In den Himmel kommen nur, die sich auch verstehen«. Wie Kinder über religiöse Differenz denken und sprechen. Jahrbuch für Kindertheologie 8, Stuttgart 2009, 23–38.

Zusammenfassung in Stichworten

■ Ziel eines interreligiösen Lernens ist es, einen verstehenden und respektvollen Zugang zu anderen Religionen zu erhalten, der zu Toleranz und Verständigung, zur Wahrnehmung der gemeinsamen Verantwortung aller Religionen für die Weltgestaltung sowie zur Klärung des eigenen Standpunkts führt.

■ Beim interreligiösen Lernen geht es weniger um die religionswissenschaftliche Kenntnis der Glaubenslehren anderer Religionen als vielmehr um die reale oder virtuelle Begegnung mit Menschen, die eine andere Religion leben.

■ Eine Didaktik des Interreligiösen ermutigt zu einem respektvollen Umgang mit den Gegenständen und Räumen anderer Religionen und vor allem zu einer interessierten und offenen Begegnung mit Andersgläubigen, ohne kritische Anfragen und die bleibende Fremdheit zuzudecken.

Prüfungsaufgaben

Interreligiöses Lernen – eine zentrale Aufgabe des Religionsunterrichts!

1. Erläutern Sie Prinzipien interreligiösen Lernens im Religionsunterricht!
2. Skizzieren Sie konkrete Lernwege, wenn es um die Thematisierung einer konkreten Weltreligion im Religionsunterricht geht.
3. Diskutieren Sie Grenzen eines Umgangs mit Fremdem und Fremden im Religionsunterricht!

Leben und Glauben »der Anderen«

1. Erläutern Sie, welche Differenzerfahrungen zu berücksichtigen sind, wenn man eine andere Weltreligion im Religionsunterricht thematisiert!
2. Formulieren Sie zentrale Ziele einer Didaktik des Interreligiösen!
3. Beschreiben Sie, wie Sie über verschiedene Jahrgangsstufen hinweg aufbauendes Lernen im Umgang mit fremden Religionen konzipieren würden!

3.8 Glaubenspraxis: Gebet – Liturgie – Sakramente – Kirchenraum

3.8.1 Grundsätzliche konzeptionelle Fragen

Religion vollzieht sich in geprägten Formen. Das Christentum zeichnet sich gegenüber anderen Sinnagenturen der Postmoderne besonders dadurch aus, dass der individuelle Heilszuspruch in einen kollektiven Zusammenhang gebracht wird. Die Suche nach Heil bezieht sich auf die vertikale Ebene des Transzendenzbezugs gleichermaßen wie auf die horizontale des menschlichen Miteinanders, der gemeinsamen Ausgestaltung des Glaubens und der humanen Gestaltung der Welt (vgl. auch Kap. 3.5).

Die soziologischen Voraussetzungen für dieses Themenfeld der Glaubenspraxis sind freilich ungünstig; viele Kinder und Jugendliche (siehe Kap. 1.4) haben keinen Bezug zur eigenen Kirche, die für sie eine »fremde Heimat« darstellt, und verfügen über eine geringe Kenntnis und Vertrautheit mit den Vollzügen und Orten kirchlichen Glaubens.

Dem Religionsunterricht kommt aber nicht nur die Aufgabe zu, »strukturiertes und lebensbedeutsames Grundwissen über den Glauben der Kirche« (Der Religionsunterricht vor neuen Herausforderungen 2005, 18) zu vermitteln; er macht auch »mit Formen gelebten Glaubens vertraut und ermöglicht Erfahrungen mit Glaube und Kirche« (ebd., 23; siehe dazu auch Kap. 4.7).

Das erste Feld einer Glaubenspraxis ist das **Gebet** als zentraler Modus christlicher Weltdeutung. Sich besinnen und mit Gott in Beziehung zu treten sind ureigenste religiöse Ausdrucksformen des Menschen. Diese Bewegung hin auf ein höheres Wesen im Akt des Gebets basiert auf der Grundannahme, dass es dieses höhere Wesen auch gibt. Damit deutet sich bereits ein Problemfeld an, das sowohl theologisch wie pädagogisch verantwortlich bewältigt werden muss: Jegliche Gebetserziehung und -praxis im Unterricht bedarf immer auch der reflexiven Verortung, die die Freiheit des Subjekts verbindet mit der Einladung zum erprobenden Erleben der Grunddynamik von meditativen Elementen und Gebetsformen (vgl. RE, 162–179).

Besonders deutlich wird der garstige Graben zwischen einem theologischen Anspruch und der faktischen empirischen Ausgangslage auf dem Feld der **Liturgie und Eucharistie:** Dass die Eucharistie »Quelle und Höhepunkt des ganzen christlichen Lebens« (Lumen gentium 11) ist, kann für eine Schülerschaft, die oft nur über eine geringe Kirchenbindung verfügt, nur schwer erschlossen werden. Dem Unterricht sind hier institutionelle Grenzen gesetzt; realistischerweise wird es neben der kognitiven Erschließung um die liturgie-propädeutische, themenbezogene und erprobende Sensibilisierung für Rituale und die Bedeutung liturgischer Vollzüge gehen. Konkrete Verbindungen zu Elementen der Schulpastoral (Frühschichten, Schulgottesdienste, multireligiöse Feiern) können hier als Deutungshilfen unterstützend eingebracht werden.

In den **Sakramenten** manifestiert sich die Überzeugung, dass sich an Verdichtungen und Knotenpunkten des Lebens der Beistand Gottes auf sinnenfällige Weise konkretisiert. Man kann im Sakramentalen lernen, was Christsein ausmacht: der Glaube an einen weltzugewandten Gott, dessen Zuwendung zum Menschen in Jesus Christus seinen unüberbietbaren Höhepunkt erhält, in dessen Namen Menschen zu Solidarität und Versöhnung zusammengerufen werden und die in den Sakramenten den Vorgeschmack auf das endgültige Heil bekommen (vgl. LexRP, 1896). Die Hinführung zu den Sakramenten kommt eindeutig dem Feld der Gemeindekatechese zu. Der Religionsunterricht unterstützt und ergänzt die gemeindliche Katechese; auf besondere Weise gilt dies in den Zeiten der Vorbereitung auf die Erstkommunion und auf die Firmung.

Das Christentum ist nicht in erster Linie eine Lehr- sondern eine Lebensgemeinschaft derer, die an Christus glauben. Das theologische Konzept von **Kirche als Volk Gottes unterwegs** konkretisiert sich auf verschiedenen Ebenen und Institutionen: in der Ortsgemeinde, in kirchlichen Gemeinschaften und Sozialeinrichtungen, auf der diözesanen Ebene, auf der globalen Weltebene, aber auch im geschichtlichen Horizont der Kirche auf dem Weg durch die Zeiten. Im Religionsunterricht werden diese verschiedenen Ebenen gelebten Christentums nach dem Prinzip »vom Nahen zum Fernen« präsentiert, was auch der entwicklungspsychologischen Erkenntnis entspricht, dass auf dem Weg vom Kindes- ins Jugendalter eine zunehmende Horizonterweiterung möglich und anzustreben ist. Deshalb beginnt eine Begegnung mit kirchlichen Einrichtungen und Personen in der unmittelbaren Umgebung und führt über die Ebene einer Beschäftigung mit überregionalen Aufgabenfeldern zur Frage nach der Weltverantwortung des Christentums als *global player*.

Und schließlich verfügt jede Religion und Konfession auch über je eigene **Räume der Versammlung und des Gebets**, in denen gemeinsames Leben und der gemeinsame Glaube vollzogen werden. Kirchenräume sind mehr als museale Denkmäler einer Religion; sie sind vielmehr liturgische Begegnungsräume, Gedächtnisspeicher des Glaubens und Räume öffentlichen Lebens, die vor allem auch in ihrem besonders gestimmten Charakter (Auratik) als sakrale Räume erschlossen werden sollten. Dabei verbinden sich kognitive Akte des Verstehens der Bedeutung von Kirchen, ihrer Ästhetik, Funktionalität und Symbolik mit den pragmatischen einer Erziehung zum respektvollen Verhalten an den speziellen heiligen Orten von Kirchen und Religionsgemeinschaften.

3.8.2 Religionspädagogische Aspekte

Das Verhältnis von Religionsunterricht und Gemeindekatechese

Wenn es die Aufgabe von Schule ist, nicht nur zur Weltdeutung, sondern auch zum Umgang mit der Welt zu befähigen (Johann Friedrich Herbart), dann muss auch im Religionsunterricht die Deutungskompetenz durch die Partizipationskompetenz (Benner 2004a) ergänzt werden. Wo aber entsprechende konkrete Erfahrungshorizonte im Umgang mit den geschilderten Feldern einer Glaubenspraxis fehlen, sollten diese zunächst einmal über Erkundungen, Hospitationen oder Übungen gestiftet werden. Dabei erscheint eine Grenzziehung als unverzichtbar, um die systemische Eigenart des Religionsunterrichts als schulisches Unterrichtsfach nicht zu gefährden: Die Einführung in die Glaubenspraxis, die Unterweisung und Beheimatung in der Gemeinde erfolgen für Christen in der Gemeinde, z.B. in den konkreten Feldern der Gemeindekatechese. Der Religionsunterricht fördert demgegenüber das Verstehen der entsprechenden

Handlungsfelder. Lernende werden »in Sachen Religion« auch dadurch kompetent, dass sie unterstützt durch das Deutungs- und Praxisangebot der christlichen Tradition, aber auch durch die Konstruktionen anderer Religionen, ein selbstständiges und vor der Vernunft verantwortbares Urteil in Fragen der Religion sowie je eigene religiöse Spuren entwickeln. Auch in den Lehrplänen ist festgehalten, dass die konkrete Vorbereitung auf den Empfang der Sakramente im Rahmen der Gemeindekatechese erfolgt und dem Religionsunterricht lediglich ergänzende und unterstützende Aufgaben zukommen.

Erstkommunion

Die Feier der Erstkommunion ist für katholische Kinder in der Grundschulzeit eines der prägendsten Ereignisse. Das Fest wird im Unterschied zur Firmung nach wie vor in einem volkskirchlichen Rahmen vollzogen – es handelt sich meist um die komplette Erfassung eines katholischen Jahrgangs, auch wenn eine engere Verbindung zur Kirche nur bei einer Minderheit der Kinder gegeben ist. Die gemeindekatechetische Vorbereitung ist konzeptionell regional sehr unterschiedlich gestaltet. Das klassische Tischmütter-Modell wurde ergänzt oder auch abgelöst von familienkatechetischen Modellen oder Konzepten, die wieder stärker liturgisch und weniger lebensweltlich geprägt sind (Weggottesdienste). Lehrerinnen und Lehrer sollten um die Konzepte in den Gemeinden, in denen ihre Schülerinnen und Schüler die Erstkommunion empfangen, wissen und sich konzeptionell mit den Verantwortlichen in der Gemeindekatechese absprechen.

Religiöse Erziehung muss in ihrer Gesamtheit und in ihrer zeitlichen Aufeinanderfolge der Grunddynamik »vom Indikativ zum Imperativ« verpflichtet sein: Vor jeder Verpflichtung zum Handeln erfolgt die Zusage des Heils durch Gott. Das impliziert entsprechende Gestaltungsformen, Lernwege und Kommunikationsstile, die vor allem im Kindesalter von den Postulaten der Zuwendung und befreienden Liebe geprägt sein müssen. Konkret: Auch das erste Sakrament, welches die Kinder bewusst und reflektiert empfangen, sollte in allen Facetten und an allen Handlungsorten – im Religionsunterricht wie im Rahmen der Gemeindekatechese – von der beschriebenen gnadentheologischen Dynamik bestimmt sein. Von diesem theologischen Fundament aus erscheint die kirchenrechtliche Verpflichtung zur vorausgehenden Hinführung zum Sakrament der Versöhnung (CIC can. 914) – in der Konkretion der Beichte vor dem Empfang der ersten heiligen Kommunion – als ein nicht nur pädagogisches und entwicklungspsychologisches, sondern auch ein theologisches Ärgernis. Gnadentheologisch drängt sich eine andere Reihung auf: Gestärkt mit dem Brot des Lebens (erster Schritt: Eucharistie) werden Kinder auch beim Prozess einer verantworteten Lebensgestaltung vor Gott (zweiter Schritt: Sakrament der Versöhnung) unterstützt.

Was die Erschließung des Sakraments betrifft, so können die unterschiedlichen hermeneutischen Ebenen mit ihren je eigenen Zielrichtungen, die aber zugleich immer auch mit möglichen Einseitigkeiten und Engführungen verbunden sind (siehe Kasten unten), durchaus miteinander kombiniert werden. In den Grundschul-Lehrplänen dominieren zwei zentrale Ebenen für die Erschließung der Eucharistie: eine anamnetisch-

Erstkommunion – Erschließungsebenen

Phänomenologisch: Erklärung des Kirchenraums und des Geschehens bei der Eucharistiefeier, die liturgischen Orte und Geräte. Mögliches Problem: Ein weiter Anweg für kirchenferne Kinder.

Dogmatisch-materialistisch: Was geschieht bei der Wandlung? (Verbunden mit Alltagswissen: Trauben pressen, Brot backen etc.) Mögliches Problem: Eine Fixierung auf das »wie« der Verwandlung.

Anamnetisch-christologisch: Erinnerung an das, was Jesus für uns getan hat. Mögliches Problem: Durch den Bezug auf vielfältige Jesus-Geschichten geraten die Spezifika des sakramentalen Erinnerungsmahls aus den Augen.

Communio-theologisch: Gemeinschaft mit Christus – Gemeinschaft mit der Christengemeinde. Mögliches Problem: Frustration und Schuldzuweisung bei den Verantwortlichen, wenn kein dauerhafter Gemeindebezug erkennbar ist.

Symboldidaktisch-korrelativ: Ein Fest mit Jesus/Eucharistie als feierliches Mahl. Mögliches Problem: Symboldidaktischer Wildwuchs, wenn alle möglichen Symbole, aber nicht die zentralen bemüht werden.

Anthropologisch-lebensweltlich: Grundbedürfnisse und Lebenssituationen der Kinder als Ausgangspunkt. Mögliches Problem: Ein anspruchsvolles, aufwendiges Korrelationskonzept ist nötig, das leider bei neueren Konzepten (z.B. Weglliturgien) manchmal zugunsten einer Konzentration auf dogmatische und liturgische Aspekte unterlassen wird.

christologische mit starken biblischen Akzentuierungen (mit Jesus zusammen sein und Mahl feiern; dabei sollte man auch die innerbiblische Verbindungslinie zu Exodus und Pessach berücksichtigen!) und eine communio-theologisch ausgerichtete mit in erster Linie liturgischen und gemeindebezogenen Inhalten (in der Pfarrgemeinde leben). Gestützt wird das Ganze durch den grundlegenden symboldidaktischen Ansatz, welcher den Religionsunterricht in der Grundschule von Beginn an prägt. Vor allem die communio-theologische Ebene erfordert eine enge Absprache zwischen Schule und Pfarrgemeinde, besonders dann, wenn es darum geht, Gemeinde auch zu erleben.

Man darf die Festlegung auf diese beiden Themen der dritten Klasse nicht isoliert sehen; letztlich muss der gesamte Religionsunterricht in seiner Ausgestaltung Geschmack machen auf Religion und Glauben in Gemeinschaft. Dass dies anscheinend gelingt und der Religionsunterricht gerade in der Grundschule einen guten Ruf hat, ist nach allen neueren Untersuchungen unbestritten.

Firmung

Mit der Firmung wird die Initiation in die Kirche vollendet. Die Spendung der Firmung erfolgt in den deutschen Diözesen in unterschiedlichen Lebensaltern. Die Firmung um das 12. Lebensjahr stellt inzwischen die Ausnahme dar, weil die lebensweltlichen, entwicklungspsychologischen und theologischen Gründe deutlich für ein höheres Firm-

---

Theologische Zugänge zur Firmung

Pneumatologisch – heilsgeschichtlich – eschatologisch: Bestärkung durch den Heiligen Geist.
Ekklesiologisch: Als mündiger Christ Verantwortung in der Kirche übernehmen.
Christologisch: Christus-Begegnung und -Orientierung.
Anthropologisch: Sakramentaler Zuspruch an der Schwelle zum Erwachsenenalter.

---

alter sprechen. In der Praxis entfernt sich die Firmung zunehmend von einem volkskirchlichen Sakrament für alle hin zu einem Sakrament, das von Entschiedenen wahrgenommen wird. Die Vorbereitung auf die Firmung fällt in den Zuständigkeitsbereich der Pfarrgemeinde.

Was eine schulische Unterstützung erschwert, sind die unterschiedlichen Pfarreien, aus denen die Jugendlichen kommen, und die damit verbundenen unterschiedlichen Firmtermine. Je nachdem, bei welchem Thema der verschiedenen Jahrgangsstufen im Religionsunterricht der Blick für die Firmvorbereitung geöffnet wird (z.B. Pfingstereignis und Urgemeinde – Sakramente – Jesus Christus – Identität – Kirche), stößt man auch auf unterschiedliche theologische Ausgangspunkte für das Sakrament der Firmung; dessen sollten sich die Religionslehrenden bewusst sein (vgl. Rendle/Sauter 2010). Insgesamt gilt aber, dass unter den gegebenen, in mehrfacher Hinsicht schwierigen Voraussetzungen häufig ein eigener Firmunterricht in der Schule nur bedingt sinnvoll durchzuführen ist; vielmehr sollte der gesamte Religionsunterricht in seiner Anlage Basis für eine Firmentscheidung sein.

Religion an der Schule – Schulreligion

Dass die fachspezifische soziale Praxis in einem Unterrichtsfach erlebbar ist, ist kein Privileg des Religionsunterrichts. Trotzdem erscheinen Grenzziehungen als notwendig. Auch wenn Formen einer Glaubenspraxis in der Schule und von ihr aus erlebbar sind, sollte man nicht von einer Schulgemeinde sprechen, weil das am Handlungsort einer öffentlichen Schule als unangemessen erscheint. Umstritten ist auch, ob das, was an religiösen Elementen an einer Schule gepflegt wird, als Sonderform gelebten Christentums den Charakter einer »Schulreligion« haben dürfe, die in ihrer eigenen Gestalt wenig kompatibel mit dem für Jugendliche Erlebbaren in normalen Gemeinden sei. Dagegen wird eingewandt, dass die Ausgestaltung einer profilierten, kind- und jugendgemäßen »Schulreligion« es ermögliche, in diesem Rahmen den Wirklichkeitsmodus von Religion zu erleben; das sei allemal besser, als überhaupt keinen Kontakt mit Kirche und Religion zu haben. Vor allem auf dem Gebiet der Schulpastoral (siehe Kap. 6.1) eröffnen sich Räume, auf freiwilliger Basis gelebte Glaubenspraxis kennenzulernen. Der Erkenntnishorizont im schulischen Religionsunterricht ist freilich immer das Verstehen von Religion, nicht die vollständige Einführung ins Christentum. Von diesem differenzierten Blickwinkel aus ergeben sich auch für das Fach Religionsunterricht bestimmte

Möglichkeiten (z.B. Meditationsräume) und sonstige Konkretionen (z.B. auf dem Gebiet des Kirchenjahres: Adventskranz, Jahreszeitenecke, Gedenkinseln, Fastenaktionen ...) einer christlichen Glaubenspraxis.

3.8.3 Didaktische Perspektiven

Ritual- und Gebetserziehung

Ritual und Gebet sind die Außenseite von Religion; in ihnen spiegeln sich die Modalitäten einer religiösen Weltaneignung, die Fähigkeit »hinter die Dinge zu sehen«, und die Dynamik der Selbstüberschreitung und der Orientierung auf ein Du hin. Die Frage nach einer spezifisch christlichen Ritual- und Gebetserziehung muss man eingebettet in die Tatsache betrachten, dass Unterricht insgesamt ein hochgradig ritualisiertes Unternehmen ist: Er ist geprägt von feststehenden fachspezifischen Sequenzen, eingeschliffenen Ritualen und entsprechenden (Sprech-)Handlungen der beteiligten Personen. Man spricht inzwischen von einer Renaissance von Ritualen, weil man um deren Bedeutung (Sicherheit, Zugehörigkeit, Halt, Lebensbewältigung usw.) weiß. Wenn es in den Bildungsstandards für den Religionsunterricht heißt: »Die Schülerinnen und Schüler ... kennen elementare Ausdrucksformen der Gottesbeziehung (Loben, Danken, Bitten, Klagen) und wenden sie an« (Kirchliche Richtlinien zu Bildungsstandards für den katholischen Religionsunterricht in der Grundschule 2006, 29), so kann eine solche spirituelle Kompetenz nur erworben werden, wenn auch entsprechende Ausdrucksformen kultiviert werden. Elementar-ästhetische Elemente einer liturgischen Bildung sind die Erfahrung von Stille, ein Umgang mit Raum, Zeitrhythmen, Symbolen und Gesten, Musik und Gesang, Ritualen und Gebetsformen. Dies konkretisiert sich in verschiedenen meditativen Formen, in denen die mehrdimensionale Wahrnehmung der Wirklichkeit geschult werden soll (vgl. Kap. 5.2.2).

Spiritualität des Umbruchs

Eine besondere Herausforderung stellt die Frage nach den Möglichkeiten des Gebets ab der Sekundarstufe dar. Der Abschied vom Gott des Kinderglaubens führt auch zu Vorbehalten gegenüber traditionellen Gebets- und Liturgieformen aus der Grundschule. Die Möglichkeit, Rituale und Gebete auch in den Religionsunterricht der weiterführenden Schulen einzubringen, hängt deshalb entscheidend vom Beziehungsgefüge innerhalb der Lerngruppe und zwischen Lerngruppe und Lehrkraft ab. Ein Klassengebetbuch einer höheren Klasse wird beispielsweise deutlicher als eines für jüngere Schüler geprägt sein

- von der Zunahme alltagsbezogener und -reflexiver Gebete und Texte,
- von der Abnahme traditioneller und explizit religiöser Texte,
- vom gelegentlich provozierender Zugriff auf unkonventionelle (Gebets-)Texte,
- vom Ausprobieren neuer Gebetsformen (Gebets-Generator im Internet; die Gestaltung von Gebeten im weltweiten Horizont, siehe z.B. www.praynet.de)

- und wird ergänzt werden müssen von Formen des freien Gebets und stärker meditativ geprägten Übungen.

Die veränderte lebensgeschichtliche Situation der Schülerinnen und Schüler erfordert von den Lehrenden vor allem die Haltungen des Respekts und der Gelassenheit. Gerade weil Beten etwas sehr Persönliches ist und auf Freiwilligkeit beruht, sollten auftretende Probleme (Verweigerungshaltung, Störungen, Ungleichzeitigkeiten in der religiösen Entwicklung) als Chance für reflexive Gespräche über die Bedeutung von Ritualen und einem alltagsbezogenen expressiven Da-Sein vor Gott sowie einer gemeinsamen Suche nach gruppenangemessenen Formen des Gebets im Unterricht gesehen werden.

Feste und Feiern

Es besteht kein Zweifel, dass ein gemeinsames Feiern fundamentale menschliche Bedürfnisse anspricht. Vom Kind her gedacht, stiften Feste die Qualität einer Beziehungsdidaktik und bieten in einer zunehmend als multikulturell erfahrenen Schulwirklichkeit die Chance für Begegnung und Toleranz; Kinder schätzen das Besondere an der Atmosphäre und erleben gemeinsame Regeln und Strukturen als hilfreich und stützend. Auf dieser anthropologischen Grundlage kann auch der Religionsunterricht aufbauen. Denn auch religiöses Lernen braucht eine Verbindung von individueller und gemeinsamer Erfahrung; beim gemeinsamen Feiern kann der spirituelle Reichtum der biblischen Poesie entdeckt werden. So werden die Schülerinnen und Schüler zur Kultivierung des Lebens, Glaubens und Feierns ermuntert (siehe RE, 183f).

Gerade das Kirchenjahr als »Symphonie der Zeit« bietet eine anschauliche und sinnenfällige Theologie, welche in vielfältigen Bräuchen und Frömmigkeitsformen konkret wird, auf die man sich auch im Schuljahresrhythmus immer wieder beziehen kann und die Anstöße für schulische Feiern geben (vgl. RE, 157–159). Der Wert einer Orientierung am Kirchenjahr liegt auch in der Besonderheit christlicher Feste begründet, bei denen sich Profanes mit Heiligem verbindet, die im Jahresfestkreis auf das Christusereignis hin zentriert sind und auf konkrete und anschauliche Weise dieses Erinnerungsgeschehen einer Erzählgemeinschaft des Glaubens aufzeigen.

Lernortwechsel – Kirchenraumpädagogik

Gelebte Glaubenspraxis ist am besten an den originalen Orten erfahrbar. Von daher ermöglichen Exkursionen an Orte, an denen sich der Glaube von Religionen manifestiert (Gemeindezentren, die Kirchen und heiligen Räume von Religionen, Friedhöfe, Klöster ...), eine besonders intensive Form des Erlebens von Religion, die freilich immer auch mit reflexiven und diskursiven Elementen verbunden werden muss.

Gerade angesichts einer Schülerpopulation, für die der Kirchenraum mehrheitlich ein fremder Raum ist, erscheint ein Lernortwechsel in den Kirchenraum als unverzichtbar, um diesen Raum als sinnenfälliges Glaubensbekenntnis mit allen Sinnen wahrnehmen zu können (vgl. Brüll u.a. 2005; Julius u.a. 1999; Klie 1999; Degen/Hansen 1998;

Kirchräume werden Erfahrungsräume

im Kirhcenraum

1. Phase: Vorbereitung und Grundlegung
Vorüberlegungen zur Atmosphäre und Haltung;
Aufbau kognitiver Strukturen

2. Phase: Atmosphärische Eröffnung
Annäherung von außen; Schwellenrituale; Begrüßungsriten

3. Phase: Erkundung des Kirchenraums
Themenspezifischer Aufbau; Grundschema: gemeinsamer Beginn –
individuelle Erkundung – Besprechung in der Gruppe
Alternativen: gemeinsam – individuell; sachbezogen – personbezogen,
meditativ-spirituell – darstellend-kommunikativ

4. Phase: Spiritueller Ausklang

5. Phase: Nach- und Weiterarbeit
Auswertung des Projekts, kreative Vertiefung, Präsentation

Neumann/Rösener 2003). Dabei zielt eine Pädagogik des Kirchenraums weniger auf den kunsthistorisch-musealen Charakter von Kirchen, sondern vielmehr auf die Erschließung der heiligen Atmosphäre (Auratik) und des liturgisch-theologischen Programms und das Erlernen eines respektvollen Verhaltens in heiligen Räumen und eines respektvollen Umgangs mit den Gegenständen dort, auch von anderen Religionen. Jede Schülerin und jeder Schüler sollte eine Chance bekommen, einen individuellen Zugang zum Kirchenraum zu erhalten. Kirchenräume laden ein zur erprobenden Durchführung von Symbolhandlungen und einfachen liturgischen Formen, weil dadurch die Tiefendimension religiöser Sprache weit besser erlebbar wird als nur über eine unterrichtliche Behandlung im Klassenzimmer. Dabei wird, dem Projektgedanken entsprechend, jede kirchenraumpädagogische Aktivität in ein mehrstufiges didaktisches Strukturmodell eingegliedert sein, das der Grundlogik der Einführung und Vorbereitung, Durchführung der Kirchenerkundung und nachbereitender Reflexion und Präsentation entspricht.

Begegnungslernen

»Wo lernt man Christsein? Doch vermutlich bei Menschen, die Christen sind« (Eugen Paul). Die Praxis gelebten Glaubens kann man nicht unabhängig von den Menschen, die diesen Glauben leben, betrachten. Deshalb besteht, ähnlich wie beim interreligiösen Lernen (siehe oben, Kap. 3.7), der besondere Wert in der Begegnung mit Menschen, die für ein bestimmtes Segment gelebten Glaubens stehen. Solche biografisch-kommunikativen Lernprozesse mit *local heroes* (siehe oben, Kap. 3.6) knüpfen auch an der Erkenntnis an, dass Schülerinnen und Schüler heute oft kaum mehr Menschen kennen, die für sie als Christen identifizierbar sind und den Einsatz für Frieden, Gerechtigkeit und Umwelt in ihrer praktischen Arbeit aufgreifen. Insofern bietet es sich an, Vertreter von kirchlichen und sozialen Einrichtungen oder Projekten ins Klassenzimmer einzuladen oder an deren Handlungsorten aufzusuchen. Auch bei Exkursionen, z.B. in eine Kirchengemeinde, ein Kloster, einen Eine-Welt-Laden, ein kirchliches Bildungszentrum, eröffnet die Begegnung mit den dort Tätigen und Lebenden einen intensiven Einblick in die Motivation eines Einsatzes für den Glauben.

Literatur

LexRP Gebet, 655–659; Sakramentenkatechese, 1895–1900; **NHRPG Liturgische Bildung, 255–258; RD GS II.6 Leben gestalten – Mit Kindern Rituale, Feste und Schulgottesdienste feiern, 235–246**; RE II.A.5 Christliche Zeitrhythmen, 147–160; II.B Gott und das Leben feiern, 161–250.

Weiterführende Literatur

Degen, Roland/Hansen, Inge, Lernort Kirchenraum, Münster 1998; Emeis, Dieter, Grundriss der Gemeinde- und Sakramentenkatechese, München 2001; Julius, Christiane-B. u.a. (1999), Der Religion Raum geben. Eine kirchenpädagogische Praxishilfe, Loccum; Klie, Thomas (Hg.), Der Religion Raum geben. Kirchenpädagogik und religiöses Lernen, Loccum 1999.

Siehe auch die entsprechenden Themenhefte: Engagement. Zeitschrift für Erziehung und Schule 3/2008: Rituale, Gebete und Gottesdienste; KatBl 129 (2004), Heft 2: Riten – Rituale – Sakramente; KatBl 129 (2004), Heft 6: Liturgische Bildung; KatBl 131 (2006), Heft 3: Kirchenjahr und Jahreskreis; KatBl 132 (2007), Heft 3: Beten; KatBl 133 (2008), Heft 3: Eucharistie; Themenhefte Gemeindearbeit 66/2004, Heft 6: Kein Tag ohne Sinn: Kirchenjahr.

Zusammenfassung in Stichworten

■ Die Aufgabe des Religionsunterrichts ist nicht nur, strukturiertes Glaubenswissen zu vermitteln, sondern auch mit der Praxis gelebten Glaubens bekannt zu machen.

■ Unter den Vorzeichen des schulischen Religionsunterrichts besteht das Ziel nicht in einer unmittelbaren Einführung in christliche Gemeindepraxis, sondern in einem verstehenden Zugang; insofern unterstützt der Religionsunterricht auch die Sakramentenkatechese in der Pfarrgemeinde.

■ Von besonderer Bedeutung für das Erleben einer Tiefendimension religiöser Weltdeutung und Gestaltung sind Gebete, Rituale, Feste, Kirchenraumerfahrungen und die Begegnung mit Menschen, die den Glauben leben.

Prüfungsaufgaben

Gebet, Liturgie, Spiritualität – Themen und Handlungsformen im Religionsunterricht?

1. Begründen Sie, wieso die Fähigkeit zum Umgang mit Gebet und Liturgie theologisch nötig ist, um die christliche Religion zu verstehen!
2. Diskutieren Sie die Chancen, Grenzen und Ziele eines Umgangs mit diesen Themen im Religionsunterricht!
3. Skizzieren Sie konkrete Wege einer »Spiritualität des Umbruchs« im Religionsunterricht und darüber hinaus!

Lernen im Kirchenraum

1. Erläutern Sie grundlegende Herausforderungen, die zu bedenken sind, wenn man mit einer Schulklasse eine kirchenraumpädagogische Exkursion plant!
2. Skizzieren Sie zentrale Ziele einer Pädagogik des Kirchenraums!
3. Konzipieren Sie das Modell einer kirchenraumpädagogischen Exkursion für eine Lerngruppe im Religionsunterricht!

4. Prinzipien

Im Unterschied zum Begriff der »Konzeption«, mit dem der Anspruch erhoben wird, das Ziel und die Arbeitsweise des Religionsunterrichts umfassend zu beschreiben, deutet der Begriff »Prinzip« an, dass die Wirklichkeit und Zielrichtung des Religionsunterrichts von verschiedenen Blickwinkeln aus betrachtet und begründet werden können. »Die Zeit der großen, umfassenden religionsdidaktischen Entwürfe im Sinne von Konzeptionen, die sich mit einem Schlagwort charakterisieren lassen, scheint in der augenblicklichen Situation vorbei zu sein«, bemerkten Georg Hilger und George Reilly (Hilger/Reilly 1993, 324); die Ausgangslage für religiöses Lernen angesichts postmoderner Pluralität ist zu unübersichtlich und vielfältig, um es mit einem Konzept auf den Punkt bringen zu können.

»Prinzipien« (oder auch: »Dimensionen«, vgl. LD, 205ff) hingegen geben sich bescheidener; der Begriff signalisiert, dass man von unterschiedlichen Theorien oder Wahrnehmungspostulaten aus auch verschiedene Handlungsoptionen für den Religionsunterricht entwickeln kann. Dass diese Prinzipien jeweils auch theoretisch begründet werden müssen, enthebt sie vom Vorwurf der Beliebigkeit. Da sie nicht beanspruchen, das Aufgabenspektrum des Religionsunterrichts vollständig zu erfassen, sind sie auch miteinander kombinierbar und begründen sich teilweise auch wechselseitig.

Im Folgenden werden zentrale formale religionsdidaktische Prinzipien vorgestellt (subjektorientierter, symbolorientierter, ästhetischer, mystagogischer, erinnerungsgeleiteter, konstruktivistischer, performativer Religionsunterricht); in ihrer didaktischen Allgemeinheit können sie als formale Prinzipien über viele Inhalts- und Aufgabenbereiche hin angewendet werden. Gemäß der hier getroffenen Relativierung dessen, was mit dem Begriff des »Prinzips« erfasst wird, dürfte man eigentlich nicht die adjektivische Kurzform (z.B. konstruktivistischer Religionsunterricht) verwenden, weil dies ein vom Adjektiv her dominiertes Gesamtkonzept unterstellt, sondern müsste präziser von einem »konstruktivistisch orientierten Religionsunterricht« usw. sprechen; in der Religionspädagogik haben sich die prägnanten Kurztitel eingebürgert, die aber immer mit dieser ergänzenden Relativierung verstanden werden müssen.

Wenn man ein Prinzip zum Leitprinzip des Religionsunterrichts erheben möchte, dann kommt der Begriff der Korrelation in Betracht (siehe Kap. 2.2 und 2.3), der trotz vielfältiger Anfragen, vielleicht aber auch gerade wegen der damit verbundenen heftigen Diskussion seit annähernd vier Jahrzehnten die Leitoptik für den Religionsunterricht seit der Würzburger Synode angibt: Es geht immer um eine Verbindung von Glauben und Leben.

Gelegentlich wird der Begriff des Prinzips auch stärker inhaltsbezogen verwendet: als programmatisches Muster einer spezifischen Inhaltsdidaktik (z.B. interreligiöses

Lernen, biblisches Lernen, ethisches Lernen, biografisches Lernen ...) oder auch deutlicher methodenorientiert (z.B. Handlungsorientierung, Projektarbeit, Freiarbeit als Prinzipien des Religionsunterrichts).

Literatur

LD 3. Religionsdidaktische Dimensionen und Prinzipien, 205f; RD III. Religionsdidaktische Prinzipien. Hinführung, 331–333.

4.1 Subjektorientiert lernen

4.1.1 Herkunft, Ziel und Beschreibung

Im Prinzip der Subjektorientierung als Ausgangs- und Zielpunkt jeglichen Lernens verbinden sich verschiedene hermeneutische Ebenen, mit denen ein zeitangemessenes Modell religiösen Lernens auf den Punkt gebracht werden kann:

- **Theologisch** betrachtet konkretisiert sich die anthropologische Wende in der Theologie seit dem Zweiten Vatikanischen Konzil in der Überzeugung, dass Menschen nicht als Adressaten eines in sich abgeschlossenen Glaubens betrachtet werden dürfen, sondern als selbstverantwortliche Subjekte des eigenen individuellen Glaubens zu einem Verstehen des sogenannten objektiven Glaubens befähigt werden müssen.
- Von einer **soziologischen** Warte aus gibt es inmitten einer postmodernen Pluralität keine Alternative zu einem Konzept von Bildung, das das je eigen lebende und lernende Subjekt im Umgang mit einer gesellschaftlichen Pluralität stärkt.
- Die **entwicklungspsychologischen** Erkenntnisse motivieren eine entwicklungs- und religionspsychologische Pünktlichkeit von Lernprozessen, weil Lernen nur im Kontext des jeweiligen Entwicklungsstands von Kindern und Jugendlichen (Denken, Moral, Weltbild, Religion ...; siehe Kap. 1.3) erfolgen kann. *→ Weiterentwicklung*
- Eine **Pädagogik**, die das Kind in den Mittelpunkt stellt, achtet auf unterschiedliche Lernbiografien und Lernwege.
- In der **Didaktik und Lernpsychologie** präferiert man die Vorstellung von Lernen als aktive Aneignung im Umgang mit Lerngegenständen – entgegen einer Didaktik der Vermittlung, die Gefahr läuft, träges Wissen zu produzieren (siehe auch: Kap. 4.6: Konstruktivistisch lernen), und die sich in einem dominant lehrerzentrierten Frontalunterricht konkretisiert.

Auch die folgenden religionsdidaktischen Prinzipien und inhaltlichen Entfaltungen gehen im Grunde vom aktiven Subjekt aus, das auf verschiedenen Ebenen eines Umgangs mit der Welt (siehe Kap. 4.3, Ästhetisch lernen) und deren Tiefendimensionen (siehe Kap. 4.4, Mystagogisch lernen) im Religionsunterricht lernt.

Deshalb muss religiöses Lernen kontextuell auf die Lebenswelt und Lebensgeschichte von Kindern und Jugendlichen hin angelegt sein und Aspekten der Selbststrukturierung religiösen Lernens Rechnung tragen (vgl. Bahr u.a. 2005).

Ein Subjektansatz hat auch methodische Folgen: Ein Lernen, bei dem die Schülerinnen und Schüler dazu ermuntert werden, an der Selbstkonstruktion des Glaubens zu arbeiten, ist auf offene Lernsituationen, eine anregende Lernumwelt, einen vielgestaltigen sozialen Austausch und auf ein Ineinander von kognitiven und ästhetischen Momenten und eine Vernetzung der Schulfächer angewiesen.

Denn ein subjektorientierter Religionsunterricht bezieht sich nicht nur auf die Erfahrungen der lernenden Kinder und Jugendlichen und bahnt Erfahrungen an, er achtet auch in seiner Prozessdimension auf verlangsamte und intensivierte Formen des Lernens.

Glaube kann nicht vermittelt werden → selbst konstruieren

Ein Subjektansatz wäre aber missverstanden (siehe auch Einführung in Kap. 3.1), wenn man damit einem inhaltslosen Selbstentfaltungsprogramm (»mich selbst bilden, wie ich bin«) das Wort reden würde. Gerade in der Auseinandersetzung mit den Gegenständen der Natur, Gesellschaft, Kultur und Religion sollen Kinder und Jugendliche ihre Bildungsprozesse beschreiten.

Inhalt + Subjekt = wichtig

4.1.2 Didaktische Horizonte

Kinderphilosophie /- theologie

Das Programm einer Kinderphilosophie und Kindertheologie traut Kindern zu, nicht nur zentrale Lebensfragen zu stellen, sondern selbst auch in den Prozess eines Ringens um Antworten einzutreten und nach kindgemäßen Regeln der Kunst im Diskurs große Fragen des Lebens und Glaubens zu klären. In diesem Sinne versteht sich eine Kindertheologie weniger als eine Theologie *für* Kinder, sondern vielmehr als eine eigenständige Theologie *der* Kinder und als eine Theologie gemeinsam *mit* Kindern. Dies gilt gleichermaßen für ein Projekt »Jugendtheologie«, das bislang weniger profiliert ausgeprägt ist als das einer Kindertheologie. Den Lehrenden kommen hier verschiedene Rollen zu. Sie sind je nach unterrichtlicher Phase entweder aufmerksamer Gesprächspartner, stimulierender Lernförderer oder begleitender Experte (vgl. Freudenberger-Lötz 2005).

SuS- Ansicht dem Alter ansehen -> daran Lernprozesse entw.

Lebensweltlicher Religionsunterricht – Wahrnehmungskompetenz der Lehrenden

Das Leben und die Lebensgeschichten unserer Schülerinnen und Schüler entscheiden darüber, wie Religion in ihrem Leben vorkommt. Der Religionsunterricht braucht deshalb eine glaubensbiografische Wende, welche die Religion der Kinder und der Jugendlichen zum Ausgangspunkt seiner didaktischen Überlegungen macht. Wenn Jugendliche nach der Schulzeit im Rückblick auf ihren Religionsunterricht über diesen urteilen könnten, er habe wesentliche Lebens- und Sinnfragen berührt und sie auf vielfältige Weise bei der Reflexion der jeweils eigenen (A-)Religiosität begleitet, dann wäre viel erreicht. Dazu sind aber Lehrerinnen und Lehrer notwendig, die gelernt haben, die Lebenskontexte und Glaubensbiografien ihrer Schülerinnen und Schüler wahrzunehmen und von daher situativ ihren Religionsunterricht gestalten.

Biografisches Lernen (Lernen an Vorbildern)

an eigener & fremder
Ein subjektorientierter Religionsunterricht unterbreitet Kindern und vor allem Jugendlichen immer wieder Angebote zur eigenen Positionierung. Lernen ist immer ein Lernen in und an der Lebensgeschichte. Schülerinnen und Schüler sollen deshalb angeregt werden, über die eigene Lern- und Glaubensgeschichte nachzudenken, aktuelle Standorte zu benennen und Entwürfe für die Zukunft zu wagen. Sowohl das eigene

Leben als auch biografische Entwürfe anderer Personen können dabei zu Spiegeln für eigene Vorstellungen von einem guten und richtigen Leben werden (vgl. auch Kap. 3.6).

Religion in der Popularkultur

In der Alltagskultur der Schülerinnen und Schüler können vielfältige Situationen ausgemacht werden, die eine Nähe zu religiösen Fragen aufweisen (siehe Kap. 6.3). Dies gilt besonders für audiovisuelle Medien, mit denen Kinder und Jugendliche besser vertraut sind als Erwachsene. Deshalb wird man in einem lebensweltlich orientierten Religionsunterricht auch auf religionsproduktive Elemente aktueller Medienkulturen Bezug nehmen und in Film, Musik, Fernsehen, Kino und Computerwelten nach religiös anmutenden Phänomenen Ausschau halten.

Literatur

LD 3.3 Dimension Biografisches Lernen, 236–247; Kindertheologie als religionsdidaktisches Prinzip, 314–327; ÖAR II.3.6 Kindertheologie, 199–205; **RD II.4 Wer lernt? Die Schülerinnen und Schüler als Subjekte religiösen Lernens, 174–193; II.10 Wann wird gelernt? Vom Umgang mit der Zeit, 271–281**; III.5 Biografisches Lernen, 374–386; III.6 Geschlechtergerechtes Lernen im Religionsunterricht, 387–399; RE II.C.15 Im Mittelpunkt der Mensch, 325–341.

Weiterführende Literatur

Bahr, Matthias/Kropač, Ulrich/Schambeck, Mirjam (Hg.), Subjektwerdung und religiöses Lernen. Für eine Religionspädagogik, die den Menschen ernst nimmt, München 2005.

Zusammenfassung in Stichworten

- Mit dem Prinzip der Subjektorientierung verbindet sich die Überzeugung verschiedener religionsdidaktischer Theorien, dass Kinder und Jugendliche als Ausgangs- und Zielpunkte religiösen Lernens betrachtet werden müssen.
- Ein pünktlicher (kairologischer) Religionsunterricht setzt deshalb an den Lebenswelten und Lebensgeschichten von Kindern und Jugendlichen an und versucht dort religionsproduktive Spuren zu entdecken.
- Ein Subjektansatz bedeutet keinen Verzicht auf Inhalte, sondern die Überzeugung, dass an den Gegenständen der Religion, Kultur und Gesellschaft das lernende Subjekt seine eigene Identität erarbeiten kann.

Prüfungsaufgaben

»Im Mittelpunkt der Mensch«
1. Erläutern Sie von verschiedenen Perspektiven aus, wieso eine Subjektorientierung religiösen Lernens unverzichtbar ist!
2. Welchen Stellenwert hat innerhalb eines solchen Konzepts der tradierte Glaube der Kirche?
3. Veranschaulichen Sie die Bedeutung eines kairologischen Konzepts religiöser Bildungsarbeit an einem selbst gewählten Themenfeld des Lehrplans!

Kinder und Jugendliche als Philosophen und Theologen
1. Begründen Sie, wieso sowohl theologisch als auch anthropologisch und pädagogisch die These von Kindern und Jugendlichen als Philosophen und Theologen als berechtigt erscheint!
2. Erläutern Sie die Rollen der erwachsenen Begleiter bei Prozessen des Theologisierens und Philosophierens!
3. Skizzieren Sie ein Unterrichtsmodell, das nach kindertheologischen Prinzipien konzipiert ist!

4.2 Symbolorientiert lernen

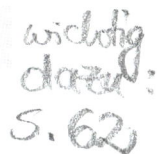

wichtig dazu: S. 62

4.2.1 Herkunft, Ziel und Beschreibung

Religionen leben von der Kraft der Symbole und des Symbolisierens, weil dadurch eine Möglichkeit geschaffen wird, sich über das Unsagbare auszudrücken und zu verständigen. Die Religionsgemeinschaften tradieren ihren Glauben in Riten, Feiern, Bräuchen, Erzählungen, Kunstwerken und Gebäuden, die in die je eigene Symbolwelt einführen. Auch die christliche Religion verfügt über einen tradierten Symbolschatz, der sich in der Bibel, in der Liturgie, in Gebeten und Ritualen, in den Sakramenten und in der christlichen Kunst niedergeschlagen hat.

Merkmale von Symbolen
1. Verweischarakter
2. Handlungsorientierung
3. Bezug auf Gemeinschaft
4. Narrative Grundstruktur
5. Mehrdeutigkeit – Eindeutigkeit
6. Ambivalenz
7. Verweis auf Zukunft

Wer Religion verstehen will, muss deshalb dazu befähigt werden, ihre Symbolsprache zu erschließen und damit umzugehen. Denn ein zentrales Merkmal von Symbolen besteht in ihrer mehrschichtigen Bedeutung, die sich einem schnellen Zugriff entzieht: Die wahrnehmbare Außenseite des Symbols verbindet sich mit der nicht-wahrnehmbaren Tiefendimension (Wortbedeutung: griech. *symballein* – zusammenfügen). Symbole haben also eine wichtige hermeneutische Brückenfunktion. Gerade die nicht-beliebigen religiösen Handlungssymbole – z.B. Kreuzzeichen, Brotbrechen, Taufe – sind auf Gemeinschaft bezogen und müssen nicht nur erschlossen, sondern auch sinnlich erfahren werden. Allgemein menschliche, individuelle, aber auch religiöse Symbole implizieren Erinnerungen und Geschichten, die erzählt werden wollen. Im Unterschied zu klar definierten Zeichen sind Symbole durch eine gewisse Bedeutungsoffenheit und einen Überschuss an Sinn gekennzeichnet; dies macht einerseits ihren Reiz in der Verständigung darüber aus, andererseits birgt diese Offenheit auch die Gefahr einer Fehlinterpretation und eines Missbrauchs. Die Ambivalenz von Symbolen zeigt sich auch in ihrer unterschiedlichen Wirkung (z.B. der Sturm kann mitreißen, aber auch zerstören). Im Gebrauch von Symbolen verbinden sich die drei Zeitebenen: tradierte Erinnerung wird im Hier und Jetzt vergegenwärtigt und öffnet durch das, was mit dem Symbol verbunden werden soll (z.B. Friedensgruß, Segen) den Blick für die Zukunft.

Wie bereits oben dargestellt (siehe Kap. 2.3.2) galt in den 1990er-Jahren die Symboldidaktik als eine Alternative zur Korrelationsdidaktik. Die verschiedenen symboldidaktischen Konzepte beispielsweise von Hubertus Halbfas (Symboldidaktik als religiöse Sprachlehre), Peter Biehl (kritische Symbolkunde), Anton Bucher (ästhetische Symbolerziehung), Michael Meyer-Blanck (semiotische Symboldidaktik) und Norbert Weidinger (alltagsorientierte Symbolisierungsdidaktik) bieten auch heute noch vielfältige Anregungen für einen reflektierten und kreativen Umgang mit Symbolen. Insgesamt aber erscheint angesichts des vielfältigen Aufgabenspektrums, das dem Religionsunterricht zugewiesen wird, ein ausschließlicher symboldidaktischer Ansatz als unzureichend. Insofern ist die Symboldidaktik als angewandte Korrelationsdidaktik beim Versuch, die Symbole der eigenen Lebenserfahrung und die in Symbolen sich manifestierte Glaubenserfahrung miteinander zu verbinden, heute ein zentrales Prinzip des Religionsunterrichts, welches mit anderen ergänzt werden muss.

4.2.2 Didaktische Horizonte

Stufen des Symbolverstehens

Verstehen Kinder Symbole als Symbole, das heißt: in ihrem Verweischarakter? Sind sie in der Lage, die Dinge, die sie sehen, doppelt anzuschauen, »als Tatsache und als Geheimnis« (Oberthür 2009, 302)? Diese in der Religionspädagogik strittigen Fragen wurden heftig an der Gleichnisthematik diskutiert (siehe oben, Kap. 3.1.2). Jenseits des prinzipiellen Streits herrscht aber Einigkeit, dass es in der Grundschule ein erstes

Stufen des Symbolverständnisses
1. **Magisch-numinos:** Kinder lassen sich fantasievoll auf Bilder, Vorstellungen und Märchen ein, ohne zwischen dem Symbol und dem, was es darstellt, zu unterscheiden.
2. **Eindimensional-wörtlich:** Mythologische Vorstellungen wie Himmel, Hölle etc. werden konkret und wörtlich verstanden.
3. **Mehrdimensional-symbolisch:** Der Verweischarakter und die Mehrsinnigkeit von Symbolen werden erkannt, allerdings wird die sinnstiftende Kraft im Symbol selbst gesehen, und nicht in dem, worauf es verweist.
4. **Kommunikativ-explizierend:** Symbole werden als solche verstanden und können erklärt werden; im Zentrum steht nun nicht das Symbol selbst, sondern dessen Bedeutung.
5. **Symbolkritisch:** Die Begriffe werden wichtiger als Symbole, die entmythologisiert werden und an Bedeutung verlieren.
6. **Nachkritisches Verstehen:** Im Erkennen des Werts und des Funktionierens von Symbolen und Symbolhandlungen können diese nun wieder unbeschwert verstanden und vollzogen werden (»zweite Naivität«).

(LexRP 2078; nach James Fowler, vgl. Schweitzer 1999, 206–208)

Ziel ist, einen vorreflexiven Umgang mit Symbolen zu schulen und schrittweise zum reflexiven Verstehen von Symbolwelten zu befähigen, ausgehend von einfacheren bis hin zu komplexeren Sprach- und Handlungsformen. Da sich der individuelle Entwicklungsstand der einzelnen Schülerinnen und Schüler unterscheidet, wird auch die Fähigkeit eines mehrdimensionalen Umgangs mit Symbolwelten ganz unterschiedlich gelagert sein; von einem konstruktivistischen Ansatz aus (siehe Kap. 4.6) können die Schülerinnen und Schüler gerade durch ihre Unterschiedlichkeit wechselseitige Lernprozesse auslösen. Im Jugendalter gilt es, die Fähigkeit zum mehrperspektivischen Blick auf die Wirklichkeit (komplementäres Denken) auch bei der Deutung und dem Gebrauch von Symbolen zu schulen sowie zur Symbolkritik zu befähigen.

Lebenswelt, Religion, Christentum

Gesellschaftlich lässt sich eine Renaissance von Ritualen und der Wertschätzung von Symbolwelten feststellen, die aber auch mit einer Bedeutungsverschiebung verbunden ist: Nicht mehr die tradierten christlichen Symbole und Rituale, sondern die alltagsweltlichen profanen haben an Bedeutung gewonnen. Von daher erscheint es im Sinne einer lebensweltorientierten gestuften Didaktik als sinnvoll, ausgehend vom Alltag der Schülerinnen und Schüler bedeutsame individuelle Heiligtümer und Symbolwelten zu ermitteln, die auf ihre Tiefendimensionen hin untersucht werden, und daran anknüpfend auch die Symbolwelten der Religionen und des Christentums zu erschließen (vgl. Weidinger 2009). Auf ähnliche Weise erfolgt in den oben genannten symboldidaktischen Entwürfen (z.B. bei Peter Biehl) eine dreistufige Bedeutungserschließung von Symbolen, angefangen von ihrer *alltäglich-lebensweltlichen* Verwendung (z.B. Brot – Nahrungsmittel) über die *allgemein-religiöse* Bedeutung (Brot – Mahlgemeinschaften) hin zur spezifisch *christlichen* (Brot – Eucharistie). Dabei lassen sich didaktisch erlebnisorientierte mit wahrnehmenden und deutenden Elementen verbinden.

Ziele und Aufgaben eines Symbollernens

Das Globalziel einer Symboldidaktik besteht in der Fähigkeit zur Erschließung von (religiösen) Symbolen in ihrer Mehrschichtigkeit und in ihrer Brückenfunktion für das Verstehen von Religion überhaupt sowie im Erwerb einer ästhetischen und rituellen Kompetenz.

Die kann gelingen
- durch die Schulung der Wahrnehmung durch die Sinne,
- durch die Förderung der Ausdrucksfähigkeit,
- die Befähigung zur eigenen Symbolbildung,
- durch die Anregung zur gemeinsamen Symbolgestaltung,
- durch die Förderung einer religiösen Sprachfähigkeit und der Liturgiefähigkeit,
- durch eine durchgängige Anregung zur Deutung von Symbolen,
- und in der zunehmenden Befähigung zur Symbolkritik.

Konkrete Wege des Symbollernens

Bei der Symbolerziehung verbinden sich implizite mit expliziten Lernwegen. Ein ästhetisch anregender Religionsunterricht wird durchgängig Anregungen zum Umgang mit Symbolen und Symbolhandlungen bieten. Prozedural erworbenes Wissen (z.B. allgemeine Rituale in der Klasse, die Verwendung eines Kreuzzeichens) muss dabei immer wieder mit expliziten Reflexionsprozessen zu spezifischen Themen (z.B. Sakramente) verbunden werden. Eine mehrdimensionale Sicht der Wirklichkeit kann durch folgende konkrete Lernwege angeregt werden:

konkrete Lernwege:

• Wahrnehmungs- und Körperübungen
• meditative Übungen
• biblische Symbole (Ursymbole, Symbolerzählungen, Psalmworte, Gleichnisse)
• die Erschließung von Bildern
• Filme als narrative, visuelle und handlungsorientierte Verdichtungen von Lebensvorstellungen
• ein kreatives eigenes Symbolgestalten
• die Symbolkraft der Musik
• Symbole und Rituale im Kirchenraum
• die Symboldimensionen des Alltags und der Medienkultur
• die Symbole, Symbolgestalten, Rituale und Sakramente des Glaubens

Literatur

DdRU Symbole im RU, 180–200; LexRP Symboldidaktik, 2074–2079; ÖAR II.3.1 Symboldidaktik, 149–165; RD III.3 Symbole verstehen und gestalten, 355–364; RD GS II.5 Symbole wahrnehmen, deuten und gestalten, 221–234.

Weiterführende Literatur

Oberthür, Rainer, Das Buch der Symbole. Auf Entdeckungsreise durch die Welt der Religion, München 2009; Weidinger, Norbert, Was nützt ein goldener Schlüssel, wenn er die Tür zur Wahrheit nicht öffnet? (Aurelius Augustinus). Mit heutigen Schülerinnen und Schülern sakramentale Symbol-Zeichen erschließen, in: Mendl, Hans/Glück, Theresia (Hg.), Worauf es ankommt, Winzer 2009, 140–149.

Zusammenfassung in Stichworten

- Symbole bieten durch ihre Mehrschichtigkeit die Möglichkeit, Unsagbares zum Ausdruck zu bringen, und eignen sich deshalb im besonderen Maße für Verstehensprozesse auf dem Gebiet der Religion.
- Die Symboldidaktik ist weniger ein konkreter Inhaltsbereich des Religionsunterrichts, sondern vielmehr ein Grundprinzip zur Erschließung von Religion, das in vielfältigen Feldern des Religionsunterrichts (z.B. Biblische Sprache, Gebet, Liturgie, Kunst, Popularkultur) zum Tragen kommt.
- Ziel einer Symboldidaktik ist die entwicklungsgemäße Befähigung zum Verstehen von menschlichen und spezifisch religiösen Symbolen sowie zum Symbolausdruck, im Jugendalter auch zum kritischen Umgang mit Symbolen.

Prüfungsaufgaben

»Symbolerfahrungen bilden einen Schlüssel für das Verstehen von Märchen, Legenden, mythischen Erzählungen und von vielen biblischen Geschichten.« (Grundlagenplan für den katholischen Religionsunterricht in der Grundschule, München 1998, 13)

1. Erläutern Sie die Bedeutung eines Symbollernens in der Grundschule! Gehen Sie dabei auf einen symboldidaktischen Entwurf ein, der Ihnen als besonders bedeutsam erscheint, und bedenken Sie auch entwicklungspsychologische Implikationen!
2. Beschreiben Sie Ziele und Wege eines Symbollernens im Religionsunterricht der Grundschule!
3. Skizzieren Sie an einem konkreten Symbol, mit welchen Lehr- und Lernprozessen Sie in einer Unterrichtseinheit die Lebenswelt der Kinder und die christliche Symboltradition verbinden würden!

»Die Schülerinnen und Schüler erkennen und deuten Sakramente als symbolische Handlungen.« (Kirchliche Richtlinien zu Bildungsstandards für den katholischen Religionsunterricht in den Jahrgangsstufen 5–10, Bonn 2004, 26)

1. Erläutern Sie an einem Sakrament Ihrer Wahl, inwiefern hier anthropologische und theologische Deutungsdimensionen aufeinander bezogen werden können!
2. Beschreiben Sie didaktische Schritte, mit denen Sie das gewählte Sakrament im Religionsunterricht erschließen können!
3. Skizzieren Sie darüber hinaus Ziele und Schritte eines kritischen Umgangs mit Symbolen im Jugendalter!

4.3 Ästhetisch lernen

4.3.1 Herkunft, Ziel und Beschreibung

Die Forderung nach einem ästhetisch orientierten Religionsunterricht ergibt sich von zwei Problemanzeigen her: zum einen von einem postmodernen Krisenbewusstsein aus, das entgegen den destruktiven Tendenzen der Moderne (Warenästhetik, Beschleunigung, Materialismus, Ausbeutung, Zerstörung der Natur ...) zu einer Wahrnehmungsfähigkeit und Weltverantwortung erziehen will, und zum anderen von einem schulkritischen Blickwinkel aus, der auf die kognitive Verengung, Veroberflächlichung und Beschleunigung von Bildungsprozessen hinweist.

Für religiöses Lernen hat ein Zugang über ästhetische Erfahrung insofern eine besondere Bedeutung, als gerade Religion eine ästhetische Signatur aufweist: Sie konkretisiert sich in poetischer Sprache, Riten, Symbolen und künstlerischen Ausdrucksformen.

Allerdings erscheint der Alltagsbegriff des Ästhetischen insofern als missverständlich, als er häufig eingeengt auf das ästhetisch Schöne betrachtet wird; erkenntnistheoretisch und religionspädagogisch bedeutet das Postulat nach einem ästhetischen Lernen weit mehr.

Nach Gottfried Bitter (vgl. NHRPG, 234) werden unter dem Begriff der ästhetischen Bildung drei Parzellen in den Blick genommen, die miteinander verbunden betrachtet werden müssen:

- **Ästhetik als Wahrnehmungslehre und Sinnenbildung:** Im Unterschied zur geistigen Erkenntnis beginnt ästhetische Bildung mit dem sinnlich Wahrnehmbaren. Der Kern ästhetischen Lernens konkretisiert sich demnach in einer Sinnenschulung, die sich auf alle Bereiche der sinnlichen Wahrnehmung bezieht.
- **Ästhetik als Kunstbildung:** Als Wissenschaft vom Schönen geht es bei der ästhetischen Bildung um die Befähigung zum Umgang mit dem Kunstschönen. Inmitten einer zerstückelten Wirklichkeit gilt es, die Harmonie der Kunst aufzusuchen, wahrzunehmen und zu verstehen.
- **Ästhetik als Weltverhalten:** Die verschiedenen Modalitäten eines Weltverhaltens (kognitiv-instrumentell, moralisch-praktisch, ästhetisch) müssen untereinander verbunden betrachtet werden; ästhetische Bildung befähigt also nicht nur zur Weltwahrnehmung, sondern auch zur vernünftigen Weltdeutung und zu einem entsprechenden Handeln in der Welt.

Religionspädagogisch konkretisiert wurde das Prinzip eines ästhetischen Lernens von Georg Hilger (vgl. Hilger 1997): »Angesichts einer wortreichen Schule und einer allgemeinen Reizüberflutung wird hier für einen Religionsunterricht votiert, in dem Schülerinnen und Schüler das sinnenhafte Wahrnehmen, Deuten und Gestalten in Achtsamkeit und Verlangsamung neu lernen. Solch ästhetisches Lernen ist das Tor zu inneren Welten und eröffnet Zugang zu religiösen Sehweisen auch der sinnlich erfahrbaren

Wirklichkeit. Es ermöglicht tiefere Auseinandersetzungen mit Sinn- und Glaubensfragen sowie ein neues Handeln«, begründet er die Bedeutung dieses Prinzips (RD, 334). Hilger differenziert ästhetische Bildung in die drei Dimensionen einer ästhetischen Wahrnehmungs-, Gestaltungs- und Urteilsfähigkeit aus; im Folgenden werden diese drei Dimensionen so angeordnet, dass sie unmittelbar in eine mögliche unterrichtliche Aufeinanderfolge überführt werden können:

- **Wahrnehmungsfähigkeit** (*aisthesis* – Wahrnehmung): Ästhetische Bildung bedeutet eine umfassende Wahrnehmungsschulung; diese geht aber über eine reine Sinnesschulung hinaus und zielt auf eine Haltung der Achtsamkeit und Aufmerksamkeit für das Leben und die Welt, gerade auch für das dort vorfindbare Fremde. Von der gesellschaftlichen Ausgangslage eines multimedial bestimmten beschleunigten Umgangs mit der Welt befähigt ästhetische Erziehung zum Aufbrechen von Seh-Gewohnheiten und zu einer intensiven sinnlichen Erfahrung. Im Religionsunterricht konkretisiert sich die Förderung der Wahrnehmungsfähigkeit in der Befähigung zu einer bestimmten Optik: Die Welt soll mit den Augen des Glaubens erfasst und gedeutet werden; der Religionsunterricht lädt ein zum Experimentieren mit den Sehvorschlägen religiöser Tradition, z.B. in der Art und Weise, wie Religionen die Schöpfung meditierend, staunend und respektierend betrachten, dem Glauben beispielsweise in Kirchenbauten einen sinnenfälligen Ausdruck verleihen oder wie von Religion aus gesellschaftliche Wirklichkeit betrachtet und gestaltet wird.
  wahrnehmend rezeptiv
- **Urteilsfähigkeit** (*katharsis* – Unterscheidung, Urteil bzw. *noesis* – gedankliche Durchdringung): Zur Wahrnehmung gehört auch das Urteilen und Verstehen, sonst verbleibt Ästhetik auf der Ebene des unverbindlich Schönen. Rationalität und Aufklärung gehören notwendig zum ästhetischen Gesamtprogramm, weil nur so der ganze Mensch mit allen Erkenntnisdimensionen angesprochen und gefordert ist. Insofern geht es bei ästhetischen Lernprozessen immer auch um eine kritische Distanz zu ästhetischen Wahrnehmungs- und Gestaltungsprozessen, um eine gedankliche Unterscheidung und eine reflektiert urteilende Entscheidung, insgesamt also um die Entwicklung von Entscheidungs- und Urteilsfähigkeit.
  urteilend kommunikativ
- **Gestaltungsfähigkeit** (*poiesis* – Gestaltung bzw. *praxis* – Handeln): Ästhetische Bildung erstreckt sich auch auf das Gebiet des eigenen ästhetischen Handelns in vielfältigen methodischen Feldern, bedeutet aber weit mehr als nur die Befähigung zum schönen Gestalten: Denn ein sensibler Umgang mit der Welt führt unweigerlich auch in das Feld des verantwortlichen Handelns »Ästhetik ist die Mutter der Ethik« (Jürgen Werbick): Wer wach und aufmerksam die Welt wahrnimmt, wird sowohl kritisch im Umgang mit der Ästhetik einer Warengesellschaft als auch sensibel für die Notwendigkeit solidarischen Handelns.
  gestaltend produktiv

Drei Dimensionen ästhetischer Bildung	
aisthesis	wahrnehmend-rezeptiv
katharsis	urteilend-kommunikativ
poeisis	gestaltend-produktiv

Dieses dreistufige Ästhetikprogramm weist vielfältige Bezüge zu erkenntnistheoretischen und praxisorientierten Lernkonzepten aus der Geschichte der Philosophie, Pädagogik und Theologie auf: so z.B. zu den drei Seelenkräften nach Augustinus (das verarbeitende Gedächtnis, die urteilende Vernunft, der gestaltende Wille), zur Exerzitien-Dynamik nach Ignatius von Loyola (wahrnehmen – scheiden/unterscheiden/entscheiden – handeln) oder zum kritischen Sozialprinzip der Kirche (sehen – urteilen – handeln); letztlich geht es um die Förderung unterschiedlicher hermeneutischer Weltzugänge, die sich im Prozess des Lernens wechselseitig ergänzen und kritisch korrigieren. So betrachtet stimmt die These von Hans-Peter Eggerl: »Religiöses Lernen ereignet sich ästhetisch« (vgl. Eggerl 2010).

Das Prinzip eines ästhetischen Lernens scheint in vielfältigen Dokumenten und didaktischen Entwürfen auf, z.B. im Grundlagenplan für den Religionsunterricht in der Grundschule, als Aufbauprinzip von Lehrplänen (z.B. des Lehrplans für Gymnasien in Bayern) oder in Schulbüchern (Hermeneutik der Doppelseiten in den »Reli-« und »Religion vernetzt«-Reihen).

4.3.2 Didaktische Horizonte

Schulung der Wahrnehmung – Aufmerksamkeit lernen mit allen Sinnen

Das erste Feld einer ästhetischen Bildung bezieht sich auf die Schulung der Wahrnehmung mit allen Sinnen. Die Bezüge zum Bereich des meditativen Lernens sind evident; es geht um eine Reizreduktion und um eine bewusste Wahrnehmung der Welt, der eigenen Person und der anderen. Eine vielfältige Sinnesschulung darf aber nicht an der Oberfläche stehen bleiben, sie muss helfen, Tore zur Welt und Tore zur Innenwelt des Selbst zu eröffnen (vgl. RD GS, 72). In verschiedenen Schritten eines umkreisenden Verstehens soll die sinnliche äußere Wahrnehmung eines Gegenstands (Was sehe ich?) mit einer inneren Wahrnehmung der eigenen Vorstellungen (Welche Bilder entstehen dabei in mir?) korrespondieren (vgl. Altmeyer 2006, 16).

Imaginatives Lernen – Einbildungskraft als Schlüsselqualifikation

Ästhetische Bildung trägt zur Aktivierung von inneren Bildern bei (vgl. Hilger/Schambeck 2001). Ein imaginatives Lernen erweist sich als religiöse Schlüsselqualifikation, bei der der sensible Blick nach innen verbunden wird mit der Fähigkeit eines Einfühlens in andere und der Entwicklung eines verantwortlichen Möglichkeitssinns bei der Mitgestaltung der Welt. Methodisch gibt es vielfältige Wege einer Einübung von Empathie – in Fantasiereisen, Bild- und Textbetrachtungen, Standbildern, Bewegungsspielen und Tänzen oder Methoden kreativen Schreibens.

Befähigung zum Ausdruck

Jeder Eindruck braucht einen Ausdruck. Der Weg von der äußeren zur inneren Wahrnehmung führt zu konkreten Ausdrucksformen, weil nur so die inneren Bilder, Gedanken und Gefühle auch zum Ausdruck gebracht werden können. Werden auf Dauer die Phasen einer inneren Wahrnehmung ignoriert und nicht in eine Phase einer aktiven Auseinandersetzung und eines reflektierenden Austausches überführt, dann entsteht das, was man in der Lernpsychologie mit »trägem Wissen« bezeichnet: die Anhäufung von nicht als lebensrelevant erkannten Bildungsdepots, deren Nachhaltigkeit bis zur nächsten Abfrage reicht. Mit handlungsorientierten Methoden (textlich, musikalisch, bildlich, handwerklich, spielerisch ...) erfolgt nicht nur eine differenziertere Erfassung von Lerngegenständen und ein Zugang zur Tiefenstruktur der darin enthaltenen Erfahrungen, sondern auch eine Befähigung zur eigenen Positionierung, die sich dann als diskursfähig im Austausch mit den anderen erweisen muss.

Produktive Unterbrechung – Verlangsamung

Entgegen einem Verständnis von Lernen, in dem Schule als Schnellstraße und Lernen als Stoffverdichtung im Stundentakt betrachtet wird, entgegen einer »Hochgeschwindigkeitsdidaktik« plädiert Georg Hilger für das Lernziel »Langsamkeit«: Religionsunterricht sollte als Ort produktiver Verlangsamung, als Unterbrechung gesehen werden. Einerseits entspricht eine ästhetische Weltwahrnehmung heutigen Wahrnehmungsmodalitäten, die vor allem multimedial-visuell vonstattengeht; andererseits bricht ein ästhetischer Religionsunterricht grundlegend damit, indem er zur Entschleunigung von sinnlichen Wahrnehmungen beiträgt. Gerade der sensible Umgang mit äußerer und innerer Wahrnehmung verbindet sich mit einer Wertschätzung des Nachdenkens und Überlegens, wie sie in Konzepten der Kinderphilosophie kultiviert wird: Nicht die schnelle Antwort, sondern das nachdenkliche Gespräch, der respektvolle Umgang mit Fremdem und das Nachsinnen über die Folgen von Einstellungen und Entscheidungen sind das Ziel eines Unterrichts, der immer wieder für eine Unterbrechung des Gewohnten sorgen will.

Literatur

LD 3.2 Dimension Ästhetische Bildung, 220–236; NHRPG Ästhetische Bildung, 233–238; **RD III.1 Ästhetisches Lernen, 334–343**; RD GS I.5 Ästhetische Bildung – ein unverzichtbarer Blick auf religiöses Lernen, 67–77.

Weiterführende Literatur

Altmeyer, Stefan, Ästhetisches Lernen: Alles nur Dekoration?, in: RpB 57/2006, 3–19; Hilger, Georg, Religionsunterricht als Wahrnehmungsschule, in: Schmuttermayr, Georg u.a. (Hg.), Im Spannungsfeld von Tradition und Innovation, Regensburg 1997, 399–420.

Zusammenfassung in Stichworten

■ Ästhetische Bildung umfasst drei aufeinander bezogene Dimensionen: die wahrneh-
mend-rezeptive (*aisthesis*), die urteilend-kommunikative (*katharsis*) und die gestal-
tend-produktive (*poiesis*).
■ Ein ästhetischer Religionsunterricht fördert die Wahrnehmungsfähigkeit, befähigt
gleichermaßen die Ausbildung einer Einbildungskraft wie einer vielfältigen Aus-
drucksstärke.
■ Ästhetische Bildung erfordert eine produktive Verlangsamung von Lernprozessen.

Prüfungsaufgaben

**Der Religionsunterricht soll die Wahrnehmungs-, Urteils- und Ausdrucksfähig-
keit der Schülerinnen und Schüler fördern.**

1. Erläutern Sie das religionspädagogische Prinzip, dem dieses Ziel verpflichtet ist!
2. Entwickeln Sie davon ausgehend mögliche Teilaspekte einer religiösen Kompetenz, die auf diese Weise aufgebaut werden soll!
3. Konkretisieren Sie Ihre Überlegungen im Rahmen einer Unterrichtsreihe zu einem
selbst gewählten Themenbereich des Lehrplans!

Ästhetik als Wahrnehmungslehre, Kunstbildung und Weltverhalten

1. Begründen Sie, wieso gerade heute ein ästhetischer Ansatz in der Religionspädagogik als bedeutsamer erscheint als in früheren Zeiten!
2. Skizzieren Sie Ziele und Wege eines ästhetischen Religionsunterrichts!
3. Konkretisieren Sie Ihre Überlegungen im Umgang mit einem Kunstgegenstand im
Religionsunterricht!

4.4 Mystagogisch lernen

4.4.1 Herkunft, Ziel und Beschreibung

»Gott gibt es nur im Vokativ«, formulierte Martin Buber. Von diesem Anspruch aus ergeben sich Aporien, was den Umgang mit der Gottesfrage im Religionsunterricht betrifft (siehe auch Kap. 3.3). Denn einerseits kann man durchaus ein Interesse für Religion und die Frage nach Gott unter Jugendlichen feststellen, andererseits erfolgt die Annäherung an Religion immer weniger in der Sprachwelt und auf den Wegen christlicher Tradition, und zudem scheinen einer existenziellen Beschäftigung mit der Gottesfrage im Unterricht Grenzen gesetzt zu sein. Wenn aber die Sinnfragen der Kinder und Jugendlichen im Religionsunterricht immer wieder zum Ausgangspunkt religiöser Lernprozesse werden, kommt auch die zentrale Frage in den Blick, die im Kern das beschreibt, was man unter dem Modus einer Wirklichkeitswahrnehmung und -deutung durch Religion versteht: Gibt es einen Gott? Die »Hypothese Gott«, von der aus die Welt wahrgenommen und gedeutet wird, hat dabei nicht nur einen erkenntnistheoretisch-kognitiven Wert, sondern auch eine existenzielle Bedeutung, der es nachzuspüren gilt. Wenn Jürgen Baumert Religion als eigene Bildungsdomäne von Schule bezeichnet, bei der es um die Bewältigung der konstitutiven Rationalität geht (Baumert 2002, 113), so wird deutlich, dass sich dort, wo man Folgen und Grenzen wirtschaftlichen Handelns und einer ausschließlich rationalen Welterklärung und -bewältigung bemerkt, die Frage nach einer transzendentalen Verankerung von Welt und Mensch sowohl als gesellschaftliche wie als individuelle aufdrängt.

Dieses Aufdecken einer eigenen, häufig verschütteten Gotteserfahrung bezeichnet man nach Karl Rahner als transzendentale Mystagogie. »Mystagogische Wege zu beschreiten, heißt demnach, Räume und Zeiten zu eröffnen, über die eigene Tiefen- und Welterfahrung zu staunen, sie als Ort der Gotteserfahrung verstehen und denken zu lernen und sie zu gestalten«, schreibt Mirjam Schambeck (RD, 403).

Ein mystagogisch orientierter Religionsunterricht sensibilisiert Kinder und Jugendliche für zentrale Fragen des Lebens und den Zusammenhang dieser Lebensthemen mit der Gottesfrage. Er setzt, ähnlich wie Modelle eines performativen Lernens, an der kritischen Rückfrage an einen einseitig kognitiven Religionsunterricht an, der heute nicht mehr genügt, um die vielfältigen Dimensionen des Glaubens im Religionsunterricht zur Sprache zu bringen. Und er verbindet sich mit dem ästhetischen Lernen im mehrdimensionalen Umgang mit Erfahrungen, indem diese wahrgenommen, gedeutet und handelnd ausgestaltet werden können.

Die Grenzen eines mystagogischen Konzepts ergeben sich von der Eigenart des Systems Schule und von der Aufgabenbestimmung des Religionsunterrichts her; auch sind die strukturellen Rahmenbedingungen eines Unterrichtsfaches im 45-Minuten-Takt zwischen anderen Fächern im Schulalltag hinderlich für mystagogische Lernprozesse, die quer zu sonstigen schulischen Lernmodalitäten liegen. Dennoch ist – auch gegenüber kritischen Anfragen – darauf hinzuweisen, dass ein mehrdimensionales Angehen der Gottesfrage einen Beitrag für den allgemeinen Bildungsauftrag der Schule leistet. Wenn man die Gottesfrage als eine zentrale Menschheitsfrage bezeichnet, die über konfessionelle Bestimmungen hinaus gesellschaftlich wie existenziell von Belang ist, sollte sie unterrichtlich auch in ihrer kollektiven und individuellen Bedeutung thematisiert und ausgestaltet werden. Allerdings können mystagogische Elemente, die über den Raum des Diskurses hinaus auf die Ebene des Erlebens hinführen, im Religionsunterricht zwar angelegt werden, es muss aber immer auch die Freiheit des lernenden Subjekts gesichert bleiben, das sich nach dem Konzept der Würzburger Synode immer auch gegen den Glauben entscheiden kann. Perspektiven und Horizonte, in denen eine »Sinngebung durch Transzendenzbezug« (Schambeck 2006, 63) aufscheint, können im Religionsunterricht aufgezeigt und angeboten, sollten aber niemals aufgedrängt werden. So hat die mystagogische Thematisierung der Gottesfrage eine wichtige Bedeutung als kritischer Stachel in einer transzendenzlosen Gesellschaft, von der aus jeglichem weltimmanenten Totalitarismus (z.B. in Wirtschaft und Politik) und Inhumanismus (z.B. in Medien und Gesellschaft) entgegengearbeitet werden kann.

4.4.2 Didaktische Horizonte

Religionspädagogik der Frage

Ein mystagogisches Lernen ermutigt Kinder und Jugendliche, lebensbedeutsame Fragen nicht nur zu stellen, sondern sich auch selbst in Prozessen eines umkreisenden Verstehens auf die Suche nach tragfähigen Antworten zu machen. Insofern ergibt sich eine natürliche Verbindung zu Modellen einer Kinder- und Jugendtheologie, wo die Grundhaltungen des Wahrnehmens, Staunens und Entdeckens zum Ausgangspunkt für intensive individuelle und kollektive Lernprozesse werden. Jegliche menschlichen Grunderfahrungen können somit auch Ausgangspunkt für eine Gotteserfahrung werden.

Sinnliche Weltbegegnung

»Gott in allen Dingen sehen« (Ignatius von Loyola) – diese Haltung kann geschult werden über Momente einer ästhetischen Weltwahrnehmung (siehe Kap. 4.3) und -deutung. Entgegen einem rein materialistischen Umgang mit der Natur, der diese reduziert zu einer Ressource für menschliche Bedürfnisse, führt eine sinnliche Weltbegegnung zu einer respektvollen Beziehung mit der Mitwelt und den Mitmenschen.

Grenz- und Leiderfahrungen als qualifizierte Orte für Gotteserfahrungen

Gerade in Grenz- und Leiderfahrungen werden Menschen auf die grundlegende Frage nach dem Sinn und der Sinnlosigkeit menschlicher Existenz verwiesen. Wie bereits die Würzburger Synode betont, sind dies sowohl extrem positive Grenzerfahrungen, z.B. des Glücks und der Ekstase, aber auch extrem negative wie Armut, Krieg und Tod: »Die religiöse Dimension solcher Situationen auszuklammern hieße, den Menschen verkümmern zu lassen« (Würzburger Synode, 2.3.2). Die Stärke des christlichen Menschen- und Weltbildes besteht gerade darin, dass es die negativen Seiten menschlichen Lebens nicht ausklammert, sondern sich diesen stellt. Letztlich birgt in christlichem Verständnis jede Beschäftigung mit Leiderfahrungen – seien es biblische, historische, aktuelle oder gar existenzielle – eine Gottesspur, die auf Jesus Christus hinführt, in dem Gott selbst radikal den Weg durch das Leid und das Scheitern hindurch bis zum Tod gegangen ist. Von diesem solidarischen Gottesverständnis und der Auferstehungshoffnung aus lassen sich dann auch wieder Wege eines »Aufstands gegen den Tod« beschreiten: Gemäß der Weltgerichtsrede im Matthäusevangelium gelten das Handeln für die Hungernden und Dürstenden und damit auch die Sozialgestalt des Christentums als ein Akt der Gottesbegegnung.

Stille entdecken

Mystagogische Momente ergeben sich in bewährten Akzenten eines Religionsunterrichts, die meditativ angelegt sind. Gerade die Erfahrung der Stille, verbunden mit einer Reduzierung von Außenreizen, die Konzentration auf Gegenstände, Bilder, Musik oder den eigenen Körper, das bewusste Beschreiten eines Wegs oder Labyrinths verdeutlichen mehr als viele Worte den Modus eines Umgangs mit Zeit und Existenz als geschenkten und nicht funktionalisierten Dimensionen des Menschseins. Um den Vorwurf, dass der Umgang mit meditativen Formen manchmal arg transzendenzlos anmute (»schwache Mystagogie«, vgl. Nordhofen 2006), zu entkräften, sollten solche Übungen auch offen stehen für den Transzendenzbezug, den ein christliches Gebet auszeichnet, und deshalb auch Formen einer »starken Mystagogie« (vgl. RE, 176–172) aus dem spirituellen Schatz der christlichen Religion eingebracht werden.

Literatur

RD III./ Mystagogisches Lernen, 400–415.

Weiterführende Literatur

Schambeck, Mirjam, Religion lernen – Überlegungen zum mystagogischen Lernen angesichts des Fremdwerdens des christlichen Glaubens, in: Rendle, Ludwig (Hg.), Mehr als reden über Religion, Donauwörth 2006, 49–66.

Zusammenfassung in Stichworten

- Die Gottesfrage kann als existenziell betreffende nicht nur diskursiv angegangen werden; im Sinne einer transzendentalen Mystagogie sollten Kinder und Jugendliche lernen, über die eigene Tiefen- und Welterfahrung zu staunen und sie als Ort der Gotteserfahrung zu verstehen und zu gestalten.
- Die verschiedenen Wege mystagogischen Lernens (philosophieren, nachdenken, entdecken, still werden, sich dem Leid stellen, beten ...) setzen bei den Fragen und Erfahrungen der Kinder und Jugendlichen an und trauen diesen zu, selbst zu ergründen, was im Leben trägt und hält, und den Bezug zu den Quellen christlicher Spiritualität zu entdecken.
- Am Lernort Schule sind dem mystagogischen Lernen Grenzen gesetzt: Perspektiven und Wege einer christlichen Sinnantwort stellen eine Einladung dar, zu der sich Schülerinnen und Schüler frei verhalten dürfen.

Prüfungsaufgaben

Kindern und Jugendlichen sollen Räume und Zeiten eröffnet werden, um mit der Wirklichkeit Gottes Erfahrungen zu machen.

1. Begründen Sie diese These mit Rückgriff auf ein geeignetes religionsdidaktisches Prinzip!
2. Diskutieren Sie unterschiedliche Lernwege, aber auch Grenzen, wenn es um eine Annäherung an die Gottesfrage im Religionsunterricht geht!
3. Entfalten Sie an einem konkreten Unterrichtsbeispiel, wie die Gottesfrage als existenziell betreffende im Religionsunterricht verantwortlich ins Spiel kommen kann!

Die Bedeutung von meditativen Elementen im Religionsunterricht

1. Begründen Sie, inwiefern in einem Religionsunterricht auch innerhalb des öffentlichen Schulwesens meditative Elemente ihren Platz haben!
2. Diskutieren Sie, unter welchen institutionellen und personellen Bedingungen meditative Elemente im Religionsunterricht sinnvoll und wo die Grenzen sind!
3. Skizzieren Sie ein unterrichtliches Vorhaben, bei dem Elemente einer christlichen Spiritualität verantwortlich in den Religionsunterricht eingebracht werden!

4.5 Erinnerungsgeleitet lernen

4.5.1 Herkunft, Ziel und Beschreibung

Eine zentrale anthropologische Bestimmung des Menschen besteht in seiner Fähigkeit, aus einem Reiz-Reaktions-Zyklus auszubrechen und die Befriedigung aktueller Bedürfnisse aufzuschieben. Der Mensch ist als offenes und planendes Wesen auch in der Lage, die Gegenwart mit der Vergangenheit und der Zukunft zu verbinden. Das menschliche Gedächtnis ermöglicht es, die eigene Existenz geschichtlich im Prozess des Gewordenseins zu betrachten und Perspektiven für die Zukunft zu entwickeln. Die Fähigkeit zur erinnernden Vergegenwärtigung sprengt den Rahmen einer rein individuellen episodischen Rekonstruktion der eigenen Lebensgeschichte, sie bezieht sich auch auf das kollektive Gedächtnis der Menschheitsgeschichte. Dieser Erfahrungsschatz ist mehr als nur die Ansammlung von Fakten und Daten, es handelt sich vielmehr um die Verbindung von zentralen Themen, Motivationen und Ereignissen im Laufe der Weltgeschichte.

Gerade die abrahamitischen Religionen weisen dem Gedenken und der Erinnerung eine große Bedeutung zu, die sich dann auch in der rituellen Ausübung der Religion und im alltäglichen Handeln konkretisiert.

Innerhalb der jüdisch-christlichen Tradition nimmt die Feier der Seder-Feier in der Pessachnacht eine besondere Rolle ein. Die Frage des jüngsten Sohnes »Warum ist diese Nacht anders als alle anderen Nächte?« wird beantwortet mit der Erzählung des Auszugs aus Ägypten als dankbare Erinnerung an ein Heilsgeschehen, bei dem Gott sich dem Volk Israel gegenüber als verlässlicher Partner erwiesen hat. Die Tischgemeinschaft nimmt Teil an dieser Erinnerung und gibt sie weiter. Diese Erinnerung bedeutet dabei Zuspruch und Ermutigung ebenso wie eine kritische Mahnung.

Auch die Kirche versteht sich als Erzähl- und Erinnerungsgemeinschaft; sie hat ihren Ursprung im Aufruf Jesu »Tut dies zu meinem Gedächtnis«. Bezugspunkt der Erinnerung ist die Rettungstat Jesu – sein Leben und Wirken, seine Worte, besonders aber sein Leiden, Sterben und seine Auferstehung. Die Kirche wird aber selbst als »Volk Gottes unterwegs« (Zweites Vatikanisches Konzil) zum Gegenstand der Erinnerung, die sich immer am Anspruch messen lassen muss, die Botschaft Jesu Christi angemessen in die jeweilige Zeit hinein zu verkünden. Somit wird Erinnerung immer auch zu einer individuell, ekklesiologisch, aber auch politisch »gefährlichen« Erinnerung, weil mit dem Blick auf die Geschichte keine sentimentale Rückwärtsgewandtheit gemeint ist, sondern die (selbst-)kritische Frage, auf welche Weise die radikale Botschaft Jesu, der eine Option für die Armen traf und die bestehenden Machtverhältnisse hinterfragte, jeweils in die Tat umgesetzt wurde und wird.

Die Entwürfe zu einer Didaktik der Erinnerung beziehen sich häufig ausschließlich auf die Zeit des Nationalsozialismus und des Holocausts, korrekter der Schoah; dabei sollte reflektiert werden, wie denn ein erinnerungsgeleitetes Lernen für die nunmehr schon dritte oder vierte Generation nach Auschwitz der nach 1990 Geborenen begründet werden kann, die kaum mehr mittelbar oder unmittelbar betroffen ist (vgl.

KatBl 135 [2010], Heft 1: Schoah – Erinnern lernen). Außerdem empfiehlt sich eine Ausweitung des Blickwinkels über die Schoah-Thematik hinaus; die Geschichte und die Geschichte der Kirche halten weitere »gefährliche Erinnerungen« bereit, die im Religionsunterricht erarbeitet werden können: im größeren Horizont sowohl markante positive wie negative Handlungen von Menschen und Institutionen als auch im nahen Umfeld das Handeln von regionalen Glaubenszeugen und kirchlichen Einrichtungen im Laufe der Geschichte.

4.5.2 Didaktische Horizonte

Ein neues Zeitverständnis

Unter den Vorzeichen einer Zeitsignatur, die von Beschleunigung und Veränderung geprägt ist und den Menschen dazu nötigt, sich rasch neue Kulturtechniken anzueignen und den Wandel als das Beständige anzusehen, gerät die Vergangenheit leicht in den Hintergrund. Entgegen einer Kultur des Vergessens verbinden sich beim anamnetischen Lernen Vergangenheit, Gegenwart und Zukunft. Der Rückgriff auf Geschichte bedeutet also mehr als ein historisierendes Sichern von Daten und Fakten, er nimmt seinen Ausgang in den Fragen von heute (Prinzip der Reziprozität, siehe Kap. 3.4.1) und führt zu Reflexionen über die nötigen Handlungsschritte in der Zukunft. Ein kritischer und zugleich wertschätzender Blick in die Vergangenheit trägt außerdem dazu bei, die Gegenwart in ihrer Bedeutung und Leistungskraft zu relativieren.

Erzählen als Grundmethode erinnernden Lernens

Eine Kultur der Erinnerung wird vor allem über das Erzählen aufrechterhalten; das bezieht sich sowohl auf individuelle Rückerinnerungen in der Familiengeschichte als auch auf das kollektive Gedächtnis der Menschheit. Die großen Religionen enthalten einen Schatz solcher lebensbedeutsamer großer Erzählungen, die dann auch erzählt werden wollen. Wenn die Lehrenden anschaulich von Personen und Ereignissen der (Kirchen-)Geschichte erzählen, dann sollen dadurch bei den Schülerinnen und Schülern als aktiv Hörenden eindrucksvolle Vorstellungen entstehen (imaginativ lernen, siehe Kap. 4.3.2). Dies impliziert dann auch die Verwendung weiterer Grundmethoden des Verarbeitens und der Aneignung von Lerngegenständen (siehe Kap. 5.2.2).

Starke Bilder der Vergangenheit

In einer überwiegend visuell geprägten Zeit fehlt häufig die Geduld für ein Innehalten und Zuhören. Eine solche Haltung bedarf einer intensiven Schulung. Zusätzlich sollte man sich die Ebene einer Rückerinnerung über statische und bewegte Bilder zunutze machen, weil auch in Bildwerken und Bildprogrammen Geschichte, Kultur und Glaube der Vergangenheit aufscheinen. Dabei dürfen Pädagogen auch auf die professionellen

Produkte einer Medienindustrie zurückgreifen, die sich nach allen Regeln der Kunst um eine anschauliche Darstellung von Geschichte bemühen (z.B. die Terra-X-Reihe).

Zeiten und Menschen gerecht werden

Allerdings sollte man sowohl bei der erzählerischen wie bei der visuellen Präsentation von Geschichte in Geschichten darauf achten, der jeweiligen Zeit und den handelnden Personen gerecht zu werden und keine Zerrbilder der Vergangenheit zu präsentieren. Zu einer »starken« Erinnerung werden die Blicke in der Vergangenheit dann, wenn sich Schülerinnen und Schüler anhand differenzierter Sachinformationen und mit ihrem aktuellen Wertebewusstsein (siehe Kap. 3.5. und 3.6) in die Entscheidungen der Personen und Gruppen der jeweiligen Zeit hineinbegeben und überlegen, wie sie selbst in deren Situation gehandelt hätten; in der Regel führt ein solches diskursethisch angelegtes Sich-Vertrautmachen mit den Handlungsoptionen der Vergangenheit zu einer realistischeren und zurückhaltenderen Sicht vergangener Ereignisse.

Erinnerungsorte erkunden

Erinnerndes Lernen erfährt einen gewissen Höhepunkt im aktiven Tun (vgl. Schiefer Ferrari 2004). Die Schülerinnen und Schüler sollen dazu angeleitet werden, auf handlungsorientierte Weise »sprechende Orte« der Vergangenheit wahrzunehmen und selbstständig zu erschließen. In Prozessen entdeckenden Lernens lernen die Kinder und Jugendlichen, Fragehaltungen zu entwickeln und diese Fragen auch auf eigenständigen Suchwegen zu klären. Solche Erinnerungsorte, die in der Regel auf der regionalen Ebene angepeilt werden, können markante Gedenkstätten sein, ein christlicher oder jüdischer Friedhof, Räume und Gegenstände in Museen, Klöster der Umgebung, Wallfahrtsorte, aber auch einfache Relikte der Vergangenheit und Hinweise darauf – Wegkreuze, Gedenksteine, Hausinschriften oder nur Straßennamen. Diese Orte müssen tatsächlich auch aufgesucht werden. Somit wird das Klassenzimmer als erster Lernort erweitert mit anderen Lernorten: Exkursionen zu Ankern der Erinnerung vor Ort, aber auch in Archive oder in Begegnungsfelder mit Menschen, die von der Vergangenheit berichten (*oral history;* vgl. Praxisideen RE, 145f).

Die Öffentlichkeitsrelevanz eines Erinnerungslernens

Gerade handlungsorientierte Exkursionen und Projekte münden häufig in ein Endprodukt (Ausstellung, Internet-Präsenz, Zeitungsberichte, Filmdokumente ...), das auch der Öffentlichkeit präsentiert wird. So wird deutlich, dass schulisches Handeln eine Öffentlichkeitsrelevanz hat und damit einen Bildungsbeitrag leistet, der Erkenntnisse eines Bildungsprozesses einer regionalen oder überregionalen Öffentlichkeit zugänglich macht.

Literatur

RD III.4 Erinnerungsgeleitetes Lernen, 365–373; RE II.A.4 Erinnerungen – Orten und Geschichten begegnen, 135–146.

Weiterführende Literatur

Assmann, Jan, Religion und kulturelles Gedächtnis, München 2000; Lindner, Konstantin, In Kirchengeschichte verstrickt. Zur Bedeutung biografischer Zugänge für die Thematisierung kirchengeschichtlicher Inhalte im Religionsunterricht, Göttingen 2007; Schiefer Ferrari, Markus, Erinnerungsorte erkunden. Bedeutung und Notwendigkeit von Exkursionen im Religionsunterricht, in: Kontakt 1/2004, 6–14; KatBl 135 (2010), Heft 1: Schoah – Erinnern lernen.

Zusammenfassung in Stichworten

- Beim erinnernden Lernen erfolgt der Rückgriff auf das kollektive Gedächtnis der Menschheits- und Religionsgeschichte mit dem Ziel, von der Erinnerung aus Gegenwart und Zukunft neu zu sehen und zu gestalten.
- Vor allem in der jüdisch-christlichen Religion erweist sich eine solche »gefährliche Erinnerung« als zentrales Strukturmerkmal des eigenen Glaubens.
- Das Erzählen gilt als die klassische Form der Weitergabe von individuellen und kollektiven Erinnerungen; diese didaktische Grundform muss ergänzt werden mit anderen, visuell und handlungsorientiert geprägten Formen, mit denen die Schülerinnen und Schüler zu eigenständigen Akteuren einer Rekonstruktion von »sprechenden Orten« werden.

Prüfungsaufgaben

Erinnerungsorte – Orten, Personen, Geschichten begegnen

1. Erläutern Sie die Bedeutung eines erinnerungsorientierten Lernens aus anthropologischer und theologischer Sicht!
2. Skizzieren und begründen Sie den Wert entsprechender didaktischer Lernwege!
3. Konkretisieren Sie Ihre Überlegung hin auf ein Nahraumprojekt aus der regionalen Kirchengeschichte!

»Warum ist diese Nacht anders als alle anderen Nächte?«

1. Erläutern Sie die Bedeutung eines erinnernden Lernens für die jüdische und für die christliche Religion und konkretisieren Sie diese auf das Pessachfest und das Letzte Abendmahl hin!
2. Skizzieren Sie mögliche didaktische Wege einer erinnernden Erschließung dieser beiden Feste!
3. Diskutieren Sie Möglichkeiten und Grenzen eines Erlebens von Pessach und Eucharistie!

4.6 Konstruktivistisch lernen

4.6.1 Herkunft, Ziel und Beschreibung

Alle skizzierten aktuellen religionsdidaktischen Prinzipien weisen eine Nähe zu einer Vorstellung von Lernen auf, bei der die Schülerinnen und Schüler nicht nur Adressaten einer bestimmten Botschaft sind, sondern als aktive Subjekte betrachtet werden, die selbstständig einen religiösen Sinn konstituieren (vgl. Mendl 2005b; Büttner 2006). Lernen erfolgt nur im Kontext der Lebens- und Lernbedingungen des lernenden Subjekts. Pointiert formuliert: Schülerinnen und Schüler sind zwar lernfähig, aber letztlich unbelehrbar! Wissenschaftstheoretisch wird diese Sicht eines Umgangs mit der Wirklichkeit durch das lernende Subjekt von konstruktivistischen Lerntheorien untermauert. Ein radikaler Konstruktivismus fokussiert sein Erkenntnisinteresse ausschließlich auf die Entstehung von Wirklichkeit im erkennenden Subjekt und als Folge eines Verständigungsprozesses zwischen je eigen die äußeren Eindrücke verarbeitenden verschiedenen Subjekten – die Welt entsteht also erst im Subjekt.

Da es sich bei schulischem Lernen immer auch um intentionale Lernprozesse handelt, bei denen es um den Umgang mit einer gesellschaftlichen und geisteswissenschaftlichen Konstruktion von Wirklichkeit in der Gruppe gemeinsam Lernender geht, erscheint die Orientierung an sozialen Formen des Konstruktivismus als geeignet, um die Komplexität schulischen Lernens in Auseinandersetzung mit verschiedenen vorgegebenen Lerngegenständen zu erfassen: Wirklichkeitsaneignung ereignet sich in einem Wechselspiel von Rekonstruktion und Konstruktion.

Von einem konstruktivistischen Ansatz aus gelten für jegliche Formen sinnvollen Lernens folgende Postulate:

- Lernen vollzieht sich als aktiver Prozess des lernenden Subjekts.
- Lernende bringen bereits Vorwissen und Einstellungen zu Lerngegenständen in den Unterricht mit. Die Bedeutung der Emotionen beim Lernen – von der situativen Gestimmtheit bis zur affektiven Voreinstellung gegenüber den Lerngegenständen – kann gar nicht hoch genug eingeschätzt werden: Lernen ist Glückssache!
- Lernprozesse sind nicht völlig vorhersagbar, da sie von individuellen Konstruktionen geprägt sind; auch in sozialen Lernzusammenhängen erfolgt Lernen als individueller Prozess. Gleichzeitig geschieht Lernen in der Auseinandersetzung mit den Konstruktionen anderer. So ergeben sich sozial geprägte Konstrukte von Wirklichkeit.
- Lerninhalte können nicht 1:1 auf einen Lernenden übertragen und rekonstruiert werden; sie haben den Rang von »Perturbationen«, die im besten Fall zu einer konstruktiven Auseinandersetzung und eigenständig gestalteten Rekonstruktion führen, im schlechtesten Fall als unbedeutend ausgefiltert werden.
- Lernen ist dann besonders produktiv, wenn die Lerngegenstände in bedeutsamen Kontexten und Situationen dargeboten und von den Lernenden als lebensbedeutsam erkannt werden.

* Sit., wo es zu Fragen kommt (= Verwirrungen)

- Von einer gehirnphysiologischen Warte aus geschieht nachhaltiges Lernen durch aktive Vernetzung, Vertiefung und mehrmalige Wiederholung eines Konstrukts in neuen Kontexten, weil nur so der Prozess der Synapsenbildung angeregt werden kann.
- Ziel eines Lernprozesses ist die Ausbildung individueller Lernlandschaften.

Von einem Offenbarungsglauben aus ergeben sich indessen ernst zu nehmende Einwände gegen ein erkenntnistheoretisches Modell, das vorgegebene Wahrheiten infrage stellt und die Entstehung von Welt und Wahrheit völlig ins erkennende Subjekt legt (vgl. Mendl 2005b, 177–187; Mendl 2007e). Mit dem skizzierten Ansatz können die Vorbehalte insofern ausgeräumt werden, als auch bei einem radikalen Konstruktivismus kein Zweifel an einer Wirklichkeit außerhalb des Subjekts besteht, sich allerdings das Erkennen dieser Wirklichkeit radikal nach den Modalitäten des lernenden Subjekts vollzieht. Ein dynamischer Wahrheitsbegriff (Wahrheit ist im historischen Prozess immer sozial ausgehandelt und kontextuell interpretiert, in der Hierarchie der Glaubenswahrheiten geordnet und dann interessant, wenn sie als existenziell bedeutsam erkannt wird) verbindet sich mit einem Verständnis von religiösem Lernen, das auf die Förderung eines Verstehensglaubens – statt eines reinen Gehorsamsglaubens – abzielt.

Instruktivismus vs. Konstruktivismus: eine polemische Gegenüberstellung		
Wissen weitergeben	⇔	Lernprozesse eröffnen
Monolog	⇔	Dialog *(bibl. Lernen)*
feste Wahrheiten	⇔	eigene Wahrheit
Eindeutigkeit	⇔	Mehrdeutigkeit
Vorgegebenes einüben	⇔	offene Strategien
Lern-Motivator, Kontrolleur	⇔	Lern-Initiator, Moderator
Methodenmonismus	⇔	Methodenvielfalt
geschlossener Unterricht	⇔	offener Unterricht
kollektive Lernwege	⇔	individuelle Lernwege

4.6.2 Didaktische Horizonte

Kennzeichen konstruktivistisch orientierten Unterrichts

Der Paradigmenwechsel von einer instruktivistisch-lehrerzentrierten hin zu einer konstruktivistisch-schülerorientierten Vorstellung von Lernen ist bereits im Gange. »Guter« Unterricht war aber zu allen Zeiten nicht nur einseitig instruktivistisch angelegt. Folgende Teilelemente guten Religionsunterrichts entsprechen beispielsweise der pädagogischen Lernkultur des Konstruktivismus:

- *Entdeckendes Lernen,* weil anregende Lernumgebungen und eine Vielfalt des Angebots verbunden mit der Entwicklung einer Fragehaltung Konstruktionsprozesse motivieren.
- *Individualisierung ermöglichendes Lernen* (z.B. Freiarbeit, Lernzirkel), weil so Schülerinnen und Schüler eine eigenständige Auseinandersetzung üben können.
- *Situiertes Lernen,* weil die problemorientierte und lebensnahe Kontextualisierung von Unterricht zur vielfältigen Auseinandersetzung mit Lerngegenständen, der Entwicklung verschiedener Lösungsstrategien hinführt und deren Anwendung auf neue Situationen fördert.
- *Aktivierendes und produzierendes Lernen* (z.B. kreatives Schreiben), bei dem die Auseinandersetzung mit Themen und entsprechenden individuellen Konstruktionen auch einen sinnenfälligen Ausdruck erhalten kann.
- *Biografisches Lernen,* weil gerade im Religionsunterricht Schülerinnen und Schüler reflektierende Konstrukteure der eigenen Glaubensgeschichte werden sollen.
- *Dialogisches und diskursethisches Lernen* – weil unterschiedliche Positionen gegenseitige »Perturbationen« darstellen.

Das Ineinander von Instruktion und Konstruktion

Auch ein konstruktivistischer Unterricht verzichtet nicht auf die Thematisierung von Bildungsgegenständen; allerdings wird der Anspruch erhoben, diese nicht nur zu präsentieren, sondern auch deren subjektive Verarbeitung didaktisch zu fördern, sodass »im Unterrichtsprozess Wissen mit Bedeutung« entsteht, das dann auch wieder im sozialen Miteinander ausgetauscht werden kann. Wie das idealtypische Schaubild eines konstruktivistischen Unterrichtssschemas zeigt, führt ein konstruktivistisch orientierter Religionsunterricht die Thematik bereits im Kontext der unterschiedlichen

Ein konstruktivistisches Unterrichtsschema

Kontexte	Instruktivistische Phase	Individuelle Konstruktionen	Individuelle Konstruktionen im Dialog
Vorerfahrungen der Schüler	Eingegrenzte Lernlandschaft	Individualistische Phase	Dialogische Phase
Spektrum der Thematik	Kollektive Phase		
	Eindruck	Ausdruck	Austausch

Schülererfahrungen ein; nach einer instruktivistischen Phase, die auf die gemeinsame Sicherung von Wissensbeständen innerhalb einer Lernlandschaft abzielt, dienen die weiteren Unterrichtsphasen der individuellen Verarbeitung des Lerngegenstands sowie dem Austausch über die eigenen Lernwege und Konstruktionsergebnisse (Beispiele: siehe Mendl 2005b, 51–62).

Binnendifferenzierung, Individualisierung und soziale Interaktion

Im Unterschied zum klassischen dominant-instruktivistischen Unterricht weist ein konstruktivistischer Ansatz der je eigenen Verarbeitung von Bildungsgegenständen eine größere Bedeutung zu und bietet Lernlandschaften an, die eigenständige Lernprozesse unterstützen. Phasen der Binnendifferenzierung und Individualisierung sollten im Kontext schulischen Lernens immer wieder in Phasen der sozialen Interaktion münden, damit sich die Lernenden über die entwickelten eigenen Konstruktionen verständigen können.

Konstruktivistischen Unterricht evaluieren

Auch in einem konstruktivistischen Unterricht können (neben einer Entfaltung komplexerer Formen der Evaluation; siehe Kap. 5.3) Unterrichtsprozesse beurteilt und benotet werden. Folgende Kompetenzen können bewertet werden (vgl. Mendl 2005b, 129–149):
* die Fähigkeit, instruktivistisches Material (evtl. in Auswahl) je eigen strukturiert wiederzugeben (d.h. die Reproduktion von Sach-*Eindrücken*);
* die Fähigkeit, individuelle Konstruktionen zu formulieren und zu begründen (d.h. die Formulierung eines eigenen, begründeten *Ausdrucks*);
* die Fähigkeit, sich mit den Konstruktionen anderer auseinanderzusetzen (wiedergeben, bewerten – d.h. die Kompetenz eines Umgangs auf dem Feld des *Austausches*).

Lehrerkompetenzen

Um konstruktivistisch unterrichten zu können, benötigen die Lehrenden folgende Kompetenzen:
* Sie müssen in der Lage sein, unterschiedliche Lernvoraussetzungen bei den Lernenden zu erheben (*Wahrnehmungskompetenz*),
* sie sollten über eine breite Palette methodischer Varianten verfügen, um individuelle Lernlandschaften zu fördern (*Differenzierungskompetenz*),
* sie müssen die Fähigkeit besitzen, kontinuierliche und aufbauend-konstruktionsfördernde Lernzuwächse zu fördern (*konstruktionsfördernde Kompetenz*),
* sie müssen die Konstruktionen verschiedener Schüler in einen konstruktiven Dialog bringen und neue Konstruktionswege motivieren (*Ko-Konstruktionskompetenz*)
* und sie müssen die Reflexion über die Konstruktionsleistungen anleiten können (*konstruktions-reflektierende Kompetenz*).

Literatur

RD I.5.3 Religionsdidaktik aus lerntheoretischer und in konstruktivistischer Sicht, 115–119; RD GS III.1 Lernen und Lehren im RU, 328–343.

Weiterführende Literatur

Büttner, Gerhard (Hg.), Lernwege im Religionsunterricht. Konstruktivistische Perspektiven, Stuttgart 2006; **Mendl, Hans (Hg.), Konstruktivistische Religionspädagogik. Ein Arbeitsbuch, Münster 2005**; Religion lernen. Jahrbuch für konstruktivistische Religionsdidaktik, Bd 1: Lernen mit der Bibel, hg. v. Büttner, Gerhard u.a., Hannover 2010; KatBl 135 (2010), Heft 5: Klug vermitteln.

Zusammenfassung in Stichworten

■ Lernen wird nach konstruktivistischer Sicht verstanden als Aktivität des lernenden Subjekts, das zu selbstverantwortlichen Bildungsprozessen angeregt werden soll.
■ Das bedeutet zwar keinen Verzicht auf Bildungsinhalte; eine je eigene Bedeutungszuweisung erhalten Lerngegenstände aber erst durch die aktive Konstruktionsleistung des lernenden Subjekts.
■ Didaktisch bieten sich alle Lernverfahren an, die auf Eigenständigkeit, Binnendifferenzierung, Umgang mit Heterogenität und die Förderung von individuellen Lernlandschaften Wert legen.

Prüfungsaufgaben

Konstruktivismus versus Instruktivismus

1. Erläutern Sie die zentralen Eckdaten des pädagogischen Konstruktivismus in Abgrenzung zu instruktivistischen Vorstellungen von Bildung!
2. Diskutieren Sie die Bedeutung, Reichweite und Grenzen des Konstruktivismus für religiöse Lernprozesse, besonders im Jugendalter!
3. Beschreiben Sie Kennzeichen eines konstruktivistisch orientierten Religionsunterrichts und konkretisieren Sie das an einer Unterrichtsstunde zu einem Thema nach freier Wahl!

Religion konstruktivistisch lernen

1. Erläutern Sie, inwiefern sich ein konstruktivistisch orientierter Religionsunterricht von einem instruktivistisch geprägten unterscheidet!
2. Beschreiben Sie Möglichkeiten und Grenzen der Evaluation eines konstruktivistisch angelegten Religionsunterrichts und formulieren Sie entsprechende Prüfungsfragen für eine mögliche Leistungsmessung!
3. Diskutieren Sie die Vereinbarkeit einer konstruktivistischen Lerntheorie mit einem Offenbarungsglauben!

Wirklichkeit ist immer subjektbezogen kreiirt!

4.7 Performativ lernen

4.7.1 Herkunft, Ziel und Beschreibung

Die Notwendigkeit, über Religion im Religionsunterricht nicht nur zu reden (»Mehr als Reden über Religion«, vgl. Schmid 2002), sondern auch Elemente von Religion erlebbar zu machen, drängt sich von zwei Perspektiven, dem Subjekt und der Sache, her auf:

- Nur wenige Kinder und Jugendliche, die den Religionsunterricht besuchen, verfügen über eine ausgeprägte religiöse Praxis und ein dezidiertes religiöses Wissen.
- Religion bleibt in ihrem Wesen schwer verständlich, wenn sie nicht auch in ihren Vollzugsformen und in ihren praktischen Konsequenzen erlebt wird.

Die veränderte Situation nach dem Traditionsabbruch erfordert einen veränderten Präsentationsmodus religiöser Ausdrucksformen. Nach Dietrich Benner (Benner 2004a) sollte deshalb die Fähigkeit zur Deutung von Religion (»Deutungskompetenz«) ergänzt werden mit einer Teilhabe an Religion (»Partizipationskompetenz«), weil nur so das Wissen durch Erfahrung erweitert und im Gegenzug ein tieferes Verständnis des eigenen und fremden Handelns möglich wird. Der Religionsunterricht muss also heute mehr sein als nur ein Reden über Religion, er sollte mit dem praktizierten Modus einer religiösen Weltwahrnehmung und -deutung vertraut machen.

Wissenschaftstheoretisch wird die veränderte Profilierung religiösen Lernens neben lernpsychologischen Begründungsmustern (Lernen auf mehreren Lernebenen, um träges Wissen zu vermeiden) mit den Konzepten eines »performativen Religionsunterrichts« (*to perform* – handeln, vollziehen) beschrieben. Hintergrund bildet die Sprechakttheorie von John Austin und John Searle. Die beiden Sprachwissenschaftler erforschten die Eigenart bestimmter Sprachformen, die nicht nur eine Aussage darstellen, sondern auch einen Handlungsvollzug implizieren. »How to do things with words« lautet bezeichnenderweise der Titel des Hauptwerks von John Austin aus dem Jahre 1962 (dt.: Zur Theorie der Sprechakte, 1972). Gerade in der Religion findet man eine Fülle an Sprechhandlungen (ein Gebet, einen Segen, einen Psalm, ein Gelübde, liturgische Worte ...), die ohne ihren Vollzug unverständlich bleiben. Auch die Ethik des Christentums kann ohne Bezug auf die sozial-karitativen Vollzugsformen nur schwer begriffen werden. Deshalb muss Religion, will sie verstanden werden, »in Form bleiben«. Das Bischofswort »Der Religionsunterricht vor neuen Herausforderungen« (2005, 23) formuliert entsprechend: »Der Religionsunterricht macht mit Formen gelebten Glaubens vertraut und ermöglicht Erfahrungen mit Glaube und Kirche.«

Kritiker eines performativen Ansatzes argwöhnen, mit der Konkretisierung dieses Prinzips erfolge ein Rückfall in katechetische Zeiten des Religionsunterrichts (katholisch) oder in eine Evangelische Unterweisung hinein (evangelisch), weil der Religionsunterricht nicht der Ort sei, an dem religiöse Handlungen auch vollzogen werden. Deshalb gilt: Auch ein performativer Religionsunterricht muss in den konzeptionellen Grenzen eines schulischen Unterrichtsfachs bleiben und darf nicht mit Katechese und ihren Zielsetzungen einer Einübung in den Glauben und einer Beheimatung in der

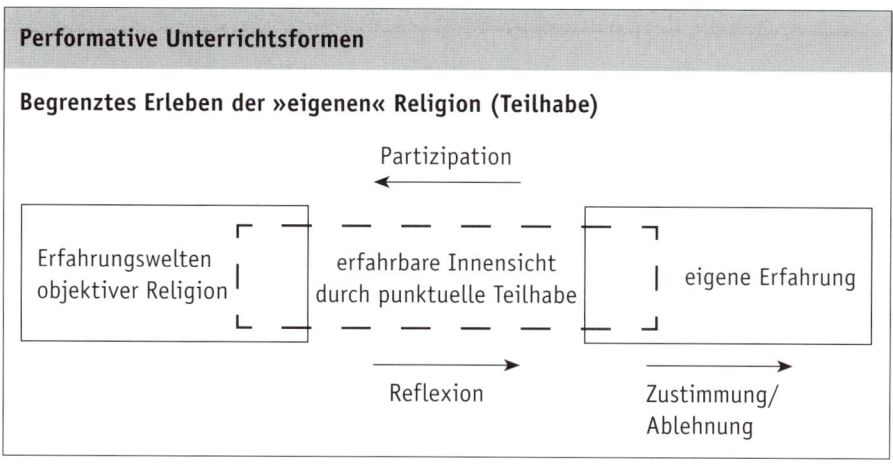

Kirche verwechselt werden (vgl. auch Kap. 6.2.2); um das zu sichern, dienen die im Folgenden dargestellten didaktischen Postulate.

Strittig ist in der Religionspädagogik die angemessene Qualifizierung religiöser Erlebnisse im Religionsunterricht: Handelt es sich »nur« um eine unterrichtliche Inszenierung, ein Probehandeln, um Vollzüge im »als-ob«, wie es in der evangelischen Religionspädagogik (z.B. Bernhard Dressler, Thomas Klie, Silke Leonard; vgl. Klie/Leonhard 2003; 2008) vorgeschlagen wird, oder um authentische Erlebnisse? Hans Mendl unterbreitet folgenden Vorschlag (vgl. RE, 12–86; siehe Schema): Performative Unterrichtsformen laden zu einem zeitlich begrenzten Erleben echter Handlungsformen aus dem Schatz religiöser Traditionen ein. Die Bedeutung, die die Schülerinnen und Schüler diesem Erleben beimessen, bleibt aber unbestimmt und kann unterschiedlich ausfallen; auch zielt die Bekanntschaft mit einem Segment praktischer Religion (einem Gebet, einem Sozialprojekt, einem Raum ...) nicht auf eine verbindliche Nachhaltigkeit über den Unterricht hinaus. Ob also aus einzelnen Erlebnissen subjektiv bedeutsame Erfahrungen werden, die die Lernenden beibehalten, entzieht sich der Steuerung durch die Lehrenden: Die tatsächliche Wirkung einer performativen Handlung ist didaktisch nicht verfügbar.

4.7.2 Didaktische Horizonte

Felder performativen Lernens

Konkrete Handlungsfelder, in denen Religion erlebbar wird, sind Räume, in denen sich Religion manifestiert (Kirchenräume, Gemeinde, Erinnerungsorte der Tradition), die Begegnung mit Personen, die aus religiösen Überzeugungen heraus handeln (z.B. im Rahmen von Sozialprojekten, beim Kontakt mit kirchlich engagierten Personen, beim interreligiösen Lernen), die erlebbare Außenseite des Glaubens in Ritual, Gebet, Liturgie und Kirchenjahr sowie die sinnenfällige und handlungsorientierte Beschäftigung mit zentralen Fragen des Christentums und anderer Religionen (vgl. RE, 88–413).

Bedeutung des Ineinanders von Reflexion und Erleben

Um die Freiheit der individuellen Erfahrungsbildung der Schülerinnen und Schüler zu sichern, erscheint eine didaktische Rahmung als unverzichtbar, welche Elemente des Erlebens (»Inszenieren«) mit solchen der kognitiven Verankerung und besonders der Reflexion (»Reflektieren« und »Einordnen«) verbindet. Das unmittelbare Erleben sollte von zwei reflexiven Elementen ummantelt werden – einer kognitiven Einführung, die den Lernenden auch einen Ausblick auf das konkrete Erlebnisfeld, mögliche Verhaltensweisen darin und damit eine gewisse Verhaltenssicherheit gibt, und einer gründlichen Nachbereitung, weil nur so das Subjekt selbstreflexiv entscheiden kann, wie es die erlebte Praxis bewertet. Erst aus dem Zueinander von Erleben und Reflexion kann eine Erfahrung werden.

Performatives Arrangement

Diskursive Einführung
Beschreibung
- des Erlebens-Modus, der zeitlichen und räumlichen Begrenzungen
- der Erwartungen an die Schüler, der Habitus-Optionen
Befähigung zur Code-Unterscheidung

Performatives Erleben
Thematisch fokussierte Erlebnisdimensionen
Offene Formen ⇒ subjektive Bedeutungszuweisung
Elemente der Zwischenreflexion ⇒ Distanzierungsmöglichkeiten

Diskursive Reflexion
Subjektive Positionierung (erleben + reflektieren = erfahren)
Austausch über subjektive Erlebens-Modi (»Was war?«)
Austausch über subjektive Erfahrungs-Konstruktionen (»Was bedeutet das?«)

Grenzziehungen

Damit es bei performativen Handlungsvollzügen nicht zur Grenzüberschreitung eines schulischen Unterrichtsfachs kommt, sind neben der bereits vorgenommenen Unterscheidung zwischen dem Erleben und einer eigenen Bedeutungszuweisung durch nötige Phasen der Reflexion folgende weitere Grenzziehungen nötig:
- Unterrichtliches Handeln ist zeitlich beschränkt; performative Handlungsformen werden dann, wenn es für das Verstehen eines Lerngegenstands nötig ist, im Unterricht vollzogen, ohne dass damit Konsequenzen über den Unterricht hinaus verbunden wären.
- Punktuelle Begegnungen mit gelebter Religionspraxis (Gebet, aber auch in einem Sozialprojekt oder dem Raum einer anderen Religion) beinhalten immer auch legitime Fremdheitserfahrungen. Der unterschiedliche Umgang mit Fremdem sollte in

seiner kommunizierbaren Reflexivität didaktisch forciert werden, weil Schülerinnen und Schüler auch dadurch fit werden für den Umgang mit Pluralität.
• Die Arbeit mit offenen Strukturen und einer Palette verschiedener Handlungsformen (z.B. bei Sozialprojekten: unterschiedliche Praxisorte), die Individualisierung zulassen, eröffnen Räume, in denen sich gleichermaßen gläubige, zweifelnde, suchende, ungläubige oder gleichgültige Kinder und Jugendliche einfinden können.

Lehrerkompetenzen

Performative Lernformen fordern auch die Lehrenden auf besondere Weise heraus. Es bedarf neben der reflektierten beruflichen Professionalität bei vielen performativen Handlungsfeldern, die in die Räume und Riten gelebter Religion hineinreichen, zusätzlich auch eines reflektierten Verhältnisses zur eigenen Religion und Konfession. Dazu zählen Selbstverantwortung, Kritikfähigkeit und das Bewusstsein der eigenen subjektiv ausgeprägten konfessionellen Gestaltung von Religion. Zur religiösen Kompetenz von Lehrenden gehört ein transparenter Umgang mit Religion; sie müssen den Modus des Wirklichkeitszugriffs des eigenen Faches beherrschen und erklären können. Schließlich brauchen die Lehrenden eine eigene spirituelle Spur, die sich das ganze Leben lang entwickeln und verändern wird. Da performative Elemente häufig in offenen Lernsituationen erprobt werden, benötigen Lehrende zudem die Fähigkeit, zwischen Inszenieren und Reflektieren flexibel wechseln zu können, sowie Beziehungskompetenz im Umgang mit den handelnden Schülerinnen und Schülern und ein gutes Maß an Differenz-Verträglichkeit, wenn Schülerinnen und Schüler sich von den erlebten Praxisfeldern distanzieren.

Literatur

LD 3.10 Performativer Religionsunterricht als religionsdidaktisches Prinzip, 327–341; ÖAR II.3.7 Religion zeigen, 205–209; RD I.3.13 Religiöse Praxis zeigen im performativen Religionsunterricht, 65–69; **RE I. Performativer Religionsunterricht: Erfahrungsräume des Religiösen öffnen, 12–86.**

Weiterführende Literatur

Klie, Thomas/Leonhard, Silke (Hg.), Performative Religionsdidaktik. Religionsästhetik – Lernorte – Unterrichtspraxis, Stuttgart 2008; Roose, Hanna, Performativer Religionsunterrrricht zwischen Performance und Performativität, in: Loccumer Pelikan 3/2006, 110–115; rhs 45 (2002), Heft 1: Performativer Religionsunterricht; ZPT 60 (2008), Heft 1: Didaktik – Performanz – Bildung.

Zusammenfassung in Stichworten

■ Angesichts des Traditionsabbruchs reicht ein Reden über Religion nicht mehr aus, um Religion in ihrer gelebten Form und Praxisrelevanz zu verstehen.
■ Das Erleben von Religion in der Schule vollzieht sich unter den Modalitäten eines schulischen Unterrichtsfachs; die Erlebnisdimension muss mit reflexiven Akten verbunden werden, um die Freiheit des lernenden Subjekts zu sichern.
■ Ziel von performativen Lernformen ist keine unterweisende Einführung in den Glauben, sondern das Verstehen von Religion.

Prüfungsaufgaben

Religionsunterricht muss heute »mehr sein als Reden über Religion«.

1. Erläutern Sie diese These mit Rückgriff auf die gesellschaftliche Entwicklung sowie auf entsprechende kirchliche Dokumente zum Religionsunterricht!
2. Formulieren Sie thesenartig Grenzziehungen, damit ein erlebnisorientierter Religionsunterricht die Rahmenbedingungen eines schulischen Unterrichtsfaches nicht gefährdet!
3. Konkretisieren Sie Ihre Ausführungen an einem frei gewählten Themenfeld des Religionsunterrichts!

»Der Religionsunterricht in der Schule leistet einen wichtigen Beitrag zur Weitergabe des Glaubens; hier geschieht Glaubensvermittlung unter den Bedingungen schulischen Lehrens und Lernens.« (Die deutschen Bischöfe: Katechese in veränderter Zeit, 2004).

1. Beschreiben Sie kennzeichnende Bedingungen und zentrale Ziele heutigen Religionsunterrichts und beziehen Sie sich dabei auf einschlägige Dokumente (z.B. Synodenbeschluss; Der Religionsunterricht vor neuen Herausforderungen)!
2. Zeigen Sie begründet auf, in welcher Weise sich religiöse Lernprozesse in der Gemeindekatechese vom schulischen Religionsunterricht unterscheiden!
3. Skizzieren Sie am Beispiel von Gebet oder Gottesdienst, wie sich konkrete Glaubensvollzüge im Kontext des schulischen Religionsunterrichts erschließen lassen und wo Sie Grenzen in einem ordentlichen Unterrichtsfach an öffentlichen Schulen sehen!

5. Planung und Durchführung von Religionsunterricht

5.1 Planung von Religionsunterricht

Ein ordentliches Unterrichtsfach bedarf einer sorgfältigen Planung und Durchführung nach den Modularitäten schulischen Lernens. Gleichzeitig sind einer starren Planung des Religionsunterrichts mit genau absehbaren Ergebnissen für alle Schülerinnen und Schüler systemische und fachliche Grenzen gesetzt: Unterricht ist ein komplexer lebendiger Prozess, dessen Handlungsmöglichkeiten in erster Linie von den beteiligten Menschen und ihren Interaktionen bestimmt werden; vom Prinzip der Subjektorientierung aus und im Kontext einer konstruktivistischen Lerntheorie wird es das Ziel sein, individuellen Lernprozessen auch im Rahmen eines Unterrichts innerhalb einer Lerngruppe Raum zu geben. Grenzen setzt aber auch der Lerngegenstand im Fach Religionsunterricht, der zu einer genaueren Bestimmung zwingt: Der Glaube entzieht sich einer unmittelbaren Vermittlung (siehe Kap. 3.2); es ist deshalb nicht einfach, zu beschreiben, was man unter einem religiösen Lernprozess verstehen kann, wenn man sich nicht auf die problematische Ebene von Wissensstrukturen und deren Reproduktion beschränken will, sondern auch individuelle Lernprozesse »in Sachen Religion« intendiert. Das Zusammenspiel von Verfügungswissen und Orientierungswissen (siehe Kap. 2.4.2) erweist sich als äußerst komplexes Geschehen, das sich einer starren Endplanung entzieht. In der neueren Zeit will man das Problem der Planbarkeit mit dem Modell der Kompetenzorientierung (siehe Kap. 5.1.4) operationalisieren, um so zumindest Kernbereiche des Lernens auch im Religionsunterricht einer gestuften Planung und Sicherung verfügbar zu machen.

Was ist guter Religionsunterricht?

1. Guter Religionsunterricht bereitet den SchülerInnen Freude.
2. Guter Religionsunterricht ermöglicht die Selbsttätigkeit der SchülerInnen.
3. Guter Religionsunterricht wird von den SchülerInnen als lebensrelevant empfunden.
4. Guter Religionsunterricht bringt explizite religiöse Themen, insbesondere Gott, zur Sprache.
5. Guter Religionsunterricht peilt die ihm vorgegebenen Ziele an und erreicht sie zumindest partiell.

(Bucher 2000, 26–32)

5.1.1 Planungsprinzipien

Dass der Religionsunterricht als »Planungs-Widerfahrnis-Gemisch« in der rechten Balance zwischen Planung und Unvorgesehenem abläuft, bereitet dem unerfahrenen Lehrenden Probleme, sollte aber als die eigentliche Chance des Faches verstanden werden. Religionslehrende sollten deshalb immer wieder über die eigenen Vorstellungen von einem guten Religionsunterricht nachdenken und selbstkritisch überprüfen, ob das aktuelle religionsdidaktische Handeln auch im Einklang mit dieser Zielvorstellung steht. Vor jeder konkreten Planung gilt es deshalb, allgemeine Grundsätze zu beachten, die im Prozess der Unterrichtsvorbereitung, -durchführung und -reflexion immer wieder als Korrektiv im Sinne eines selbstkritischen Rückblicks (»kritische Revisio«) dienen können (vgl. DdRU, 356f):

1. **Zielorientierung:** Fördert die geplante Unterrichtsstunde die allgemeine Zielbestimmung des Religionsunterrichts (siehe Kap. 2.2), die zeitunabhängige, aber auch zeitabhängige Intentionen beinhaltet? Inwiefern führt der konkrete Unterricht zu einem »verantwortlichen Denken und Verhalten in Hinblick auf Religion und Glaube« (Synodenbeschluss 2.5.1)?
2. **Korrelation:** Erfolgt eine wechselseitige Erschließung von Glaubensfragen und Lebensthemen der Kinder und Jugendlichen?
3. **Planung:** Sind die intendierten Lernchancen stimmig unterrichtlich geplant, sodass ein kontinuierlich ablaufender Lernprozess möglich wird?
4. **Flexibilität:** Ist der Unterrichtsverlauf bei aller Planung offen für Ungeplantes und Umwege?
5. **Interdependenz:** Passen die intendierten Lernchancen, die verwendeten Methoden, Medien und Materialien zusammen?
6. **Schülerorientierung:** Werden die Schülerinnen und Schüler als Subjekte des Glaubens immer wieder im Unterricht einbezogen und herausgefordert?
7. **Sinnkonstitution im Unterricht:** Erscheint dem Lehrenden die Unterrichtsstunde nach der gründlichen Vorbereitung noch so reizvoll, dass er auf ihre Durchführung gemeinsam mit den Schülerinnen und Schülern gespannt ist (»Entscheidend ist, was auf dem Platz geschieht!«)?

5.1.2 Ein Planungsmodell

Die didaktische Analyse als Kern der Unterrichtsvorbereitung nach Wolfgang Klafki (vgl. RD, 499f) zielt auf einen verantwortlichen und kritisch-konstruktiven Umgang mit den Rahmenbedingungen des Lernens und mit den Vorgaben für den Unterricht. Nicht die formale Erfüllung eines Lehrplans, sondern die Erschließung von zentralen Bildungsgehalten für die Schülerinnen und Schüler als epochaltypische Schlüsselprobleme ist die pädagogische Leistung der Lehrkraft bei der Vorbereitung von Unterricht. Das folgende Planungsmodell nähert sich großräumig vom Jahresplan aus der Vorbereitung, Durchführung und Reflexion von Unterricht. Im Anschluss daran werden die Elementarisierung als unmittelbarer Kern einer Aufbereitung von Unterricht und der Ansatz einer Kompetenzorientierung beschrieben, bevor dann in den nächsten Kapiteln didaktisch-methodische, personale und evaluative Aspekte der Unterrichtsgestaltung erläutert werden.

JAHRESPLANUNG
- Inhaltliche Vorgaben (Lehrplan)
- Jahresplan
- Planungskultur

▶

PLANUNG EINER UNTERRICHTS-EINHEIT
Didaktische Analyse und Planung

▼

AUSWERTUNG DES UNTERRICHTS
- Selbst-Evaluation
- Fremd-Evaluation
- Schüler-Evaluation

Konsequenzen für die künftige Planung

Kontext-Analyse
- Lehrervoraussetzung
- Schülervoraussetzungen
- Institutionelle Rahmenbedingungen
- Kontextuelle Möglichkeiten

▼

RELIGIONSUNTERRICHT

Didaktische Elementarisierung
- Fachwissenschaftlicher Zugang
- Elementarisierung: Strukturen, Inhalte, Erfahrungen, Wahrheiten, Zugänge

▼

PLANUNG EINER EINZELSTUNDE
- Verlaufsplanung
- Lernchancen (Ziele), Inhalte, Sozial- u. Aktionsformen, Medienauswahl

◀

Interdependente Gesamtplanung
- Lernchancen der gesamten Einheit
- Sequenzialisierung
- prinzipieller didaktischer Ansatz
- Methoden-Repertoire
- Kritische Re-Visio: Ziele des RU?

Langfristige Unterrichtsplanung (Jahresplanung)

Eine Vertrautheit mit den thematischen Vorgaben (Lehrpläne) und den darin aufscheinenden konzeptionellen Vorstellungen von einem je zeitgemäßen Religionsunterricht ist die Basis für die Jahresplanung. Bei der langfristigen Aufstellung eines Jahresplans müssen als weitere Komponenten die Möglichkeiten von (fächerübergreifenden) Projekten und deren Planung, regionale Besonderheiten z.B. an der eigenen Schule (z.B. bestimmte Feste oder Aktionen) und der Rhythmus des Kirchenjahrs berücksichtigt werden. Aus aktuellen schulischen oder gesellschaftlichen Anlässen kann es zu notwendigen Verschiebungen im Jahresplan kommen.

Zur langfristigen Unterrichtsplanung gehört auch eine umfassende Planungskultur: Religionslehrende sollten als wachsame Zeitdiagnostiker religionsproduktive Spuren inmitten des Alltags entdecken, als lebenslang Lernende aktuelle theologische Fragestellungen erfassen und einen Umgang damit kultivieren (z.B. regelmäßiges Studium von Fachliteratur) und als »Sammler und Jäger« eine eigene Planungslogistik entwickeln, die einen raschen Rückgriff auf interessante Fundstücke bietet. Dazu gehört auch der Austausch unter Kollegen und das Wahrnehmen von Angeboten im Bereich der (Religions-)Lehrerfortbildung.

Aufbereitung einer Unterrichtseinheit

Auf der mittleren Ebene der Unterrichtsvorbereitung zwischen der Jahresplanung und der Vorbereitung einer Einzelstunde geht es um die Planung einer Unterrichtseinheit. Wenn Unterricht mehr ist als nur ein kurzfristiges Lernen und Wiedergeben von Wissenssegmenten, dann kommt einer gut durchdachten sequenziellen Aufbereitung thematischer Zusammenhänge, die an bereits Gelerntem anknüpft und das Wiederaufgreifen zentraler Kompetenzen in anderen Lernzusammenhängen vorbereitet, eine zentrale Bedeutung zu.

Die didaktischen Optionen sind von den institutionellen Rahmenbedingungen (z.B. Raum- und Medienausstattung) ebenso abhängig wie von den weiteren kontextuellen Möglichkeiten vor Ort (erlebbare Felder von Religion im Umfeld, konkrete Kooperationspartner). Vor allem aber die personalen Bedingungen auf Lehrer- und Schülerseite müssen bedacht werden: Nicht nur die eigene Vertrautheit des Lehrenden mit dem Unterrichtsthema bzw. vorhandene Wissenslücken, sondern auch die Einstellung dazu ist aus wissenschaftstheoretischer Sicht von entscheidender Bedeutung, weil die Person und Haltung eines Forschenden und Lehrenden das Interaktionsgeschehen Unterricht maßgeblich mitprägen. Lehrende sollten diesen eigenen Bezug zum Gegenstand klären, gerade auch dann, wenn es um existenzielle, religiöse und konfessorische Fragen geht. Die Frage nach den Schülervoraussetzungen, ihren Einstellungen, Vorerfahrungen, speziellen Kompetenzen auf dem Gebiet des Unterrichtsgegenstandes wird dann beim Elementarisierungsmodell (siehe Kap. 5.1.3) systematisch erschlossen, kann aber bereits im Kontext einer Vorlaufsequenz, bei der die Schülerinnen und Schüler nicht nur Informationen über den Jahresplan erhalten, sondern bei der Planung einbezogen werden, eruiert werden.

Interdependenz: »Interdependent« wird die Gesamtplanung genannt, weil die einzelnen Größen der unterrichtlichen Planung – die Bestimmung der Lernchancen bzw. Lernziele, die methodischen Verfahren, die gewählten Medien und Präsentationsformen wechselseitig in Beziehung und nicht in Widerspruch stehen sollten. In einem ausgewogenen Verhältnis sollten auch offene und gebundene Formen des Unterrichts stehen, durch die Gestaltung eines methodisch abwechslungsreichen Unterrichts sollen verschiedene

Lerntypen angesprochen werden. Von der Lerngruppe und dem Thema abhängig ist auch die Entscheidung für ein geeignetes Lernverfahren, mit dem eine Sequenz strukturiert wird (siehe die verschiedenen prinzipiellen hermeneutischen Wege im nebenstehenden Kasten). Nach Abschluss einer Gesamtplanung empfiehlt sich ein selbstkritischer Rückblick: Entspricht die Sequenz den oben skizzierten allgemeinen Grundsätzen für einen »guten« (Religions-)Unterricht?

Lernverfahren

Induktiv-synthetisierend: Aus Teilelementen wird ein Gesamtergebnis abgebildet.

Deduktiv-analytisch: Von einer Gesamtansicht aus erfolgen Teilanalysen.

Genetisch-entdeckend: Von eigenen Fragehaltungen aus werden offene Lern-prozesse organisiert.

Vorbereitung und Durchführung einer Einzelstunde

Jede Unterrichtsstunde stellt eine pädagogische Inszenierung dar, die aus verschiede-nen Einzelelementen besteht (vgl. DdRU, 288–312). Die didaktische Stufung des Unterrichts ist lernpsychologisch begründet; sie zielt auf die Begegnung mit einem Unterrichtsgegenstand auf verschiedenen schlüssig miteinander verbundenen Verste-hensebenen, die jeweils von unterschiedlichen Lehrer- und Schüleraktivitäten geprägt sind. Von einem interdependenten Anspruch her verbieten sich aber allzu starre all-gemeingültige Stufungsschemata mit inhaltlich festen Leistungsbeschreibungen für die einzelnen Stufen (z.B. Vorbereitung und Zielangabe – Anschauung – Erklärung – Zusammenfassung – Anwendung), wie dies beispielsweise bei der Formalstufentheorie der Münchner Methode (siehe oben, Kap. 2.1.1) intendiert war. Auch auf der Schüler- und Lehrerseite bergen starre Schemata die Gefahr einer Ermüdung in sich, wenn Unterricht immer auf dieselbe Weise und mit denselben Elementen völlig überra-schungsfrei strukturiert wird. Die Dynamik einer Unterrichtsstunde als in sich geschlos-sene Einheit bedarf vielmehr einer grundlegenden allgemeinen Dramaturgie, die nach der anschaulichen, die Schülerinnen und Schüler in ihren Erfahrungen abholenden Einführung den Gegenstand präsentiert und erschließt, dann zur möglichst eigenstän-digen Verarbeitung motiviert und in einen zusammenfassenden Austausch oder Trans-fer mündet (vgl. Schmid 1997). Je nach Unterrichtsgegenstand können die einzelnen Stufen sehr unterschiedlich ausgestaltet werden.

In der Unterrichtsdidaktik haben sich verschiedene übersichtliche Aufbauschemata eingebürgert; die Bedeutung solcher Unterrichtsskizzen besteht in der Verdeutlichung der zentralen Aspekte, die bei der Vorbereitung und Durchführung einer Unterrichts-stunde eine Rolle spielen. Je nach didaktischer Schule variieren die Bezeichnungen und Kategorien. In der Regel werden Teilziele, Lernchancen oder Teilkompetenzen für die einzelnen lernpsychologisch genau benannten Phasen (z.B. Einführung/Motivati-on – Erarbeitung – Zusammenfassung – Vertiefung – Anwendung) angegeben und mit

Hinweisen zu den Arbeits- und Sozialformen sowie den zum Einsatz kommenden Materialien und Medien verbunden. Drei hermeneutische Grundbewegungen, mit denen sich die zentralen Felder einer Unterrichtsdynamik gut auf den Punkt bringen lassen, sind die Aufeinanderfolge von »Eindruck – Ausdruck – Austausch« als Grunddimensionen jedes Unterrichts (vgl. Mendl 2009b).

Unterrichtsreflexion

Die Evaluation einer Unterrichtsstunde und selbstverständlich auch einer Unterrichtsreihe (siehe dazu ausführlicher: Kap. 5.3) dient der Qualitätskontrolle des gehaltenen Unterrichts. Sie umfasst die Ebene der eigenen emotionalen, gedanklichen, dialogischen oder schriftlichen Auswertung des Unterrichts (Selbst-Evaluation), die Möglichkeit einer Rückmeldung durch Außenstehende, z.B. Kollegen, oder mittels technischer Geräte, z.B. einer Videoaufzeichnung (Fremdevaluation) oder durch die Schülerinnen und Schüler auf verschiedenen Ebenen (Rückmeldung durch die Evaluation der Lernergebnisse bei mündlichen und schriftlichen Proben, aber auch unmittelbare Schüleräußerungen oder Auswertung der sonstigen Schülerergebnisse). Die Konsequenzen aus der Unterrichtsreflexion sollen mittelfristig in die folgende Jahresplanung einfließen, sie können aber bereits kurzfristig bei den weiteren Unterrichtseinheiten zu didaktischen Änderungen führen.

5.1.3 Elementarisierung als Kern der Unterrichtsvorbereitung

Die wechselseitige Bezogenheit von Glaubenswelt und Lebenswelt (Korrelation) ist der Ausgangspunkt religiösen Lernens. Wenn es um die didaktische Konkretisierung dieses Postulats geht, das seit der Würzburger Synode Gültigkeit für den katholischen Religionsunterricht besitzt, didaktisch aber nie in einem überzeugenden, übergreifenden praxisrelevanten Modell umgesetzt wurde, kann man auf das in der evangelischen Religionspädagogik (Karl E. Nipkow, Friedrich Schweitzer; »Tübinger Schule«; vgl. Schweitzer u.a. 1995; Schweitzer 2003) entwickelte Modell einer didaktischen Elementarisierung zurückgreifen; dieses setzt am Konzept einer kategorialen Bildung nach Wolfgang Klafki an, mit dem eine Verbindung von einer rein formal-subjektorientierten Bildung (Gefahr: die Inhalte werden ausgeblendet) und einer rein materialen Bildung (Gefahr: das lernende Subjekt findet keine Berücksichtigung) hergestellt wird. Das Elementarisierungskonzept leistet also die Aufgabe von wechselseitigen Erschließungsprozessen zwischen dem Unterrichtsgegenstand und dem lernenden Subjekt. Als »elementar« erweist sich das Konzept in doppelter Bedeutung: es geht um die elementare Vereinfachung von Unterrichtsgegenständen mit Blick auf die jeweilige Lerngruppe und gleichzeitig um die Konzentration auf den grundlegenden (elementaren) Kern der Sache. Die Ermittlung zentraler elementardidaktischer Schritte dient Lehrerinnen und Lehrern bei der konzentrierten Vorbereitung des Unterrichts als analytisches Raster: Auf verschiedenen Ebenen und unter verschiedenen theoretischen Gesichtspunkten werden immer wieder Glauben und Leben miteinander in Beziehung gebracht (Beispiele für alle Schritte: vgl. Mendl 2002a).

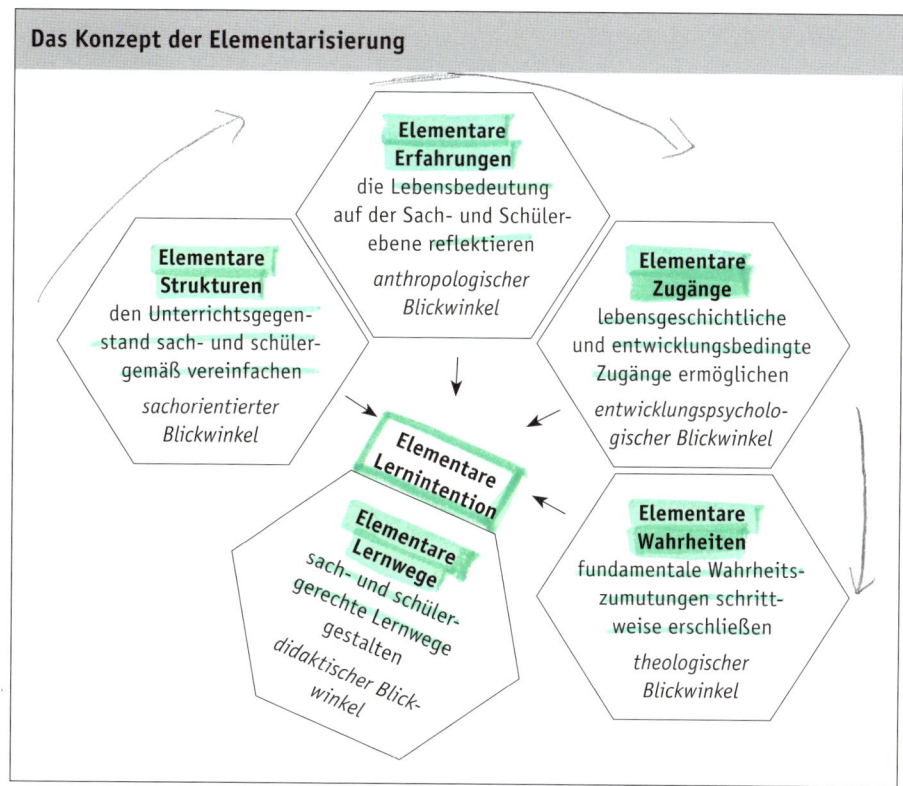

Elementare Strukturen

Lernstoffe (Texte, Erzählungen, historische Zusammenhänge, Problemskizzen, dogmatische Themen, ethische Dilemmata …) sind komplexe Gebilde mit vielfältigen Deutungsperspektiven, die sach- und adressatengemäß auf das für die Lerngruppe Wesentliche reduziert werden müssen. Lehrpläne leisten hier bereits eine gewisse Vorarbeit, indem die Stoffe dort unter einem bestimmten Fokus präsentiert werden. Diesen zu erkennen bzw. selbst zu bestimmen, ist die Leistungsaufgabe des ersten Elementarisierungsschritts. Er impliziert das, was aus anderen Fächern und didaktischen Konzepten unter dem Begriff der Sachanalyse bekannt ist: Die Eigenart des Bildungsinhalts soll entdeckt und eingegrenzt werden. Gleichzeitig leistet dieser Schritt aber mehr als nur eine reine Sachanalyse: Es geht im Sinne einer didaktischen Konzentration auf das Elementare bereits um die Ermittlung grundlegender, für die Lerngruppe relevanter Strukturen des Inhalts. Nach einer umfassenden Analyse des Lerngegenstands soll eine elementarisierende Zuspitzung dessen erfolgen, was letztlich Gegenstand der vorzubereitenden Unterrichtsstunde ist (vgl. Sitzberger 2005, 95).

Grundfrage: Worin liegt die besondere, elementare Charakteristik (Struktur, Bedeutung) des Gegenstandes?

Elementare Erfahrungen

Der zweite Schritt kontextualisiert den Unterrichtsgegenstand in die Lebenswelt der Schülerinnen und Schüler hinein – in die reale (von der konkreten Lerngruppe her gedacht) und in die potenzielle (wenn man Studien zur Kindheits- und Jugendforschung heranzieht). Lerngegenstände werden von Schülerinnen und Schülern dann als bedeutsam erkannt, wenn diese einen erfahrungsbezogenen Widerhall in der eigenen Lebenswelt entdecken. Deshalb ist die Frage zu stellen: Über welche zum vorgegebenen Thema analogen Erfahrungen verfügen die heutigen Kinder und Jugendlichen und die Schülerinnen und Schüler der Lerngruppe?

Zwei weitere Perspektiven impliziert dieser Schritt: Es geht nicht nur um die Erfahrungsdimension auf der Schülerseite, sondern auch um die in den Sachthemen enthaltenen Erfahrungsdimensionen; dies wahrzunehmen ist wichtig, um ein problematisches, lineares Denkschema im Sinne von »hier die menschliche Erfahrung – dort der Glaube« abzuwehren. Ein Beispiel: In der Exodustradition spiegeln sich die Unterdrückungs- und Befreiungserfahrungen des Volkes Israel, die wiederum auf ähnliche Erfahrungsfelder bei den Schülerinnen und Schülern bezogen werden können. Beide Erfahrungsebenen – die der Sache und die der Schülerinnen und Schüler – sollen also in einen produktiven Dialog gebracht werden. Dies beinhaltet neben analogen Erfahrungen aber auch das Aufdecken von Kontrasterfahrungen in den Texten, die nicht mit den Erfahrungen der Schülerinnen und Schüler übereinstimmen, die jedoch gerade deshalb als starke Perturbationen (»Verstörungen«; ein konstruktivistischer Fachbegriff, siehe Kap. 4.6), in der Konfrontation mit fremden Erfahrungswelten eine unterrichtliche Wirkung haben können.

Grundfragen:
- *Welche (menschliche, religiöse) Erfahrung enthält der Gegenstand?*
- *Über welche Erfahrungshorizonte bezüglich des Themenfeldes verfügen die Schülerinnen und Schüler?*

Elementare Zugänge

Weil das Verstehen von Kindern und Jugendlichen lebensweltlich und lebensgeschichtlich geprägt ist, stellt sich von einer entwicklungspsychologischen Perspektive aus die Frage nach einem ersten Zugang.

Dieser sollte aber mehr sein als eine oberflächliche Motivation für den Gegenstand, sondern vielmehr ein starker Schlüssel für die sich dann über die ganze Stunde erstreckende Auseinandersetzung mit dem Thema. Es geht also um die grundlegende Perspektive, von der aus ein Unterrichtsgegenstand dem Entwicklungsstand und der Lebenswelt der Kinder gemäß entfaltet werden kann. Das Material für diesen Elementarisierungsschritt wurde bereits beim vorherigen Schritt gesammelt – bei der Suche nach möglichen gemeinsamen Erfahrungsdimensionen. Nun muss von einer entschiedenen schülerorientierten Option her ein möglicher erster Zugang und dann die weiteren Zugänge ausgewählt werden.

Grundfrage: Auf welche Weise kann der Gegenstand für die konkreten Lerngruppen (Entwicklungs- und Lebensbezug!) eingeführt werden, sodass von Anfang an eine fruchtbare Auseinandersetzung mit ihm in Gang gesetzt wird?

Elementare Wahrheiten

Werden die Elementarisierungsschritte in der hier vorgestellten Reihenfolge vollzogen, dann dient die Reflexion über die elementare Wahrheit nochmals der Rückvergewisserung über den zentralen, bedeutungsvollen Kern der Unterrichtsstunde. Dies trägt dazu bei, dass jenseits platter Begründungsstrukturen (»weil's halt im Lehrplan steht«) ein Ringen um den besonderen theologischen Wert jeder Einzelstunde erfolgt. Es ist hilfreich, das Ringen um die elementare Sinnmitte in dreifacher Hinsicht auszudifferenzieren: Es geht um das, was aufgrund der vorausgegangenen Analyseschritte als zentrale Wahrheit »an sich« auf der Sachseite ermittelt wurde, die dann in begründeter elementarer Form als »Wahrheit für mich« den Schülern zugemutet werden soll. Gleichzeitig befindet sich auch die Lehrkraft inmitten dieses Lernprozesses und muss sich die Frage stellen, welche Bedeutung die Wahrheitszumutung auch für sie selbst hat. Insofern erweist sich die Frage nach der Wahrheit im Kontext des Elementarisierungskonzepts als eine äußerst dynamische: Es geht um eine lebenserschließende und die Lebensvorstellungen interpretierende Wahrheit und damit global um den Aufweis der Lebensförderlichkeit aller Theologie und Religionspädagogik.

Grundfragen:
- *Was ist die (theologische, existenzielle) Grundaussage des Gegenstandes?*
- *Inwiefern betrifft es Sie als Lehrperson?*
- *Was kann und soll den Schülerinnen und Schülern zugemutet werden?*

Elementare Lernwege

Mit diesem letzten Schritt an der Schnittstelle zwischen Unterrichtsplanung und -gestaltung soll gewährleistet werden, dass das Projekt der Elementarisierung nicht bei der Vorbereitung stehen bleibt, sondern sich im konkreten Unterricht in seiner Grundintention bewährt. Die ersten vier Schritte einer didaktischen Planungsphase münden in die Formulierung einer elementaren Lernintention für die gesamte geplante Unterrichtsstunde und in Einzelintentionen zur genaueren Beschreibung einzelner Phasen des Unterrichts (vgl. Sitzberger 2005, 99; Mendl 2005b, 73ff).

Das Grundanliegen des Elementarisierungsmodells, der permanente Wechselbezug zwischen Lerngegenstand und Schüler, muss auch im Stundenverlauf didaktisch durchbuchstabiert werden; entsprechend einer konstruktivistischen Lerntheorie (siehe Kap. 4.6) bieten sich besonders solche Lernformen an, die die Lernenden nicht als passive Empfänger von Informationen verstehen, sondern sie als aktiv und sinnenhaft Verarbeitende mit dem Lerngegenstand verbinden. Im Einklang mit dem geschilderten Gesamtkonzept eines »guten« Religionsunterrichts (siehe Kap. 5.1) erhöht die Dynamik des Elementarisierungsmodells den Spannungsbogen des Religionsunterrichts, weil neben einer planbaren Grundstruktur immer wieder ungeplante und überraschende Bezüge zum Thema, Erkenntnisse und Ideen für eine konstruktive vertiefte Weiterarbeit erfolgen werden.

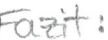

Grundfrage: *Mit welchen didaktischen Arrangements kann ein permanenter dialogischer Lernprozess zwischen den Schülerinnen und Schülern und dem Gegenstand inszeniert und wachgehalten werden?*

Fazit:

Dieses mehrschrittige Verfahren eines Elementarisierungsprozesses eröffnet den Lehrenden handhabbare Suchlinien bei der Vorbereitung und Durchführung des Religionsunterrichts. Berufsanfängern fordert der Umgang mit dem Elementarisierungsmodell einige Geduld und Anstrengung ab, weil anstatt einer vorschnellen Didaktisierung und Methodisierung des Unterrichts grundlegende Fragehaltungen eingeübt werden sollen, auf welchen Ebenen man das Zueinander von Unterrichtsgegenstand und aktiver Schülerrezeption vorab reflektieren kann. Ziel ist es, dass bei wachsender Routine diese grundsätzlichen Fragerichtungen zunehmend prozedural verfügbar sein sollen und automatisiert vonstattengehen können.

Die Bestimmung des passenden Orts für eine didaktische Elementarisierung weist gleichzeitig auf ein Defizit der Lehrerbildungssysteme hin: Die Elementarisierung scheint besonders geeignet für die gründliche Aufbereitung von Unterrichtssequenzen und deren nachhaltige schülerorientierte Strukturierung; im Sinne einer elementaren Zuspitzung erfolgt dann eine Konkretisierung auf die Einzelstunden und deren Ausarbeitung hin. Im Rahmen unterrichtspraktischer Studien und manchmal auch in der Referendariatsausbildung besteht die Gefahr der Fixierung auf visitierte Einzelstunden und einer verkürzten Sicht auf Unterricht als isolierte 45-Minuten-Einheiten. Vom Elementarisierungsmodell aus könnte man größere Bögen spannen und im Sinne der nachfolgend geschilderten Kompetenzorientierung (Kap. 5.1.4) an einem systematischen Aufbau von Teilkompetenzen arbeiten.

Literatur

DdRU Artikulation des Religionsunterrichts, 299–312; Planung des Religionsunterrichts, 355–373; LD 3.4 Das didaktische Prinzip der Elementarisierung, 247–256; ÖAR III.1 Unterrichtsvorbereitung, 214–245; RD IV. Religionsunterricht professionell planen und gestalten, 485–586; RD GS II.1 Korrelation und Elementarisierung als religionsdidaktische Grundkategorien, 152–168.

Weiterführende Literatur

Mendl, Hans, Elementarisieren lernen, in: JRP 18 (2002), 63–73 (mit Beispielen); Schweitzer, Friedrich, Elementarisierung im Religionsunterricht. Erfahrungen, Perspektiven, Beispiele, Neukirchen-Vluyn 2003; KatBl 126 (2001), Heft 2: Elementares Lernen; ZPT 53 (2000), Heft 3: Elementarisierung.

Zusammenfassung in Stichworten

■ Sowohl vom Gegenstand Religion her als auch von den lernenden Subjekten aus entziehen sich Lernprozesse im Religionsunterricht einer starren Planbarkeit im Voraus.
■ Gleichzeitig erfordert ein ordentliches Unterrichtsfach unter Einbezug allgemeiner Planungs- und Zielprinzipien eine begründete und transparente Planung des Unterrichts auf allen Ebenen und in Verschränkung der beteiligten Planungsgrößen.
■ Das Modell der Elementarisierung soll dazu befähigen, in nachvollziehbaren Schritten Lerngegenstände so aufzubereiten, dass Glauben und Leben in eine wechselseitige Beziehung gebracht werden können.

Prüfungsaufgaben

Die Vorbereitung des Religionsunterrichts – ein »Planungs-Widerfahrnis-Gemisch«

1. Erläutern Sie planbare und unplanbare Momente des Religionsunterrichts und formulieren Sie aus dem Zueinander beider Momente Folgerungen für die Vorbereitung von Religionsunterricht!
2. Skizzieren Sie langfristige Vorüberlegungen und Elemente einer lebenslangen »Planungskultur«!
3. Beschreiben Sie mögliche Wege und Ziele einer Reflexion von Religionsunterricht und konkretisieren Sie dies auf eine Unterrichtseinheit nach freier Wahl hin!

Elementarisierung als Kern der Unterrichtsvorbereitung

1. Erläutern Sie die Bedeutung des didaktischen Modells der Elementarisierung im Kontext der Vorbereitung von Religionsunterricht!
2. Skizzieren Sie das Vorgehen und die Teilschritte anhand eines interreligiösen Themas aus dem Lehrplan für Katholische Religionslehre an Hauptschulen! *z.B. Judentum/Islam*
3. Diskutieren Sie, ausgehend von einem eigenen Beispiel, den Wert und die Grenzen des Elementarisierungsmodells für die Berufspraxis einer Religionslehrerin und eines Religionslehrers!

5.1.4 Zwischen Lehrplänen und Kompetenzorientierung

Das neue Paradigma: Kompetenzorientierung und Bildungsstandards

Die konzeptionelle Planung von Bildungsprozessen vollzieht sich im Kontext der jeweiligen gesellschaftlichen, kulturellen und politischen Rahmenbedingungen. Wenn Beschleunigung ein Kennzeichen der Postmoderne ist (siehe Kap. 1.1), kann man als Anfänger im Lehrerberuf nicht davon ausgehen, dass die im Studium erworbenen konzeptionellen Vorstellungen von Lehr- und Lernprozessen in dieser Form ein tragfähiges Gerüst bis zur Pensionierung darstellen. Dies wird beispielsweise an den verschiedenen Lehrplankonzeptionen der letzten Jahrzehnte deutlich: Nach den stofforientierten Lehrplänen der Nachkriegszeit dominierten ab den 1970er-Jahren curriculare Lehrpläne mit genauen operationalisierten Zielrastern. Diese wurden in den 1990er-Jahren von einer postcurricularen Lehrplangeneration abgelöst, die von deutlicher prozesshaften Zieldefinitionen geprägt war. Die für das deutsche Bildungssystem wenig schmeichelhaften Ergebnisse der internationalen Vergleichsstudien TIMSS und PISA führten zu einer erneuten Wende in der Bildungsplanung, die unter den Stichworten »Bildungsstandards« und »Kompetenzorientierung« in vielen Bundesländern bereits zu einer völlig veränderten Bildungsplanung beigetragen hat.

Der Hauptkritikpunkt an der derzeitigen Bildungspolitik und -planung lautet (neben der Feststellung, dass in kaum einem anderen Land die soziale Schere größer ist, was die Bildungschancen betrifft): Es wird zu viel in die kultusbürokratisch gesteuerten Inputs investiert, z.B. in inhaltsdominante Lehrpläne, und zu wenig darauf geachtet, was die Schülerinnen und Schüler tatsächlich lernen. Die Kultusminister-Konferenz (KMK) hat im Jahr 2002 die Einführung nationaler Bildungsstandards beschlossen. Entsprechend dem Konzept der Bildungsstandards liegt der Fokus nun auf den von den Schülerinnen und Schülern zu einem bestimmten Zeitpunkt erworbenen Kompetenzen. Diese sind der neue Ausgangspunkt für die Planung von Unterricht.

Bildungsstandards sind nach Eckhard Klieme »Anforderungen an das Lehren und Lernen in der Schule. Sie benennen Ziele für die pädagogische Arbeit, ausgedrückt als erwünschte Lernergebnisse der Schülerinnen und Schüler« (vgl. Mendl 2007d, 52). Konkretisiert werden die Bildungsstandards in differenzierten Kompetenzen – Wissen, Fähigkeiten, Einstellungen und Haltungen –, die die Schülerinnen und Schüler in einem bestimmten Fach zu einem festgelegten Zeitpunkt erworben haben sollen.

Das Modell der Bildungsstandards wird kontrovers diskutiert; kritisiert wird vor allem die wirtschaftspolitisch motivierte Einführung solcher Standards, was sich auch in einer Begrifflichkeit manifestiert, die vom Leitbild der neuen Ökonomie geprägt ist (Deregulierung, Autonomisierung, Qualitätssicherung, Evaluation), und die Komplexität der Umsetzung bis hin zu schulischen Curricula. Wie schon bei der Diskussion der Curriculumtheorie wird die Theorie der Bildungsstandards auch daraufhin kritisch beleuchtet, wie es um die Möglichkeit einer Überprüfung des Lernergebnisses bestellt ist: Konsens besteht darin, dass mit den Bildungsstandards zwar zentrale Kernkompetenzen und Lernleistungen beschrieben werden können, es aber gerade im Religionsunterricht weitere Lernfelder gibt, die sich einer kompetenzorientierten Festlegung und Evaluation entziehen. Von einem subjektorientierten Lernverständnis aus wird man zudem darauf achten, dass man nicht nur die genau beschreibbaren Lernergebnisse im Blick hat, sondern genauer angibt, mit welchen Lernprozessen die einzelnen Kompetenzfelder in der jeweiligen Lerngruppe angestrebt werden können.

Kompetenzorientierte Lehrpläne unterscheiden sich von den bisherigen „klassischen" Lehrplänen dadurch, dass sie auf die differenzierte Vorstrukturierung von didaktisch bereits aufbereiteten Unterrichtseinheiten verzichten und sich auf die Angabe von zu erwerbenden Kompetenzen, evtl. in Verbindung mit der Benennung von Inhalten, an denen diese Kompetenzen aufgebaut werden können, beschränken. Den Lehrenden vor Ort kommt die Aufgabe zu, eigenverantwortlich aus diesen allgemeinen Vorgaben den eigenen Unterricht zu konzipieren, im optimalen Fall in Absprache untereinander, damit ein homogener Kompetenzerwerb im Laufe der Schuljahre erfolgen kann. Es genügt also nicht mehr, nur die Inputs von Lernprozessen zu beschreiben; man muss auch belegen, auf welche Weise und in welchen Teilschritten die Schülerinnen und Schüler die einzelnen Kompetenzen aufbauen, vertiefen und sichern können. Bei neuen, kompetenzorientierten Schulbüchern wird deshalb mehr Wert gelegt auf die Angabe von methodischen Verfahren eines selbstständigen Lernens (»Methoden-Seiten«) und auf die Transparenz der zu erwerbenden Kompetenzen (»nach dieser Unterrichtseinheit kannst du ...«). Es geht also letztlich darum, »die Schülerinnen und Schüler als verantwortliche Akteure ihres eigenen Lernens ernst zu nehmen« (Michalke-Leicht 2011, 11). Eine solche lerntheoretische Konkretisierung des Subjektansatzes erscheint als die große Chance von Modellen, bei denen Kompetenzorientierung im Religionsunterricht umgesetzt wird.

Kompetenzen im Religionsunterricht

Das Grundproblem in der Religionspädagogik besteht darin, genauer zu beschreiben und auszudifferenzieren, was unter religiöser Kompetenz zu verstehen ist. Dazu müssen allgemeine Zielhorizonte in einzelne Teilkompetenzen überführt werden.

Allgemeiner Zielhorizont

Die Schülerinnen und Schüler sollen im Religionsunterricht einen sachgemäßen Umgang mit dem christlichen Glauben, mit anderen Religionen und mit der eigenen subjektiven Religion erwerben; sie sollen verstehen lernen, auf welche Weise Religion und Religionen die Wirklichkeit zu erfassen, zu deuten und zu gestalten versuchen. Religiöses Verfügungswissen und lebenslang bedeutsames Orientierungswissen müssen deshalb im Prozess des Lernens miteinander verschränkt werden.

Teilkompetenzen

Als handhabbares analytisches Raster für die Entfaltung von religiösen Teilkompetenzen erweist sich eine Orientierung an den Dimensionen von Religiosität, wie sie Charles Y. Glock vorgelegt hatte und die Ulrich Hemel auf den Begriff der religiösen

Kompetenz als »die erlernbare, komplexe Fähigkeit zum verantwortlichen Umgang mit der eigenen Religion in ihren verschiedenen Dimensionen und in ihren lebensgeschichtlichen Wandlungen« übertragen hat (vgl. Fischer/Elsenbast 2006, 17; vgl. auch Obst 2008):

- Religiöse Sensibilität: die Fähigkeit zur Wahrnehmung religiöser Phänomene.
- Religiöse Inhaltlichkeit: Verfügung über Wissen und bereichsspezifische Orientierungs- und Deutungsmuster.
- Religiöses Ausdrucksverhalten: die Übernahme religiöser Rollen und Handlungsmöglichkeiten.
- Religiöse Kommunikation: Sprach-, Interaktions- und Dialogfähigkeit.
- Religiös motivierte Lebensgestaltung: integrierende Fähigkeiten zu einem an religiösen Überzeugungen orientierten Handeln.

Diese Grundmatrix wurde, zum Teil in anderer Aufteilung und Terminologie, in verschiedenen Kompetenzmodellen, die von evangelischer wie katholischer Seite entwickelt wurden, übernommen. Die deutschen Bischöfe haben Richtlinien für Bildungsstandards in der Grundschule und in der Sekundarstufe I (2004 und 2006) vorgelegt, die allerdings sehr umfangreich und deutlich inhaltsorientiert sind.

Ende 4. Kl.:   Am Ende der vierten Jahrgangsstufe sollen die Schülerinnen und Schüler demnach über die folgenden allgemeinen Kompetenzen verfügen (vgl. Kirchliche Richtlinien zu Bildungsstandards 2006, 15–18):

- Wahrnehmen und entdecken.
- Fragen stellen und bedenken.
- Deuten und gestalten.
- Unterscheiden und bewerten.
- Sich ausdrücken und einander mitteilen.
- Anteil nehmen und Verantwortung übernehmen.

Ende MS: Mit dem Erwerb des Mittleren Schulabschlusses sollen dann die Schülerinnen und Schüler durch die Auseinandersetzung mit Inhalten des christlichen Glaubens über die nachfolgend genannten Kompetenzen verfügen (vgl. Kirchliche Richtlinien zu Bildungsstandards 2004, 13–15):

- Religiöse Phänomene wahrnehmen.
- Religiöse Sprache verstehen und verwenden.
- Religiöse Zeugnisse verstehen.
- Religiöses Wissen darstellen.
- In religiösen Fragen begründet urteilen.
- Sich über religiöse Fragen und Überzeugungen verständigen.
- Aus religiöser Motivation handeln.

Diese allgemeinen Kompetenzen in der Grundschule und Sekundarstufe, die einander zugeordnet werden können (siehe Schaubild), werden in beiden Dokumenten auf sechs Gegenstandsbereiche bezogen (1. Mensch und Welt, 2. Die Frage nach Gott, 3. Biblische Botschaft, 4. Jesus Christus, 5. Kirche und Gemeinde, 6. Andere Religionen) und ergeben so die Grundmatrix für die Formulierung konkreter Kompetenzen. So lauten

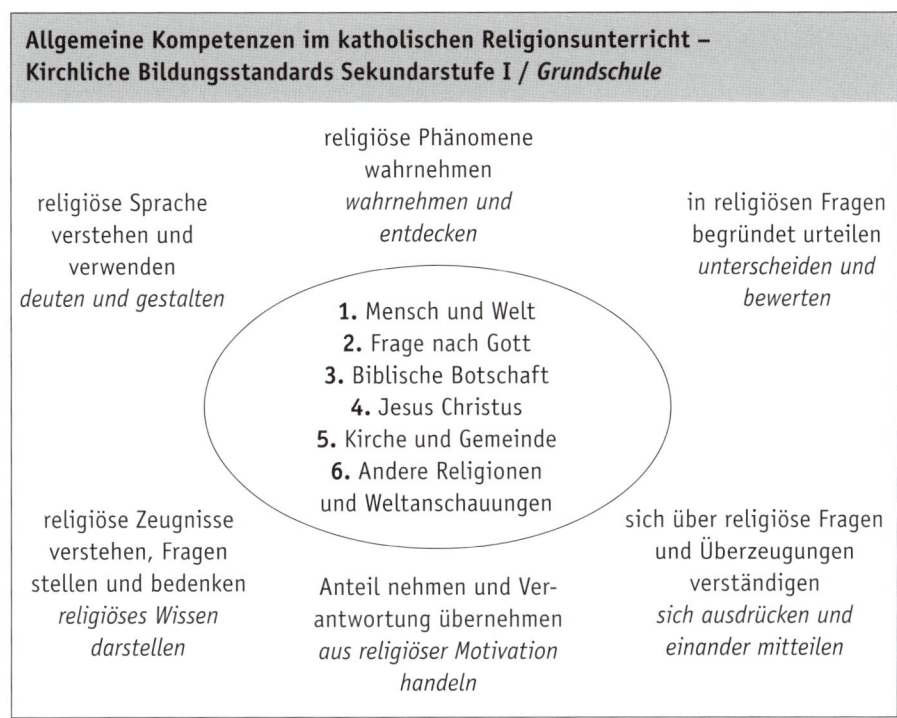

**Allgemeine Kompetenzen im katholischen Religionsunterricht –
Kirchliche Bildungsstandards Sekundarstufe I / *Grundschule***

religiöse Phänomene
wahrnehmen
*wahrnehmen und
entdecken*

religiöse Sprache
verstehen und
verwenden
deuten und gestalten

in religiösen Fragen
begründet urteilen
*unterscheiden und
bewerten*

1. Mensch und Welt
2. Frage nach Gott
3. Biblische Botschaft
4. Jesus Christus
5. Kirche und Gemeinde
6. Andere Religionen
und Weltanschauungen

religiöse Zeugnisse
verstehen, Fragen
stellen und bedenken
*religiöses Wissen
darstellen*

Anteil nehmen und Ver-
antwortung übernehmen
*aus religiöser Motivation
handeln*

sich über religiöse Fragen
und Überzeugungen
verständigen
*sich ausdrücken und
einander mitteilen*

beispielsweise zwei Kompetenzbeschreibungen im Gegenstandsbereich 2 so: »Die Schülerinnen und Schüler können ihre Gottesvorstellungen und ihre Gottesbeziehung wahrnehmen und einander mitteilen.« – »Die Schülerinnen und Schüler können wesentliche Elemente der biblischen Rede von Gott nennen und angemessen verwenden.«

Verbindet man diese Kompetenzmodelle begrifflich, so kann man folgende allgemeinen Kompetenzfelder genauer beschreiben, die didaktisch entfaltet werden müssen:

- **Wahrnehmungskompetenz – religiöse Sensibilität:** Die Schülerinnen und Schüler sollen religiös bedeutsame Phänomene wahrnehmen und beschreiben *(Perzeption)*.
- **Begriffskompetenz – religiöse Inhaltlichkeit:** Die Schülerinnen und Schüler sollen religiös bedeutsame Glaubens- und Lebenszeugnisse verstehen und darstellen *(Kognition)*.
- **Deutungskompetenz – religiöse Urteilsfähigkeit:** Die Schülerinnen und Schüler sollen in religiösen Fragen begründet urteilen *(Evaluation)*.
- **Dialogkompetenz – religiöse Kommunikation:** Die Schülerinnen und Schüler sollen sich über religiöse Fragen und Überzeugungen verständigen *(Interaktion)*.
- **Ausdruckskompetenz – religiöses Ausdrucksverhalten:** Die Schülerinnen und Schüler sollen in religiösen und ethischen Fragen und Feldern gestalten und handeln *(Performanz)*.
- **Partizipationskompetenz – religiös motivierte Lebensgestaltung:** Die Schülerinnen und Schüler sollen an religiöser und gesellschaftlicher Praxis begründet und entschieden (nicht) teilnehmen *(Partizipation)*.

Eine kompetenzorientierte Ausrichtung des Unterrichts führt unmittelbar zu den Kompetenzfeldern (Wahrnehmungs- und Darstellungsfähigkeit, Deutungsfähigkeit, Urteilsfähigkeit, Dialogfähigkeit, Gestaltungsfähigkeit), die nach den Richtlinien der Kultusministerkonferenz auch in der Abiturprüfung eingefordert werden (vgl. Einheitliche Prüfungsanforderungen 2006; Michalke-Leicht 2011, 38–42). Diese Kompetenzfelder beziehen sich auf inhaltliche Schwerpunkte für den katholischen Religionsunterricht, wie er in den Länderlehrplänen entfaltet werden soll: Der christliche Glaube soll verstehbar werden in Begegnung, Anknüpfung und Auseinandersetzung mit folgenden vier inhaltlichen Feldern:

1. Religiös bedeutsame Erfahrungen und Fragen der Schülerinnen und Schüler.
2. Andere religiöse Lebensentwürfe und Weltdeutungen.
3. Religiös geprägte Ausdrucksformen in der Kultur.
4. Religiös-ethische Herausforderungen in unterschiedlichen gesellschaftlichen Handlungsfeldern wie Kultur, Wissenschaft, Politik und Wirtschaft.

Auf komplexe Weise sollen demnach drei hermeneutische Ebenen miteinander verbunden werden: die lebensweltlich-biografische Perspektive mit der Perspektive von Kirche und Theologie und anderen Perspektiven, in denen je eigene Weltanschauungen, Sinndeutungen und gesellschaftliche Herausforderungen aufscheinen.

Die Überprüfung des Leistungsvermögens der Schülerinnen und Schüler soll zudem auf differenzierte Weise operationalisiert werden, indem drei Anforderungsbereiche ausgewiesen und detailliert mit den entsprechenden Operatoren beschrieben werden; diese geben an, welche Fähigkeiten beim Lösen der Prüfungsaufgaben erwartet werden (die Prüfungsaufgaben in diesem Buch sind übrigens in Anlehnung an dieses lerntheoretische Modell gestaltet, das inzwischen auch bei vielen universitären und staatlichen Prüfungen verwendet wird):

Überprüfung v. Wissen
Anforderungsbereich I: Reproduktion

Der Anforderungsbereich I umfasst die Zusammenfassung von Texten, die Beschreibung von Materialien und die Wiedergabe von Sachverhalten unter Anwendung bekannter bzw. eingeübter Methoden und Arbeitstechniken, z.B. *nennen, benennen, skizzieren, formulieren, darstellen, wiedergeben, beschreiben.*

Anforderungsbereich II: Reorganisation und Transfer

Der Anforderungsbereich II umfasst die Zusammenfassung von Texten, die Beschreibung von Materialien und die Wiedergabe von Sachverhalten unter Anwendung bekannter bzw. eingeübter Methoden und Arbeitstechniken, z.B. *einordnen, anwenden, belegen, nachweisen, begründen, erläutern, entfalten, vergleichen.*

Anforderungsbereich III: Selbstständiges Urteilen, Problemlösen, kreative Handlungs-
und Ausdrucksformen

Der Anforderungsbereich III umfasst die selbstständige systematische Reflexion und
das Entwickeln von Problemlösungen, um zu eigenständigen Deutungen, Wertungen,
Begründungen, Urteilen und Handlungsoptionen sowie zu kreativen Gestaltungs- und
Ausdrucksformen zu gelangen, z.B. *beurteilen, bewerten, Stellung nehmen, erörtern,*
interpretieren, Konsequenzen aufzeigen, gestalten, entwerfen.

Abschließende Würdigung: Das Modell einer Kompetenzorientierung zielt auf eine größere Transparenz bei der Gestaltung von Lernprozessen für die Lehrenden und Lernenden und auf die Förderung nachhaltigen Lernens. Es nötigt die Lehrenden zu einer
Verständigung über verbindliche Anforderungen auf verschiedenen Kompetenzfeldern
(Wissen, Können, Haltungen) in wechselseitiger Verschränkung und geht bereits bei
der Strukturierung von Lernprozessen von den lernenden Subjekten aus. Wie bereits
bei der Curriculumtheorie erscheint es im Religionsunterricht als die zentrale Herausforderung, wie Kompetenzfelder, die über den Bereich des Kognitiven hinausgehen,
strukturiert und evaluiert werden können. Von einem subjektiven Bildungsverständnis
aus wird man gerade im Religionsunterricht darauf achten, dass allgemeine Kompetenzbeschreibungen für eine individuelle Füllung offenstehen.

Literatur

LD 3.11 Kompetenzorientierung als religionsdidaktisches Prinzip, 341–360; RD IV.4.2 Bildungsstandards und Kompetenzorientierung, 527–530.

Weiterführende Literatur

Michalke-Leicht, Wolfgang, Kompetenzorientiert unterrichten, München 2011; Obst, Gabriele,
Kompetenzorientiertes Lehren und Lernen im Religionsunterricht, Göttingen 2008.

Zusammenfassung in Stichworten

■ Bildungsstandards erfassen zwar zentrale abprüfbare, aber nicht alle bedeutsamen Lernfelder im Religionsunterricht.
■ Das Modell der Kompetenzorientierung motiviert nicht nur zur differenzierten Beschreibung von Kompetenzen, die Schülerinnen und Schüler zu einem bestimmten Zeitpunkt erworben haben sollen, sondern nötigt auch zur genauen und auch für die Lernenden transparenten Skizzierung von Lernwegen und Methoden, mit denen diese Kompetenzen erworben werden können.
■ Die Kompetenzkataloge für den Religionsunterricht dienen auch als Wahrnehmungsraster für Lehrende, um individuelle Lernprozesse der Schülerinnen und Schüler auf verschiedenen Ebenen wahrzunehmen und subjektive Lernwege zu fördern.

Prüfungsaufgaben

Kompetent in Religion

1. Erläutern Sie zentrale Kompetenzfelder, über die hinweg die Schülerinnen und Schüler im Laufe ihrer Schulzeit Lernerfahrungen machen sollen!
2. Konkretisieren Sie diese allgemeinen Überlegungen auf das Ende der Grundschulzeit hin und formulieren Sie zentrale realistische Kompetenzen, über die die Schülerinnen und Schüler nach vier Schuljahren im Fach Religionslehre verfügen sollen!
3. Diskutieren Sie die Folgen eines kompetenzorientierten Ansatzes für die Lehrenden und dessen Chancen und Grenzen für den Religionsunterricht!

»1000 Stunden Religion« – Was bleibt nach der 9. Klasse?

1. Beschreiben Sie, über welche religiöse Kompetenzen Jugendliche verfügen sollten, wenn sie die Sekundarstufe I verlassen!
2. Skizzieren Sie an einem konkreten Thema, wie nachhaltige Lernprozesse von der 5. bis zur 9. Klasse konzipiert werden können!
3. Diskutieren Sie kritisch unter Einbezug entwicklungspsychologischer und soziologischer Eckdaten, wieso die Vorstellung eines kumulativen Wissenserwerbs im Religionsunterricht problematisch ist!

5.2 Sozialformen, Unterrichtsverfahren, Medien

5.2.1 Unterrichtsformen

Die Entscheidung für bestimmte großräumigere Unterrichts- und Sozialformen und kleinräumigere Unterrichtsverfahren im Sinne der Lehr- und Lernaktivitäten der beteiligten Personen im Unterricht vollzieht sich im Kontext eines wechselseitig verschränkten (interdependenten) Begründungszusammenhangs, wie er oben (siehe Kap. 5.1) skizziert wurde. Folgende weitere grundsätzliche Aspekte sind zu bedenken, wenn es um die konkrete didaktisch-methodische Ausgestaltung von Religionsunterricht geht:
* Welche Lernebene (Wissensdomäne) soll unterrichtlich bearbeitet werden?
* Worin besteht der besondere religionsdidaktische Wert eines Verfahrens?
* Welche Lerntypen werden angesprochen?

Variable Methoden für verschiedene Wissensdomänen

Franz E. Weinert (Weinert 1998) verweist darauf, dass es nicht einfach »das« beste Lernkonzept für den Unterricht gibt. Vielmehr erfordern die verschiedenen Wissensdomänen auch je eigene Lernmethoden. Er nennt folgende vier Kompetenzbereiche und ordnet ihnen spezielle Methodenspektren zu:
* Der **Erwerb intelligenten Wissens** (vertikaler Wissenstransfer): Wenn es um die strukturierte Weitergabe von Wissenszusammenhängen geht, dann erweist sich eine variabel auszugestaltende Form der direkten Instruktion als das lernpsychologisch beste Lernverfahren (vgl. dazu: KatBl 135 [2010], Heft 5: Klug vermitteln). Über einen reinen Lehrervortrag und andere fragwürdige Handlungsmuster (z.B. ein starr fragend-entwickelnder Unterricht) hinaus, mit denen der »Frontalunterricht« didaktisch diskreditiert wurde, umfasst die direkte Instruktion als grundlegende Unterrichtsform ein Bündel anderer Aktionsformen und Lehrtechniken der Lehrenden und Lernenden (Methoden der Darbietung, der gemeinsamen Erarbeitung, der Anleitung zur selbstständigen Arbeit), mit denen einem »trägen« Wissen entgegengewirkt und eine intelligente Form der Wissensverschränkung stattfinden soll.
* Der **Erwerb situierter Strategien der Wissensnutzung** (horizontaler Wissenstransfer): Bereits die Anwendung eines erworbenen Wissens in neuen Zusammenhängen erfordert komplexere Lernverfahren und lebensnahe Lernarrangements, die über die direkte Instruktion hinausreichen: Formen des situierten Lernens, Projektarbeit, Gruppenunterricht, Teamarbeit, originelle Übungs- und Anwendungsaufgaben.
* Der **Erwerb metakognitiver Kompetenzen** (lateraler Wissenstransfer): Dem »Lernen lernen« wird in einer postmodern-beschleunigten Gesellschaft mehr Bedeutung zugemessen, weil Schülerinnen und Schüler für ein lebenslanges Lernen dazu befähigt werden müssen, eigene Lernstrategien zu entwickeln. Für diese Wissensdomäne sind jegliche Methoden des selbstständigen Lernens angemessen (z.B. Wochenplanunterricht, Referate, Lernen durch Lehren, offene Arbeitsformen), aber auch Metho-

Wissensdomänen und geeignete methodische Verfahren (Franz Weinert)	
Erwerb von **intelligentem Wissen**	Variable Formen der direkten Instruktion
Erwerb von **lebenspraktischem Anwendungswissen**	Formen des situierten Lernens: Projektarbeit, Gruppenunterricht, Teamarbeit, kreatives Üben
Erwerb von **Schlüsselqualifikationen metakognitiver Kompetenz, Strategien des Lernen-Lernens**	Methoden des selbstständigen Lernens, angeleiteter Aufbau metakognitiver Einsichten, offener Unterricht
Erwerb von **kognitiv-motivationalen Handlungs- und Wertorientierungen**	variables Instrumentarium erkenntnis- und erlebnisintensiver Methoden, Schulkultur, Vorbild, Reflexionsklima

den, mit denen eigene Lernerfahrungen und Lernwege reflektiert werden könnten (Portfolio-Arbeit, inhaltliche, methodische und soziale Reflexionsprozesse).

- Der **Erwerb von Handlungs- und Wertorientierungen** (handlungsbedingter Wissenstransfer): Diese Wissensdomäne ist unterrichtlich nur schwer zu steuern (siehe dazu auch Kap. 3.5). Ein Aufbau von Werthaltungen und persönlichen Gewohnheiten kann nur im Rahmen eines entsprechenden Lern- und Reflexionsklimas erfolgen. Eine Schulkultur, in der sich gemeinsam vereinbarte Regeln, individuelle Freiheiten und ein faires Sozialverhalten verbinden, ein Lernen an lebensnahen Beispielen und Vorbildern (auch an den Lehrenden!) erweisen sich als förderlich für dieses komplexe Feld wertorientierten Urteilens und Handelns.

Der besondere religionsdidaktische Wert eines Verfahrens

Über die allgemeine didaktische Beschreibung und Bewertung der zentralen Sozialformen hinaus erscheint im fachspezifischen Kontext vor allem die Frage nach der religionsdidaktischen Bedeutung der einzelnen Unterrichtsformen als bedeutsam. Ein guter Religionsunterricht kann auf keine der skizzierten Formen verzichten, weil alle je eigene religionsdidaktische Zielhorizonte eröffnen, die sich argumentativ wechselseitig ergänzen.

- So braucht der Religionsunterricht einen gut organisierten Frontalunterricht, weil hier die Schülerinnen und Schüler als Erzählgemeinschaft angesichts des Glaubens (nicht »im« Glauben!) Sinn- und Glaubensfragen im kommunikativen Geschehen besprechen; wenn sie hier lernen, verschiedene Positionen respektvoll auszuhandeln, dann fördert dies einen Umgang mit gesellschaftlicher Pluralität. Aber auch der Lehrkraft kommt als personalem Medium (siehe auch Kap. 3.6 und 5.4) im Sozial- und Kommunikationsraum der ganzen Lerngruppe eine deutlicher hervorgehobene Rolle zu, als dies bei Formen des selbstständigen Arbeitens der Fall ist. Eine religionsdidaktische Sonderform eines deutlich strukturierten und lehrergesteuerten Unterrichts sind Elemente wie der Morgen- und Sitzkreis und meditative Übungen.

- Phasen der Einzel- und Stillarbeit ermöglichen den Schülerinnen und Schülern eine eigenständige Auseinandersetzung mit den Themen des Religionsunterrichts. Sie werden somit immer wieder dazu befähigt, in Zeiten des eigenen Nachdenkens und Arbeitens in Muße und Ruhe (griechisch *scholé* – Muße, Studium, Unterricht!) als Subjekte des eigenen Glaubens konfiguriertes und individuiertes Glaubenswissen (siehe Kap. 2.5.4) aufeinander zu beziehen.
- Die Partnerarbeit ermöglicht dem Sozialwesen Mensch einen respektvollen Austausch über Glaubensfragen im Gespräch mit Gleichaltrigen und häufig auch den Banknachbarn als Freunden; hier können persönliche Meinungen zur Sprache kommen, die man in der gesamten Lerngruppe nicht äußern würde. Ähnliches gilt auch für die Gruppenarbeit, die sowohl einen respektvollen Austausch als auch eine konstruktive Arbeitsorganisation erfordert.
- Bei Formen des offenen Unterrichts wie Freiarbeit oder der Arbeit in einem Lernzirkel, einem Stationentraining oder einem projektorientierten Unterricht wird die Verantwortlichkeit der selbstständig Arbeitenden für das soziale Miteinander, aber auch für die Lernwege gefordert. Gerade die Projektarbeit führt, wenn sie dem hohen Anspruch der Projektidee nahekommen will, zu einem offeneren Blick für die gesellschaftliche Wirklichkeit und fördert die Verantwortung für die gemeinsame Welt.
- Besondere religionsdidaktische Bedeutung haben auch die metareflexiven Lernverfahren, weil durch diese Prozesse eines beurteilenden Zugangs auf Lernwege und Lerninhalte die Schülerinnen und Schüler als Subjekte des eigenen Glaubens und der je eigenen Glaubensbiografie ernst genommen werden.

Die religionsdidaktische Bedeutung von Unterrichtsformen	
Sozialformen	**Religionsdidaktische Bedeutung**
Direkte Instruktion	Erzählgemeinschaft angesichts des Glaubens Umgang mit religiöser Pluralität Lehrende als personale Medien
Einzelarbeit – Stillarbeit	Subjekt des eigenen Glaubens
Partnerarbeit	Respektvoller Umgang mit Glaubens- fragen
Gruppenarbeit	Glaubensreflexion im gestuften Dialog
Freiarbeit	Verantwortung für eigene Lernwege
Lernzirkel	Soziale Verantwortung
Projektarbeit	Weltverantwortung
Metareflexion	Religiöses Lernen als individueller Prozess Biografisches Lernen in Pluralität

Wenn Religion nicht als isolierter Gegenstandsbereich betrachtet wird, sondern als Teilbereich von Gesellschaft in vielfältigen Vernetzungen und Erscheinungsformen erschlossen werden soll, dann kommt einem fächerübergreifenden Lernansatz eine besondere Bedeutung zu. Neben einem selbstverständlichen fächerübergreifenden Ausblick bei vielen unterrichtlichen Themen und Teilthemen eignen sich vor allem offene Unterrichtsformen und großräumigere Projekte für ein intensiv vernetztes Erarbeiten von Unterrichtsthemen unter Einbezug verschiedener Fachdisziplinen.

5.2.2 Grundlegende Lehr- und Lernformen

Ein methodisch abwechslungsreicher Religionsunterricht kann mehrfach begründet werden: Der Einsatz unterschiedlicher Methoden erhöht die Motivation, weil anders als bei einem starren Stundenschema mit fixen Abläufen und geringen methodischen Variationen die Lernenden sich auf verschiedenen Lernwegen und von manchmal überraschenden Blickwinkeln aus mit den Fragestellungen des Religionsunterrichts beschäftigen können. Ein subjektorientierter Religionsunterricht (siehe Kap. 4.1) trägt der Tatsache Rechnung, dass in einer Lerngruppe unterschiedliche Lerntypen versammelt sind, die je eigene Lernzugänge bevorzugen. Zwar wäre es im Rahmen des konventionellen Systems von öffentlichen Schulen eine didaktische Überforderung, den Anspruch zu erheben, dass alle Lernenden immer die Möglichkeit haben sollten, ihrem Lerntyp entsprechend zu lernen; es sollten aber durch eine methodische Variationsbreite bei der Gestaltung von Unterrichtssequenzen und auf ein ganzes Schuljahr hin gesehen die verschiedenen Lerntypen angesprochen und gefördert werden. Zugleich gilt es gerade

Lerntypen und ihre Berücksichtigung im Unterricht	
Lerntyp	**Beispiele für Aktionsformen und Medien**
auditiv	erzählen, vorlesen, selber lesen, Musik hören, diskutieren
visuell a	Bilder, Anschauungsmaterial, Schaubilder, Skizzen
visuell b	Texte lesen
haptisch	anfassen, basteln, malen, gestalten
individuell-reproduzierend	sprechen, schreiben, zeichnen
kontakt-personenorientiert	emotionale Einstellung zur Lehrperson und den Mitschülern
mediumorientiert	PC, Internet, Filme, Bücher
verbal-abstrakt	Begriffe und Definitionen
einsichtig und sinnstrebend	logische Struktur, Strukturierungshilfen

im Entwicklungsprozess des Lernens immer wieder, auch den Zugriff auf ungewohnte, manchmal auch ungeliebte Lernverfahren zu wagen, weil nur so die Lernenden (und auch die Lehrenden!) ihren Möglichkeitssinn und ihr Lernpotenzial erweitern können.

Das Plädoyer für einen methodisch abwechslungsreichen Religionsunterricht muss gleichzeitig einer Grenzziehung unterzogen werden: Entgegen einer häufig karikierten »Lehrproben-Didaktik«, die nicht nur wegen ihrer nicht alltagstauglichen Materialfülle und methodischen Vielfalt, sondern auch wegen der in der Kleinschrittigkeit deutlich werdenden Zerstreuung und Beschleunigung didaktisch äußerst fragwürdig ist, plädiert Hans Schmid für ein Hauptmedium (z.B. einen Text, ein Lied, ein Bild), das das Rückgrat des Unterrichts darstellen (Schmid 2008, 13) und um das eine sinnvoll gestufte Gesamtdramaturgie des Unterrichts gestaltet werden sollte, in der eine stimmige Balance aufeinander bezogener Lernformen herrscht.

Die im Folgenden vorgestellten Lernformen sind zunächst nach den jeweils bei den Schülerinnen und Schülern aktivierten sinnlichen Eingangskanälen geordnet; dadurch, dass bei den entsprechenden Lernfeldern auch die Lehreraktivitäten mit aufgeführt sind, wird deutlich, dass es sich gelegentlich um komplementäre Aktionsformen der Lehrenden und Lernenden handelt (z.B. »sprechen« und »hören« als ineinander verflochtene Aktivitäten) und die Lernformen auch mit entsprechenden Medien korrespondieren. Ziel des unterrichtlichen Handelns muss es sein, die Schülerinnen und Schüler durch methodische Verfahren zur Eigenaktivität anzuregen. Dies ist sowohl lernpsychologisch bedeutsam als auch empirisch belegt, da Kinder und Jugendliche den Religionsunterricht dann besonders schätzen, wenn er lebensweltbezogen angelegt ist und zum handlungsorientierten Umgang mit Lerngegenständen motiviert (vgl. Bucher 2000, 69).

Verbale Grundformen

Leitmedium Sprache

Man kann Sprache im Unterricht sowohl in der mündlichen wie in der schriftlichen Konkretion als Leitmedium bezeichnen. Durch den komplexen und vielstufigen Umgang mit Sprache sollen Verstehensprozesse angeleitet werden und durch die aktive Ingebrauchnahme von Sprache soll die eigene Sprachkompetenz gefördert werden. Im Religionsunterricht geht es vor allem auch um das Verstehen der Eigenart religiöser Sprache und religiöser Sprachformen (Gattungen der Bibel, z.B. Psalmen und Gleichnisse, Gebet und Liturgie, theologische Sprachformen), um die begründete Auseinandersetzung mit diesen Sprachformen und um die Befähigung zur eigenen Verwendung religiöser Sprache.

Zu den verbalen Grundformen zählen verbal-auditive (z.B. erzählen, vorlesen, diskutieren), aber auch verbal-schriftliche Aktionsformen (z.B. schreiben, Tafelanschrift, Hefteintrag) der Lernenden und der Lehrenden. Von besonderer Bedeutung ist das Erzählen als didaktische Grundform und als Grundbestimmung der abrahamitischen Religionen als Erzähl- und Erinnerungsgemeinschaften (siehe Kap. 4.5 und 4.3.2) des Glaubens. Ein gutes Erzählen eröffnet Vorstellungswelten und ermöglicht Empathie in

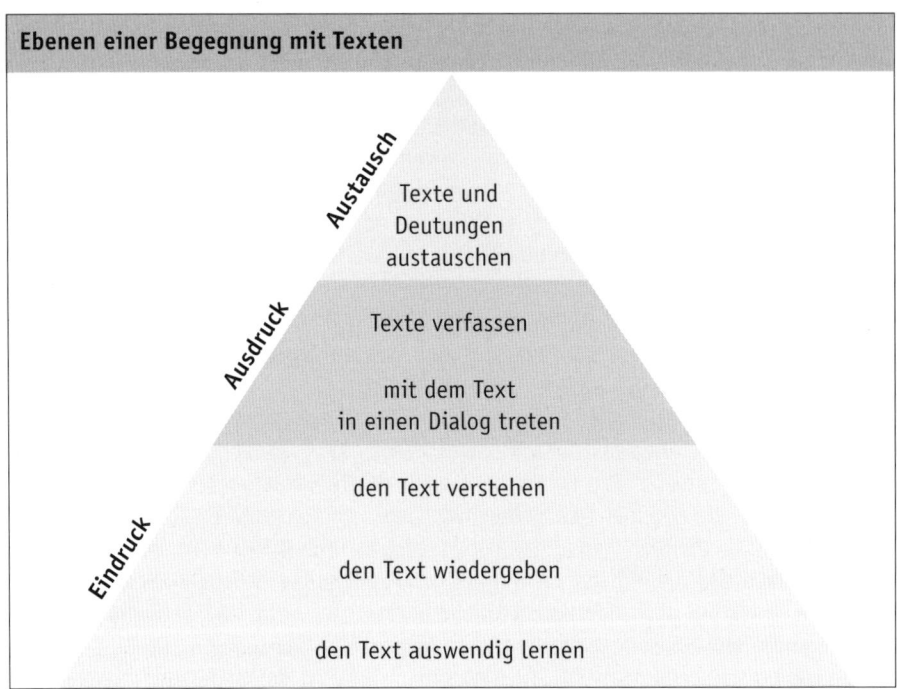

Ebenen einer Begegnung mit Texten

Austausch — Texte und Deutungen austauschen

Ausdruck — Texte verfassen / mit dem Text in einen Dialog treten

Eindruck — den Text verstehen / den Text wiedergeben / den Text auswendig lernen

fremde Zeiten, Geschichten und Personen. Gleichzeitig dienen verbale Methoden auch dem Prozess der Verarbeitung von Eindrücken, indem sich die Schülerinnen und Schüler individuell mit den entsprechenden Methoden (besonders wichtig: Methoden kreativen Schreibens) mit Lerngegenständen auseinandersetzen und diese in der Gruppe über entsprechende Grundmethoden des Diskurses (z.B. Dilemma-Geschichten) besprechen lernen.

Das Religionsbuch

Das Medium, in dem sich überwiegend verbale Grundformen wiederfinden und das zu verbalen Methoden anregt, ist das Religionsbuch. Statt thematisch-strukturierter Schulbücher (z.B. ältere thematische Religionsbücher für die Oberstufe, für die Berufsschule) oder auch lehrgangsartig gestalteter und rein thematischer Lesebücher dominiert heute im Religionsunterricht das orientierende Religionsbuch. Ein gutes Religionsbuch bietet korrektes Basiswissen und lädt zu einer Beschäftigung mit Inhalten und Sprachformen des Glaubens ein, regt aber vor allem die Eigentätigkeit der Schülerinnen und Schüler an. Dies gelingt durch ein entsprechendes Angebot an Materialien (Texte, Bilder) und durch Arbeitsanweisungen, die nicht auf der Ebene der Reproduktion stehen bleiben, sondern die Schülerinnen und Schüler zu einer kreativen und problembewussten Beschäftigung mit Unterrichtsgegenständen motivieren. Heutige Religionsbücher sind in der Regel auch in ästhetischer Hinsicht anspruchsvoll und anregend gestaltet und betrachten Bilder nicht nur als Illustration, sondern in ihrem eigenständigen Bildungswert. Sie bieten den Lehrenden und Lernenden Hilfen für eine verantwortliche Unterrichtsgestaltung und stehen häufig in einem Medienverbund verschiedener weiterer didaktischer Materialien (Lehrerkommentare, Foliensätze, CD, Internetseiten).

Auditiv-musische Grundformen

Musik ist als »Sprache des Herzens« eine grundlegende menschliche Ausdrucksform; sie verleiht Emotionen und Gestimmtheiten eine hörbare Gestalt. Die Kulturgeschichte zeigt, dass in allen Religionen der Musik als Ausdrucksgestalt des Glaubens eine große Bedeutung beigemessen wird, da über ihre Symbolisierungskraft die Grunddynamik eines religiösen Umgangs mit der Wirklichkeit verdichtet werden kann. In Verbindung mit körperlichen Dimensionen (Raum- und Körperverhalten im Gottesdienst, Wallfahrt, religiöse Tänze) spricht Musik den Menschen mit Leib und Seele an. Didaktisch würde die besondere Leistungskraft der auditiv-musischen Grundformen verschenkt werden, wenn man religiöse Musik lediglich analytisch besprechen würde und nicht auch weitere Ebenen eines Umgangs mit Musik (vorspielen, miteinander singen, verklanglichen, komponieren und texten …) einbeziehen würde. Das mehrdimensionale Bedeutungsspektrum unterschiedlicher Erfahrungsbereiche (Emotionalität, Gemeinschaftserfahrung, Symbolgehalt in Melodie und Rhythmus, religiöse Inhalte auf der Textebene) sollte didaktisch thematisch und zielgruppenspezifisch angemessen eingeholt werden. Auch wenn der Religionsunterricht keine Defizite kompensieren kann, was die Vertrautheit mit traditioneller kirchlicher Alltags- und Hochkultur im musischen Bereich betrifft, so sollten zentrale musikalische Verdichtungen religiöser Traditionen (z.B. ausgewählte Werke großer Komponisten) und traditionelles Liedgut (z.B. Lieder aus dem Gotteslob) einbezogen werden. Von besonderer Bedeutung für Kinder und Jugendliche erscheinen neben modernem religiösen Liedgut (z.B. Taizé-Gesänge, Sacropop) Songs aus der Pop- und Rockmusik, die wegen ihrer Nähe zu den Alltagsfragen von Kindern und Jugendlichen anschlussfähig an vielfältige Themen des Religionsunterrichts sind.

Bedeutungsdimensionen musikalischer Ausdrucksformen		
	Musik	Bewegung
theologisch	ästhetische Ausdrucksgestalt des Glaubens	der menschliche Leib als »Realsymbol« (Karl Rahner)
anthro-pologisch	menschliche Äußerungsform	die Körperlichkeit des Lebens; Leib-Seele-Einheit
didaktisch	nicht nur »Reden über …«	Anleitung zu einer Kultur des Körpersusdrucks

Visuelle Grundformen

Die Weltwahrnehmung des heutigen Menschen wandelt sich vom begrifflichen Denken (über Textdokumente) hin zum visuell-ästhetischen Erfassen der Wirklichkeit (über visuelle Medien). Vor allem die modernen Medien prägen unsere Weltvorstellung. Der Schule kommt die medienpädagogische Aufgabe zu, einen verantwortbaren Umgang mit Medien und der Dominanz visueller Wahrnehmung zu schulen. Auch im Religionsunterricht sollten entgegen einer rein funktionalen Betrachtung von bildlichen Darstellungen als illustrierende »Diener des Worts« der Eigenwert einer Wirklichkeitserschließung über den Seh-Sinn und der Mehrwert eines Einbezugs der visuellen Grundformen im Religionsunterricht didaktisch entfaltet werden.

Die Besonderheit einer künstlerischen Verarbeitung von Wirklichkeit besteht in der impliziten Mehrdimensionalität (Farben, Symbolik, Deutungsschichten, aufgegriffene Traditionen ...), die gerade dem Modus eines religiösen Umgangs mit dem Unsagbaren entspricht. Denn »Kunst gibt nicht das Sichtbare wieder, sondern macht sichtbar« (Paul Klee). Günter Lange formuliert als didaktisches Globalziel eines Umgangs mit Kunstwerken: »aus Bildern klug werden« (Lange 1997). Dies gilt auch für den Umgang mit bewegten Bildern, also Filmen. Wegen der Zeitstruktur besonders geeignet für den Unterricht sind dabei Kurzfilme und Videoclips.

Der erste Schritt einer ästhetischen Bildung (siehe Kap. 4.3) besteht in der Schulung der Wahrnehmung und des Sehsinns. Statt vorschneller und problematisch eindeutiger Interpretationen sollte die Fähigkeit zu einer verlangsamten Annäherung an visuelle Dokumente erworben werden. Dies bedeutet freilich für viele Schülerinnen und Schüler den Bruch mit alltäglichen Sehgewohnheiten, die von einer beschleunigten Medienindustrie vorgegeben sind. Gleichzeitig darf ein Umgang mit Kunstwerken oder Filmen nicht auf der individuell-rezeptiven Ebene stehen bleiben. Auch die Sachseite des Kunstwerks selbst (Künstler, Motivgeschichte, Entstehung, Wirkungsgeschichte ...) sollte im Prozess des Erarbeitens einbezogen werden. Schließlich fügen alle Bilddidak-

---

Grundmodell der Bildbegegnung

1. Bildwahrnehmung
Individuelles Betrachten, angeleitetes »Spazierengehen«, Beschreibung der Farben, Formen, Bildaufbau, Personen usw.

2. Bilddeutung
Kontextuelle Deutung: Entstehung, Künstler, Wirkungsgeschichte, Aussagefelder, Bedeutung

3. Eigene Gestaltung
Umrisszeichnung, Übermalen, Collage-Techniken, eigene Bilder, dialogisch-verbale Methoden eines »Ins-Bild-Kommens«

4. Präsentation
Ausstellung, Präsentation und Begründung, Diskussion

tiker (z.B. Albert Höfer, Günter Lange, Hans Schmid, Franz Wendel Niehl) als dritte Hauptphase eine individuelle Weiterführung an, bei der in Prozessen einer selbstständigen Weitergestaltung Schülerinnen und Schüler selbst zu künstlerischen Mitgestaltern werden oder auf verbale Weise sich mit einer Bildaussage und einem Bildausschnitt beschäftigen und somit die objektive und subjektive Seite des Lernprozesses miteinander verschmelzen. Ein solcher Umgang mit »Bildern zum Glauben« (Lange 2002), der zum eigenen künstlerischen Tun anregt, dient auch der Suche nach eigenem Glauben und dessen fragmentarischer Positionierung. Insofern haben solche Produktionsprozesse immer auch einen konfessorischen Charakter, weil damit einer eigenen Deutung von inhaltlichen Zusammenhängen ein sichtbarer Ausdruck gegeben wird. Diese Dynamik wird noch verstärkt, wenn die entstandenen Lernprodukte in einer Ausstellung in der Lerngruppe oder in der Öffentlichkeit präsentiert, begründet und diskutiert werden.

Eine Sonderform des Visuellen stellt die Frage nach dem Einsatz des Computers im Religionsunterricht dar. Bausteine einer inhaltlich auf den Religionsunterricht hin zu konkretisierenden Schlüsselqualifikation Medienkompetenz sind eine doppelte ästhetische Kompetenz (1. die spezifische Weise der Wirklichkeitspräsentation im Computer und Internet wahrnehmen; 2. Religion in ihrer Vielgestalt im Netz wahrnehmen), die Beurteilungs- und Selektionskompetenz, die Selbststeuerungs- und kritische Nutzungskompetenz, die Kommunikationskompetenz sowie die kreative Handlungskompetenz.

Spielformen

Im Gegensatz zu einer Leibvergessenheit in Schule und Religion, die sich in einer Bewegungsarmut im Schulalltag und in einer reduzierten Körperlichkeit in einem primär kognitiven Religionsunterricht niederschlägt, beziehen Spielformen auf verschiedener Ebene die Leiblichkeit des Lernenden mit ein. Die Symbolik des Glaubens ist durchdrungen von leib-geistlichen Phänomenen – von den Körperhaltungen bei Gebet- und Meditationsformen über Wallfahrten bis hin zu Körperlichkeit der Psalmen. Wenn also im Religionsunterricht Elemente der Bewegung, des Spiels, des Symbolausdrucks und des Tanzes eingebracht werden, so geschieht hier das, was Hubertus Halbfas mit »Einverleibung von Theologie« bezeichnet hat. Im Unterschied zu einem leistungsorientierten Umgang mit dem eigenen Körper haben Körperübungen im Religionsunterricht zunächst einen personbezogenen Selbstzweck: Es geht um die Ebene der Selbstwahrnehmung. Wenn Schülerinnen und Schüler passende Bewegungsabläufe und Ausdrucksformen zu Grundgebeten und Liedtexten ermitteln, dann erfolgt dabei eine weit intensivere Auseinandersetzung mit dem inneren Gehalt eines Gebets oder Textes. Intensiviert wird diese Lernebene noch, wenn Bewegung und Musik miteinander kombiniert werden (vgl. Buck 1997). Themenstellungen des Religionsunterrichts können in ihrer lebensweltlichen und kommunikativen Dramatik besser erfasst werden, wenn Szenen (der Bibel oder der Kirchengeschichte, einer Dilemma-Geschichte, eines Kunstbildes ...) körperlich nachgestellt und weiterverarbeitet werden (z.B. über die Methode der Digitalfotografie). Gerade das Standbild eignet sich wegen der szenischen Kürze und Fokussierung für den Unterricht. Darüber hinaus sind auch die umfangreicheren Formen eines szenischen Spiels oder einer Theateraufführung (Krippenspiel!) oder eines Musicals von didaktischer Bedeutung. Zu den Spielformen gehören auch die klassischen Brettspiele, die über die Ebene der Wissensabfrage hinaus dann besonders wertvoll sind, wenn dabei immer wieder auch eine persönliche und kommunikative Auseinandersetzung mit Stationen einer biblischen oder geschichtlichen Person erfolgt.

Gestaltende Grundformen

»Jeder Mensch ist ein Künstler« (Joseph Beuys). Ein Umgang mit Kunst sollte deshalb sowohl zum tieferen Verständnis von Kunst beitragen als auch Kinder und Jugendliche dazu befähigen, mit je neuen formalen Mitteln das zum Ausdruck zu bringen, was sie selbst bewegt. Theologisch kann die Bedeutung gestalterischer Formen mit der Eigenart von Religion begründet werden: Gerade religiöse Erfahrungen können häufig erst jenseits sprachlicher Möglichkeiten ausgedrückt werden. Pädagogisch gilt der Grundsatz, dass vor allem Kinder handelnd lernen und sie deshalb immer wieder zum selbstständigen konkreten und anschaulichen Ausdruck auch »in Sachen Religion« angeregt werden sollen; zudem kommen in einer ansonsten wortlastigen Schule gerade über gestaltende Grundformen auf besondere Weise die haptischen Lerntypen zur Geltung.

Jede selbstständige künstlerische Gestaltung befähigt auch zu einer Positionierung. Diese sollte zum einen reflexiv bewusst gemacht werden, indem man anregt, dass die Schülerinnen und Schüler ihre schöpferischen Wege und Ergebnisse auch beschreiben und begründen. Zum anderen sollen unterschiedliche künstlerische Produkte – unter Einhaltung des nötigen Respekts vor der schöpferischen Leistung der Einzelnen – immer auch ein Gegenstand des Austauschs und der Diskussion sein.

Bedeutung gestaltender Formen
Unsagbares ausdrücken lernen
kreativ-schöpferisch tätig sein
handelnd lernen
haptische Lerntypen einbeziehen
sich ausdrücken und positionieren lernen
präsentieren, begründen und diskutieren lernen
vertiefend und nachhaltig lernen

Meditative Grundformen

Eine fachspezifische Grundform des Lernens im Religionsunterricht stellen meditative Lernformen dar. In diesen wird der spezifische Modus eines Umgangs mit Religion deutlich, der zu einer eigenen Wahrnehmung mit der Wirklichkeit anregt. Im Gegensatz zum

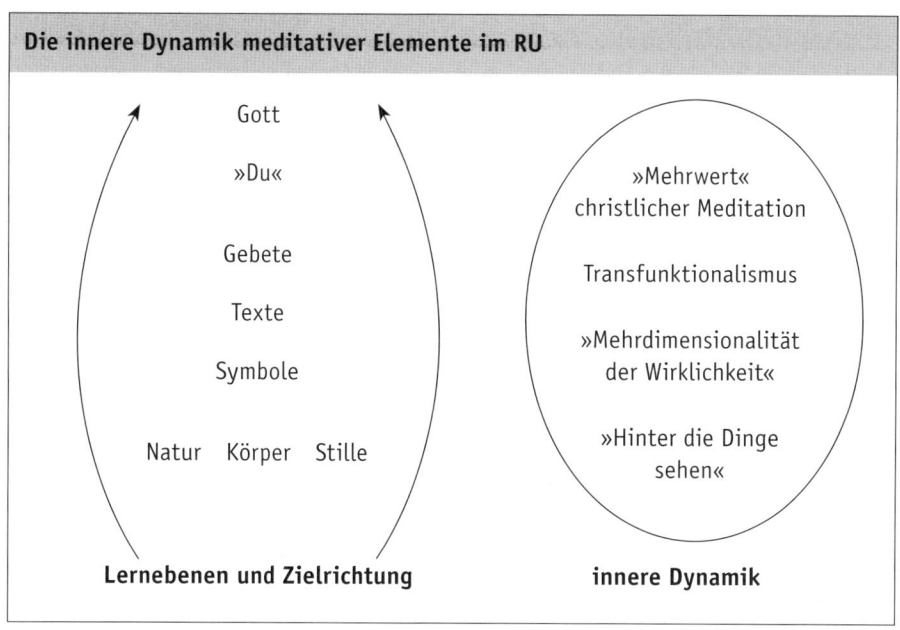

Alltagstrott, zu Beschleunigung und Leistungsdruck bietet der Religionsunterricht auch Kontrasterfahrungen (»Unterbrechung« als kürzeste Definition von Religion, Johann B. Metz) und will zu einem Erspüren der Mehrdimensionalität der Wirklichkeit hinführen. Eine verlangsamende sinnliche Wahrnehmung, die Erfahrung von Stille und die innere Sammlung sind Grunddimensionen meditativer Grundformen.

»Meditation« im Sinne einer christlichen Spiritualität, bei der es das Ziel ist, in Freiheit und ganz persönlich Gott auf sich zukommen zu lassen, hat in der Schule keinen Platz; man sollte deshalb vorsichtiger von »meditativen Elementen« sprechen. Im Unterschied zur funktionalen Verzweckung von meditativen Elementen (Entspannung im Schulalltag) und zu einer unspezifischen und horizontlosen Verwendung des Wortes »Meditation« als »Container-Begriff« sollten meditative Elemente im Religionsunterricht in ihrer inneren Dynamik und in ihrem Transfunktionalismus immer offen sein auf ein »Du« hin. Das Ziel meditativer Übungen im Religionsunterricht ist eine Sensibilisierung für das, was die Haltung einer christlichen Spiritualität kennzeichnet: Verbundenheit und Beziehung – mit dem Übernatürlichen, den Mitmenschen, der Natur und sich selbst. Meditative Lernformen benötigen entsprechende Rahmenbedingungen: eine vertrauensvolle Atmosphäre in der Lerngruppe, die Bereitschaft der Schülerinnen und Schüler und bestimmte räumliche Voraussetzungen. Die Formenvielfalt umfasst beispielsweise Körper- und Stilleübungen, Fantasie- und Imaginationsreisen, Mal-Meditationen, meditative Tänze, gegenständliche Meditationen, Gebetsformen und lebensgeschichtliche Reflexionen.

Öffnende Grundformen

Im Kontext einer Schule, die sich zunehmend öffnet und Lernen als gesellschaftlich und kulturell situuierten Prozess betrachtet, ergeben sich auch für den Religionsunterricht Handlungsräume, die über Unterrichtsstunden im 45-Minuten-Takt hinausreichen. Zu den öffnenden Grundformen zählen Exkursionen und Begehungen jeder Art, die in die Räume und zu den Personen gelebter Religionen oder zu sprechenden Orten der Geschichte hinführen (siehe Kap. 3.7, interreligiöses Lernen; Kap. 3.8, Glaubenspraxis; Kap. 4.5, erinnerndes Lernen), spezielle Projekte (z.B. Sozialprojekte, siehe Kap. 3.5.3) und praxisorientierte Seminare, etwa in der gymnasialen Oberstufe, aber auch gemeinschaftsstiftende Elemente des Feierns und der Festgestaltung an der Schule. Besonders bei der Weiterentwicklung der Schulsysteme hin auf Modelle der Ganztagsschule (siehe Kap. 6.1) werden andere Lern-, Lebens- und Umgangsformen über den Unterricht hinaus in den Schulalltag einbezogen; vom Religionsunterricht aus lassen sich hier vielfältige Bezüge zu Kirchengemeinden, Jugendverbänden und kirchlichen Sozialeinrichtungen herstellen.

Begründung öffnender Formen
Realitätsorientierung – Lernen vor Ort
Handlungsorientierung – Lernen durch Tun
Multisensorik – Lernen mit den Sinnen
Schülerorientierung – Lernen durch Verantwortung
Fächerkooperation – Lernen im Zusammenhang
Sinnorientierung – Lernen durch Anerkennung

Literatur

DdRU Unterrichtsmethoden, 258–277; Unterrichtsmedien, 313–338; Religionsbuch, 339–354; RD IV.5 Religionsunterricht gestalten, 531–541; IV.6 Handlungsorientiertes Lernen, 542–548; IV.7 Eigenverantwortliches Lernen im Religionsunterricht. Projekt- und Freiarbeit, 549–561; IV.8 Exemplarische Lernwege, 562–576; II.8 Medien im RU, 242–253; RD GS III.1 Lernen und Lehren im RU, 328–343; III.10 Freiarbeit, 431–441; III.13 Projektartiges Arbeiten, 442–448; RE II.D Religion mit allen Sinnen entdecken, 342–413 (dort auch weitere Literatur zu einzelnen Lernverfahren).

Weiterführende Literatur

Bosold, Iris/Kliemann, Peter (Hg.), »Ach, Sie unterrichten Religion?«, Stuttgart 2003; Schmid, Hans, Unterrichtsvorbereitung – eine Kunst. Ein Leitfaden für den Religionsunterricht, München 2008.

Zusammenfassung in Stichworten

■ Es gibt nicht *das* beste Lernverfahren, sondern jeweils geeignete methodische Verfahren für bestimmte Lerndomänen.
■ Die Entscheidung für Sozialformen, Methoden und Medien erfolgt auch nach Abwägung ihrer je eigenen religionsdidaktischen Bedeutung.
■ Lehrende benötigen eine breit angelegte Kompetenz in der Gestaltung von vielfältigen grundlegenden Lehr- und Lernformen, um unterschiedlichen Lerntypen gerecht zu werden.

Prüfungsaufgaben

Sozialformen im Religionsunterricht

1. Beschreiben Sie zentrale Sozialformen und gehen Sie dabei besonders auf deren religionsdidaktische Bedeutung ein!
2. Erläutern Sie Kriterien, die für die Wahl einer Sozialform maßgeblich sind!
3. Konkretisieren Sie Ihre Überlegungen an einer Unterrichtseinheit, indem Sie die Wahl der jeweiligen Sozialformen und sonstiger Lehr- und Lernformen didaktisch begründen!

Der Einsatz von Bildern der Kunst ermöglicht im Religionsunterricht vielfältige Chancen für religiöses Lernen.

1. Erläutern Sie religionsdidaktische Grundsätze für die Erschließung von Bildern!
2. Skizzieren Sie Kompetenzfelder, die Sie anhand eines Umgangs mit Bildern der Kunst fördern können!
3. Zeigen Sie anhand eines selbst gewählten Bildes auf, wie Sie die dargestellten didaktischen Grundsätze und Ziele praktisch im Unterrichtsverlauf konkretisieren würden!

5.3 Evaluation

5.3.1 Problemfeld Evaluation

Die Vorbehalte gegenüber bestimmten Formen von Leistungsmessung im Religionsunterricht und dem »Reizwort Evaluation« (vgl. KatBl 132 [2007], Heft 4) beruhen auf einer grundlegenden theologischen Option: Der Wert eines Menschen bestimmt sich nach christlichem Verständnis nicht von seiner Leistung her, sondern ergibt sich aufgrund der Ebenbildlichkeit jedes Menschens mit Gott. Jeder Person gilt mit ihren je eigenen Begabungen Gottes radikale Liebe. Dass die Würde des Menschen nicht von seinen Leistungen abhängt, zeigt die Zuwendung Jesu Christi gerade denen gegenüber, die als Leistungsschwache am Rande der Gesellschaft standen. Insofern wird man beim Nachdenken über Felder der Evaluation im Religionsunterricht auf ein pädagogisch reflektiertes Leistungsverständnis abzielen, das stärker die Frage nach der Wirkungsüberprüfung und der Lernförderung stellt und weniger fixiert ist auf eine scheinbar objektive Leistungsmessung von außen. Grundsatz ist: »Die Wertschätzung geht der Leistungsmessung voraus« (vgl. Gnandt/Michalke-Leicht 2007, 3).

Als problematisch erscheint zudem, dass der Gegenstand des Religionsunterrichts und vor allem die Bestimmung dessen, was man unter entwicklungspsychologischer Sicht als Lernergebnis bezeichnet, komplexer ist, als dass dies in der Form eines kumulativen Wissens als Endkontrolle abgeprüft werden könnte. Gleichzeitig ergibt sich im Kontext eines schulischen Unterrichtsfaches aber auch die Notwendigkeit, Lernfortschritte zu belegen und aufzuweisen, dass die Schülerinnen und Schüler Kompetenzen (siehe Kap. 5.1.4) erworben haben. Dass es in einem guten Religionsunterricht auch leistungsfreie Räume und Zeiten geben muss, ist unumstritten und wird gerade von einem Kompetenz-Ansatz bestärkt, da demzufolge zwar zentrale Kernkompetenzen, aber bei Weitem nicht alle Bildungsziele mit diesem Modell erfasst und überprüft werden können.

5.3.2 Ebenen und Akteure von Evaluation

Die klassische Notengebung stellt innerhalb eines pädagogischen Ansatzes, der auf eine breite Wirkungsüberprüfung abzielt, nur eine Form schulischer Evaluation dar (vgl. den tabellarischen Überblick). Wenn Beurteilung aber mehr ist als eine abschließende Individualdiagnostik von außen, weitet sich der Blick auf andere Felder einer Qualitätssicherung schulischen Lernens, des Unterrichts und des Systems Schule sowie auf unterschiedliche Akteure eines reflektierenden und bewertenden Blicks auf den Religionsunterricht. Gerade von einem subjektorientierten Lernansatz aus (siehe Kap. 4.1) ist es naheliegend, die Schülerinnen und Schüler als Verantwortliche für eigene Lernprozesse ernst zu nehmen und sie bei der Ausbildung von metakognitiven Kompetenzen zu unterstützen: Sie werden dann im Umgang mit religiösen Traditionen und Themen Subjekte ihres eigenen Lernprozesses, wenn sie dazu angeleitet werden, sich über eigene Positionen, Einstellungen und lebensgeschichtliche Entwicklungen klar zu werden.

Formen der Evaluation: Akteure, Felder, Ziele und Methoden			
Evaluations-richtung	**Feld**	**Ziele**	**Methoden**
Lehrer → Schüler Lehrer ↤ Unterricht	Schülerleistung	Rückmeldung an den Schüler über Lern-fortschritte Diagnose unter-schiedlicher Lern-leistungen Notenfeststellung Bündelung von Lernergebnissen Qualitätsüber-prüfung	kriteriengeleitete Beobachtung schriftliche und mündliche Prüfung Präsentationen Lernprodukte Einzel- und Gruppen-gespräch
Schüler ↤ Schüler → Schüler	Lernergebnis Lernmethodik soziales Lernen	Vergewisserung über den Lerngewinn Methoden-Kompetenz soziale Kompetenz Planungsmitsprache	Auswertung unter-richtlicher Mikro- und Makro-Einheiten
Schüler ↤	Lernentwicklung angesichts des Glaubens	Vergewisserung der Transformations-prozesse in reli-giösen Fragen	schriftliche und gestalterische Methoden biogra-fischen Lernens
Schüler → Lehrer	Unterricht Methodik Person soziales Lernen	Qualitätsüberprüfung des Unterrichts	Fragebogen Brief E-Mail Chatroom
Lehrer → System Lehrer → Lehrer Schüler → System	Unterrichtsfach Fachschaft Schule	Vergewisserung über den Status des Faches Qualitäts-steigerung	reflexive Gruppen-methoden Supervision Schülerbefragung schulinterne Lehrer-fortbildung

(nach Mendl 2007a, 246)

Fremdbeschreibung und -bewertung des Lernerfolgs

Auch wenn das Endprodukt einer Leistungsdiagnostik von außen in Form einer Ziffern-
note theologisch wie pädagogisch durchaus fragwürdig ist, gibt es bereits auf dem
Weg dazu bedenkenswerte didaktisch sinnvolle Absichten und Instrumente. So ist
noch vor einer abschließenden Notengebung die wertschätzende Rückmeldung des
Lehrenden über individuelle Lernwege und -ergebnisse, aber auch über kommunikative
und individuelle Haltungen und Einstellungen im Sinne einer klassischen Feedback-
Kultur ein wichtiges pädagogisches Steuerungsinstrument im fortlaufenden Unterricht. Die beschriebenen Kompetenzfelder (siehe Kap. 5.1.4) können dabei ein hilfrei-
ches hermeneutisches Instrument darstellen, um die Wahrnehmung nicht nur auf die
Ebene der Wissensreproduktion zu beschränken.

Die klassische Leistungsmessung umfasst die Felder der schriftlichen Leistungsbewertung, der mündlichen Abfrage und der Mitarbeitsnoten. Neben der grundsätzlichen
Anfrage an die Sinnhaftigkeit der Notengebung hängt die Plausibilität einer Bewertung der Lernenden durch einen Lehrenden von der Gestaltungsweise der Prüfungen
ab. Sowohl von einem konstruktivistischen Ansatz her (siehe Kap. 4.6) als auch von
der Diskussion um Bildungsstandards und deren Überprüfung aus (siehe Kap. 5.1.4)
ergibt sich die Forderung nach intelligenten Formen der Aufgabenstellung, die sich
nicht nur auf die Ebene der Reproduktion von gelerntem Wissen beschränkt, sondern
zum selbstständigen Denken, Weiterverarbeiten und Argumentieren anleitet. Eine so
verstandene Evaluation von außen ist in erster Linie dem pädagogischen Ziel eines
eigenverantwortlichen Umgangs mit Lerngegenständen verpflichtet. Konkretisiert wird
dieses Ansinnen durch die Ergänzung der klassischen Prüfungsaufgabe durch offene
Aufgabenstellungen wie Essays, Referate oder Projektdarstellungen, die an Bedeutung
gewinnen werden. Jegliche Form der Notengebung zielt nicht nur auf die Beurteilung
der Lernenden, sondern gibt dem Lehrenden auch eine Rückmeldung über den Erfolg
des eigenen unterrichtlichen Wirkens und sollte im Sinne einer kritischen Selbstüber-
prüfung dazu verwendet werden, die eigene Unterrichtsplanung und -durchführung zu
reflektieren.

Selbstreflexion der individuellen Lernergebnisse und -wege

»Was habe ich gelernt?«, lautet die Leitfrage nach dem eigenen Erkenntnisgewinn;
damit können der Ertrag einer Unterrichtsstunde, einer Unterrichtseinheit, aber auch
noch längere Phasen (z.B. ein Schuljahr oder der gesamte Bildungsprozess eines
Faches) durch die Lernenden selbst reflektiert werden. Die Rückfragen nach den Lernwegen – erlebte Methoden, Medien und Arbeitsformen – und Gruppenerfahrungen
inklusive der wechselseitigen Beobachtung und Beurteilung der Schülerinnen und
Schüler untereinander beziehen sich auf die Bereiche der methodischen und sozialen
Kompetenz. Eine didaktische Wendung erfährt dieser Blickwinkel, wenn man die Auswertung dieser Fragestellung auf zukünftige Lernprozesse ausweitet (»Was und wie
möchten wir lernen?«) und damit in eine planerische Gesamt- oder zumindest Teilver-
antwortung der Lernenden gemeinsam mit den Lehrenden überführt.

Lernentwicklung angesichts des Glaubens

Gerade die großräumiger angelegten Lernverfahren wie das Führen eines Lerntage-buchs oder Portfolios dienen dazu, das eigene Lernen kategoriengestützt zu beobach-ten und zu verstehen. Dabei können im Sinne eines biografischen Lernens immer wieder auch umfassendere Fragen nach den Veränderungen eigener Einstellungen und Blickwinkel eingefügt werden, die gerade im Bereich religiösen Lernens so wichtig sind. Die Jugendforschung legt es nahe, dass für Jugendliche dieser Blickwinkel »frü-her – heute« einen bedeutsamen Schritt auf dem Weg der Identitätsentwicklung dar-stellt. Dies kann unterrichtlich mit selbstreflexiven Methoden gefördert werden, mit denen Kinder und Jugendliche dazu angeregt werden, über ihre Veränderungsprozesse in Glaubensfragen oder das, was in ihrem Leben wichtig und heilig ist, nachzudenken.

Rückmeldungen an die Lehrperson

Im Sinne einer symmetrischen Kommunikation erscheinen auch Formen der Rückmel-dung der Lernenden an die Lehrenden als sinnvoll. Wenn solche kreative gestaltbare Feedbacks nicht nur am Schuljahresende erfolgen, erhalten die Lehrenden die Chance zur Reaktion und gegebenenfalls Kurskorrektur, was die thematische Aufbereitung, das methodische Vorgehen und kommunikative Prozesse betrifft.

Reflexion eines Faches an der Schule

Das Wort »Evaluation« ist für viele Lehrende ein Reizwort, weil damit in den letzten Jahren verschiedene Formen der System-Evaluation durch externe und interne Beurtei-ler verstanden wurden, die in ihrer Zielrichtung und Durchführung durchaus umstritten waren. Dennoch erscheint es im vordringlichen Sinne einer Selbstreflexivität immer wieder angebracht, wenn die Lehrenden gemeinsam über die Qualität und Vernetzung ihres Unterrichts sowie die Situierung des Faches an der Schule und über die Ressour-cen und Defizite der Fachschaft Religion nachdenken und die Schülerinnen und Schü-ler an solchen Prozessen auch beteiligen würden.

Literatur

DdRU Lern- und Erfolgskontrolle, 392–408; RD II.11 Welche Wirkungen hat der Religionsunter-richt? Evaluation und Leistungsbewertung, 282–290; RD GS III.15 Leistungen wahrnehmen und bewerten, 457–469.

Weiterführende Literatur

Gnandt, Georg/Michalke-Leicht, Wolfgang, Leistungsmessung im Religionsunterricht, Freiburg 2007; **KatBl 132 (2007), Heft 4: Reizwort Evaluation.**

Zusammenfassung in Stichworten

■ Leistungsmessung ist auch im Religionsunterricht möglich und nötig; sie sollte aber mehr sein als das Abfragen von reproduzierbarem Wissen, sondern sowohl verschiedene weitere Anforderungsbereiche des Transfers und selbstständigen Denkens umfassen als auch methodisch kreativ angelegt sein.
■ Evaluation im weiteren Sinne zielt auf die selbstverantwortliche Reflexion von Lernerfolgen, Lernwegen und des Interaktionsgeschehens im Religionsunterricht.

Prüfungsaufgaben

Evaluation von Religionsunterricht – mehr als Leistungsmessung!

1. Begründen Sie, wieso das Feld einer Evaluation im Religionsunterricht weit über Leistungsmessung hinausreicht!
2. Erläutern Sie Wege und Ziele einer Evaluation, die von den Schülerinnen und Schülern selbst durchgeführt werden kann!
3. Diskutieren Sie Sinn und Grenzen einer Notengebung im Fach Religionsunterricht!

Reizwort Evaluation

1. Diskutieren Sie die Bedeutung und die Grenzen von Leistungsmessung im Religionsunterricht!
2. Erläutern Sie umfassend unterschiedliche Formen der Evaluation und ihren jeweiligen religionspädagogischen Zielhorizont!
3. Entwickeln Sie aus Ihren Ausführungen begründete Thesen, was einen guten Religionsunterricht ausmacht!

5.4 Lehrperson

5.4.1 Rollenerwartungen und Habitus

Deutlicher als noch vor einigen Jahrzehnten weist man den Lehrenden im pädagogischen Prozess eine zentrale Schlüsselposition zu, die über die nüchterne Befähigung zur Gestaltung von Lehr-Lernprozessen hinausgeht: Lehrerinnen und Lehrer gelten als personales Modell für die Schülerinnen und Schüler; ihr Reden und Handeln, ihr didaktisches Agieren, ihre Positionierung zum Lerngegenstand und ihr Verhalten den Kindern und Jugendlichen gegenüber wird wahrgenommen und bewertet.

Von einem rollentheoretischen Ansatz aus richten sich vielfältige, zum Teil unterschiedliche Rollenerwartungen verschiedener Personengruppen und Institutionen an die Lehrenden, die als Handlungsbedingungen reflektiert werden müssen: Der Staat formuliert Erwartungen an die Lehrenden in ihrer Berufsrolle als Beamte, aber auch als professionell Lehrende, die die geltenden Lehrpläne in einen adäquaten Unterricht umsetzen sollen; in der Institution Schule konkretisieren sich die beruflichen Erwartungen im Kollegium und von der Schulleitung her. Auch die Institution Kirche richtet Rollenerwartungen an die Lehrenden, die mit der Missio canonica verbunden sind. Gesellschaftliche Erwartungen spielen insofern eine Rolle, als die unterschiedlichen Lehrerbilder und der Stellenwert von Religion mitschwingen. Konkrete Erwartungen haben auch die Schülerinnen und Schüler und ihre Eltern. Entscheidend ist aber nicht nur das Bündel an zum Teil divergierenden Erwartungen, denen die Lehrenden ausgesetzt sind, sondern die Art des Umgangs damit. Das akademische Berufsfeld des Lehrers zielt bei allen Festlegungen mehr als in anderen Berufen auf autonomes Handeln; dies gelingt nur dann, wenn die Reflexion über die angetragenen Rollenerwartungen von außen (*role-making*) zu einer aktiven Auseinandersetzung und Positionierung (*role-taking*) führt.

Zwei weitere Aspekte lassen die Fixierung auf eine ganz bestimmte Vorstellung vom »guten« Lehrer als problematisch erscheinen: Die Beschleunigungstendenzen der Gesellschaft machen auch vor pädagogischen Konzepten nicht halt, wie ein Blick in die Geschichte der Pädagogik (siehe Kap. 2.1) zeigt. Die soziologische Vorstellung einer beruflichen »flexiblen Identität« oder »balancierenden Identität«, bei der auf neue Erwartungen reagiert werden kann, erscheint deshalb als realistische Zielvorstellung für die berufliche Professionalität eines Religionslehrenden. Die Vorstellung von einem zeitüberdauernden und allgemeingültigen Ideallehrer mit genau beschreibbaren Merkmalen wird zudem durch die empirische Unterrichtsforschung erschüttert: Außer der Klarheit der Lehrerdarbietung und der Kompetenz zur Klassenführung erwiesen sich in der breit angelegten Münchner Grundschulstudie alle weiteren Merkmale, so z.B. Strukturiertheit, aktive fachliche Unterstützung, Variabilität der Unterrichtsform und Motivierungsqualität, als sehr unterschiedlich ausgeprägt bei Lehrern mit erfolgreichen Klassen. Diese Ergebnisse machen deutlich, »dass für die Entwicklungseffektivität des Unterrichts nicht irgendein ominöser ›Einheitslehrer‹ oder ›Tugendkatalog‹ des erfolgreichen Lehrers per se gebraucht wird, sondern ausgeprägte Persönlichkei-

Zehn Merkmale eines guten Unterrichts

1. Klare Strukturierung des Unterrichts

2. Hoher Anteil echter Lernzeit

3. Lernförderliches Klima

4. Inhaltliche Klarheit

5. Sinnstiftendes Kommunizieren

6. Methodenvielfalt

7. Individuelles Fördern

8. Intelligentes Üben

9. Transparente Leistungserwartungen

10. Vorbereitende Umgebung

(Meyer 2004, 17f)

ten, die sich gerade deshalb auch durch ganz unterschiedliche Merkmalskomponenten und Determinationslinien auszeichnen« (Lompscher 1997, 257).

Als zentrales Merkmal einer beruflichen Kompetenz erweist sich deshalb die Befähigung zur Reflexivität, die bereits während des Studiums angelegt werden sollte und eine permanente berufsbiografische Herausforderung darstellt. Das Habitus-Modell (Habitus = grundlegende Haltung, die die Wahrnehmung, das Denken und Handeln prägt) liefert dazu eine Kriteriologie, die leitend für die Entwicklung einer berufsprofessionellen Reflexivität sein kann; es wurde vom Philosophen und Soziologen Pierre Bordieu maßgeblich geprägt und von Stefan Heil und Hans-Georg Ziebertz auf die Lehrerbildung übertragen (vgl. Mendl/Heil/Ziebertz 2005). Das Habituskonzept besagt, dass im Laufe seines Berufslebens jeder Lehrende einen individuellen Stil erwirbt, in welchem sich die Erfahrungen der Vergangenheit verdichten und der als Folge eines dynamischen Austarierens von verschiedenen Handlungsbedingungen und -strukturen entsteht. Dieser Habitus prägt das gesamte Handeln des Lehrenden. Werden sich Lehrende dieser Prozesse bewusst, erlangen sie über solche Prozesse der Reflexivität Handlungsmächtigkeit und -sicherheit. Die Reflexion über die aktuellen Handlungsbedingungen, die aus dem Gegenüber von institutionellen Herausforderungen (Universität, Schule, Kirche) und der eigenen Lebens- und Glaubensbiografie bestehen, und über die aktuellen Handlungsstrukturen, bei denen das Verhältnis von religionspädagogischen Routinen zum Umgang mit Neuem und religiöser Pluralität in den Blick genommen wird, dient dem Aufbau von Kompetenzen, die für das eigene Berufshandeln erforderlich sind. Leitfragen können sein:

• Was sind die aktuellen Anforderungen religionspädagogischer Praxis?

• Welche Möglichkeiten zur Bewältigung der Anforderungen sind vorhanden?

• Wo und wie können sie weiterentwickelt werden?

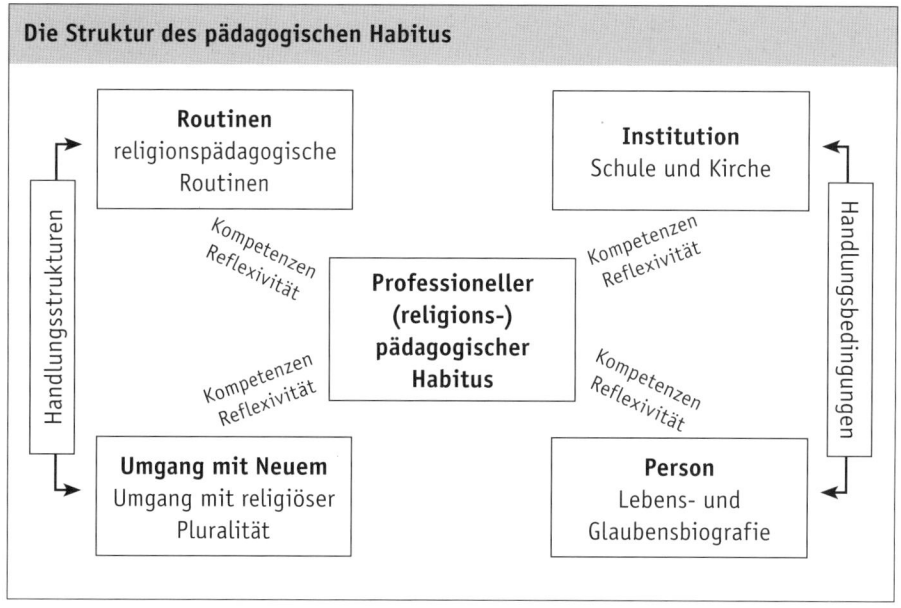

(nach Ziebertz u.a. 2005, 223)

Vom Habitusmodell aus betrachtet, erweist sich gerade die Reflexivität als das zentrale Instrument zur Förderung beruflicher Professionalität; geht es im Studium um die Ausbildung eines wissenschaftlich-reflexiven Habitus (in der wechselseitigen Verschränkung von Wissenschafts- und Berufsorientierung mit der Persönlichkeitsbildung), so besteht die Hauptaufgabe im Referendariat in der Ausbildung eines reflexiv-pragmatischen Habitus; was im Studium erworben wurde, ist nun in der Praxis einer Bewährungsprobe ausgesetzt; erst allmählich entwickeln sich berufliche Routinen, die dann immer wieder selbstkritisch betrachtet und weiterentwickelt werden müssen (vgl. Mendl 2008).

5.4.2 Kompetenzen der Religionslehrenden

In den Standardwerken findet man verschiedene Kompetenzkataloge, mit denen beschrieben wird, was von einem Lehrer erwartet wird (vgl. RD, 206–226; RD GS, 137–150). Im Folgenden sollen besonders diejenigen Kompetenzen erläutert werden, die zum speziellen Anforderungsprofil von Religionslehrenden gehören und in ihren wechselseitigen Bezügen betrachtet werden müssen.

Es versteht sich von selbst, dass die Unterrichtenden eines ordentlichen Unterrichtsfachs auch über die allgemeinen **pädagogisch-didaktischen Kompetenzen** (inklusive der Leitungs-, kommunikativen und sozialen Kompetenz) verfügen sollten, die jede Lehrkraft benötigt.

Die **diagnostische Kompetenz** erhält insofern eine fachspezifische Bestimmung, als sie verbunden mit einer ausgeprägten **Wahrnehmungskompetenz** die Basis ist, sowohl für die Wahrnehmung der Schülerinnen und Schüler in ihren Lebenswelten, Entwicklungsständen und Bezügen zu Religion, Glaube und Kirche als auch für die Fähigkeit, theologische Fragen im Horizont der Zeit zu entdecken.

Das bedeutet, dass es sich auch bei **Sachkompetenz** nicht nur um ein fachwissenschaftliches theologisches Wissen handelt, sondern viel stärker um eine **theologische Kommunikationsfähigkeit**; Theologie soll in ihrem Lebensbezug als korrelative Theologie, entstanden aus der Reflexion über Erfahrungen, studiert und in ihrer Pluralitätsfähigkeit diskutiert werden. Mit der Formulierung »vom Gehorsams- zum Verstehensglauben« erhält die Sachorientierung eine religionspädagogische Fundierung: Wenn religiöse Bildungsprozesse auf vernunftorientierte Mündigkeit in Glaubensfragen zielen, dann benötigen die Lehrenden die Fähigkeit, theologische Fragen verständlich zu erläutern und auf die Lebenswelten der Schülerinnen und Schüler hin und von diesen her zu entwickeln. Das Modell der Elementarisierung (siehe Kap. 5.1.3) will zur verantwortlichen Gestaltung von Verstehensprozessen anleiten. *– Fragekompetenz*

Von besonderer Bedeutung ist das weite Feld der **personalen Kompetenz** der Religionslehrenden. Wenn heute für viele Kinder und Jugendliche der Religionsunterricht die nahezu einzige Kontaktstelle zur Kirche darstellt, dann wird die Bedeutung der Person des Lehrenden als »Brückenbauer« nochmals verstärkt: »Religionslehrerinnen und Religionslehrer stehen mit ihrer Person auch für den Glauben der Kirche ein. Sie sind gesandt, Zeugen des Glaubens in der Schule zu sein. Für viele Schülerinnen und Schüler sind sie Kontaktpersonen zur Kirche. Religionslehrerinnen und Religionslehrer werden so zu Brückenbauern zwischen Kirche und Schule« (Der Religionsunterricht vor neuen Herausforderungen 2005, 34). Freilich müssen die Vorstellungen vom Lehrer als **Vorbild und Zeugen**, welche historisch durch die Konzepte einer evangelischen Unterweisung und eines materialkerygmatischen Religionsunterrichts belastet sind, differenziert werden, um nicht zu Missverständnissen und Überhöhungen zu führen: Religionslehrende sollen »authentische Zeugen« nicht im Sinne von »strahlend Vorglaubenden« sein, sondern zunächst einmal neben einer soliden Sachkenntnis gelehrten und gelebten Glaubens auch eine Anbindung an eine konkrete Religions- bzw. Konfessionsgemeinschaft haben und einen entschiedenen transparenten Standpunkt in Sachen Religion besitzen. Dieser darf aber auch den Zweifel und die lebenslange Suche beinhalten, wie alle kirchlichen Dokumente seit der Würzburger Synode betonen. Um in diesem Spannungsfeld zwischen kirchlichem Glauben, den unterschiedlichen Erwartungen der Schülerinnen und Schüler und dem eigenen reflektierten und verantworteten Standpunkt bestehen zu können, benötigen die Lehrenden auch die Solidarität und Unterstützung durch die Kirche. Der Begriff der Authentizität ist vor einem zweiten Missverständnis zu schützen: Auch Religionslehrerinnen und -lehrer haben ein Recht auf Diskretion und werden im Sinne des pädagogischen Taktes und im eigenen Interesse im Klassenzimmer die persönliche Offenheit auch begrenzen.

Um die Christlichkeit heutiger Religionslehrerinnen und -lehrer ist es besser bestellt, als manchmal gemutmaßt wird. Aus verschiedenen Untersuchungen geht ähnlich wie bei der breit angelegten Untersuchung von evangelischen und katholischen Religionslehrenden aus Baden-Württemberg hervor, dass »ev. und kath. RL ... die Emanzipation ihrer SchülerInnen zur christlich-religiösen Entfaltung ihrer personalen Existenz fördern« wollen (vgl. Feige/Tscheetzsch 2005, 12). Das vermögen sie auch *[handwritten: 5, Kopie (14.11.)]*

Aussagen der Würzburger Synode über die Religionslehrer
Religionslehrer müssen »sensibel sein für die religiöse Dimension der Wirklichkeit« (2.8.1).
Religionslehrer brauchen Sach- und Methodenkompetenz, sie müssen pädagogisch-didaktisch versiert sein und einen »existenziellen Bezug« zur Sache haben (2.8.1).
Religiosität und Glaube sind nicht nur Gegenstand, sondern Standort, den sie transparent zu vertreten haben (2.8.2); Religionslehrer sollen deshalb die Sache des Evangeliums und der Kirche zu ihrer eigenen machen (2.8.3).
Religionslehrer brauchen die Kirche als Kommunikationsbasis für ihr Glaubensleben (2.8.4).
»Liebe zur Kirche und kritische Distanz müssen einander nicht immer ausschließen« (2.8.5). *(nicht mit allem einig sein)*
Religionslehrer sollen kritisch solidarisch mit ihren Schülern und ihrer Welterfahrung sein (2.8.6) und auch im Kollegium ihre Rolle vertreten.

als personale Medien, indem sie den Modus des Wirklichkeitszugriffs des eigenen Faches beherrschen, der sich in einer Sicht der Welt unter dem Anspruch der Existenz Gottes, einer damit verbundenen mehrdimensionalen Sicht der Wirklichkeit und einer individuell ausgeprägten Spiritualität konkretisiert. Die Religionslehrenden sollten hier insofern Vorbild und Modell (zum differenzierten Vorbildbegriff siehe oben, Kap. 3.6; Mendl 2005a, 219–234) sein, als sie sich über das Spiegelungspotenzial ihrer eigenen Person bewusst sind, das die Schülerinnen und Schüler zur Entwicklung einer eigenen Identität anregt. Insofern umfasst heutiges Religionslehrer-Sein drei essenzielle Dimensionen (vgl. RD GS, 137–149): die Dimension der Glaubenshilfe (Glauben erschließen und zeigen – sachlich und als Person), die Dimension der Lebenshilfe und die Dimension des Lernens im Fach Religion (Verfügungs- und Orientierungswissen).

[handwritten right margin: welche Lebens- fragen haben SuS ?]

[handwritten: (= Fachwissen)]

5.4.3 Lebenslanges Lernen

Die Gefahr beruflicher Routinen besteht darin, dass der berufsprofessionelle Habitus einer Lehrerin oder eines Lehrers erstarrt; Pierre Bourdieu, auf den das Habitus-Konzept zurückgeht, spricht hier von Krisenresistenz oder Trägheit des Habitus (vgl. Ziebertz u.a. 2005, 44). Angesichts der oben angedeuteten Beschleunigungstendenzen erweist sich diese Beobachtung als umso problematischer. Lehrende sollen vielmehr als »bewegliche Zeitgenossen« (DdRU 141) sowohl aktuelle Geschehnisse und Veränderungen in Gesellschaft und Kirche sensibel wahrnehmen und auf Konsequenzen für den Religionsunterricht und den eigenen Habitus hin reflektieren als auch die schulpädagogischen und didaktischen Innovationen kritisch und konstruktiv rezipieren.

Das Postulat eines lebenslangen Lernens muss aber auch institutionell gestützt und operationalisiert werden: So bedarf es eines anspruchsvollen und ansprechenden Programms von theologischen, pädagogischen, didaktischen und spirituellen Fortbildungsveranstaltung für Religionslehrende, die zur Neuverortung des eigenen Habitus und der verschiedenen Kompetenzfelder dienen. Reflexivität als Basismerkmal eines sozialen Berufes kann berufsbegleitend über Modelle der Supervision und der kollegialen Beratung geschult werden. Was über die Bedeutung der Evaluation und Reflexion gesagt wurde, gilt nicht nur für die Schülerinnen und Schüler, sondern auch für die Lehrerinnen und Lehrer: Sie zielt auf die Entfaltung einer selbstreflexiven und selbstverantwortlichen Lehrerpersönlichkeit.

Literatur

DdRU RL/Rlin, 129–146; ÖAR I.4 Religionlehrerinnen und Religionslehrer, 73–93; RD II.6 Wer initiiert religiöse Lernprozesse? Rolle und Person der Religionslehrerinnen und -lehrer, 206–226; IV.9 Professionalisierung von Religionslehrerinnen und -lehrern, 577–585; RD GS I.10 Religionslehrer/in-Sein zwischen Glaubens-, Lebenshilfe und Lernfach, 134–150; RP C.VI Religionslehrer und Schüler, 192–233; Würzburger Synode 2.8.

Weiterführende Literatur

Mendl, Hans/Heil, Stefan/Ziebertz, Hans-Georg, Das Habituskonzept: Ein Diagnoseinstrument zur Berufsreflexion, in: KatBl 130 (2005), 325–331; JRP 22 (2006): Was ist guter Religionsunterricht?

Zusammenfassung in Stichworten

- Die vielfältigen Rollenerwartungen an (Religions-)Lehrende erfordern die Fähigkeit, sich reflexiv mit den verschiedenen Erwartungen, Bedingungen und eigenen Kompetenzen auseinanderzusetzen.
- Die Reflexion des eigenen berufsprofessionellen Habitus ist ein lebenslänglicher Prozess.
- Neben allgemeinen Kompetenzen benötigen Religionslehrende in besonderem Maße persönliche Kompetenzen im Umgang mit Religion, Glaube und Kirche.

Prüfungsaufgaben

Rolle und Kompetenzen des Religionslehrers

1. Erläutern Sie die Rollenerwartungen verschiedener Gruppierungen an den Religionslehrer bzw. die Religionslehrerin!
2. Diskutieren Sie konstruktive und destruktive Umgangsweisen mit diesen verschiedenen Rollenerwartungen!
3. Welche Kompetenzen benötigt ein Religionslehrer/eine Religionslehrerin heute, um der Forderung nach einem »guten« Religionsunterricht zu entsprechen und wie kann man diese Kompetenzen erwerben?

Der religionspädagogische Habitus eines Religionslehrers

1. Erläutern Sie die Handlungsbedingungen und Handlungsstrukturen, die ein Religionslehrer oder eine Religionslehrerin reflexiv bewältigen muss, um einen berufsprofessionellen Habitus zu erwerben!
2. »Nur wer sich ändert, bleibt sich treu« (Wolf Biermann): Belegen Sie die Bedeutung dieser Aussage für Anforderungen an das Berufsfeld eines (Religions-)Lehrers!
3. Diskutieren Sie die Chancen und Grenzen einer Rollenzuschreibung an den Religionslehrer als Brückenbauer zwischen Kirche und Schüler und skizzieren Sie Folgen, die sich daraus für die Aus- und lebenslange Fortbildung von Religionslehrenden ergeben!

6. Außerunterrichtliche Lernorte religiösen Lernens

Wer Religionslehrer werden will, richtet sein Augenmerk verständlicherweise zunächst auf den Religionsunterricht als dem künftigen Professionsort religionsdidaktischen Handelns. Von dieser Perspektive aus legitimiert sich die Überschrift einer Beschäftigung mit »außerunterrichtlichen Lernorten religiösen Lernens«; dieser Begriff impliziert zudem, dass es am Handlungsort Schule selbst noch weitere Felder über den Unterricht hinaus gibt, die für religiöse Bildung und Erziehung bedeutend sein können (Kap 6.1, Schulpastoral).

Aus Schülersicht stellt die »Hauptsache Schule« einen lebensgeschichtlich bedeutenden Lernort dar, bei dem es nicht nur um Bildung, sondern globaler um die Zuweisung gesellschaftlich legitimierter Bildungschancen geht und der unter den Vorzeichen einer veränderten Schulkonzeption (z.B. Ganztagsschulen, Öffnung von Schule) zunehmend auch zum Lebensort wird. Doch von der Reihenfolge und der Eigenlogik menschlichen und religiösen Lernens her ist Schule erst der zweite sekundäre Ort menschlicher Sozialisation nach dem Kindergarten. Die Familie gilt als der erste Ort des Lebens und Lernens. Deshalb muss darüber reflektiert werden, welche weiteren konkreten gesellschaftlichen Bezugsorte und -größen religionsdidaktischen Handelns beachtet und in Beziehung zum Religionsunterricht gebracht werden müssen. Hierzu zählen auch die kirchliche Gemeinde und besonders die dort feststellbaren unmittelbaren pädagogischen Interventionen auf Kinder und Jugendliche, die dem Feld der Katechese zugeordnet werden können (Kap. 6.2, Gemeinde und Familie).

In der Pädagogik unterscheidet man zwischen intentionalen und nichtintentionalen Orten von Bildung und Erziehung: Nicht nur dort, wo Lernprozesse direkt angestrebt werden, ereignet sich ein Lernen, sondern auch in zunächst nicht absichthaft pädagogischen Lebenszusammenhängen: Diese »heimlichen« nichtintentionalen Orte des Lernens, wie der Alltag, die Peergroup und die Medien, sind häufig wirksamer als die intentionalen Interventionen in den Institutionen (Kap. 6.3, Öffentlichkeit und Popularkultur).

Ein kurzer allgemeiner Hinweis zur Begrifflichkeit: Unter »Sozialisation« ist die Eingliederung eines Individuums in die jeweilige Gesellschaft und die lebenslange Internalisierung von Kultur zu verstehen; dieser Prozess wird sowohl von bewussten (intentionalen) als auch von nichtabsichtlichen Momenten geprägt. »Erziehung« beschreibt demgegenüber umfassend zielorientiertes Handeln und absichthaftes Einwirken von Erwachsenen auf Kinder und Jugendliche, das auf die gesamtmenschliche Entwicklung abzielt. Mit dem Begriff der »Bildung« werden deutlicher die inhaltsbezogenen Aspekte von pädagogischen Prozessen erfasst, die aber im Sinne einer Pädagogik der Aneignung (siehe Kap. 4.1) und der Emanzipation als Selbstbildungsprozess von Kindern und Jugendlichen in Auseinandersetzung mit Bildungsgegenständen betrachtet werden sollten.

6.1 Schulpastoral

Die öffentliche Schule wurde als gesellschaftliche Einrichtung gegründet, damit an einem geschützten Ort alle Kinder unabhängig von ihrer familiären und sozialen Herkunft einen grundlegenden Unterricht erhalten. Dieses Ausgangskonzept eines »Sonderraums Schule« führte im Laufe der Geschichte freilich auch immer wieder zum kritischen Vorwurf, dass die Schule als »Moratorium des Lebensernstes« (Dressler 2004, 263) gerade wegen der Distanz zum Leben außerhalb der Schule zu wenig für dieses Leben qualifiziere. Bereits der bekannte Pädagoge Johann Friedrich Herbart (1776–1841) hatte betont, dass die moderne öffentliche Schule eine doppelte Zweckbestimmung hat: Sie trage nicht nur etwas bei zur Weltdeutung, sondern befähige auch zum Umgang mit der Welt (vgl. Mendl 2008, 29). Letzteres lässt sich heute am Prozess der Öffnung von Schule auf andere gesellschaftliche, kulturelle und politische Einrichtungen festmachen. Das kann man im Rückblick auf die eigene Schulgeschichte sehr leicht konkretisieren, wenn man darüber nachdenkt, welche außerschulischen Partner in den Unterricht einbezogen oder aufgesucht wurden und an welche außerunterrichtlichen Ereignisse (Fahrten, Besuche, Expertengespräche, Exkursionen, Projekte ...) man sich erinnert. In diese Dynamik ist auch das Fach Religionsunterricht verwickelt, von dem aus in besonderem Maß die Kirche mit ihren verschiedenen Organisationsformen als gesellschaftliche Größe ins Spiel kommt. Defensiv kann man dies so formulieren, weil mit dieser Fragestellung auch die historische Altlast (siehe Kap. 1.2.2) nach der Verhältnisbestimmung von öffentlicher Schule und Kirche angeschnitten wird: Die Präsenz von konfessionell geprägten Einrichtungen an der Schule ist kein Sonderrecht der Kirchen, sondern muss im Kontext eines Konzepts der Öffnung von Schule auf vielfältige gesellschaftliche Gruppierungen und Institutionen gesehen werden. Kirche muss sich selbstlos auf diesen Handlungsort einlassen und innerhalb einer sich ständig verändernden Schule ebenso präsent sein wie an anderen gesellschaftlichen Handlungsorten (z.B. im Internet, in Ethikkommissionen, in der Freizeitkultur), um auf dem pluralen Markt der Weltanschauungen mitzubieten. Mit dem Stichwort der »Schulpastoral« oder »Schulseelsorge« wird dieses fachspezifische Feld konkretisiert (vgl. Jung/Kittel 2004; Demmelhuber 2007; Mendl 2007c).

6.1.1 Geschichte und Notwendigkeit

Bis in die 1960er-Jahre hinein deckten sich Pfarrei und Schulsprengel noch fast vollständig; der Unterricht erfolgte in Bekenntnisschulen (siehe Kap. 1.2.2) und zielte auch darauf, die Schülerinnen und Schüler im christlichen Glauben zu erziehen und zur kirchlichen Gemeinde hinzuführen. Die Schule hatte also auch eine katechetische Aufgabe; die Schulseelsorge konkretisierte sich vor allem in der Vermittlung des Glaubenswissens (Katechese) und in der Einführung in die Glaubenspraxis (Eucharistie, Gebet und Beichte). Mit den radikalen gesellschaftlichen Veränderungen und dem Ende der Konfessionsschulen erfolgte eine erste Reflexion darüber, welche Bedeutung Kirche innerhalb einer öffentlichen Schule in der pluralen Gesellschaft haben könne.

An jeder Schule sollten kirchliche Mitarbeiter, vor allem Geistliche, über den Religions-unterricht präsent sein, aber darüber hinaus in spezifischen Feldern (Gottesdienste, Besinnungstage) Schülerseelsorge betreiben. Mit der Würzburger Synode wurde dann eine Trennung von Gemeindekatechese und Religionsunterricht vollzogen (Skizzierung der konzeptionellen Folgen siehe Kap. 6.2.2). Das bedeutete für die Schule zunächst eine Befreiung von jeglichen Ansprüchen vonseiten der kirchlichen Gemeinde; im Lau-fe der Jahrzehnte wurden unter dieser prinzipiellen Unterscheidung der Aufgabenbe-reiche neue Annäherungen und Ergänzungen zwischen beiden Handlungsorten mög-lich. Die Schule wird heute als eigenständiger pastoraler Handlungsort betrachtet, dessen Ausgestaltung auch inhaltlich begründet werden muss (dazu Kap. 6.1.2). Mit dem Begriff »*Schul*pastoral« verbindet sich zudem eine doppelte Bedeutungsverschie-bung: Zum einen sind nicht nur die Schülerinnen und Schüler, sondern alle Menschen in der Schule Subjekte (als potenzielle Akteure und Adressaten) einer Pastoral am Handlungsort Schule. Bedingt durch den Priestermangel sind heute bei Weitem nicht mehr so viele Priester an Schulen präsent, sodass der Kreis der Verantwortlichen sich auch vornehmlich auf die Gruppe der staatlichen und kirchlichen Religionslehrer aus-geweitet hat. Zum anderen zielt Schul*pastoral* nicht nur auf das Feld liturgischen Handelns, sondern strebt weitere Felder pastoralen Handelns an, in denen sich die Handlungsvollzüge von Kirche konkretisieren (Koinonia, Diakonia, Martyria).

Schulpastorales Handeln begründet sich heute in der Tatsache, dass Schule nicht nur Lern- sondern auch Lebensraum ist, in dem Kinder und Jugendliche viel Zeit mit-einander verbringen. Vom diakonischen Konzept kirchlichen Handelns in der Schule her leistet die Schulpastoral einen wichtigen Beitrag zum Erziehungs- und Bildungs-auftrag der Schule. Sie trägt dazu bei, dass sich junge Menschen entwickeln und ihre Persönlichkeit entfalten können (Beitrag zur Identitätsfindung des Einzelnen) und dass Schule menschlicher wird (Humanisierung des Schulwesens). Somit erweist sich schulpastorales Handeln als ein Beitrag zur Schulkultur.

6.1.2 Handlungsfelder

»Schulpastoral ist ein Dienst, den Christen aus ihrer Glaubensüberzeugung heraus für das Schulleben leisten mit der Absicht, so zur Humanisierung der Schule beizutragen.« So lautet der programmatische Einleitungssatz im Schulpastoral-Dokument der deut-schen Bischöfe von 1996 (Schulpastoral – der Dienst der Kirche an den Menschen im Handlungsfeld Schule, 11). Die Handlungsvollzüge von Kirche, die seit dem Zweiten Vatikanischen Konzil als praxisbezogene Kriteriologie für jede Form einer christlichen Gemeinschaft bedeutsam sind, dienen als theologische Leitlinien, mit denen dieses Feld der Schulpastoral ausdifferenziert werden kann: Diakonia, Martyria, Leiturgia und Koinonia. Gleichzeitig schützen diese vier Handlungsvollzüge einander wechselseitig vor einer Überbetonung oder Ausklammerung von einzelnen Bereichen. Sie kommen in einer gelingenden Schulpastoral in doppelter Hinsicht zum Tragen – als Angebot für die Menschen und als Angebot von Menschen an der Schule. So wird Diakonie in Krisen-situationen erfahrbar, wenn Schülerinnen und Schüler Hilfe benötigen; in der Form von Sozialaktionen werden Schülerinnen und Schüler aber auch selbst zu aktiven Mitwir-

---

Was bedeutet Schulpastoral?

Handlungsfelder von Schulpastoral
Diakonia: Dem Menschen helfen
Martyria: Glauben bezeugen, über Sinnfragen sprechen
Leiturgia: Glauben feiern
Koinonia: Gemeinschaft leben und gestalten

... dass sich der Einzelne entwickeln kann (Identitätsfindung)   ... dass die Schule menschlich wird (Humanisierung)

situativer Ansatz: das Mögliche und Nötige tun
personales Angebot: der Mensch im Mittelpunkt
Gastfreundschaft: Einladung an alle
Ökumene: gemeinsames Angebot der Kirche und Religionen
Freiwilligkeit: offenes Wahlangebot
Partnerschaftlichkeit: gemeinsames Handeln von Menschen
Grundprinzipien von Schulpastoral

---

kenden christlicher Diakonie. Diese Doppelstruktur christlichen Handelns – beschenkt werden und schenken, die Verbindung von Indikativ und Imperativ, Heilszusage und Mitwirkung am Heil – gilt für alle Felder einer Schulpastoral, mit denen die Praxisrelevanz christlichen Glaubens deutlich wird.

Mit dieser Kriteriologie wird Schulpastoral auch unterscheidbar zu anderen Konzepten, wie z.B. Schulsozialarbeit: Es geht um eine »menschenfreundliche Mitgestaltung des Schullebens unter der Perspektive der Frohen Botschaft« (Bischöfliches Ordinariat Augsburg 1999, Christ sein an der Schule, 15). Diese Betonung der religiösen Ausgangsbasis bedeutet keine Abwertung anderer Einrichtungen und Initiativen, mit denen man verschiedene Interessensfelder teilt und kooperieren sollte, sie dient lediglich der eigenen Profilschärfung.

Diakonia: Dem Menschen helfen

Schulpastoral zielt in diesem Feld auf ein sensibles Wahrnehmen von individuellen Notsituationen und sozialen Brennpunkten in der Schule. Wenn der Religionsunterricht so angelegt ist, dass er offen ist für Fragen und Anliegen der Schülerinnen und Schüler und Interaktionen zwischen den Lehrenden und Lernenden ermöglicht, so ergeben sich von da aus vielfältige Anknüpfungspunkte für persönliche oder kollektive Hilfsangebote (Einzelgespräche, Bearbeitung von Klassenkonflikten, Vermittlungsgespräche bis hin zu Klassen- oder Lehrersupervisionen). Schulpastoral überschneidet sich hier mit Schulsozialarbeit, welche nicht als Konkurrent, sondern als Partner betrachtet werden sollte, wenn es beispielsweise um konkrete Projekte wie die Einrichtung von Schülercafés oder die Ausbildung von Streitschlichtern und Tutoren geht. Eine besondere Zuspitzung erfährt dieses Feld auf dem Gebiet der Krisenintervention, – etwa, wenn Gewalt oder Tod in den Alltag der Schule einbrechen und die Menschen am Handlungsort Schule Hilfe benötigen und ihren Gedanken und Gefühlen einen rituellen Ausdruck verleihen wollen. Hierfür gibt es in allen Diözesen auch kirchliche Kriseninterventionsteams, die im Notfall ihre Unterstützung anbieten (vgl. KatBl 134 [2009], Heft 1: Krisen in der Schule).

Der »Dienst am Menschen« betrachtet die Menschen an Schulen nicht nur als potenzielle »Kunden« diakonischer Aktivitäten, sie sind selbst eingeladen und aufgefordert zum diakonischen Handeln für andere. Ein wichtiger Projektbereich, mit dem Kirche sich auch am Modell »Öffnung von Schule« beteiligen kann, sind Sozialpraktika (siehe Kap. 3.5.3). Diese führen auch in den Sozialraum Kirche (Sozialstationen, Altenbetreuung, Hospiz, Mutter-Kinder-Gruppe, Jugendarbeit, kirchliche Kindergärten etc.). Hier können Schülerinnen und Schüler Menschen kennenlernen, für die die Ethik Jesu auch beruflich handlungsleitend ist.

Martyria: Glauben bezeugen, über Glauben und Sinnfragen ins Gespräch kommen

Das klassische Modell für eine ausführliche Thematisierung von Sinn-, Lebens- und Glaubensfragen sind »Tage der religiösen Orientierung« oder »Besinnungstage«, die häufig in Kooperation mit Jugendbüros, Jugendverbänden, Schülerreferaten oder kirchlichen Bildungshäusern organisiert werden. Solche Veranstaltungen außerhalb von Schule und abgesetzt von schulischen Lernformen dienen vor allem dazu, den »Stimmen der Sehnsucht« von Jugendlichen nachzugehen, ihren Hunger nach Sinnfragen und Religion zur Sprache zu bringen. Jugendarbeiter bringen vor allem die Kompetenz im offenen Umgang mit Sinnfragen ein; gerade auch die oft nur wenig älteren Mitarbeiter von Jugendverbänden können hier Jugendlichen als die religionspsychologisch so bedeutsamen »Spiegel« für eine Orientierung dienen. Im Rahmen solcher Veranstaltungen können auch Erlebnisräume für Leben- und Glauben-Lernen bereitgestellt werden – weit besser und intensiver, als dies im Schulalltag möglich ist. Auch im Rahmen anderer Projekte können Fragen des Glaubens thematisiert werden: Bibeltage und -nächte, philosophische und theologische Arbeitskreise usw. Darüber hinaus bieten oft auch Gemeinden Veranstaltungen in der Schule an, z.B. mit Filmnachmittagen, Gesprächskreisen, Bibelkreisen. Das Programm von Jugendverbänden an Schulen, besonders der Schülerverbände, fällt ebenfalls unter diesen Aspekt kirchlichen Handelns, weil sowohl auf der Ebene »normaler« Gruppenarbeit als auch bei projektartigen Veranstaltungen (Lebenswochen, Exerzitien) Lebens- und Glaubensfragen thematisiert werden.

Koinonia: Gemeinschaft gestalten und leben

Auf diesem Feld kommt besonders der personelle Aspekt zum Tragen, der von einer besonderen Wertschätzung im Umgang und respektvollen Kommunikationsformen geprägt ist. Alle im Folgenden genannten Projektideen leben davon, dass die Beteiligten Zeit investieren und Beziehungen eingehen. Ziel ist es, den Lebensraum Schule human auszugestalten, sodass sich die Menschen in der Schule wohlfühlen. Die Gestaltung von Gemeinschaft kann in der Mitarbeit im Schülercafé oder bei der Ganztagsbetreuung bestehen, aber auch bei der logistischen, personellen oder institutionellen (auch räumlichen) Unterstützung von Projekten, Faschingsfeten, Klassenfeiern, Abschlussfeiern oder sonstigen Schulfesten. Hierzu zählt auch die Pausenhof- und Klassenzimmergestaltung durch Schüler, Eltern und Lehrer. Gemeinschaftsstiftende Angebote können Wallfahrten oder mehr oder weniger religiös geprägte Fahrten nach Taizé, Assisi oder Rom darstellen. Dabei muss nicht bei jedem Event und in jedem Gespräch die religiöse Begründung für ein gemeinschaftsstiftendes Handeln betont werden. Auch die oben skizzierten Projekte wie Besinnungstage sind vor allem auch von einem gemeinschaftsbezogenen Akzent gekennzeichnet.

Schulpastoral wird so verstanden in einem wechselseitigen Formungs- und Prägungsprozess zu einem wichtigen Element der gesamten Schulkultur. Dies impliziert auch kritische Interaktionsprozesse mit dem System Schule und den dort agierenden Personen, gerade dann, wenn die Prinzipien der Akzeptanz, Wertschätzung und vorbehaltlosen Annahme verletzt werden.

Nicht nur die Schule kommt als Ort und Adressat infrage, an dem und für den Gemeinschaft kultiviert wird – von der Schule aus können auch andere soziale Räume kommunikativ und kreativ geformt werden (z.B. im Rahmen von »72-Stunden-Aktionen«). So können sich schulische Gruppen oder Schulklassen an örtlichen Kulturveranstaltungen, aber auch an Aktionen der Jugendämter und Jugendverbände beteiligen, die auf eine Wahrnehmung und Ausgestaltung der örtlichen Umgebung abzielen.

Leiturgia: Im Schulalltag Gottesdienst feiern und beten

An den Knotenpunkten des schulischen Lebens und an den Bezugspunkten mit dem Kirchenjahr werden an Schulen gottesdienstliche Feiern angeboten, die in der Regel adressatenspezifisch auf die Kinder und Jugendlichen hin ausgerichtet sind. Eine solche Adressatenorientierung und Orientierung an »Kundenwünschen« bedeutet nicht unbedingt auch einen Verlust an theologischer Bedeutung. Es gilt vielmehr, »bei Gelegenheit« liturgische Angebote in niederschwelliger Form erfahrbar zu machen. Die Verantwortlichen tendieren aus adressatenorientierten Reflexionen heraus immer stärker zu ökumenischen Gottesdiensten und nicht-eucharistischen Formen (Wort-Gottes-Feiern, Andachten) in Kleingruppen, auch wenn vielerorts immer noch die traditionelle Form der Eucharistiefeier für die gesamte Schule dominiert. Schulisch bedeutsame Übergangsriten (zu Beginn und am Ende des Schuljahres) sollten mit entsprechenden Feiern begleitet werden: Sie unterstützen Kinder und Jugendliche, das in Grenzen und in Offenheit erfahrene Leben zu bewältigen. Möglichkeiten können die Angebote zum Seelsorgegespräch oder zur Beichte, »Frühschichten« in der Schule statt in der Gemeinde oder Gottesdienstfeiern am Ende der Schulzeit sein. Neben diesen bewährten Modellen empfiehlt sich auch eine Suche nach neuen Formen: »Hungermarsch«, Besinnung vor Prüfungen, bewusster Wochenbeginn (Morgenkreis), Adventspirale im Schulfoyer, spontane Gebets- und Gedenkzeiten bei individuellen oder gesellschaftlich relevanten Sonderfällen (Tod, Katastrophen, Solidaritätskundgebung usw.).

6.1.3 Grundprinzipien

Was zeichnet eine gute Schulpastoral aus? Die folgenden Grundprinzipien können gleichzeitig als Qualitätskriterien verstanden werden.

Situationsbezug: Personelle und organisatorische Ressourcen

Das, was an der eigenen Schule ansteht und auch von den personellen, institutionellen und strukturellen Möglichkeiten her als sinnvoll und machbar erscheint, sollte angegangen werden. Das bedeutet: Eine gemeinsame Situationsanalyse aller Beteiligten, etwa in einem »Arbeitskreises Schulpastoral«, gehört dazu. Nicht die Quantität der Aktionen ist entscheidend, sondern die Frage der Pünktlichkeit des Angebots, das nach dem Dreischritt des »Sehen – Urteilen – Handeln« ermittelt werden kann.

Personelles Angebot: Der Mensch im Mittelpunkt

Es geht im Bereich der Schulpastoral nicht um Wissensvermittlung und Lernziele, aber auch nicht um eine verzweckte Außendarstellung von öffentlichkeitswirksamen Projekten. Im Mittelpunkt stehen Menschen mit ihren Möglichkeiten und Bedürfnissen, ihren Lebensgeschichten und Interessen. Der personelle und kommunikative Ansatz einer unbedingten Zuwendung trägt zur Zufriedenheit aller Beteiligten an Projekten der Schulpastoral bei. Die entsprechenden direkten Rückkoppelungseffekte (der »andere«, außerunterrichtliche Umgang zwischen Lernenden und Lehrenden, der Ausdruck gegenseitiger Wertschätzung, die Akzeptanz von Projekten in der schulischen Öffentlichkeit) motivieren zur Weiterarbeit. Dies ist vor allem auch für die Lehrenden eine wichtige Motivation für ihr Engagement, die den Nachteil aufwiegt, dass die Tätigkeit auf dem Gebiet der Schulpastoral meistens nur in einem sehr geringen Umfang bzw. überhaupt nicht auf das Stundendeputat angerechnet wird.

Gastfreundschaft

Zu schulpastoralen Angeboten sind grundsätzlich alle eingeladen, die sich dafür interessieren. Konfession, Geschlecht, Religionszugehörigkeit, Alter etc. spielen keine Rolle. Dies ermöglicht gerade im Organisationsraum Schule jenseits der Einteilung in Altersklassen kohortenübergreifende Begegnungen. Diese Öffnung erstreckt sich auch auf die Lehrenden. Nicht nur Religionslehrende, auch Lehrende mit anderen Fächerkombinationen können mitwirken oder gar, wie dies an manchen Schulen üblich ist, die Schulpastoral hauptverantwortlich koordinieren. Auch nicht getaufte Schüler, die »neugierig auf Religion« sind, sind zu religiösen Tastversuchen eingeladen. Dadurch, dass die Angebote auf freiwilliger Basis stattfinden, ergibt sich oft schnell ein Gefühl der Vertrautheit und eine offene Gesprächsatmosphäre.

Ökumenische und interreligiöse Offenheit

Die pluralistische Gesellschaft spiegelt sich auch an Schulen wider: Nicht nur Christen, sondern Kinder und Jugendliche aus verschiedenen Religionen besuchen Schulen in Deutschland. Schulpastorale Angebote haben innerhalb der katholischen Kirche und unter etwas anderen Vorzeichen auch in der evangelischen Kirche eine lange Tradition; viele schulpastorale Angebote geschehen bereits in ökumenischer Kooperation. Kinder und Jugendliche mit anderer Religionszugehörigkeit werden bezüglich des Unterrichts »in Sachen Religion« – rechtlich nachvollziehbar, individuell betrachtet aber äußerst problematisch – in Ethik-Gruppen gebündelt, weil es kaum anerkannte Religionsgemeinschaften gibt, die mit einem eigenen Religionsunterrichtsangebot an unseren Schulen vertreten sind. Das ist insofern kritisch anzufragen, weil diese Kinder und Jugendlichen in einem allgemeinen Ethik-Unterricht nicht die Möglichkeiten haben, Glaubensfragen zu klären und ihrem Glauben einen Ausdruck zu verleihen. Insofern sollten schulpastorale Angebote auch über Konfessions- und Religionsgrenzen allen interessierten Kindern und Jugendlichen offenstehen. Eine solche interkulturelle und -religiöse Öffnung ist als gemeinschaftsbildende Maßnahme problemlos möglich; auf dem Gebiet des Liturgischen und besonders des engeren konfessionellen Ausdrucks ist ein besonderes Fingerspitzengefühl und der Respekt vor dem Glauben und Glaubensvollzug erforderlich. Insgesamt ist dabei vor allem im Jugendalter von einem »noch nicht gegebenen Einverständnis« der Jugendlichen zu ihrer Religion auszugehen. Deswegen sind Lernprozesse im Rahmen der Jugendpastoral in besonderem Maße vom Charakter einer »Expedition in offenes Land« und einer religiösen Spurensuche geprägt – über die Grenzen von Konfessionen und Religionen hinweg.

Freiwilligkeit

Von der grundsätzlichen Organisationsstruktur her ist Schule vor allem im Kernbereich des Unterrichts hierarchisch und autoritär geprägt. Anders bei Zusatzkursen und Projektgruppen: Hier dominiert das Prinzip Freiwilligkeit. Dies führt zu einem hohen Grad an Engagement und Zufriedenheit bei den in diesen Bereichen Tätigen – Schülerinnen und Schülern wie Lehrenden. Gerade, weil es auf dem Feld der Schulpastoral um Lebens- und Glaubensfragen geht, sollte die Teilnahme an schulpastoralen Projekten prinzipiell freiwillig sein. Wie wichtig dieses Prinzip als Kriterium sein kann, zeigt sich besonders bei den traditionellen Veranstaltungen, die häufig gerade an der Nichtbeachtung dieses Aspekts leiden: der mehr oder weniger deutlich erzwungene Gottesdienstbesuch für alle oder die automatische Teilnahme der ganzen Klasse an Tagen der Orientierung ohne vorauslaufende Motivierungs- und Abgrenzungsphase, was Ziel und Charakter der Veranstaltung betrifft.

Partnerschaftlichkeit

Die dominante Kommunikationsform auch noch so guten Unterrichts ist eine hierarchisch-komplementäre. Schulpastorale Unternehmungen hingegen funktionieren dann besonders gut, wenn sie symmetrisch-kooperativ angelegt sind. Dieses Kriterium ist deswegen so wichtig, weil es als kritisches Merkmal dienen kann, um beispielsweise die Kommunikationsstrukturen einer Frühschicht-Gruppe zu durchleuchten (Schülerinnen und Schüler als gleichberechtigte Ideengeber und Planer oder nur als abhängige Mitarbeiter, die vielleicht noch Texte aussuchen und vortragen dürfen) oder die Planung und Durchführung eines Besinnungstages unter Einbezug oder Ausschluss der Klasse zu reflektieren (siehe auch Schema unter 6.2.5, S. 246f).

6.1.4 Ganztagsschule, Schulkultur und Schulentwicklung

Schulpastoral als Teilbereich eines Konzepts der Öffnung von Schule lebt von der Kooperation mit schulischen und außerschulischen Partnern und von der Einpassung der eigenen Projekte in neue Konzepte von Schule. In der Schule kann die Schulpastoral mit den Einrichtungen der Schulsozialarbeit, mit den Verbindungs- und Vertrauenslehrern etc., aber auch mit allen anderen Fachlehrern, die sich in Projekte einbinden lassen, kooperieren. Über die Schule hinaus bieten sich neben den Pfarrgemeinden und Einrichtungen der Jugendämter vor allem die Jugendverbände, die an den Schulen oder vor Ort tätig sind, als Partner an.

Besonders an kirchlichen Schulen zählen die Angebote der Schulpastoral zu einem der zentralen Profilmerkmale der jeweiligen Schule. Im Rahmen einer wertorientierten Schulentwicklung, die maßgeblich auf die Entwicklung einer reflektierten Schulkultur hinstrebt, kann der Erfahrungsvorsprung der in der Schulpastoral Tätigen auch in entsprechenden Prozessen an öffentlichen Schulen eingebracht werden, weil die skizzierten Prinzipien, vor allem aber das christliche Menschenbild, das die Schulpastoral prägt, die Humanisierung von Schule unterstützen können.

Bei der aktuellen Diskussion um die Ausweitung von Schule auf Ganztagskonzepte hin suchen die Verantwortlichen an den Schulen nach außerschulischen Gruppierungen und Personen, um über den Lernraum Schule auch den Lebensraum Schule zu gestalten und in durchdachten Rhythmen Bildungsprozesse, Hausaufgabenbetreuung, offene pädagogische Angebote und Freizeitgestaltung miteinander zu verbinden. Kirchliche Einrichtungen gelten mit ihren festen Strukturen hier als verlässliche Partner, die gerade durch die Fähigkeiten auf dem Gebiet der Freizeitpädagogik und der außerschulischen Bildungsarbeit ihre Kompetenzen in eine Ganztagsschule einbringen können.

Literatur

DdRU Schulseelsorge, 409–420; RD II.9 Wo wird gelernt? Schulische und außerschulische Lernräume, 254–270; RD GS III.11 Räume wahrnehmen und erkunden, 422–430; RP Orte der Religionspädagogik in Familie, Staat und Gesellschaft, 83–160.

Weiterführende Literatur

Demmelhuber, Helmut/Dierks, Marlies (Red.), Schule als Lebensraum mitgestalten. Neue Impulse und Bausteine für die Schulpastoral, Rottenburg-Stuttgart 2007; Jung, Martina/Kittel, Joachim (Hg.), Schulpastoral konkret. Eine jugendverbandliche Perspektive, Altenberg 2004; KatBl 132 (2007), Heft 2: RU und Katechese (mit einem zweiten Themenschwerpunkt zu »Schulpastoral«); Rendle, Ludwig (Hg.), Ganzheitliche Methoden in der Schulpastoral, München 2013.

Zusammenfassung in Stichworten

■ Schulpastoral ist ein Dienst, den Christen für das Schulleben leisten, mit der Absicht, so zur Humanisierung der Schule und zur Identitätsentwicklung der daran Beteiligten beizutragen.

■ Schulpastoral konkretisiert sich in den Handlungsfeldern der Diakonia, Martyria, Koinonia und Leiturgia und trägt so zur Schulentwicklung, der Kultur von Schule und der Gestaltung neuer Organisationsformen von Schulen bei.

■ Qualitätskriterien einer Schulpastoral, die den Menschen in den Mittelpunkt stellt, sind ein situativer Ansatz, Freiwilligkeit, Gastfreundschaft, Partnerschaftlichkeit und ökumenische und interreligiöse Offenheit.

Prüfungsaufgaben

Schulpastoral in der Schule

1. Erläutern Sie Ziele und Prinzipien von Schulpastoral in der Schule!
2. Diskutieren Sie Chancen und Grenzen eines schulpastoralen Handelns durch die Lehrerinnen und Lehrer!
3. Veranschaulichen Sie Ihre Überlegungen mit entsprechenden praxisnahen Beispielen, die sich auf die verschiedenen Handlungsfelder von Schulpastoral beziehen!

»Wenn der Tod in die Schule einbricht«

1. Skizzieren Sie Situationen, in denen Leid und Tod in der Schule auf besondere Weise präsent werden können!
2. Erläutern Sie Möglichkeiten, diesen Grenzsituationen im Schulalltag zu begegnen und sie zu bewältigen zu versuchen, und beziehen Sie dabei die Handlungsvollzüge von Kirche mit ein!
3. Erörtern Sie die spezifischen Kompetenzen, die die Lehrer und Verantwortlichen einer Schulpastoral in solchen Situationen benötigen, und beschreiben Sie mögliche unmittelbare und langfristige Hilfestellungen, die sinnvoll und erforderlich sind, um solche Situationen zu bewältigen!

6.2 Gemeinde und Familie als Bezugsorte des Religionsunterrichts

Es besteht ein Konsens darüber, dass die Schule die kirchliche Gemeinde und andere Handlungsfelder als wichtigsten Ort der religiösen Kommunikation abgelöst hat; der Religionsunterricht ist heute die zentrale Kontaktzone zur objektiven Religion schlechthin. Dennoch erscheint es als notwendig, auch über die anderen Felder der Sozialisation, über ihre Bedeutung und Wirksamkeit, nachzudenken. Die Sozialisationsforschung weist darauf hin, dass Sozialisationsprozesse dann erfolgreich verlaufen, wenn verschiedene Ebenen zusammenspielen: »Damit ein Sachverhalt sozialisatorisch von Heranwachsenden als relevant erfahren werden kann, muss er seitens mehrerer Sozialisationsebenen bzw. -instanzen als relevant erscheinen« (RD GS, 136).

Wenn Religion für Kinder und Jugendliche plausibel werden soll, bedarf es einer positiven Verstärkung auf verschiedenen Ebenen; in besonderem Maße kommt es auf das Interagieren der beteiligten Personen an (vgl. Mendl 2002b). Deshalb müssen die verschiedenen institutionellen und nichtinstitutionellen Lernorte und -perspektiven, in denen sowohl intentional gelernt werden soll als auch beiläufig gelernt wird, in ihrem wechselseitigen konstruktiven und destruktiven Bezug genauer untersucht werden. Dass heute die klassische religiöse Sozialisation weit weniger homogen über die markanten Lernorte Familie, Gemeinde und Schule hinweg abläuft, als dies früher der Fall war, führt nicht selten zu einer unproduktiven wechselseitigen Schuldzuweisung. Demgegenüber empfiehlt sich eine nüchterne Analyse von Veränderungsprozessen und von da aus die Beschreibung möglicher synergetischer Prozesse einer wechselseitigen Ergänzung dessen, was die einzelnen Lernorte heute zu leisten vermögen, damit Kinder und Jugendliche in ihrer Lebenswelt und -geschichte die Plausibilität und Tragfähigkeit religiöser Sinnangebote kennenlernen (siehe Kap. 1.4).

Lernorte von Religion	
Institutionelle Lernorte	**Nicht-institutionelle Lernorte und -perspektiven**
Kindergarten	Familie
Schule, RU	Soziokulturelles Umfeld, Milieu
Gemeinde (Katechese, Jugendarbeit, Gruppen)	Peergroup
Erwachsenenbildung (Pastoral, Bildungshäuser, VHS)	Gesellschaft (Kultur, Medien, Politik)
Hochschule (Studentengemeinde, Studium generale ...)	Lebensgeschichte als Glaubensgeschichte

6.2.1 Gemeinde und Gemeindekatechese

Die Würzburger Synode (siehe Kap. 2.2) entlastete den Religionsunterricht von katechetischen Zieldimensionen und führte zur Ausgestaltung eines eigenen religionspädagogischen Lernfeldes der Gemeindekatechese. Angesichts der veränderten Sozialisationsvoraussetzungen und der feststellbaren Säkularisierungsprozesse bestand Einigkeit darüber, dass im Religionsunterricht an der öffentlichen Schule diejenigen, die keine »lebensmäßige Beziehung zu Glaube, Evangelium und Kirche haben ... nicht einfach wie ›Glaubensschüler‹ in die Lebensvollzüge der Kirche eingeübt werden« können: »In dieser Situation ist neben dem Religionsunterricht in der Schule mehr als bisher Katechese in der Gemeinde erforderlich« (Der Religionsunterricht in der Schule, 1.4).

In der Folge lassen sich verschiedene Entwicklungsphasen und Konzepte von Gemeindekatechese beschreiben: Zunächst wurde Gemeinde gegenüber der Schule als neuer zentraler Ort religiösen Lernens im Sinne einer katechetischen Einführung in den Glauben verstanden (*Entschulung der Katechese*), dann wurden über die Gruppe der Kinder und Jugendlichen hinaus auch die Erwachsenen als Adressaten für religiöse Lernprozesse entdeckt, was einen anderen Umgang und andere Lernformen erforderlich machte (*Entpädagogisierung der Katechese*), es wurden auch neue Träger für das katechetische Wirken gewonnen – hauptamtliche und ehrenamtliche Laienmitarbeiter (*Entklerikalisierung der Katechese*; vgl. zu diesen drei Tendenzen Bartholomäus 1987) – und schließlich arbeitet Gemeindekatechese heute stärker biografie- und weniger inhaltsorientiert (*Entkatechetisierung der Katechese*): Gemeindekatechese meint »jene Lernprozesse im christlichen Glauben, die bewusst initiiert, partnerschaftlich strukturiert, biografieorientiert und zeitlich begrenzt sind und in gemeindlicher Trägerschaft unter Einbezug von ehrenamtlichen Katechetinnen und Katecheten organisiert werden« (NHRPG, 305).

Wörtlich bedeutet Katechese (griechisch) »Einführung, Unterweisung«; es geht also um eine Einführung in den christlichen Glauben und gegebenenfalls um eine Beheimatung darin. Ziel jeglichen katechetischen Bemühens heute ist es, »dem Menschen zu helfen, dass sein Leben gelingt, indem er auf den Zuspruch und Anspruch Gottes eingeht« (Arbeitspapier »Das Katechetische Wirken der Kirche« A 3 der Würzburger Synode). Ein solches Angebot erfolgt unter den gesellschaftlichen Voraussetzungen lebensbegleitend und punktuell und nur noch selten kontinuierlich lebenslang. In konzeptioneller Hinsicht muss Gemeindekatechese so strukturiert werden, dass bezogen auf die einzelnen Lebensphasen und besonders auf die zentralen Lebensübergänge (Transitionen) unterschiedliche Angebote konzipiert werden, die in ihrer jeweiligen Begründung auf die Entwicklungsphase ausgerichtet sind und zugleich nicht den Blick für mögliche Vernetzungen verlieren.

Gemeindekatechese bezieht sich auf verschiedene Adressaten hin und konkretisiert sich in vielfältigen Formen: Es gibt Angebote für Kinder (z.B. Kinderbibeltage, Kindergottesdienste, Kindergarten-Arbeit), für Jugendliche (z.B. Ministrantenarbeit, Jugendarbeit, Jugendfreizeiten), für Erwachsene (z.B. Bibelkreise, Familienkreise, Altenarbeit, Erwachsenenkatechumenat), aber auch generationenübergreifende Angebote (Familienkatechese im Rahmen der Erstkommunion, Familientage, thematische Gesprächs- und Bildungsangebote). Als nicht unproblematisch wird die Fokussierung von Gemeindekatechese auf die Sakramentenkatechese (Taufpastoral, Erstkommunion- und Bußkatechese, Firmbegleitung, Ehevorbereitung) und hier besonders auf die Vorbereitung auf die Erstkommunion und Firmung hin empfunden, die sehr zeit- und arbeitsintensiv ist, aber auch bei den Verantwortlichen zur Frustration führt, wenn deutlich wird, dass eine ausdrückliche oder unterschwellig formulierte Zielsetzung einer dauerhaften Bindung von Kindern und Jugendlichen über die Zeit der unmittelbaren Vorbereitung hinaus angesichts einer Auflösung volkskirchlicher Strukturen kaum mehr erkennbar ist (vgl. Emeis 2001).

Die Beurteilung der Erfolgschancen einer Gemeindekatechese ist kontextuell verwoben mit der internen kirchlichen Frage nach den Konzepten von Gemeinde heute und mit der externen nach der Bedeutung von Kirche in der Gesellschaft: Bedingt durch den Priestermangel und ein gleichzeitiges Festhalten an einem hierarchischen Kirchenverständnis, das die Leitungsrolle des Priesters betont, gibt es in allen deutschen Diözesen die Tendenz zur Bildung von großen Seelsorgeeinheiten, die mehrere ursprünglich selbstständige Pfarreien umfassen, und zum Abrücken vom Territorialprinzip, mit dem Kirche als konkrete Gemeinde vor Ort verstanden wird; dies hat auch Folgen für die Möglichkeiten und Grenzen von gemeindekatechetischen Angeboten vor Ort. Gesellschaftlich hat der Trend eines »Verdunstens« sichtbarer christlicher Praxis zugenommen; auch für viele getaufte Christen ist die Kirche eine »fremde Heimat«. Die Sinus-Milieu-Studie (vgl. Wippermann 2005) hat dramatisch gezeigt, dass kirchliche Gemeinden nur noch für wenige gesellschaftliche Milieus attraktiv sind (für Konservative und Traditionsverwurzelte); für alle anderen Milieus, besonders die gesellschaftlichen Leitmilieus, gilt die Kirche in ihrer Sprachwelt (Semantik) und in ihren Erscheinungsformen (Ästhetik) als antiquiert; der christliche Glaube gehört nicht zu den tragenden Elementen ihres Lebens. In derselben Deutungslinie befindet sich auch die Sinus-Milieu-Jugendstudie »Wie ticken Jugendliche?« (vgl. dazu: Hobelsberger 2008): Nur noch traditionelle, bürgerliche und zum geringen Teil postmaterielle Jugendliche weisen eine Beziehung zur Kirche auf.

Für die kirchlichen Gemeinden bedeutet dies die Zukunftsfrage für die Entwicklung von Wegen »hinaus in die Weite« (vgl. Ebertz/Hunstig 2008) einer gesellschaftlichen Pluralität, um das christliche Sinnangebot auch über das enge kirchliche Milieu hinaus zu präsentieren und es für neue gesellschaftliche Gruppierungen zu erschließen. Als nötig erscheinen eine Abkehr von volkskirchlichen Wunschvorstellungen, nach denen ein sakramentaler Initiationsprozess zu einer dauerhaften Beheimatung in der Kirche führt, und ein mutiges Entfalten eines radikal diakonischen Ansatzes, demgemäß es die Aufgabe der Institution Kirche ist, den reichen Schatz christlicher Tradition in einer pluralen Gesellschaft anzubieten, sodass Menschen »bei Gelegenheit«, d.h. an wichtigen Knotenpunkten ihres Lebens, darauf zugreifen können.

6.2.2 Gemeinsamkeiten und Unterschiede von Gemeindekatechese und Religionsunterricht

Die knappe Skizze zur Gemeindekatechese verdeutlicht markante konzeptionelle Unterschiede zwischen dem Lernort Gemeinde und dem Lernort Schule und Religionsunterricht. Beiden Feldern ist gemeinsam, dass der thematische Fokus der Lernlandschaften auf dem weit gefassten Gebiet des Religiösen liegt. Es geht in beiden Feldern um eine Auseinandersetzung mit dem Modus einer Weltwahrnehmung und -deutung durch Religion im Horizont christlichen Glaubens. In der Art und Weise dieser Auseinandersetzung, beim angestrebten Ziel und bei den beteiligten Personen lassen sich jedoch deutliche Unterschiede feststellen: Die Chiffre, die den Lernort Religionsunterricht prägt, ist das »Verstehen« von Religion; kontinuierlich sollen Schülerinnen und Schüler im Religionsunterricht zu einem »verantwortlichen Denken und Verhalten im Hinblick auf Religion« (Würzburger Synode) befähigt werden; demgegenüber zielt Kate-

Lernort Gemeinde und Lernort Schule – eine Gegenüberstellung		
	Gemeindekatechese	**Schulischer Religionsunterricht**
Verantwortung	Angebot der kirchlichen Gemeinde, res ecclesia	ordentliches Schulfach; res mixta (Kirche und Staat)
Adressaten	Freiwillige, Gläubige	differenzierte Schülerschaft (Gläubige – Suchende – Zweifelnde – Ungläubige)
Ziel	(zumindest zeitweilige) Eingliederung in die Gemeinde der Christen, Abschluss der sakramentalen Initiation	»Verantwortliches Denken und Verhalten im Hinblick auf Religion und Glaube« (Würzburger Synode 2.5.1)
Verbindlichkeitsgrad	(zumindest zeitweilige) Kirchenbindung und Beheimatung in Kirche und Gemeinde; freiwillige Bindung	formal: Pflichtfach; inhaltlich: diakonisches Angebot als Beitrag zur Humanisierung des Schullebens und zur Identitätsfindung junger Menschen
Zeitkontinuum	punktuelle Begegnung	kontinuierliches Arbeiten
Lernmodalitäten	kreativ, spielerisch, erfahrungs- und handlungsorientiert, kommunikativ	unter den Vorzeichen eines schulischen Unterrichtsfaches
Professionals	Hauptamtliche und Freiwillige, z.T. Jugendliche	Lehrer

chese in der Gemeinde deutlicher auf eine »Einführung« in den christlichen Glauben, die sich allerdings zumeist in punktuellen Annäherungen und Distanzierungen vollzieht. Gegenüber einem schulischen Unterrichtsfach, das nach den Modalitäten schulischen Lernens konzipiert ist, gibt es in der Gemeindearbeit größere pädagogische Freiräume, die sich auch in einem deutlicher beziehungsorientierten Miteinander der beteiligten Personen niederschlagen.

6.2.3 Familie

Wenn die Lebenswelt und die Lebensgeschichte die zentralen Lernorte religiösen Lernens sind (siehe Kap. 1.4), dann kommt der Familie eine wichtige Rolle zu, weil hier Erfahrungen erworben werden, die als anthropologische Grundbasis auch religiös relevant sind.

Was die Reflexion über die Erziehung am Handlungsort Familie erschwert, ist die Tatsache, dass sich die Familie mit gutem Recht zunächst einmal dem expliziten Zugriff und einer Pädagogisierung von außen verwehrt; Soziologen kennzeichnen dies als »Autonomie der Familie«. Von da aus ergeben sich drei religionspädagogische Aufgaben:
• Zunächst einmal gilt es, aktuelle Erscheinungsformen und Leistungsmöglichkeiten, aber auch Grenzen und Problemfelder heutiger Familien allgemein und bezüglich einer religiösen Erziehung wahrzunehmen.
• Vor diesem Hintergrund muss überlegt werden, wo und wie Familien religionspädagogische Hilfestellungen angeboten werden können.
• Und schließlich können dann Kontaktfelder zwischen den einzelnen Lernorten ausgemacht werden, die der wechselseitigen Bereicherung und der Entwicklung gemeinsamer pädagogischer Strategien dienen.

Die Institution Familie erweist sich als äußerst wandlungsfähige gesellschaftliche Einrichtung, die entgegen allen Katastrophentheorien nach wie vor eine wenn auch gewandelte Gestalt und Bedeutung hat (vgl. Bucher 2009). Einige bereits oben (siehe Kap. 1.4) genannte zentrale Aspekte geben Einblick in den aktuellen Stand der Forschung:
• **Veränderte Familienstrukturen:** Familie hat sich von der Großfamilie hin zur Kleinfamilie gewandelt und konstituiert sich heute in verschiedenen Formen (Patchwork-Familien, alleinerziehende Elternteile).
• **Gewandelte Erziehungsziele:** Die sogenannten Leistungs- und Pflichtwerte (Gehorsam, Leistungsbereitschaft …) wurden von den Selbsterfüllungswerten (Selbstentfaltung, Verantwortung …) abgelöst.
• **Gewandelte Kommunikationsformen:** Mit dem Stichwort »vom Befehls- zum Verhandlungshaushalt« wird die Demokratisierung der familiären Beziehungsstrukturen auf den Punkt gebracht.
• **Bedeutungszuwachs:** Familie gilt in einer als unüberschaubar gewordenen pluralen Welt als letzter Rückzugsort. Für Jugendliche ist die Familie die Ressource, aus der heraus sie leben, und das biografische Ziel, das sie ebenso anstreben wie einen Beruf.

Der Bedeutungszugewinn von Familie korrespondiert aber auch mit einer Überforderung von Eltern, die die gewachsenen Ansprüche an das, was Eltern erzieherisch leisten sollen, und die Herausforderungen, die Schule und Gesellschaft (Medien!) an das Lebensfeld Familie heute stellen, nicht einfach erfüllen können. Von da aus stellt sich die Frage, wo und wie die anderen Erziehungs- und Bildungseinrichtungen wie die Schule und die Pfarrgemeinde die Familie stärken können, anstatt umgekehrt ihre Mitarbeit einzufordern.

Auch in religiöser Hinsicht verhalten sich Familien autonom. Die soziologischen Daten verdeutlichen, dass sich nur eine Minderheit vom Angebot der Kirchen so angesprochen fühlt, dass daraus eine dauerhafte Bindung wird. Insgesamt erweist sich die Familienreligiosität heute als stark individualisiert, pluralisiert und privatisiert (vgl. RD GS, 122). Verglichen mit früheren Zeiten ist ein deutlicher Rückgang eines praktizierten Familienglaubens festzustellen, was gleichzeitig zu einer religiösen Sprach- und Ratlosigkeit vieler Familien führt; andererseits gibt es durchaus Familien, in denen eine religiöse Bildung unabhängig von der Kirchenbindung als wertvoll erachtet wird. Dabei haben sich die Rhythmen einer Teilnahme am Leben der Kirche auch bei kirchennahen Menschen insgesamt verändert. Der sonntägliche Rhythmus wurde abgelöst vom Feiertagsrhythmus – man besucht den Gottesdienst zu »heiligen Zeiten« oder in biografisch und familiär relevanten Situationen; hier greift man gerne auf die Symbole, Riten, Gebräuche und Gestaltungsangebote der Kirchen zurück.

Die religiöse Vertiefung des Familienlebens ist über folgende bedeutsame Felder hinweg sehr unterschiedlich gestaltet und verlangt neben der sensiblen Wahrnehmung und Anerkennung eigener Entscheidungen auch ein differenziertes Eingehen auf die jeweiligen Familiensituationen:

- **Rituelle Praxis:** Die Bandbreite reicht von fehlenden Familienritualen über die Gestaltung von familieninternen, aber nicht explizit religiösen Ritualen (z.B. Einschlafrituale), über familieninterne und explizit religiöse Rituale (z.B. Abendgebet, Tischgebet), von einer Teilnahme an kirchlichen Ritualen und Festen nur »bei Gelegenheit« (z.B. Martins-Umzug) bis hin zur regelmäßigen Teilnahme an den Festen des Kirchenjahres. Im Kontext einer individualisierten Familienreligiosität werden zwar durchaus religiöse Formen in Gebrauch genommen, aber meist ohne einen explizit reflektierten Horizont und Hintergrund.
- **Alltagsdeutung:** Alltagserfahrungen können die Basis für eine Glaubenserfahrung werden; das Leitziel einer lebensstützenden erfahrungsbezogenen religiösen Erziehung im Kindesalter ist gefährdet, wenn Kinder destruktive menschliche Grunderfahrungen machen (z.B. nicht geliebt und versorgt werden, alles für banal halten, überfordert werden, keine Grenzen erfahren). Als weniger problematisch erscheint es, wenn Kindern zwar religiöse Deutungsangebote für die Widerfahrnisse des Lebens vorenthalten werden, sie aber immerhin über menschliche Grunderfahrungen verfügen (z.B. akzeptiert, geliebt und versorgt werden, staunen können, Grenzen und Verzeihung erfahren haben), die prinzipiell für eine religiöse Deutung offenstehen. Wo Kinder Gemeinschaft, Anerkennung, Kraft und Vertrauen erfahren, werden sie im Sinne einer indirekten religiösen Erziehung auch für religiöse Fragen sensibilisiert. Wenn solche Alltagserlebnisse in der Familie auch einen entsprechenden religiösen

Deutungsrahmen erhalten, ist das der Idealfall dafür, dass Kinder lernen, Alltagssituationen in ihrer religiösen Verwobenheit zu erschließen und in existenziellen Grundmustern Spuren des Göttlichen zu erkennen (vgl. Oser 1992).

- **Eltern als Vorbilder:** Alle neueren Studien belegen, dass die Eltern die wichtigsten Vorbilder für ihre Kinder sind (siehe Kap. 3.6; vgl. Mendl 2005a, 235–244). Faktisch reicht auch hier die Bandbreite von Eltern, die in ihrer Elternrolle versagen, über solche, die allgemein humanistische Einstellungen und Verhaltensweisen vorleben, bis hin zu Eltern, die ein reflektiertes christliches Denken und Handeln aufweisen.

- **Thematisierung von Religion:** Untersuchungen haben ergeben, dass die Weitergabe des christlichen Glaubens dort gelingen kann, wo der Glaube nicht nur gemeinsam vollzogen, sondern auch reflexiv im ständigen Dialog in der Familie besprochen wird. In manchen Familien herrschen eine Tabuisierung von Religion und eine Sprachlosigkeit in religiösen Fragen, in anderen wird zumindest gelegentlich über die Außenseite von Religion gesprochen (z.B. anlässlich aktueller medialer Berichte). Wo sich Eltern aktiv mit den kleinen und großen Fragen ihrer Kinder beschäftigen, wird man unausweichlich auch auf die Themenfelder der Existenz und Religion stoßen; solche gemeinsame philosophische und theologische Suchbewegungen in Fragen des Glaubens können mit den entsprechenden Medien (z.B. religiöse Erzählungen, Bücher, aber auch Kinderfernsehen, Kinofilme und neue Medien) vertieft werden.

Die Aufgabe der expliziten sekundären Handlungsorte (Kindergarten, Pfarrgemeinde, Schule) besteht darin, die Familien in ihrem menschlichen und religiösen Wachstumspotenzial zu stärken und immer wieder Impulse aus dem Schatz der christlichen Tradition für die lebensfreundliche Gestaltung von Familie aus der Kraft des Glauben heraus zu geben. Nicht die Hinführung zur Kirchlichkeit ist das primäre Ziel, sondern die Erziehung zu einem eigenständigen und selbst entschiedenen Glauben. Gleichzeitig müssen die Folgen einer kirchenfernen oder nicht vorhandenen Familienreligiosität für den Religionsunterricht bedacht werden: »Wo der religiöse Lernort Familie vollständig ausfällt, fehlen den Kindern wichtige religiöse Grunderfahrungen, die schulischer Religionsunterricht nicht nach Belieben mit wenigen Schulstunden kompensieren oder ›nachholen‹ kann. Was früher nicht stattfand – religiöse Primärsozialisation –, lässt sich später schwerlich ersetzen« (RD GS, 124).

6.2.4 Kontaktzonen zwischen Familie, Pfarrgemeinde und Religionsunterricht

Von der Perspektive der Schule und des Religionsunterrichts aus sollen abschließend mögliche Kontaktzonen zwischen den Handlungsorten Familie, Pfarrgemeinde und Religionsunterricht angedeutet werden. Auch hier gilt, ähnlich wie in der Schulpastoral, ein situativer Ansatz: Dort, wo es die örtlichen Bedingungen in der Nachbarschaft von Kirche und Schule ermöglichen und es entsprechende personelle Ressourcen und partnerschaftliche Beziehungen gibt, können Kooperationsprojekte durchgeführt werden (vgl. RD GS, 127f).

Besonders auf dem Feld der **Schulpastoral** gibt es vielfältige Vernetzungsmöglichkeiten zwischen der Schule und der Pfarrgemeinde, wenn es beispielsweise um die Gestaltung von Schulgottesdiensten in den Kirchenräumen, die Unterstützung bei Tagen der religiösen Orientierung oder die Gestaltung von Frühschichten in Räumen der Pfarrei geht. Auch Eltern können bei manchen dieser Veranstaltungen einbezogen werden, so z.B. bei Frühschicht-Projekten einer Schule in der Kirche zur Advents- und Fastenzeit, vorbereitet von Schülerinnen und Schülern, zu denen auch Eltern eingeladen werden, und die mit einem gemeinsamen Frühstück im Pfarrzentrum, gesponsert und vorbereitet vom Elternbeirat, enden.

Kontaktzonen zwischen den Lernorten ergeben sich vor allem auf dem Feld der **Sakramentenkatechese**, wo dann auch die entsprechenden Absprachen nötig sind (siehe Kap. 3.8). Neben den beiden Konzentrationspunkten Erstkommunion und Beichte sowie Firmung ergibt sich zunehmend die Chance, dass Kinder und Jugendliche auch an einer Taufe beteiligt werden, wenn beispielsweise ein Mitschüler oder eine Mitschülerin in der Vorbereitungsphase auf die Erstkommunion oder Firmung getauft wird.

Chancen einer Kooperation ergeben sich auch, wenn im Religionsunterricht ein **Lernortwechsel** vollzogen wird: Die skizzierten Prozesse eines erinnernden Lernens (siehe Kap. 3.4.2) können in die Räume und Erinnerungsorte der Pfarrgemeinden, Kirchen und Klöster führen.

Vor allem aber entscheiden die handelnden **Personen und ihre Beziehungen** über die Möglichkeiten einer Vernetzung zwischen den Handlungsorten: Manche Personen sind in verschiedenen Rollen an verschiedenen Handlungsorten und in unterschiedlichen Beziehungsstrukturen tätig (gleichzeitig als Lehrende, Gemeindemitarbeiter, Verantwortliche der Jugendarbeit, als Eltern). Andere, die nur in einem der Handlungsorte verantwortlich tätig sind, können miteinander in Beziehung treten und ein synergetisches Netzwerk für mögliche **kooperative Projekte** zwischen Kindergarten, Grundschule, Pfarrei und staatlicher Gemeinde besonders anlässlich profaner Feste und religiöser heiliger Zeiten (z.B. Stadtfeste, Martinsumzug, Nikolausfeier, Adventszug durch den Ort, Palmumzug ...) oder zwischen Schule, Pfarrei und Trägern der Jugend(verbands)arbeit (z.B. 72-Stunden-Aktionen, Sozialprojekte) bilden.

6.2.5 Rollendifferenzierung im Feld von Schule, Schulpastoral und Jugendarbeit

Der oben (siehe Kap. 5.4) skizzierte Umgang mit verschiedenen Rollenerwartungen und die Notwendigkeit der Entfaltung eines reflektierten berufsprofessionellen Habitus können nun bezogen auf die verschiedenen Handlungsorte vertieft werden. Denn von der Zielsetzung und dem pädagogischen Setting her sind die Lernorte Schule und Gemeinde doch markant unterschiedlich strukturiert; auch innerhalb der Gemeinde müsste man noch deutlicher differenzieren zwischen katechetischen und pastoralen Feldern und solchen der freien und verbandlichen Jugendarbeit, was aus Gründen der Übersichtlichkeit im Folgenden unterbleibt. Aus den verschiedenen Handlungsbedingungen ergeben sich auch je eigene Erwartungen an die Lehrenden bzw. erwachsenen

Profilmerkmale der Handlungsfelder und Rollenerwartungen			
	Schule/Religions-unterricht	Schulpastoral	(kirchl.) Katechese/Jugendarbeit
(1) Gruppierung	Zwangsgruppierung	Freiwilligkeit	Freiwilligkeit
(2) Klientel	alle Kinder und Jugendlichen	alle Interessierten	kirchlich orientiert, offen für Interessierte
(3) Ziel	Optimierung von Lehr-Lernprozessen; Beurteilen und Beraten; Auswahl	den Modus religiöser Welt-wahrnehmung und -deutung erleben	Vorbereitung auf die Sakramente; Leben und Glauben teilen
(4) berufliche Rolle	professioneller Lernprozess-Organisator	professioneller Organisator, Ani-mator und partner-schaftlicher Begleiter	partnerschaftlicher Begleiter, Animator (»personales Angebot«)
(5) berufliche Kompetenzen	Fachkompetenz, didaktisch-metho-dische Kompetenz, Beurteilungs-Kompetenz	Spiritualität, Sozialkompetenz, Authentizität	pädagogische Kompetenz, Reflexions-Kompe-tenz, Wahrneh-mungskompetenz
(6) systemische Organisation	Lehrer – Einzel-kämpfer	als Fachschaft gemeinsam auftreten, gemein-sam mit Jugendli-chen	Jugendarbeiter – Teamarbeiter; Jugendliche als Mitarbeiter
(7) Alters- und Geschlechts-struktur der Erwachsenen	»Großmütter-Generation«, »Verweiblichung« des Lehrerberufs	»Großmütter-Generation«, »Verweiblichung« des Lehrerberufs – Profis von außen sprengen dieses Bild	»Kumpel-« und »Eltern-Generation«
(8) Rolle der Kinder und Jugendlichen	Adressaten der Beschulung (Lehr-pläne, zentrale Prüfungen) und Subjekte des Lernens	gleichzeitig Nutznießer und Mitgestalter	Empfänger; Träger der Jugendarbeit; »Subjekte«, Mitgestalter

(9) Kompetenzen der Lernenden	soziale Kompetenz (Anpassungsfähigkeit, Sekundärtugenden), Leistungsbereitschaft (Konkurrenz)	spirituelle Kompetenz, soziale Kompetenz (Verantwortlichkeit), Leistungsbereitschaft (Einsatzbereitschaft), Kooperation	soziale Kompetenz (Mitgestaltung, Einpassung), Leistungsbereitschaft (Einsatzbereitschaft, Kooperation)
(10) dominante Kommunikation	hierarchisch-komplementär Anrede: »Sie«	symmetrisch-kooperativ Anrede: »Sie«	symmetrisch-kooperativ Anrede: »Sie« – »Du«
(11) optimales Klima	lernproduktiv	beziehungsstark und öffentlichkeitswirksam	beziehungsstark
(12) Ort	»Lernen für später«; Klassenzimmer, 45-Minuten-Rhythmus	an der Schule, nicht im Klassenzimmer, an den Rändern der Schule	»Leben und Lernen im Hier und Jetzt«; Pfarrgemeinde, Stadtteil, Jugendhäuser
(13) Rechtsrahmen	Schulrecht, Aufsichtspflicht	Schulrecht, Aufsichtspflicht, Selbstverantwortung	Jugendschutzgesetz, Aufsichtspflicht vs. Selbstverantwortung

oder jugendlichen Begleiter. Noch komplexer wird die Frage nach den unterschiedlichen Rollenerwartungen, wenn man das Zwischenfeld schulpastoralen Handelns hinzunimmt. Als besonders bedeutsam erweist sich die Reflexion über die Erwartungen an die Rollenträger, vor allem dann, wenn diese Erwartungen an verschiedenen Orten an dieselbe Person gerichtet werden, also beispielsweise der Religionslehrer auch in der gemeindlichen Jugendarbeit engagiert und in der Schulpastoral tätig ist. Mit der obigen Tabelle sollen zentrale Unterschiede pointiert skizziert werden, die vor allem aus der Perspektive der handelnden Personen entfaltet sind und zur Reflexion über die Rollenerwartungen vonseiten der Kinder und Jugendlichen an die erwachsenen Akteure anregen sollen.

Literatur

ER D.10 Lernorte, 121–134; NHRPG IV. Räume religiösen Lernens, 293–414; RD II.12 In welchen Beziehungsfeldern steht der Religionsunterricht?, 291–301; RD GS I.9 RU und andere Orte religiöser Bildung: Familie, Gemeinde, Öffentlichkeit, 114–133; RE II.A.2 Lernort Gemeinde, 107–120.

Weiterführende Literatur

Bucher, Anton, »Weil Mama und Papa auch beten …« Familie und religiöse Sozialisation, in: rhs 52 (2009), 270–278; **Emeis, Dieter, Grundriss der Gemeinde- und Sakramentenkatechese, München 2001**; Hobelsberger, Hans, Lebenswelten katholischer Jugendlicher: Die Sinus-Milieustudie U27, in: KatBl 133 (2008), 291–300; KatBl 132 (2007), Heft 2: RU und Katechese.

Zusammenfassung in Stichworten

■ Damit religiöse Erziehung und Sozialisation erfolgreich sein kann, muss über die Leistungsfähigkeit der verschiedenen intentionalen Handlungsorte Schule, Gemeinde und Familie und über Möglichkeiten der wechselseitigen Verschränkung dieser Orte nachgedacht werden.
■ Die Lehrenden und Anleitenden müssen sich über die unterschiedlichen konzeptionellen Eckdaten, Zielvorstellungen und Rollenerwartungen der verschiedenen Handlungsorte im Klaren sein.
■ Die Aufgabe der sekundären Handlungsorte (Kindergarten, Pfarrgemeinde, Schule) besteht darin, die Familien in ihrem menschlichen und religiösen Wachstumspotenzial zu stärken.

Prüfungsaufgaben

Religion lernen – ein dialogischer und interpersoneller Prozess

1. Skizzieren Sie die Bedeutung der verschiedenen handelnden Personen als Erzieher und Lehrer in der Primär- und Sekundärerziehung sowie ihres Zusammenwirkens für das Gelingen religiösen Lernens!
2. Problematisieren Sie die unterschiedlichen Rollenerwartungen, die auf einen Lehrer zukommen, der einige seiner Schülerinnen und Schüler gleichzeitig in einer Kinder- oder Jugendgruppe in der Pfarrei betreut!
3. Skizzieren Sie ein lernortübergreifendes Projekt und gehen Sie besonders darauf ein, auf welche Weise die Kinder bzw. Jugendlichen von den jeweils beteiligten erwachsenen Erziehern und Lehrern lernen können!

Der schulische RU und die gemeindliche Katechese stellen zwei Wege einer religiösen Bildungsarbeit dar.

1. Beschreiben Sie unter Berücksichtigung der geschichtlichen Entwicklung, in welchem Verhältnis sich die beiden Lernformen befinden. Legen Sie deren Gemeinsamkeiten und Unterschiede dar!
2. Differenzieren Sie die jeweiligen Kompetenzen, die die Lehrenden im einen und im anderen Feld religiösen Lernens benötigen!
3. Erläutern Sie Kooperationsfelder zwischen beiden Handlungsorten!

6.3 Öffentlichkeit und Popularkultur

6.3.1 Die Religionsproduktivität der Profanität

Über die intentionalen Lernorte der Familie, Pfarrgemeinde und Schule hinaus beeinflussen auch die nichtintentionalen Orte des Lernens wie der Alltag, die Peergroup und die Medien die religiöse Erziehung von Kindern und Jugendlichen. Auch wenn Religion zur Privatsache geworden ist, erscheint sie dennoch in verschiedener und oft verwirrender Weise in der Öffentlichkeit. Gesellschaftliche Kommunikations- und Beteiligungsprozesse führen zur Entstehung einer öffentlichen Meinung – nicht nur über Politik und Kultur, sondern auch über Religion. Die modernen Massenmedien stellen heute auf ambivalente Weise (in demokratischer Vielfalt und undifferenzierter Plakativität, in schonungsloser Offenheit und geschmackloser Indiskretheit, in kritischer Distanz und unkritischem Boulevardstil) die entsprechende Öffentlichkeit her.

Auf folgenden Ebenen begegnet man in der Öffentlichkeit in unterschiedlicher Unmittelbarkeit Religion; die Rezeption dieser Erscheinungsformen hängt sowohl von der Darstellungsweise als auch von der eigenen Einstellung zu Religion, Glaube und Kirche ab:

- **Berichterstattung über kirchliche und religiöse Ereignisse** (z.B. Papstreisen, Weltjugendtage, regionale kirchliche Ereignisse), über globale Themen und Konflikte, in denen die Weltreligionen verwoben sind, und kirchliche Informationssendungen.
- **Diskussion ethischer Fragestellungen in der Öffentlichkeit** (z.B. Medizinethik, Wirtschaftsethik, Lebensformen, Grenzfragen des Lebens) im politischen Diskurs, in Talkshows oder narrativ eingebettet in ethischen Dilemmata in Filmwerken.
- **Religion in der Kultur:** Hierzu zählen Werke der bildenden Kunst, der Literatur oder des Theaters, in denen religiöse Fragen manchmal auf provozierende Weise thematisiert werden, ebenso wie die unmittelbare Thematisierung von biblischen Geschichten und religiösen Personen in der Literatur und im Film. In ihrer Wirkung nicht zu vernachlässigen ist der Rückgriff auf die Themen und die Personen aus dem Feld von Religion und Kirche auch in Fernsehwelten (z.B. bei einschlägigen Pfarrer- oder Klosterfrauen-Serien oder bei Kriminalverfilmungen, wo sich die Themen von Endlichkeit und Schuld vom Gegenstand selbst her aufdrängen) und in den mythischen Elementen der Fantasy-Literatur und -Spiele.
- **Funktionale Verwendung von Religion:** Auf ganz unterschiedliche Weise erfolgt in den Massenmedien ein Bezug auf religiöse Motive, Situationen und Zitate, z.B. in der Werbung, wobei es dabei nicht um Religion geht, sondern um die Inanspruchnahme religiöser Accessoires oder Botschaften für andere Zwecke. Im Unterschied zu einer neutralen Berichterstattung und Verwendung lässt sich auch ein einseitiger und abwertender Bezug zu Religion feststellen (z.B. bei Comedy-Sendungen und Comics oder bei den typischen Boulevardsendungen, die die bekannten Themen wie Sexualität, Macht und Umgang mit Geld aufgreifen).

Es ist das Verdienst einer phänomenologisch orientierten Religionspädagogik, vielfältige weitere Spuren von Religion in der Alltagskultur entdeckt zu haben. Entgegen der Säkularisierungsthese werden gesellschaftliche Orte und Situationen des Alltags ausgemacht, in denen religiöse Fragen aufbrechen. Nicht nur die Hochkultur, sondern auch das Lebensfeld der populären Kultur erweist sich als äußerst religionsproduktiv, »weil populäre Kultur selbst Religion lebensweltlich kommuniziert, inszeniert und interpretiert« (Fechtner u.a. 2005, 8). Gerade audiovisuelle Medien nehmen im Alltag der Jugendlichen einen hohen Stellenwert ein und stellen in Jugendszenen zentrale Instrumente der sozialen Kommunikation dar. Deshalb wird man in einem lebensweltlich orientierten Religionsunterricht auch auf religionsproduktive Elemente aktueller Medienkulturen Bezug nehmen.

Von der Vielzahl möglicher populärkultureller Zugänge (vgl. Fechtner u.a. 2005) seien nur vier thematisiert:
• **Popularmusik:** Die Erfahrungen und Ritualwelten bei Popkonzerten und Technopartys enthalten ähnlich wie große Sportereignisse mannigfaltiges Transzendierungspotenzial; bei solchen Events begeben sich die Einzelnen in den Sog und die Wirkung einer Gruppenerfahrung. Die Wertschätzung dieser religionsanalogen und existenziell bedeutenden Grunderfahrungen muss mit einem durchaus auch symbolkritischen Ansatz (»es ist nicht alles Religion, was sich so anfühlt«) verbunden werden. Auf einer zweiten Ebene ergeben sich weitere religionsproduktive Ressourcen: Songtexte enthalten implizite oder explizite Botschaften, die eine religiöse Sinnsuche offenbaren. Viele Künstler engagieren sich für Weltfragen, outen sich als religiös offen oder überzeugt und setzen sich mit religiösen Traditionen und Personen auseinander. Lehrende können hier auf den Erfahrungsvorsprung der Schülerinnen und Schüler setzen und deren Spurensuche in den Unterricht einbeziehen.
• **Filme:** Die These vom Ende der großen Erzählungen in der Postmoderne (Jean-Francois Lyotard) wird angesichts des breiten Sinnangebots der Medienkultur fragwürdig. Gerade das Kino erweist sich als »Spiegel der menschlichen Seele« (Blothner 2003), indem Menschheitsfragen und Phänomene des Lebens inszeniert werden. Folgende zentrale »Grundsituationen des Lebens« können als Spiegelungspotenzial in Kinofilmen entdeckt und mit den entsprechenden Beispielen »großer« Filme belegt werden: Entscheidung und Entwicklung; Identitätsfindung; Wahrheit und Täuschung; Liebe und Verletzbarkeit; die Unfassbarkeit des Todes; Probleme und mögliche Lösungen. Man darf darauf bauen, dass nicht nur die Klassiker wie »Titanic«, »Matrix«, »Armaggedon« oder »Bruce Allmächtig« in ihrer Religionsproduktivität einsetzbar sind, sondern die Filmindustrie auch in Zukunft große Erzählungen auf die Leinwand bringen wird, die mit menschlichen und religiösen Fragen angefüllt sind. Markantes Beispiel für ein Highlight mit Lokal-Kolorit ist sicher »Wer früher stirbt, ist länger tot« – ein Film, in dem mit bajuwarischer Leichtigkeit und entwicklungspsychologischer Sensibilität der großen Frage nach Schuld und Jenseits, Grenzerfahrung und Verantwortung nachgegangen wird.
• **Fernsehen – Daily Soaps:** »Man kann die Seifenopern lieben oder hassen, sich ereifern und darüber streiten. Ignorieren dürfen wir sie jedoch nicht«, meint Arthur Thömmes (Thömmes 2001, 6). Vielmehr muss es Aufgabe einer phänomenologisch

orientierten Religionspädagogik sein, generative Themen inmitten des Medienalltags von Kindern und Jugendlichen zu ermitteln. Denn die Daily Soaps spiegeln »voll das Leben« (Thömmes 2001, 4): »Die Themen sind so vielfältig wie das Leben selbst: Trouble in der Schule, der Freund geht fremd, Mobbing im Büro, Essstörungen, Liebeskummer, Spielsucht, Sekten, Geldsorgen, Drogen und Homosexualität gehören zur Soap. Alltag. Kein Tabu wird verschont. Soziale Problembereiche wie Aids, Rechtsradikalismus, Homosexualität und Behinderungen werden in einer künstlich verdichteten Wirklichkeit schonungslos vorgeführt. Es wird geliebt und gehasst, Intrigen und Schicksalsschläge werden inszeniert und gemeistert. Liebe und Leid, Lachen und Weinen, Gut und Böse – nichts wird ausgelassen.« Medienforscher haben ermittelt: Jugendliche betrachten tatsächlich Daily Soaps als »Lehrweisheiten für das Leben«: 77% der Jugendlichen bevorzugen solche Serien und Filme, die in Familien und Wohngemeinschaften spielen und in denen es um Gemeinschaftsleben und Liebesbeziehungen geht. Die Protagonisten der Soaps sind keine leuchtenden Vorbilder, sondern können mit ihren Ecken und Kanten, ihrem Gelingen und Scheitern dazu dienen, virtuell die Welt in ihrem Sinnzusammenhang zu erproben.

- **Virtuelle Medienwelten:** Auf verschiedenen Ebenen erweisen sich auch die neuen medialen Formen des Computers und des Internets als religionsproduktiv: Zum einen auf der Ebene der Nutzer, die ihre fragmentarische Identität in vorhandene Sinnstrukturen einpassen können (»Kunden, die dasselbe suchen wie Sie, haben gekauft ...«) und für die die Nutzung der Medien die Chance bietet, den Alltag zu unterbrechen, Flow-Erlebnisse zu haben und sich in gemeinde-ähnlichen Bekenntnisgruppen zu verbinden. Zum anderen auf der inhaltlichen Ebene, wo es nicht nur religiöse Angebote expliziter und impliziter Religion der unterschiedlichsten Art gibt, sondern auch Bekenntnisse von Menschen vorzufinden sind und gerade die Gattung der Fantasy-Spiele mythisch durchdrungen ist. Das Medium Internet selbst stellt einen ambivalente offene Welt dar, es bietet Globalisierung und Entgrenzung ebenso wie Monopolisierung, Kontrolle und Allmachtsfantasien.

6.3.2 Aufgaben einer religionspädagogischen Alltagsdeutung

Den Blick für die Religionsproduktivität unsere Alltags- und Popularkultur zu schärfen, indem die verschiedenen Felder in den Blick genommen und religionsdidaktisch konkretisiert werden, ist zunächst einmal die Aufgabe einer phänomenologisch ausgerichteten religionspädagogischen Grundlagenforschung (vgl. Biehl 1998):

- Dabei geht es um die Erforschung der vielfältigen neuen Formen von gelebter Religion. Diese wirken oft irritierend und befremdlich, auf jeden Fall fordern sie heraus.
- Nötig erscheint auch die Erforschung kindlicher und jugendlicher Welt- und Sinnkonstruktionen, deren Zeitbedingtheit oft zu wenig erkannt wird. Dies erscheint dann auch eine Leistungsaufgabe der Lehrenden, die sich der Differenz zwischen der eigenen Lebenserfahrung und der damit verbundenen Sinnkonstruktion und den Lebens- und Deutungsmustern bewusst werden müssen.

- Hilfreich ist die Erforschung religiöser Erfahrungen Jugendlicher in der Musik- und Medienkultur (z.B. Videoclips, Computerspiele, Internet-Communitys, Freizeitkulturen), die oft hoch symbolisiert und ritualisiert konnotiert sind.
- Auch eine verstärkte Biografie- und Lebenslaufforschung gehört dazu, da die Lebenswelt und die Lebensgeschichte der Ort sind, an dem Religion und Glauben eine Bedeutung erhalten oder diese verlieren.

Der Blickwinkel, »Gott in allen Dingen zu sehen« (Ignatius von Loyola), befreit von einer Einengung einer religiösen Spurensuche auf einen konfessionen Fokus; ein solcher Ansatz will ein Gespür für die Möglichkeit, Transzendenz im Banalen und Alltäglichen zu entdecken, vermitteln. Zugleich gilt als kritisches Korrektiv: Es sollte nicht alles gleich zu Religion überhöht werden.

Diese Differenzierung muss der Religionsunterricht leisten, wenn er einerseits pünktlich auf die Lebenswelten von Jugendlichen bezogen sein und andererseits auch auf die Wahrnehmung traditioneller Religion und ihrer Lebensbedeutung hinführen will. Letztlich aber wird die Lebenswelt und Alltagskultur der Schülerinnen und Schüler der Kontext und Ort der Bewährung christlichen Glaubens sein.

In didaktischer Hinsicht lassen sich vielfältige Wege beschreiten: die Ermittlung religiöser und religionsanaloger Spuren in der Werbung, in Medienwelten, Kinofilmen, in Sportereignissen, im Nahraum und in der Alltagsästhetik; die Anleitung zur biografischen und lebensweltlichen Spurensuche nach eigenen »Heiligtümern«; die Inszenierung autobiografischer Schreibprozesse.

6.3.3 Umgang mit religiösen Elementen in der Popularkultur

Die Lehrenden benötigen eine Wahrnehmungskompetenz für die Religionsproduktivität der Öffentlichkeit und besonders der Popularkultur (vgl. Failing/Heimbrock 1998). Folgende didaktischen Folgerungen für den Umgang mit dem Vorgefundenen ergeben sich: Ein lebensweltlich orientierter Religionsunterricht kann an den Alltagserfahrungen von Kindern und Jugendlichen, die von öffentlichen Medien geprägt sind, ansetzen. Gleichzeitig ergibt sich im Sinne eines symbolkritischen Umgangs (siehe Kap. 2.3.2) die Notwendigkeit einer Differenzierung: Wo wird Religion auf konstruktive und weiterführende Weise thematisiert, wo handelt es sich um destruktive und rein funktionalistische Formen?

Vor allem aber können Lehrende nicht an den ästhetischen Bedingungen eines heutigen Umgangs mit der Wirklichkeit vorbeigehen: Wenn heutige Medien von starken Bildern, Personen und Erzählungen geprägt und interaktiv angelegt sind (»web 2.0«), muss darüber nachgedacht werden, inwiefern auch ein kirchliches Medienhandeln dialogisch gestaltet (»Dialog als pastorales Prinzip«) und die Darstellungsformen in religiösen Lernprozessen stark personal, emotional und narrativ geprägt sein müssen.

Literatur

NHRPG Räume religiösen Lernens, 293–432; Audiovisuelle Medien, 540–543; RD II.9.5 Der virtuelle Raum, 267–270; RD GS I.9 RU und andere Orte religiöser Bildung: Familie, Gemeinde, Öffentlichkeit, 114–133; RE II.C.15 Im Mittelpunkt der Mensch, 325–341; RE II.D.19 Musik und Religion, 384–399; RE II.D.20 Der Glaube im Computer, 400–413.

Weiterführende Literatur

Biehl, Peter, Der phänomenologische Ansatz in der deutschen Religionspädagogik, in: Heimbrock, Hans Günter (Hg.), Religionspädagogik und Phänomenologie. Von der empirischen Wendung zur Lebenswelt, Weinheim 1998, 15–46; Blothner, Dirk, Das geheime Drehbuch des Lebens. Kino als Spiegel der menschlichen Seele, Bergisch-Gladbach 2003; **Fechtner, Kristian u.a. (Hg.), Handbuch Religion und Populäre Kultur, Stuttgart 2005.**

Zusammenfassung in Stichworten

■ Die Öffentlichkeit erweist sich auf vielfältige Weise und auf zahlreichen Feldern der populären Kultur als religionsproduktiv.
■ Diese verschiedenen Erscheinungsformen von Religion gilt es hinsichtlich ihrer konstruktiven, aber auch ihrer verwirrenden und destruktiven Gestalt wahrzunehmen und in religiöse Lernprozesse einzubeziehen.
■ Gerade die neuen Medien enthalten eine Vielzahl religiöser Bezüge; der Erfahrungsvorsprung der Kinder und Jugendlichen und die Wahrnehmungs- und Differenzierungskompetenz der Lehrenden können sich hier synergetisch verschränken, damit Schülerinnen und Schüler sensibel werden für den Umgang mit Religion in der Popularkultur.

Prüfungsaufgaben

Religion in der Medienkultur

1. Skizzieren Sie exemplarisch, in welcher Weise und in welcher Gestalt Religion in der Medienkultur präsent ist!
2. Welche positiven und negativen Folgen können bestimmte medienkulturelle Erscheinungsformen für die Entwicklung von Religion bei Kindern und Jugendlichen haben?
3. Entwickeln Sie konkrete Ideen für einen produktiven Umgang mit »Medienreligion« im Religionsunterricht!

»Wer früher stirbt, ist länger tot«

Der elfjährige Sebastian im oben genannten Kinofilm hält sich für den Tod seiner Mutter verantwortlich; diese ist bei seiner Geburt gestorben. Er fürchtet sich vor dem Jüngsten Gericht und beschließt, diesem auf verschiedenen Wegen zu entkommen, indem er auf recht eigenartige Weise versucht, sich von seinen Sünden reinzuwaschen und unsterblich zu werden.

1. »Der Sebastian versteht so manches falsch«, heißt es in einer Filmrezension. Entwerfen Sie entgegen dieser typischen Erwachsenenperspektive das Panorama im Welt- und Religionsverständnis eines Elfjährigen – mit Rückgriff auf die entsprechenden Kenntnisse der Religions- und Moralpsychologie. Wie »tickt« ein Elfjähriger? [vgl. Kap. 1.3!]
2. Angenommen, Sie wären Religionslehrer bzw. Religionslehrerin von Sebastian: Skizzieren Sie verantwortliche Wege eines Umgangs mit dessen Ängsten und gehen Sie dabei auf die allgemeinen Ziele religiöser Erziehung ein!
3. Entwerfen Sie einen begründeten Ablaufplan für eine Filmpräsentation und -besprechung von »Wer früher stirbt, ist länger tot« in einer selbst gewählten Jahrgangsstufe!

Anhang

Literaturliste

1. Religionspädagogische Handbücher und Grundlagenwerke

Adam, Gottfried/Lachmann, Rainer (Hg.), Methodisches Kompendium für den Religions-unterricht, 2 Bde., Göttingen 2002.

Adam, Gottfried/Lachmann, Rainer (Hg.), Religionspädagogisches Kompendium, Göttingen [5]1997.

Bitter, Gottfried/Englert, Rudolf/Miller, Gabriele/Nipkow, Karl E. (Hg.), Neues Handbuch religionspädagogischer Grundbegriffe, München 2002.

Boschki, Reinhold, Einführung in die Religionspädagogik, Darmstadt 2008.

Büttner, Gerhard/Dieterich, Veit-Jakob (Hg.), Die religiöse Entwicklung des Menschen. Ein Grundkurs, Stuttgart 2000.

Grethlein, Christian, Fachdidaktik Religion. Empirischer Religionsunterricht in Studium und Praxis, Göttingen 2005.

Grethlein, Christian/Lück, Christhard, Religion in der Grundschule. Ein Kompendium, Göttingen 2006.

Grom, Bernhard, Religionspädagogische Psychologie des Kleinkind-, Schul- und Jugend-alters, Düsseldorf/Göttingen [5]2000.

Groß, Engelbert/König, Klaus (Hg.), Religionsdidaktik in Grundregeln. Leitfaden für den Religionsunterricht, Regensburg 1996.

Hilger, Georg/Leimgruber, Stephan/Ziebertz, Hans-Georg, Religionsdidaktik. Ein Leitfa-den für Studium, Ausbildung und Beruf. Neuausgabe, München 2010.

Hilger, Georg/Ritter, Werner H., Religionsdidaktik Grundschule, München/Stuttgart 2006.

Kalloch, Christina/Leimgruber, Stephan/Schwab, Ulrich, Lehrbuch der Religionsdidaktik. Für Studium und Praxis in ökumenischer Perspektive, Freiburg u.a. 2009.

Kuld, Lothar, Das Entscheidende ist unsichtbar. Wie Kinder und Jugendliche Religion verstehen, München 2001.

Kunstmann, Joachim, Religionspädagogik. Eine Einführung, Tübingen/Basel 2004.

Lachmann, Rainer/Schröder, Bernd (Hg.), Geschichte des evangelischen Religionsunter-richts in Deutschland. Ein Studienbuch, Neukirchen-Vluyn 2006.

Lämmermann, Godwin, Grundriß der Religionsdidaktik, Stuttgart u.a. [2]1998.

Mendl, Hans, Im Mittelpunkt der Mensch. Prinzipien, Möglichkeiten und Grenzen eines schülerorientierten Religionsunterrichts, Winzer 2004.

Mendl, Hans, Religion erleben. Ein Arbeitsbuch für den Religionsunterricht. 20 Praxis-felder, München 2008.

Mette, Norbert, Religionspädagogik, Düsseldorf 1994.

Mette, Norbert/Rickers, Folkert (Hg.), Lexikon der Religionspädagogik. 2 Bde., Neukir-chen-Vluyn 2001.

Noormann, Harry/Becker, Ulrich/Trocholepczy, Bernd (Hg.), Ökumenisches Arbeitsbuch Religionspädagogik, Stuttgart [3]2007.

Schmid, Hans, Die Kunst des Unterrichtens. Ein praktischer Leitfaden für den Religionsunterricht, München 1997.

Schweitzer, Friedrich, Die Suche nach eigenem Glauben. Einführung in die Religionspädagogik des Jugendalters, Gütersloh ²1998.

Schweitzer, Friedrich, Lebensgeschichte und Religion, München ⁴1999.

Weidmann, Fritz (Hg.), Didaktik des Religionsunterrichts, Donauwörth ⁷1997.

Ziebertz, Hans-Georg/Simon, Werner (Hg.), Bilanz der Religionspädagogik, Düsseldorf 1995.

2. Grundlegende Dokumente
(nach Erscheinungsjahr geordnet)

Evangelii nuntiandi. Apostolisches Schreiben Seiner Heiligkeit Papst Pauls VI. an den Episkopat, den Klerus und alle Gläubigen der Katholischen Kirche über die Evangelisierung in der Welt von Heute, 8. Dezember 1975 (abgedruckt auch in: Nachkonziliare Texte zu Katechese und Religionsunterricht, 117–196).

Der Religionsunterricht in der Schule, in: Gemeinsame Synode der Bistümer in der Bundesrepublik Deutschland. Offizielle Gesamtausgabe, Bd. 1, Freiburg 1976, 113–152 (abgedruckt auch in: Nachkonziliare Texte zu Katechese und Religionsunterricht, 263–303).

Das katechetische Wirken der Kirche, in: Gemeinsame Synode der Bistümer in der Bundesrepublik Deutschland. Ergänzungsband: Arbeitspapiere der Sachkommissionen. Offizielle Gesamtausgabe, Bd. 2, Freiburg 1977, 31–97.

Zielfelderplan für den katholischen Religionsunterricht – Grundschule, hg. im Auftrag der Bischöflichen Kommission für Erziehung und Schule von der Zentralstelle Bildung der Deutschen Bischofskonferenz. Teil 1: Grundlegung und Übersichtsblatt 1977. Teil II: Unterrichtsplanung, 4 Hefte, 1978–1980.

Zum Berufsbild und Selbstverständis des Religionslehrers. Grundfragen des Berufsbildes und des Selbstverständnisses der Religionslehrer unter Berücksichtigung der heutigen Situation in Schule und Kirche, hg. v. Sekretariat der Deutschen Bischofskonferenz, Bonn 1983.

Leitsätze für den Unterricht und die Erziehung nach gemeinsamen Grundsätzen der christlichen Bekenntnisse an Grund-, Haupt- und Sondervolksschulen, hg. v. Vorsitzenden der Bayerischen Bischofskonferenz und vom Landesbischof der Evangelisch-Lutherischen Kirche in Bayern, 1988.

Nachkonziliare Texte zu Katechese und Religionsunterricht, hg. v. Sekretariat der Deutschen Bischofskonferenz, Bonn 1989.

Religionsunterricht an den öffentlichen Schulen in Europa, hg. v. Sekretariat der deutschen Bischofskonferenz, Bonn 1991.

Identität und Verständigung. Standort und Perspektiven des Religionsunterrichts in Pluralität. Eine Denkschrift der Evangelischen Kirche in Deutschland, im Auftrag des Rates der Evangelischen Kirche in Deutschland hg. vom Kirchenamt der EKD, Gütersloh 1994.

Die bildende Kraft des Religionsunterrichts. Zur Konfessionalität des katholischen Religionsunterrichts, hg. v. Sekretariat der Deutschen Bischofskonferenz, Bonn 1996.

Schulpastoral – der Dienst der Kirche an den Menschen im Handlungsfeld Schule, hg. v. Sekretariat der Deutschen Bischofskonferenz, Bonn 1996.

Grundlagenplan für den katholischen Religionsunterricht in der Grundschule, hg. von der Zentralstelle Bildung der Deutschen Bischofskonferenz, 1998.

Katechese in veränderter Zeit, hg. v. Sekretariat der Deutschen Bischofskonferenz, Bonn 2004.

Kirchliche Richtlinien zu Bildungsstandards für den katholischen Religionsunterricht in den Jahrgangsstufen 5–10/Sekundarstufe I (Mittlerer Schulabschluss), hg. v. Sekretariat der Deutschen Bischofskonferenz, Bonn 2004.

Der Religionsunterricht vor neuen Herausforderungen, hg. v. Sekretariat der Deutschen Bischofskonferenz, Bonn 2005.

Kirchliche Richtlinien zu Bildungsstandards für den katholischen Religionsunterricht in der Grundschule/Primarstufe, hg. v. Sekretariat der Deutschen Bischofskonferenz, Bonn 2006.

Leitlinien für das Gebet bei Treffen von Christen, Juden und Muslimen. Eine Handreichung der deutschen Bischöfe, hg. v. Sekretariat der Deutschen Bischofskonferenz, Bonn 2008.

Die Lehrpläne für die einzelnen Bundesländer sind über die entsprechenden Internet-Adressen der Kultusministerien abrufbar, die Dokumente der Deutschen Bischofskonferenz über www.dbk.de, jene der Evangelischen Kirche in Deutschland über www.ekd.de.

3. Sekundärliteratur

Adam, Gottfried/Schweitzer, Friedrich (Hg.), Ethisch erziehen in der Schule, Göttingen 1996.

Altmeyer, Stefan, Ästhetisches Lernen: Alles nur Dekoration?, in: RpB 57/2006, 3–19.

Assmann, Jan, Religion und kulturelles Gedächtnis, München 2000.

Bahr, Matthias/Kropač, Ulrich/Schambeck, Mirjam (Hg.), Subjektwerdung und religiöses Lernen. Für eine Religionspädagogik, die den Menschen ernst nimmt, München 2005.

Baldermann, Ingo, Einführung in die biblische Didaktik, Darmstadt 1996.

Bartholomäus, Wolfgang, Das katechetische Handeln der Kirche – katholische Entwicklung und Spezifika, in: Adam, Gottfried/Lachmann, Rainer (Hg.), Gemeindepädagogisches Kompendium, Göttingen 1987, 87–112.

Baudler, Georg, Korrelationsdidaktik. Leben durch Glauben erschließen. Theorie und Praxis der Korrelation von Glaubensüberlieferung und Lebenserfahrung auf der Grundlage von Symbolen und Sakramenten, Paderborn u.a. 1984.

Baumert, Jürgen, Deutschland im internationalen Bildungsvergleich, in: Killius, Nelson u.a. (Hg.), Die Zukunft der Bildung, Frankfurt a.M. 2002, 100–150.

Beck, Ulrich, Kinder der Freiheit, Frankfurt a.M. 1997.

Benner, Dietrich, Bildungsstandards und Qualitätssicherung im Religionsunterricht, in: RpB 53/2004, 5–19. *(Benner 2004a)*

Benner, Dietrich, Erziehung – Religion, Pädagogik – Theologie, Erziehungswissenschaft – Religionswissenschaft. Systematische Analysen zu pädagogischen, theologischen und religionspädagogischen Reflexionsformen und Forschungsdesiderata, in: Groß, Engelbert, Erziehungswissenschaft, Religion und Religionspädagogik, Münster 2004, 9–50. *(Benner 2004b)*

Berg, Horst Klaus, Ein Wort wie Feuer, Stuttgart 1991.

Berg, Horst Klaus, Grundriss der Bibeldidaktik, München/Stuttgart 1993.

Berger, Peter L., Der Zwang zur Häresie. Religion in der pluralistischen Gesellschaft. Aus dem Amerikanischen von Willi Köhler, Frankfurt a.M. 1980.

Biehl, Peter, Symbole geben zu lernen. Einführung in die Symboldidaktik anhand der Symbole Hand, Haus und Weg, Neukirchen-Vluyn 1989.

Bischöfliches Ordinariat Augsburg (Hg.), Christ sein an der Schule. Schulpastoral-Konzept der Diözese Augsburg, Augsburg 1999.

Bitter, Gottfried, Plädoyer für eine zeitgemäße Korrelationsdidaktik. Sieben friedfertige Thesen, in: Lebendige Katechese 18 (1996), 1–8.

Blothner, Dirk, Das geheime Drehbuch des Lebens. Kino als Spiegel der menschlichen Seele, Bergisch-Gladbach 2003.

Böckenförde, Ernst-Wolfgang, Die Entstehung des Staates als Vorgang der Säkularisation, in: Ders., Recht, Staat, Freiheit. Studien zur Rechtsphilosophie, Staatstheorie und Verfassungsgeschichte, Frankfurt a.M. 1991, 92–114.

Boschki, Reinhold, »Beziehung« als Leitbegriff der Religionspädagogik. Grundlegung einer dialogisch-kreativen Religionsdidaktik, Ostfildern 2003.

Bosold, Iris/Kliemann, Peter (Hg.), »Ach, Sie unterrichten Religion?«, Stuttgart 2003.

Brüll, Christina/Ittmann, Norbert/Maschwitz, Rüdiger/Stoppig, Christine, Synagoge – Kirche – Moschee. Kulträume erfahren und Religionen entdecken, München 2005.

Bucher, Anton, Symbol – Symbolbildung – Symbolerziehung, St. Ottilien 1990.

Bucher, Anton, Religionsunterricht zwischen Lernfach und Lebenshilfe. Eine empirische Untersuchung zum katholischen Religionsunterricht in der Bundesrepublik Deutschland, Stuttgart u.a. 2000.

Bucher, Anton, »Weil Mama und Papa auch beten ...« Familie und religiöse Sozialisation, in: rhs 52 (2009), 270–278.

Buck, Elisabeth, Bewegter Religionsunterricht. Theoretische Grundlagen und 45 kreative Unterrichtsentwürfe für die Grundschule, Göttingen 1997.

Büttner, Gerhard (Hg.), Lernwege im Religionsunterricht. Konstruktivistische Perspektiven, Stuttgart 2006.

Büttner, Gerhard, In der Deismusfalle!, in: KatBl 133 (2008), 369–373.

Büttner, Gerhard/Dieterich, Veit-Jakobus (Hg.), Die religiöse Entwicklung des Menschen, Stuttgart 2000.

Degen, Roland/Hansen, Inge, Lernort Kirchenraum, Münster 1998.

Demmelhuber, Helmut/Dierks, Marlies (Red.), Schule als Lebensraum mitgestalten. Neue Impulse und Bausteine für die Schulpastoral, Rottenburg/Stuttgart 2007.

Deutsche Shell Holding (Hg.), Jugend 2000. 13. Shell Jugendstudie, 2 Bde., Opladen 2000.

Deutsche Shell Holding (Hg.), Jugend 2002: Zwischen pragmatischem Idealismus und robustem Materialismus. 14. Shell Jugendstudie, Frankfurt a.M. 2003.

Deutsche Shell Holding (Hg.), Jugend 2006: Eine pragmatische Generation unter Druck. 15. Shell Jugendstudie, Frankfurt a.M. 2006.

Deutsche Shell Holding (Hg.), Jugend 2010. Eine pragmatische Generation behauptet sich, Frankfurt a.M. 2010.

Dirscherl, Erwin u.a., In Beziehung leben. Theologische Anthropologie, Freiburg i. Br. u.a. 2008.

Dressler, Bernhard, Wie bilden sich religiöse Identitäten?, in: Pastoraltheologie 87 (1998), 236–252.

Dressler, Bernhard, Bildung – Religion – Kompetenz, in: ZPT 56 (2004), 258–263.

Ebertz, Michael N./Hunstig, Hans-Georg (Hg.), Hinaus in die Weite. Gehversuche einer milieusensiblen Kirche, Würzburg 2008.

Edelstein, Wolfgang u.a., Lebensgestaltung – Ethik – Religionskunde. Zur Grundlegung eines neuen Schulfachs. Analysen und Empfehlungen, Weinheim/Basel 2001.

Eggerl, Hans-Peter, Religiöses Lernen ereignet sich ästhetisch. Postmodern-ästhetische Welt und ästhetische Kategorien religiöser Bildung, Winzer 2010.

Eid, Volker u.a. (Hg.), Moralische Kompetenz. Chancen der Moralpädagogik in einer pluralen Lebenswelt, Mainz 1995.

Emeis, Dieter, Grundriss der Gemeinde- und Sakramentenkatechese, München 2001.

Engagement 2008/3: Rituale, Gebete und Gottesdienste.

Englert, Rudolf, Die Korrelationsdidaktik am Ausgang ihrer Epoche. Plädoyer für einen ehrenhaften Abgang, in: Hilger, Georg/Reilly, George (Hg.), Religionsunterricht im Abseits?, München 1993, 97–110.

Englert, Rudolf, Wissenschaftstheorie der Religionspädagogik, in: Ziebertz, Hans-Georg/ Simon, Werner (Hg.), Bilanz der Religionspädagogik, Düsseldorf 1995, 147–174.

Englert, Rudolf, Annnäherung an das Geheimnis. Zur Rede von Gott im Religionsunterricht, in: rhs 40 (1997), 49–58.

Englert, Rudolf, Der Religionsunterricht nach der Emigration des Glauben-Lernens. Tradition, Konfession und Institution in einem lebensweltlich orientierten Religionsunterricht, in: KatBl 123 (1998), 4–12.

Englert, Rudolf, Religion reflektieren – nötiger denn je, in: Kirche und Schule. Mitteilungen der Hauptabteilung Schule und Erziehung im Bischöflichen Generalvikariat Münster für Religionslehrer/-innen, Schulseelsorger/-innen an katholischen Schulen, 33 (2006), Nr. 139, 9–14 (siehe auch in überarbeiteter Form in: Englert, Rudolf, Religionspädagogische Grundfragen. Anstöße zur Urteilsbildung, Stuttgart 2007, 256–269).

Erikson, Erik, Identität und Lebenszyklus. Drei Aufsätze, Frankfurt 1973.

Ernst, Stefan/Engel, Ägidius, Grundkurs christliche Ethik. Werkbuch für Schule, Gemeinde und Erwachsenenbildung, München 1998.

Failing, Wolfgang/Heimbrock, Hans-Georg, Gelebte Religion wahrnehmen. Lebenswelt – Alltagskultur – Religionspraxis, Stuttgart/Berlin/Köln 1998.

Fechtner, Kristian u.a. (Hg.), Handbuch Religion und Populäre Kultur, Stuttgart 2005.

Feige, Andreas/Tzscheetzsch, Werner, Christlicher Religionsunterricht im religionsneutralen Staat? Unterrichtliche Zielvorstellungen und religiöses Selbstverständnis von ev. und kath. Religionslehrerinnen und -lehrern in Baden-Württemberg. Eine empirisch-repräsentative Befragung, Ostfildern 2005.

Fischer, Dietlind/Elsenbast, Volker (Red.), Grundlegende Kompetenzen religiöser Bildung. Zur Entwicklung des evangelischen Religionsunterrichts durch Bildungsstandards für den Abschluss der Sekundarstufe I, Münster 2006.

Fowler, James, Stufen des Glaubens. Die Psychologie der menschlichen Entwicklung und die Suche nach Sinn, Gütersloh 1991.

Freudenberger-Lötz, Petra, Theologische Gespräche mit Kindern in der Grundschule, in: KatBl 130 (2005), 348 351.

Fischer, Dietlind (Hg.), Lernen beobachten – Leistung beurteilen im Religionsunterricht der Grundschule, Seelze-Velber 2010.

Frisch, Hermann-Josef, Leitfaden Fachdidaktik Religion, Düsseldorf 1992.

Fritzsche, Yvonne, Moderne Orientierungsmuster: Inflation am »Wertehimmel«, in: Deutsche Shell (Hg.), Jugend 2000, Bd. 1, Opladen 2000, 93–156.

Gabriel, Karl, Christentum im Umbruch zur »Post«-Moderne, in: Kochanek, Hermann (Hg.), Religion und Glaube in der Postmoderne, Nettetal 1996, 39–59.

Gilligan, Carol, In a Different Voice: Women's Conceptions of Self and of Morality, in: Harvard Educational Review 47 (1977), 481–517.

Gnandt, Georg/Michalke-Leicht, Wolfgang, Leistungsmessung im Religionsunterricht, Freiburg 2007.

Greiner, Ulrike, Der Spur des Anderen folgen? Religionspädagogik zwischen Theologie und Humanwissenschaften, Münster 2000.

Gruber, Bernhard, Kirchengeschichte als Beitrag zur Lebensorientierung. Konzept und Modelle für einen aktualisierenden Kirchengeschichtsunterricht, Donauwörth 1995.

Grümme, Bernhard, Vom Anderen eröffnete Erfahrung. Zur Neubestimmung des Erfahrungsbegriffs in der Religionsdidaktik, Gütersloh 2007.

Halbfas, Hubertus, Das dritte Auge, Düsseldorf 1982.

Hasberg, Wolfgang, Denkform Kirchengeschichte – oder: Geschichte einer Wallfahrt, in: Kontakt 2/2003, 6–14.

Haußmann, Werner/Lähnemann, Johannes, Dein Glaube – mein Glaube. Interreligiöses Lernen in Schule und Gemeinde, Göttingen 2005.

Heimbrock, Hans-Günter, Religionsunterricht im Kontext Europa. Einführung in die kontextuelle Religionsdidaktik in Deutschland, Stuttgart 2004, bes. 26–33 (RU in europäischen Nachbarländern).

Helbling, Dominik/Egger, Moni, Über die Grenzen des DIN-A4-Blattes, in: KatBl 131 (2006), 101–105.

Helmke, Andreas, Unterrichtsqualität erfassen, bewerten, verbessern, Seelze 2003.

Herder Korrespondenz Spezial 2006: Renaissance der Religion. Mode oder Megathema?

Hilger, Georg, Religionsunterricht als Wahrnehmungsschule. Überlegungen zu einer ästhetisch inspirierten Religionsdidaktik, in: Schmuttermayr, Georg u.a. (Hg.), Im Spannungsfeld von Tradition und Innovation, Regensburg 1997, 399–420.

Hilger, Georg/Reilly, George (Hg.), Religionsunterricht im Abseits? Das Spannungsfeld Jugend – Schule – Religion, München 1993.

Hilger, Georg/Schambeck, Mirjam, Imaginatives Lernen und Vorstellungen bilden als Aufgabe des Religionsunterrichts, in: Mendl, Hans/Schiefer Ferrari, Markus (Hg.), Tradition – Korrelation – Innovation. Trends der Religionsdidaktik in Vergangenheit und Gegenwart, Donauwörth 2001, 289–301.

Hobelsberger, Hans, Lebenswelten katholischer Jugendlicher: Die Sinus-Milieustudie U27, in: KatBl 133 (2008), 291–300.

Höfer, Albert, Gottes Wege mit den Menschen. Gestaltpädagogisches Bibelwerkbuch, München 1993.

JRP 22 (2006): Was ist guter Religionsunterricht?

JRP 24 (2008): Sehnsucht nach Orientierung. Vorbilder im Religionsunterricht.

Julius, Christiane-B./Kameke, Tessen von/Klie, Thomas/Schürmann-Menzel, Anita, Der Religion Raum geben. Eine kirchenpädagogische Praxishilfe, Loccum 1999.

Jung, Martina/Kittel, Joachim (Hg.), Schulpastoral konkret. Eine jugendverbandliche Perspektive, Altenberg 2004.

Kaldewey, Rüdiger/Niehl, Franz W., Grundwissen Religion. Neuausgabe. Begleitbuch für Religionsunterricht und Studium, München 2009.

KatBl 126 (2001), Heft 2: Elementares Lernen.

KatBl 127 (2002), Heft 6: Interreligiöses Lernen.

KatBl 128 (2003), Heft 1: Biblische Irritationen.

KatBl 128 (2003), Heft 6: Kirchengeschichte.

KatBl 129 (2004), Heft 2: Riten – Rituale – Sakramente.

KatBl 129 (2004), Heft 6: Liturgische Bildung.

KatBl 131 (2006), Heft 1: Vorbilder.

KatBl 131 (2006), Heft 3: Kirchenjahr und Jahresfestkreis.

KatBl 132 (2007), Heft 2: RU und Katechese.

KatBl 132 (2007), Heft 3: Beten.

KatBl 132 (2007), Heft 4: Reizwort Evaluation.

KatBl 132 (2007), Heft 5: Das Johannesevangelium.

KatBl 133 (2008), Heft 2: Spiritualität im Alltag.

KatBl 133 (2008), Heft 3: Eucharistie.

KatBl 133 (2008), Heft 5: Schöpfung und Evolution.

KatBl 134 (2009), Heft 1: Krisen in der Schule.

KatBl 134 (2009), Heft 2: Basics des Glaubens.

KatBl 134 (2009), Heft 5: Gleichnisse.

KatBl 135 (2010), Heft 1: Schoah – Erinnern lernen.

KatBl 135 (2010), Heft 4: Wunder.

KatBl 135 (2010), Heft 5: Klug vermitteln.

Katholisches Schulkommissariat in Bayern (Hg.), Wertorientierung und Sinnfindung im Religionsunterricht, München 1998.

Keshavjees, Shafique, Der König, der Weise und der Narr, München 2000.

Klie, Thomas (Hg.), Der Religion Raum geben. Kirchenpädagogik und religiöses Lernen, Loccum 1999.

Klie, Thomas/Leonhard, Silke (Hg.), Schauplatz Religion. Grundzüge einer Performativen Religionspädagogik, Leipzig 2003.

Klie, Thomas/Leonhard, Silke (Hg.), Performative Religionsdidaktik. Religionsästhetik – Lernorte – Unterrichtspraxis, Stuttgart 2008.

Kliemann, Peter/Rupp, Hartmut (Hg.), 1000 Stunden Religion. Wie junge Erwachsene den Religionsunterricht erleben, Stuttgart 2000.

Knoblauch, Hubert, Populäre Religion. Auf dem Weg in eine spirituelle Gesellschaft, Frankfurt a.M. 2009.

Kohlberg, Lawrence, Die Psychologie der Moralentwicklung, Frankfurt a.M. 1995.

Kroeger, Matthias, Es ist nicht alles Religion, was sich so fühlt, in: Stolt, Peter u.a. (Hg.), Kulte – Kulturen – Gottesdienste. Öffentliche Inszenierung des Lebens, Göttingen 1996, 220–233.

Kropač, Ulrich, Dekonstruktion: ein neuer religionspädagogischer Schlüsselbegriff? Ein Beitrag zur Diskussion um das Korrelationsprinzip, in: RpB 48/2002, 3–18.

Kuld, Lothar, Das Entscheidende ist unsichtbar. Wie Kinder und Jugendliche Religion verstehen, München 2001.

Kuld, Lothar/Gönnheimer, Stefan, Compassion – sozialverpflichtetes Lernen und Handeln, Stuttgart 2000.

Kuld, Lothar/Schmid, Bruno, Lernen aus Widersprüchen. Dilemmageschichten im Religionsunterricht, Donauwörth 2001.

Kuld, Lothar/Schweitzer, Friedrich/Tzscheetzsch, Werner/Weinhardt, Joachim (Hg.), Im Religionsunterricht zusammenarbeiten. Evaluation des konfessionell-kooperativen Religionsunterrichts in Baden-Württemberg, Stuttgart 2009.

Lachmann, Rainer/Adam, Gottfried/Ritter, Werner, Theologische Schlüsselbegriffe. Biblisch – systematisch – didaktisch, Göttingen 1999.

Lachmann, Rainer/Adam, Gottfried/Reents, Christine (Hg.), Elementare Bibeltexte. Exegetisch – systematisch – didaktisch, Göttingen 2001.

Lachmann, Rainer/ Gutschera, Herbert/ Thierfelder, Jörg (Hg.), Kirchengeschichtliche Grundthemen. Historisch – systematisch – didaktisch, Göttingen 2003.

Lachmann, Rainer/ Adam, Gottfried/ Rothgangel, Martin (Hg.), Ethische Schlüsselprobleme. Lebensweltlich – theologisch – didaktisch, Göttingen 2006.

Lähnemann, Johannes, Weltreligionen im Unterricht. Teil I: Fernöstliche Religionen, Göttingen [2]1994.

Lange, Günter, Aus Bildern klug werden. Bilddidaktik, in: Entwurf 1997/1, 8–13.

Lange, Günter, Glaube – was ist wesentlich?, in: KatBl 126 (2001), 98–101.

Lange, Günter, Bilder zum Glauben, München 2002.

Langenhorst, Georg, Urvorbild Jesus: unerreichbar, abschreckend, Orientierung gebend?, in: rhs 45 (2002), 295–302.

Langenhorst, Georg, »Ich gönne mir das Wort Gott«. Annäherungen an Gott in der Gegenwartskultur, Freiburg i.Br. u.a. 2009.

Lechner, Martin/Gabriel, Angelika (Hg.), Religionssensible Erziehung. Impulse aus dem Forschungsprojekt »Religion in der Jugendhilfe« (2005–2008), München 2009, 159–176.

Leimgruber, Stephan, Interreligiöses Lernen. Neuausgabe, München 2007.

Lindner, Konstantin, In Kirchengeschichte verstrickt. Zur Bedeutung biographischer Zugänge für die Thematisierung kirchengeschichtlicher Inhalte im Religionsunterricht, Göttingen 2007.

Lompscher, Jörg, Unterrichtsqualität und Leistungsentwicklung: Kommentar, in: Weinert, Franz/Helmke, Andreas (Hg.), Entwicklung im Grundschulalter, Weinheim 1997, 253–258.

Mendl, Hans, Elementarisieren lernen, in: JRP 18 (2002), 63–73. *(Mendl 2002a)*

Mendl, Hans, Glauben-Lernen – ein interaktiv-reflexiver, sozial verorteter und subjektgesteuerter Prozess, in: Haslinger, Herbert/Honecker, Simone (Hg.), »Na logo!« Glaubenswissen in der Jugendpastoral, Kevelaer/Düsseldorf 2002, 35–58. *(Mendl 2002b)*

Mendl, Hans, Im Mittelpunkt der Mensch, Prinzipien, Möglichkeiten und Grenzen eines schülerorientierten Religionsunterrichts, Winzer 2004. *(Mendl 2004a)*

Mendl, Hans, Ethikunterricht in Deutschland, in: Religionspädagogische Beiträge 52/2004, 49–66. *(Mendl 2004b)*

Mendl, Hans, Lernen an (außer-)gewöhnlichen Biografien. Religionspädagogische Anregungen für die Unterrichtspraxis, Donauwörth 2005. *(Mendl 2005a)*

Mendl, Hans (Hg.), Konstruktivistische Religionspädagogik. Ein Arbeitsbuch, Münster 2005. *(Mendl 2005b)*

Mendl, Hans, Katholischer Religionsunterricht – ein Längsschnitt, in: Lachmann, Rainer/Schröder, Bernd (Hg.), Geschichte des evangelischen Religionsunterrichts in Deutschland. Ein Studienbuch, Neukirchen-Vluyn 2006, 331–364.

Mendl, Hans, Religionsunterricht evaluieren – ein weites Feld!, in: KatBl 132 (2007), 241–248. *(Mendl 2007a)*

Mendl, Hans, »Afra – die ist doch schon lange tot!« – Lernen an Personen der Vergangenheit? Eine religionsdidaktische Reflexion, in: Bauer, Karl/Rendle, Ludwig/Mendl, Hans/Ansbacher, Walter (Hg.), Schrittmacher im Glauben. Lebensentwürfe für Jugendliche von heute, Donauwörth 2007, 13–29. *(Mendl 2007b)*

Mendl, Hans, Schulreligion für alle. Die Chancen von Schulpastoral an öffentlichen Schulen, in: Lebendige Seelsorge 58 (2007), 274–278. *(Mendl 2007c)*

Mendl, Hans, Das (eigentlich) Unvereinbare denken und gestalten: Standardisierte Bildung und subjektorientiertes Lernen, in: Rendle, Ludwig (Hg.), Was heißt religiöses Lernen?, Donauwörth 2007, 46–62. *(Mendl 2007d)*

Mendl, Hans, Das große Schwindelgefühl. Wahrheit und pädagogischer Konstruktivismus, in: Praxis Gemeindepädagogik 60 (2007), Heft 3, 9–12. *(Mendl 2007e)*

Mendl, Hans, Reflexivität. Die Förderung eines flexiblen berufsprofessionellen Habitus als zentrales phasenübergreifendes Merkmal einer zeitgemäßen Lehreraus- und -fortbildung, in: Rendle, Ludwig (Hg.), Was Religionslehrerinnen und -lehrer können sollen. Kompetenzentwicklung in der Aus- und Fortbildung, Donauwörth 2008, 235–255.

Mendl, Hans, Wie Kinder mit Differenz umgehen – Theologisieren mit Kindern im Kontext religiöser Pluralität, in: Bucher, Anton A. u.a. (Hg.), »In den Himmel kommen nur, die sich auch verstehen«. Wie Kinder über religiöse Differenz denken und sprechen. Jahrbuch für Kindertheologie 8, Stuttgart 2009, 23–38. *(Mendl 2009a)*

Mendl, Hans, Eindruck – Ausdruck – Austausch. Grunddimensionen religiösen Lernens, in: Mendl, Hans/Glück, Theresia (Hg.), Worauf es ankommt. Festschrift für Konrad Bürgermeister, Winzer 2009, 68–75. *(Mendl 2009b)*

Mendl, Hans/Heil, Stefan/Ziebertz, Hans-Georg, Das Habituskonzept: Ein Diagnose-instrument zur Berufsreflexion, in: KatBl 130 (2005), 325–331.

Mendl, Hans/Schwienhorst-Schönberger, Ludger/Stinglhammer, Hermann, Wo war Gott, als er nicht da war?, Münster 2006.

Meyer, Hilbert, Was ist guter Unterricht? Berlin 2004.

Meyer, Karlo, Zeugnisse fremder Religionen im Unterricht.»Weltreligionen« im deut-schen und englischen Religionsunterricht, Neukirchen-Vluyn 1999.

Meyer-Blanck, Michael, Vom Symbol zum Zeichen. Plädoyer für eine semiotische Revision der Symboldidaktik, in: Dressler, Bernhard/Meyer-Blanck, Michael (Hg.), Religion zei-gen. Religionspädagogik und Semiotik, Münster 1998, 10–26.

Michalke-Leicht, Wolfgang (Hg.), Kompetenzorientiert unterrichten. Das Praxisbuch für den Religionsunterricht, München 2011.

Mokrosch, Reinhold/Regenbogen, Arnim (Hg.), Werte-Erziehung und Schule. Ein Hand-buch für Unterrichtende, Göttingen 2009.

Neumann, Birgit/Rösener, Antje, Kirchenpädagogik, Gütersloh 2003.

Niehl, Franz W., Bibel verstehen. Zugänge und Auslegungswege. Impulse für die Praxis der Bibelarbeit, München 2006.

Nipkow, Karl E., Ziele ethischer Erziehung heute, in: Adam, Gottfried/Schweitzer, Fried-rich (Hg.), Ethisch erziehen in der Schule, Göttingen 1996, 38–61.

Nipkow, Karl E., Bildung in der pluralen Welt. Bd. 2: Religionspädagogik im Pluralismus, Gütersloh 1998.

Nordhofen, Eckhard, »So geht katholisch« – Plädoyer für eine starke Mystagogie, in: Internationale Katholische Zeitschrift Communio 35 (2006), 224–230.

Nunner-Winkler, Gertraud, Zur moralischen Sozialisation, in: Kölner Zeitschrift für Sozio-logie und Sozialpsychologie 44 (1992), 252–277.

Oberthür, Rainer, Kinder und die großen Fragen, München 1995.

Oberthür, Rainer, Kinder fragen nach Leid und Gott. Lernen mit der Bibel im Religions-unterricht, München 1998.

Oberthür, Rainer, Das Buch der Symbole. Auf Entdeckungsreise durch die Welt der Reli-gion, München 2009.

Obst, Gabriele, Kompetenzorientiertes Lehren und Lernen im Religionsunterricht, Göt-tingen 2008.

Oser, Fritz, Die Entstehung Gottes im Kinde. Zum Aufbau der Gottesbeziehung in den ersten Schuljahren. Für Katecheten und Eltern, Zürich 1992.

Oser, Fritz/Gmünder, Paul, Der Mensch – Stufen seiner religiösen Entwicklung, Gütersloh [4]1996.

Oser, Fritz/Althof, Wolfgang, Moralische Selbstbestimmung. Modelle der Entwicklung und Erziehung im Wertebereich, Stuttgart [3]1997.

Piaget, Jean, Das Weltbild des Kindes, München 1988.

Porzelt, Burkard, Grundlegung religiösen Lernens, Bad Heilbrunn 2009, 45–107.

Prokopf, Andreas/Ziebertz, Hans-Georg, Abduktive Korrelation – eine Neuorientierung für die Korrelationsdidaktik?, in: RpB 44/2000, 19–50.

Ratzinger, Joseph, Salz der Erde, Stuttgart 1996.

Religion lernen. Jahrbuch für konstruktivistische Religionsdidaktik, Bd. 1: Lernen mit der Bibel, hg. v. Büttner, Gerhard/Mendl, Hans/Reis, Oliver/Roose, Hanna, Hannover 2010.

Rendle, Ludwig (Hg.), Ganzheitliche Methoden im Religionsunterricht, Neuausgabe, Mün-chen 2007.

Rendle, Ludwig (Hg.), Ganzheitliche Methoden in der Schulpastoral, München 2013.

Rendle, Ludwig/Sauter, Ludwig, Spirit. Firmvorbereitung in der Schule. Ergänzendes Material für den katholischen Religionsunterricht in den Jahrgangsstufen 5 bis 9, München 2010.

rhs 45 (2002), Heft 1: Performativer Religionsunterricht.

rhs 45 (2002), Heft 5: Vorbild-Lernen in der Diskussion.

rhs 51 (2008), Heft 5: Trialog.

Ritter, Werner, Kommen Wunder für Kinder zu früh? Wundergeschichten im Religionsunterricht der Grundschule, in: KatBl 120 (1995), 832–842.

Ritter, Werner u.a, Leid und Gott. Aus der Perspektive von Kindern und Jugendlichen, Göttingen 2006.

Ritter, Werner, Leid und Gott aus der Sicht von Kindern und Jugendlichen, in: KatBl 133 (2008), 364–368.

Ritzer, Georg, Reli oder Kaffeehaus. Eine empirische Spurensuche nach Einflussfaktoren zur Beteiligung am und Abmeldung vom Religionsunterricht bei über 1500 SchülerInnen, Thaur 2003.

RL. Zeitschrift für Religionsunterricht und Lebenskunde 33 (2004), Heft 2: Sprechende Orte.

Roose, Hanna, Performativer Religionsunterricht zwischen Performance und Performativität, in: Loccumer Pelikan 3/2006, 110–115.

ru. Ökumenische Zeitschrift für den Religionsunterricht 32 (2002), Heft 4: Heilige wie wir.

Ruster, Thomas, Die Welt verstehen »gemäß den Schriften«. Religionsunterricht als Einführung in das biblische Wirklichkeitsverständnis, in: rhs 45 (2002), 189–203.

Sajak, Clauß Peter, Kippa, Kelch, Koran. Interreligiöses Lernen mit Zeugnissen der Weltreligionen, München 2010.

Schambeck, Mirjam, Religion lernen – Überlegungen zum mystagogischen Lernen angesichts des Fremdwerdens des christlichen Glaubens, in: Rendle, Ludwig (Hg.), Mehr als reden über Religion, Donauwörth 2006, 49–66.

Schambeck, Mirjam, Bibeltheologische Didaktik, Göttingen 2009.

Schiefer Ferrari, Markus, Erinnerungsorte erkunden. Bedeutung und Notwendigkeit von Exkursionen im Religionsunterricht, in: Kontakt 1/2004, 6–14.

Schmid, Hans, Mehr als Reden über Religion, in: rhs 45 (2002), 3–10.

Schmid, Hans, Unterrichtsvorbereitung – eine Kunst. Ein Leitfaden für den Religionsunterricht, München 2008.

Scholl, Norbert, Das Glaubensbekenntnis. Satz für Satz erklärt, München 2000.

Schreiner, Peter, Religionsunterricht in Europa. Ein Überblick zur Situation in den 45 Staaten des Europarates, in: Forum Religion 2005/1, 19–21.

Schweitzer, Friedrich, Die Suche nach eigenem Glauben. Einführung in die Religionspädagogik des Jugendalters, Gütersloh 1996.

Schweitzer, Friedrich/Nipkow, Karl E./Faust-Siehl, Gabriele/Krupka, Bernd, Religionsunterricht und Entwicklungspsychologie. Elementarisierung in der Praxis, Gütersloh 1995.

Schweitzer, Friedrich, Elementarisierung im Religionsunterricht. Erfahrungen, Perspektiven, Beispiele, Neukirchen-Vluyn 2003.

Sitzberger, Rudolf, Konstruktivistisch Unterricht planen, in: Mendl, Hans (Hg.), Konstruktivistische Religionspädagogik. Ein Arbeitsbuch, Münster 2005, 83–103.

Theis, Joachim, Biblische Texte verstehen lernen. Eine bibeldidaktische Studie mit einer empirischen Untersuchung zum Gleichnis vom barmherzigen Samariter, Stuttgart 2005.

Themenhefte Gemeinde 74/2006, Heft 2: Heilige wie wir.

Themenhefte Gemeindearbeit 66/2004, Heft 6: Kein Tag ohne Sinn: Kirchenjahr.

Thömmes, Arthus, Daily Soaps – voll das Leben?, Materialbrief RU 3/2001. Beiheft zu den Katechetischen Blättern 4/2001.

Tillich, Paul, Systematische Theologie, Bd. 1, Stuttgart 1956.

Weidinger, Norbert, Was nützt ein goldener Schlüssel, wenn er die Tür zur Wahrheit nicht öffnet? (Aurelius Augustinus). Mit heutigen Schülerinnen und Schülern sakramentale Symbol-Zeichen erschließen, in: Mendl, Hans/Glück, Theresia (Hg.), Worauf es ankommt, Winzer 2009, 140–149.

Weinert, Franz E., Neue Unterrichtskonzepte zwischen gesellschaftlichen Notwendigkeiten, pädagogischen Visionen und psychologischen Möglichkeiten, in: Wissen und Werte für die Welt von morgen, München 1998, 101–125.

Willert, Albrecht, Das Leiden der Menschen und der Glaube an Gott, Göttingen 1997.

Wippermann, Carsten, Religiöse und kirchliche Orientierungen in den Sinus-Milieus 2005, München 2005.

Wippermann, Carsten/Calmbach, Marc, Wie ticken Jugendliche? Sinus-Milieustudie U27, hg. von BDKJ und Misereor, Düsseldorf/Aachen 2008.

Ziebertz, Hans-Georg/Heil, Stefan/Mendl, Hans/Simon, Werner, Religionslehrerbildung an der Universität. Profession – Religion – Habitus, Münster 2005.

Ziegler, Tobias, Abschied von Jesus, dem Gottessohn? Christologische Fragen Jugendlicher als religionspädagogische Herausforderung, in: Büttner, Gerhard/Thierfelder, Jörg (Hg.), Trug Jesus Sandalen? Kinder und Jugendliche sehen Jesus Christus, Göttingen 2001, 106–139.

Zilleßen, Dietrich, Gegenreligion. Über religiöse Bildung und experimentelle Didaktik, Münster 2004.

ZPT 53 (2000), Heft 3: Elementarisierung.

ZPT 60 (2008), Heft 1: Didaktik – Performanz – Bildung.

ZPT 60 (2008), Heft 4: Prüfen – Messen – Bewerten. Leistungsmessung im Religionsunterricht.

Abkürzungsverzeichnis

Für religionspädagogische Grundlagenwerke, auf die im Text häufiger verwiesen wird, wurden folgende Abkürzungen verwendet:

DdRU   Weidmann, Fritz (Hg.), Didaktik des Religionsunterrichts. Ein Leitfaden. Neuausgabe (= 7., völlig neu bearb. und erw. Aufl.), Donauwörth 1997.

ER   Boschki, Reinhold, Einführung in die Religionspädagogik, Darmstadt 2008.

FD   Grethlein, Christian, Fachdidaktik Religion. Evangelischer Religionsunterricht in Studium und Praxis, Göttingen 2005.

LD   Kalloch, Christina/Leimgruber, Stephan/Schwab, Ulrich, Lehrbuch der Religionsdidaktik. Für Studium und Praxis in ökumenischer Perspektive, Freiburg u.a. 2009.

LexRP Mette, Norbert/Rickers, Folkert (Hg.), Lexikon der Religionspädagogik. 2 Bde., Neukirchen-Vluyn 2001.

NHRPG Bitter, Gottfried/Englert, Rudolf/Miller, Gabriele/Nipkow, Karl E. (Hg.), Neues Handbuch religionspädagogischer Grundbegriffe, München 2002.

ÖAR   Noormann, Harry/Becker, Ulrich/Trocholepczy, Bernd (Hg.), Ökumenisches Arbeitsbuch Religionspädagogik, Stuttgart ³2007.

RD   Hilger, Georg/Leimgruber, Stephan/Ziebertz, Hans-Georg, Religionsdidaktik. Ein Leitfaden für Studium, Ausbildung und Beruf. Neuausgabe (= vollst. überarb. 6. Aufl.), München 2010. (Die im vorliegenden Werk genannten Seitenzahlen beziehen sich auf diese vollständig überarbeitete Neuausgabe. In der Regel finden sich entsprechende Abschnitte – mit geringfügig anderen Seitenzahlen – aber auch in der vorherigen Ausgabe von 2001.)

RD GS Hilger, Georg/Ritter, Werner H./Lindner, Konstantin/Simojoki, Henrik/Stögbauer, Eva, Religionsdidaktik Grundschule. Handbuch für die Praxis des evangelischen und katholischen Religionsunterrichts. Überarbeitete Neugausgabe, München/Stuttgart 2014. (In der Regel finden sich entsprechende Abschnitte auch in der alten Ausgabe von 2006; die Gliederung wurde jedoch an manchen Stellen verändert.)

RE   Mendl, Hans, Religion erleben. Ein Arbeitsbuch für den Religionsunterricht. 20 Praxisfelder, München 2008.

RP   Kunstmann, Joachim, Religionspädagogik. Eine Einführung, Tübingen/Basel 2004.

Für häufiger zitierte Zeitschriften und Jahrbücher wurden die in der wissenschaftlichen Religionspädagogik üblichen Abkürzungen verwendet:

JRP   Jahrbuch der Religionspädagogik, Neukirchen-Vluyn 1985ff.

KatBl Katechetische Blätter. Zeitschrift für Religionsunterricht, Gemeindekatechese, kirchliche Jugendarbeit, München 1875ff.

rhs   Religionsunterricht an höheren Schulen. Zeitschrift des Bundesverbandes der Katholischen Religionslehrer und Religionslehrerinnen an Gymnasien e.V., Düsseldorf 1958ff.

RpB   Religionspädagogische Beiträge. Zeitschrift der Arbeitsgemeinschaft katholische Religionspädagogik und Katechetik (AKRK), Mainz 1978ff.

ZPT   Zeitschrift für Pädagogik und Theologie. Der evangelische Erzieher, Frankfurt a.M. 1948/1998ff.

Stichwortverzeichnis